수행평가

이론과 설계

김영천 지음

아카데미프레스

서문

제7차 교육과정의 실행과 함께 새로운 학교 개혁의 핵심으로 수행평가가 시도되었고 많은 연구들과 서적들, 논문이 출간되었다. 그러나 학교 현장이 이러한 새로운/혁신적인 아이디어를 수용하기 어려웠는지 수행평가는 결국 우리의 관심으로부터 벗어나 버렸다. 수행평가 그리고 그 배경을 잘 알고 있었고 실제 현장연구를 하였던 필자에게는 매우 안타까운 마음뿐이었다. 그러한 수행평가가 다시 우리 교육계에 찾아왔다. 2016년에 이르러 교육부는 수행평가를 학습자 평가의 주요한 핵심과 방법으로 발표하고 학교 현장에서 수행평가를 전면적으로 시행하겠다고 한다. 참으로 다행스러운 일이다.

그럼에도 불구하고 이 어려운 과제가 우리의 현장에 잘 접목될지에 대하여 많은 걱정이 앞선다. 과거에 비하여 학교 현장과 실천가들이 수행평가에 대하여 더 긍정적으로 인식하고 서술형 수행평가가 전국의 도교육청을 중심으로 실제 학생들의 수업과 평가에서 적용되고 있기는 하다. 그렇지만 보다 실제적인 학교 차원에서의 적용 여부와 그 성공의 관건을 예측하는 것은 쉽지 않다. 더 많은 업무 분담, 평가의 주관성, 협동적 평가 과정, 수행과제 설계의 과정 등 많은 이론적/실제적 이슈들이 남아 있다. 교육부와 학교장, 학교 교사들이 기대할 수 있는 그리고 기대하기 힘든 다양한 어려움들을 어떻게 개척하고 해결해 나갈지 궁금하다. 그럼에도 불구하고 최근의 학교 현장에서 다양한 수행평가 방법들이 널리 쓰이고 있고 별로 적대감과 부정적 인식이 없다는 것은 참으로 다행스러운 일이기도 하다.

이러한 수행평가의 새로운 인정과 적용의 분위기 속에서 이 책을 다시 출간하기에 이르렀다. 질적 평가를 전공한 학자로서 수행평가와 관련된 다양한 배경적 지식, 이론적 지식, 실제적 개발의 지식을 제공해야 한다는 생각에 이 책이 2000년대 초에 문음사를 통하여 발간되었다. 〈현장 교사를 위한 교육평가〉라는 제목으로 출간되었는데 그 이유는 학교 현장 교사들이 교육평가에 대한 기존 인식을 바꾸어야 하고 다양한 대안적 평가의 기법을 알아야 한다는 목적이 있었기 때문이다. 이에 다시 책을 출간하면서 책의 원래 목적인 '수행평가'에 집중하여 제목을 달리 만들었다. 그리하여 수행평가를 학교 현장에 접목시키기 위하여 연구자들과 실천가들이 알아야 하는 다양한 차원에서의 지식과 이해를 제공하였으면 하였다. 특히 필자의 수행평가에 대한 이 책이 서구의 이 분야의 대표적 학자들과 연구기관들 그리고 한국에서의 실제 적용의 경험을 바탕으로 저술되었다는 점에서 이 책이 우리의 현장에 주는 의미과 역할이 크다고 하겠다. 그리하여 수행평가와 관련되어 왜, 어떻게 고민해야 하는지에 대하여 보다 정확하고 실제적인 답을 제공해 주었으면 한다.

2016년 7월 1일

저자 김영천 씀

차례

제1장

대안적 교육평가의 대두

이 장에서는 대안적 평가가 무엇인지, 대안적 평가가 어떻게 해서 대두되었는지 그 배경을 전통적 평가의 문제점, 인간 능력에 대한 새로운 관점, 사회 변화 등의 측면에서 고찰해 보고자 한다. 또한 이 장에서는 전통적 평가의 문제점을 다양한 각도로 고찰해 보고 전통적 평가의 대표적 형태인 표준화 검사의 종류와 이의 문제점도 함께 살펴보고자 한다. 이런 대안적 평가에 대한 요구는 1990년대의 개혁 운동이 1970년대의 '기본으로 돌아가라(back to basics)'라는 슬로건과 상반된 전문적이면서 높은 성취기준을 요구하면서 절정을 이루었다. 학생들의 앎이나 탐구 능력 등을 평가하기 위해 보다 구체적이고 실제적인 평가 항목을 개발하게 되었다. 또한 전문적이면서 고차원적인 사고 기술로 진술된 성취기준으로 학생들을 평가하기 위해 새로운 방식을 가진 평가 체계를 개발하게 되었다.

1. 대안적 평가의 개념

Mueller(2005)는 대안적 평가에 대해 "학생들에게 필수적인 지식과 기술의 의미 있는 적용을 설명하는 실제적인 글쓰기 작업을 수행하도록 하는 평가의 한 형식이다."라고 하였고, Wiggins(1993, p.229)는 "학생들이 효과적이고 창조적으로 수행을 해나가기 위해 사용해야만 하는 매력적이고 가치 있는 문제이다."라고 언급하였다. 이처럼 대안적 평가란 어느 특정한 평가 체제나 방식을 의미하는 것이 아니라 한 시대의 주류를 이루는 평가 체제와 그 성질을 달리하는 평가 체제를 의미한다. 즉, 기존의 표준화된 시험 방식에서 벗어나 학생들이 실제적으로 무엇을 알고 있으며 무엇을 할 수 있는지를 확인하고 이를 통해 그들의 앎과 사고 기술, 탐구 방식의 성장을 돕는 일체의 방식이라 할 수 있다. 따라서 오늘날까지 대중적으로 사용되고 있는 표준화된 선택형의 평가와는 다른 형태의 평가이다.

대안적 평가와 관련된 개념으로는 참평가와 수행평가가 있다. 참평가라는 용어는 Wiggins에 의해 널리 퍼진 것으로, 학생들이 학교 밖의 실세계에서 지식이나 기술을 사용하는 것과 같은 방식으로 학생들의 지식이나 기술 적용을 평가해야 한다는 기본 개념을 가지고 있다. 수행평가란 학생들이 그들의 지식과 능력을 이용해 학습 목표에 따른 과제를 수행하며 이루어 낸 산출물(책, 보고서, 시범)을 평가기준에 따라 평가하는 것이다. 수행평가에서는 그 과정과 결과가 모두 중요한 평가 대상이 되기 때문에 평가자는 학습자들의 학습과제 수행 과정 및 결과를 직접 관찰하고 그 관찰 결과를 전문적으로 판단하게 된다. 또한 전통적인 선다형 평가와는 달리 대안적 평가 방법으로서 수행평가는 학습자가 실제 세계와 유사한 상황에서 자신의 지식이나 기능을 다양한 방법으로 수행해 보이는 과정이다.

그림 1-1은 수행평가와 참평가, 대안적 평가의 관계를 개괄적으로 나타낸 것이다. 이들 세 개념 중에서 대안적 평가가 수행평가와 참평가를 포괄하고 있다. 수행평가가 이상적으로 추구하는 실제적인 평가가 곧 참평가이기 때문에 수행평가가 참평가를 포괄하고 있다고 볼 수 있다. 즉, 참평가는 수행평가의 바람직한 측면을 표현하는 개념이다. 따라서 참평가는 모두 수행평가라고 할 수 있지만 그 역은 성립하지 않는다. 또한 수행평가가 학습자들에게 평가될 구체적인 행동을 수행하도록 요구하는 경우라면, 참평가는 학습자가 요구된 행동을 완성하거나 드러내는 것

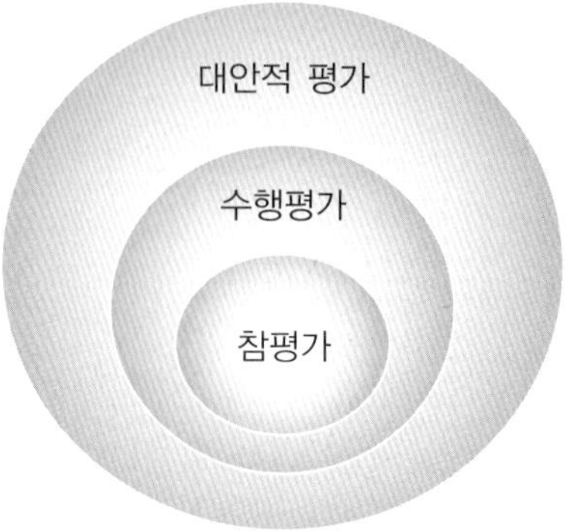

[그림 1-1] 대안적 평가, 수행평가, 참평가의 관계

이 아니라 실제적인 맥락에 적용하도록 요구한다. 즉, 참평가는 진정한 수행평가의 의도가 학생들에 의해서 실행되었을 때의 평가를 말한다. 대안적 평가는 수행평가와 참평가를 포함하는 비교적 포괄적 개념이다.

2. 대안적 평가의 배경

사회가 발전적으로 변함으로 인해 고차원적 사고 기술의 중요성이 부각되는 데 반해 전통적인 평가가 아이들에게 아직도 단답형의 문제를 통해 낮은 수준의 사고를 조장한다는 비판은 오래전부터 계속되어 왔다. 이러한 전통적인 평가에 대한 비판과 새로운 평가에 대한 연구는 1980년 이래로 꾸준히 이루어져 왔다. 이러한 연구의 결과로 1980년 이래로 평가의 형태는 커다란 변화를 겪었으며 이런 변화의 중심에 수행평가가 있다. 과거 전통적 평가에서는 학습의 과정보다는 결과를 중시하고 그 결과 또한 서열 매김의 자료로 사용한 데 반해 수행평가를 위시한 대안적 평가는 학습의 과정과 결과 모두를 중시하며 그 결과는 학생들의 발달을 위한 피드백 자료로 사용한다. 뿐만 아니라 수행 과제를 실제와 비슷한 상황을 이야기로 만들어 제시하기 때문에 자신이 알고 있는 지식과 정보를 실생활에 적용할 수 있는 능력을 키워 줄 수 있다. 따라서 이 장에서는 수월성, 객관성이라는 강력한 무기를

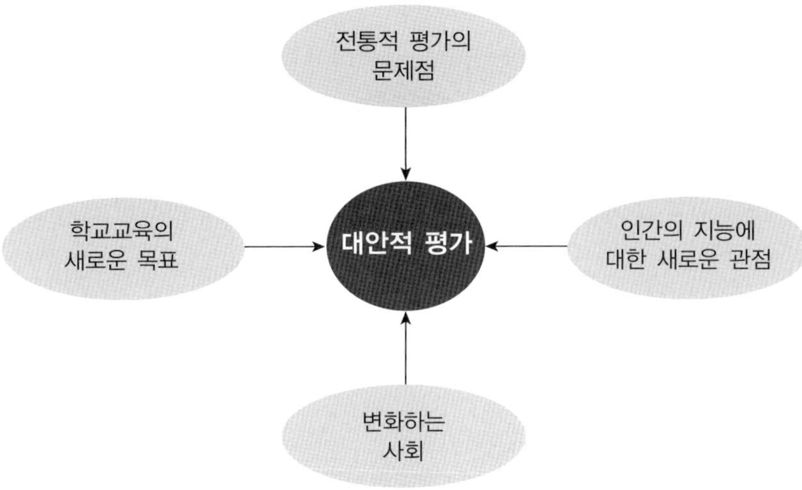

[그림 1-2] 대안적 평가 대두의 배경

지니고 있는 전통적 평가가 도태되고 교육평가의 새로운 패러다임인 대안적 평가가 대두된 배경을 살펴보고자 한다.

대안적 평가가 대두하게 된 배경에는 여러 가지가 있다. ① 전통적 평가의 문제점, ② 인간의 지능에 대한 새로운 관점, ③ 사회가 요구하는 노동자의 실제적 능력의 변화, ④ 학교교육 목표에 대한 새로운 관점.

1) 전통적 평가의 문제점

대안적 평가가 대두하게 된 첫 번째 배경은 기존의 전통적 평가의 문제점에 대한 반성에서 시작되었다. 1980년 이후 사회 각 계층에서 학교교육과 평가에 대해 끊임없이 논리적인 비판을 계속하고 학교 교육과정 연구자와 수업 연구자 그리고 평가자들에 의하여 전통적인 평가가 학교교육뿐만 아니라 학생들의 질을 떨어뜨린다는 제기가 계속되어 왔다(Herman & Golan, 1991; Kellaghan & Madaus, 1991; Shepard, 1991).

이러한 전통적 평가는 다양한 시각에서 문제점이 제기되고 있는데 여기에서는 네 가지 정도로 요약하여 정리한다. 첫째, 가장 큰 문제점이라고 할 수 있는, 전통

[그림 1-3] 전통적 평가의 문제점

적 평가는 학생들에게 높은 수준의 고차원적 사고를 발달시키지 못한다는 점이다. 둘째, 전통적 평가는 평가와 분류를 최상의 목적으로 강조하는 경향이 있다는 점이다. 학습의 목적이 오직 학생들의 능력을 평가하여 이들을 점수에 따라 서열화하는 방향으로 나아가고 있다는 것이다. 셋째, 교육과정과 수업의 목적이 사지선다형 문제 풀기를 위한 수단으로 전락해서 수업의 질이 계속 떨어지고 있다는 것이다. 넷째, 전통적 평가는 오늘의 다문화 사회의 특징을 반영하지 못할 뿐만 아니라 기득권의 권력과 부를 재생산하는 기능을 하고 있다는 것이다. 그 이외의 문제점으로 전통적 평가는 학습의 주객전도를 가져왔다. 평가는 학습의 마지막 부분에서 이루어져야 하는데, 전통적인 선다형 지필평가의 경우에는 평가가 전체 학습을 결정하는 양상을 보인다.

(1) 고차원적 사고 기술을 발달시키지 못함

전통적 평가가 가지는 첫 번째 문제는 고차원적 사고 기술을 발달시키지 못한다는 것이다. Wiggins는 전통적 평가로는 아동의 고차원적이거나 실제적인 적용력을 평가할 수 없었을 뿐만 아니라 교육과정과 수업이 평가 중심으로 전개되고 있다며 전통적 평가의 문제점을 지적하였다. 또한 Bill Ayers는 "표준화 검사는 독창력, 창의력, 상상력, 개념적 사고, 호기심, 판단력, 도덕적 반성 또는 다른 가치 있는 성질이나 속성을 측정할 수 없다. 그것이 측정하고 계산하는 것은 고립된 기술, 구체적인 사실이나 기능, 학습의 가장 재미없고 중요하지 않은 면이다."라고 언급하며 표준화 검사의 문제점을 이야기하고 있다. Bill Ayers가 지적하였듯이 표준화 검사는 학생의 사고력과 창의성 등의 자질을 평가하지 못한다. 또한 학생이 정답을 도출하는 과정에 대한 관심이 결여된 채 올바른 답을 제시하는지의 여부에만 치중하고 문항의 성격이 학생들이 현실 세계에서 직면하는 대부분의 문제와는 아무런 관련이 없다.

선다형 지필평가와 같은 전통적인 평가에서는 단순한 지식의 저장이 좋은 성적을 얻기 위한 방법이었다. 아동들의 능력을 검증하기 위한 이러한 방법은 과거 사회에서 유용하였을지 모른다. 지식의 양도 한정되어 있었고 문제를 해결하기 위해 한정된 양의 지식 중에서 선택하면 큰 문제 없이 가정생활이나 사회생활을 할 수 있었다. 또한 과거 사회는 기존의 패러다임에 복종하고 그에 따라 행동하고 사고하길 바랐다. 현 체제에 대한 어떠한 비판도 반기지 않았다. 때문에 현 체제의 습성을 이해하고 이 습성에 따르는 인간이 능력 있는 인간이었으며 가정이나 일터에서 기존의 방식에 순응하며 갈등을 조장하지 않는 인간이 대접을 받았다.

하지만 과학과 기술의 발달로 말미암아 종전과는 다른 복잡하고 다양한 사상과 정보가 난립하는 사회가 되었다. 그리고 이러한 사상과 정보를 접할 수 있는 이동거리도 굉장히 좁혀졌기 때문에 몇 분 내로 원하는 정보를 취할 수 있다. 그래서 굳이 그것을 암기하여 머릿속에 저장해 둘 필요가 없다. 물론 저장해 두고 필요할 때 언제나 상황에 맞게 재창조하여 적용할 수 있다면 정보나 지식을 암기하는 것도 좋을 수 있다. 그리고 때에 따라서 학교나 사회에서 이러한 정보나 지식을 암기하도록 강요당하기도 한다. 하지만 과거에 반복하였던 단순한 지식과 정보를 암기하는 학습 형태에 대한 반성이 학교 현장에서도 일고 있다. 이는 단순한 지식과 정보의 암기가 더 이상 복잡다단한 이 사회에서 인간의 유능함을 보장해 주지 않는다는 것을 인지하였기 때문이다. 즉, 지식과 정보의 암기는 인간의 유능함에 필요조건은 될 수 있으나 충분조건은 되지 못한다.

따라서 현대 사회에는 누가 얼마나 많은 지식을 빨리 습득하느냐가 아니라 다양한 문제 상황을 파악하고 분석하고 창의적인 대안을 생각하여 현명하게 문제를 해결하느냐가 중요하다. 또한 넘쳐나는 정보들 중에서 자신에게 필요한 정보가 무엇인지를 인지하고 어떤 경로로 얻을 수 있는지를 파악하며 이 정보를 어떻게 변환하여 자신의 상황에 알맞게 적용할 수 있느냐가 인간 능력의 관건이다. 즉, 오늘날 필요한 태도는 사태에 능동적으로 맞서서 현명한 해결 방안을 찾는 것이다. 따라서 이러한 능력을 학생들에게 길러 주기 위해서는 새로운 방식의 평가가 필요하다. 단순한 지식에 대한 앎을 묻는 것이 아니라 실제 생활을 그대로 옮겨 놓은 듯한 성향을 가진 문제를 학생들에게 제공하는 것이 중요하다. 실제 생활과 동떨어진 지식은 무의미하다. 지식이나 정보는 그것을 가지고 있는 사람들이 자신의 삶에 적용하여 보다 의미 있는 삶을 살 수 있을 때 가치가 있다.

또한 전통적 평가에서 중시해 왔던 지식의 양보다 질적으로 뛰어난 지식과 지적 성향을 발달시킬 수 있게 해야 한다. 아무리 많은 지식을 가졌다 하더라도 그것들이 실생활에 활용되지 못하거나 과거 품위 유지를 위해 유행하였던 지식들로 이루어져 있다면 그 많은 지식은 쓸모가 없다. 그리고 전통적 지필평가를 통해 길러진 단순 암기 능력이나 기계적 기술, 수동적 문제 해결력 등은 실제로 맞이하게 될 문제 사태에 적절한 도움을 주지 못한다. 때문에 어느 상황에서든 자신에게 주어진 살아 움직이는 문제를 지혜롭게 해결하기 위해서는 분석력, 순발력, 창의력 등과 같은 고차원적 능력이 필요하며, 학교에서는 이러한 능력을 길러 주기 위한 새로운 과제와 평가 도구 등을 개발해야 할 것이다.

다음에서는 고등 사고 기술의 정의와 필요성을 간단히 설명하고 Marzano(1992)가 제안한 고등 사고 기술의 일곱 가지 도구를 알아본다.

고등 사고 기술의 정의와 필요성

21세기의 학습에서는 이름과 날짜, 지명을 외우는 것보다는 비판적 사고와 합리적인 문제 해결, 분석 능력, 창의성 그리고 평가가 더 중요하다. 컴퓨터는 방대한 양의 이름, 날짜 그리고 지명을 저장할 수 있지만 비판적인 분석과 대인관계 기술과 같은 복잡한 문제를 해결할 수 없다. 즉 컴퓨터는 단순 암기와 같은 낮은 사고 기술은 월등히 뛰어나지만 비판적 사고, 창의적 사고, 문제 해결과 같은 고등 사고 기술은 인간만이 할 수 있는 유일한 것이다. 정보화 시대를 살아가고 있는 우리는 더 이상 지식을 암기할 필요가 없으며 필요한 지식은 언제 어디서든 컴퓨터나 책을 통하여 쉽게 확인할 수 있다. 그러므로 우리는 전통적으로 이루어지는 단순 암기에 의한 학습보다는 정보화 시대에 걸맞은 고등 사고 기술을 학습하는 데 초점을 두어야 할 것이다.

이에 대하여 Newmann과 Wehlage(1993)는 낮은 사고는 "학생들이 질문을 받거나 사실적 정보를 암송하거나 반복적인 순서의 알고리즘이 일어나는 것"이라고 정의하였다. 또한 그들은 고등 사고란 "학생들이 정보를 조작하는 것 그리고 정보의 의미나 함축을 그들의 생각으로 전환시키는 것이며 아울러 학생들이 사실과 아이디어를 결합하여 종합화, 일반화, 설명, 가설을 세우거나 어떤 결론에 도달하거나 해석하는 것"이라고 정의하였다.

학생들에게 매일 고등 사고 기술을 교육시키는 데는 세 가지의 기본적인 이유가 있다. 학생들에게 정보 활용 능력을 키워 주어야 하고 수준 높은 수행 과정이 이루어져야 하며 아울러 수준 높은 결과물을 생산하기 위함이다. 이러한 세 가지 이유에는 비판적인 사고와 창의성이 요구되며 정보의 앞과 뒤를 살펴보는 것이 요구되며 그리고 전에는 전혀 보지 못하였던 새로운 방법이라는 과정이 포함된다.

이제 고등 사고 기술이 필요한 이유를 세 가지로 나누어 살펴보도록 한다: ① 정보 활용 능력에 요구되는 고등 사고 기술, ② 수준 높은 과제 수행을 위한 고등 사고 기술, ③ 창의적이고 수준 높은 과제물을 위한 고등 사고 기술.

① 정보 활용 능력에 요구되는 고등 사고 기술

Resnick과 Resnick(1997)은 문해 능력(literacy)이란 합리적인 사고와 같다고 본다. 이것은 정보 분석 능력, 핵심 요소 추론, 가설의 일반화, 결론 추론, 실행 가능한 해결책 찾기 등의 능력을 포함한다. 더불어 기술의 습득, 인터넷을 사용한 조사, 근본적인 것과 부연적인 것의 차이점을 아는 것은 대단히 중요한 자원이 되었다. 학생이 정보 활용이 필수적인 나이가 되었을 때 그들에게 반드시 정보를 평가할 수 있는 방법의 도구를 제공해 주어야 하고 그것을 어떻게 사용할지 결정하는 것과 그 정보는 그들 자신뿐만 아니라 다른 사람에게도 유익한 것이어야 한다. 비판적 사고, 창의적 사고, 문제 해결과 같은 고등 사고 기술은 학생을 성공으로 이끄는 데 가장 중요한 부분이다. 다음 표는 비판적 사고와 창의적 사고, 문제 해결에 대한 요소를 나타낸 것이다.

고등 사고 기술 요소

<table>
<tr><th>종류</th><th colspan="3">세부 요소</th></tr>
<tr><td rowspan="2">비판적 사고</td><td colspan="3">분석하고, 창조하고, 데이터를 평가할 수 있는 능력이며 비판적 사고는 다음의 세 가지를 포함한다.</td></tr>
<tr><td>귀납적 사고 기술
• 원인과 결과
• 개방형 문제
• 유추
• 추론
• 적절성의 판단
• 관련성
• 문제 해결</td><td>연역적 사고 기술
• 논리 사용
• 모순의 규명
• 삼단논법
• 공간 문제</td><td>평가적 사고 기술
• 사실과 의견
• 자료의 신뢰성
• 주요 이슈와 문제점의 식별
• 핵심적인 가설의 인지
• 진부함, 고정관념, 편견의 발견
• 가설의 평가
• 자료의 분류
• 결과 예상
• 순서
• 의사 결정 기술
• 주장의 규명
• 유사성과 차이점
• 주장의 평가</td></tr>
<tr><td>창의적 사고</td><td colspan="3">새로운 것을 생산하는 복잡한 생각의 구조이며 독창적인 생각이며, 다음의 것들을 포함한다.

• 귀인 • 정교성 • 종합성
• 유창성 • 융통성 • 독창성</td></tr>
<tr><td>문제 해결</td><td colspan="3">문제 해결은 실제 문제를 해결하는 복잡한 생각을 이용하는 능력이며, 다음의 것들을 포함한다.

• 문제 식별 • 문제 분석 • 가설의 조직화 • 아이디어 생성 • 적절한 해결방안 개발
• 최적의 해결 방안 선택 • 해결방안 적용 • 해결 결과 관찰 및 평가 • 결론 도출</td></tr>
</table>

비판적 사고는 복잡한 수준에서의 사고 그리고 분석과 평가의 과정이다. 비판적 사고는 관련성 인지, 개방형 문제의 분석, 원인과 결과 정하기, 추정하기와 같은 귀납적 사고를 포함한다. 연역적 사고 기술은 공간 문제 해결, 논리, 삼단논법, 의

견으로부터의 사실 구별 등을 포함한다. 기타 비판적 사고 기술로는 편견의 발견, 평가, 비교와 대조 그리고 사실과 의견 사이를 구별하는 능력 등이 있다.

창의적 사고는 새로운 것을 생산하는 복잡한 생각과 독창적 생각이다. Paul Torrence(1996)는 창의적 사고에 대한 네 가지 속성 모델을 개발하였는데 그 속성들은 다음과 같다.

- 유창성: 많은 아이디어를 생성하는 능력. 예를 들어 그들이 알고 있는 세계 기근에 대하여 학생에게 브레인스토밍하도록 하는 것이다.
- 유연성: 많은 다른 아이디어를 생성하는 능력. 예를 들어 그들이 알고 있는 세계 기근에 대하여 의학적 측면, 경제적 측면, 정치적 측면 등을 고려하여 브레인스토밍하도록 하는 것이다.
- 독창성: 독특한 아이디어를 생성해 내는 능력
- 정교성: 많은 세부 항목을 생성해 내는 능력

② 수준 높은 과제 수행을 위한 고등 사고 기술

O'Tuel과 Bullard(1993)는 "교육의 결과만큼 과정도 중요하다"고 말한다. 그들은 '~보다 더 중요한'이라는 단어를 쓰지 않고 '~만큼 중요한'이라고 말한다. 왜냐하면 학생들은 수준 높은 과제물을 만들 수 있는 정보 베이스가 필요하기 때문이다. 우리가 어렸을 적에는 대부분 창의적인 경향이 있었지만 초등학교에 입학하여 학년이 지날수록 창의성이 급격히 떨어지는 경향이 있다. 이에 미국의 주요 단체에서는 수백만 달러를 지불하여 그러한 사람들의 창의성을 재교육하고 있다. 이는 창의성이 21세기를 살아가는 데 얼마나 중요한 요소인지를 다시 한 번 일깨워 주는 대목이다. 실제로 창의성은 급격히 변해 가는 현대 사회에서 없어서는 안 될 필수 요소이다. 경제, 산업, 교육 혹은 여러 기관들이 살아남고 시장성을 유지하려면 반드시 비판적이고 창의적인 생각의 과정을 포함해야 한다.

Joel Barker(1992)는 그의 책 『Future edge』에서 새로운 세기에서 매력적인 학생이 되기 위한 요소는 질이 아니라고 말한다—그것은 최소한의 예상일 것이다. 그것이 바로 창의성이다. 그러므로 교육과정은 수렴과 발산의 과정을 사용하는 능력, 비판적으로 사고하기, 복잡한 문제의 현실적인 해결책 개발과 같은 고등 사고 기술을 이용할 수 있는 기회를 포함해야 한다. 또한 교육과정은 지식의 깊이가 없고 피상적인 내용을 다루기보다는 지식에 무게감이 있고 구체적인 내용을 다루어야 한다. 이에 Newmann과 Wehlage는 지식이 얇거나 피상적일 때 그것은 주제나 학습의 중요한 개념을 다루지 않는다고 말한다. 예를 들어 중요한 개념의 단순한 이해나 지식의 겉부분과 그 의미에 대해서만 학습하는 것이다. 그 이유는 단지 많은 양의 정보를 학습하고 또한 그 겉면만을 학습하기 때문이다.

> 지식이 깊고 무게감이 있는 경우는 주제와 학습의 중요한 아이디어와 연관시킬 때이다. 학생들에게 지식의 깊이가 있는 경우는 명확한 구별, 발달된 토론, 문제해결, 설명의 구성, 그리고 다른 주제와의 상대적이고 복잡한 이해에 의해 과제가 수행될 때이다. 체계적으로 연결하는 방식으로 작고 부분적인 주제를 다루는 것이 지식의 깊이를 만든다.

③ 창의적이고 수준 높은 과제물을 위한 고등 사고 기술

우리는 과거 오직 완성된 과제물만을 받기 위해 독립적인 과제를 교실에 할당하였고, 그 과제물은 우리의 기대에 훨씬 못 미치는 것들이 대부분이었다. 학생들의 능력보다 아래에 있고 낮은 수준의 과제물을 만들기 위해 학교에서 학생들이 보내는 시간은 너무나 낭비적이다. 단순한 필기나 암기, 정형화된 답만을 적어 낼 수 있는 수준 낮은 과제물은 어려움을 포함할지는 몰라도 복잡성을 요구하지는 않는다. 다시 말해, 낮은 사고 기술만을 사용하여 과제를 수행하는 것은 21세기를 살아가야 하는 학생에게는 더 이상 도움이 되지 않는다. 비판적 사고, 창의적 사고, 문제 해결과 같은 고등 사고 기술이 포함되어 있는 과제 수행이 이루어져야만 학생들이 수준 높은 과제물을 생산할 수 있을 것이다. 이에 교사는 형식적으로 완성된 과제물을 받기 위하여 낮은 사고 기술만을 사용하는 과제는 지양하고, 구체적이고 실제적인 학습이 이루어지며, 반드시 고등 사고 기술이 포함되어 있는 과제를 제시해야 할 것이다. 예를 들어 학생에게 제시되는 수행 과제로 “우리 지역의 특징 알아오기”와 같은 단순한 과제는 지양하고 “우리 지역의 특징과 그 특징에 관련하여 나타나는 우리 지역의 문제점 파악 및 해결책 제시”와 같은 과제를 제시해야 할 것이다.

한편, Newmann과 Wehlage가 제시한 비판적 사고, 창의적 사고, 문제 해결 등의 고등 사고 기술에 대한 정의와는 다르게, Mazarno(1992)는 고등 사고 기술의 안내자 역할을 해 줄 수 있는 구체적인 일곱 가지 도구를 제안하였다: 비교, 분류, 귀납법, 연역법, 오류 분석, 패턴 만들기, 관점 분석.

① 비교(Comparison)

비교는 두 가지 혹은 그 이상의 유사성과 차이점을 구분하는 방법이다. 학생들이 정확한 비교를 하기 위해서는 각 요소에 대한 속성을 파악할 줄 알아야 한다. 예를 들어 학생이 사실과 허구를 비교할 때 학생들이 비교를 하기 전에 무엇이 사실을 만들고 무엇이 허구를 만드는지 알아야 한다. 이러한 특징을 속성이라 부른다. 허구는 사실보다는 상상에 의한 글을 만드는 확실한 속성이 있다. 예를 들어 허구에는 작가에 의해 구성된 인물이나 내용이 포함되어 있다. 또한 허구의 주요 목적은 이야기를 전달하는 데 있다.

반면에 사실은 사실적 정보에 기초한다. 사실적인 글의 주요 목적은 독자에게 정보를 전달해 주는 것이다. 예를 들어 학생이 주(state)에서 시행하는 시험에서 성공을 하려면 비교와 대조를 할 수 있는 능력이 반드시 필요하다. 미국의 주에서 시행하는 시험을 살펴보면 거의 모든 주에서 학생들의 글쓰기 종류에 대한 다양한 지식을 성취기준으로 가지고 있으며 성취기준의 내용에는 사실과 허구에 대한 지식 외에 설화, 공상과학소설 등을 비교하는 능력이 포함된다.

② 분류(Classification)

학생들이 속성을 어떻게 범주 안에 넣는지를 이해할 때 분류가 가능하다. 또한 하나의 속성이 한 개 이상의 범주에 들어갈 수 있음을 이해해야 한다. 즉, 여집합의 속성뿐만 아니라 공집합의 속성도 이해해야 하는 것이다.

벤 다이어그램은 항목을 분류하는 데 종종 이용되는데 다음 그림은 직사각형과 정사각형의 분류를 벤 다이어그램을 통해 나타낸 것이다. 왼쪽에 있는 벤 다이어그램은 직사각형의 속성을 나타내고, 오른쪽은 정사각형의 속성을 나타낸다. 두 원이 겹친 가운데 부분은 공통 속성을 나타낸다. Parks와 Black(1972)은 그림에 제시된 벤 다이어그램을 이해하도록 다음과 같은 정의를 제시하였다.

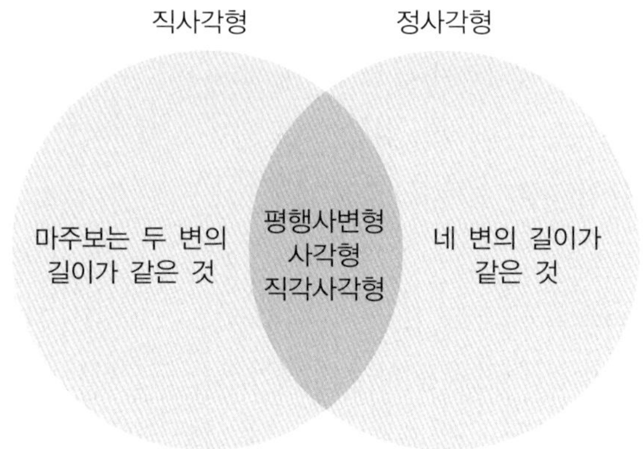

[그림 1-4] 직사각형과 정사각형의 비교/대조 벤 다이어그램

- 평행사변형: 마주보는 두 변이 평행한 사각형
- 사각형: 네 개의 면으로 구성되며 모든 면이 닫혀 있는 것
- 직사각형: 직각의 평행사변형
- 정사각형: 네 변의 길이가 같은 직사각형
- 사다리꼴: 한 쌍의 평행한 면만을 가지고 있는 사각형

만약 학생들이 벤 다이어그램을 사용하기를 어려워하는 경우 비교표를 사용할 수 있다.

Mazarno는 다음과 같이 학생이 분류를 사용할 때 도움을 줄 수 있는 질문들을 제시하였다.

- 조직한 요소들을 어느 집합에 넣을 것인가?
- 원소와 집합 사이에 어떤 규칙이 있는가?
- 어떻게 각 집합의 특징을 정의할 것인가?

③ 귀납법(Induction)

귀납은 알려진 지식을 받아들이고 알려지지 않은 지식을 예상하는 능력이다. 귀납은 그들이 살고 있는 현재뿐만 아니라 삶 전체에서 정확한 의사결정을 할 수 있는 고등 사고 기술에서 굉장히 중요한 요소이다. 우리는 학생이 일생동안 알아야 할 지식을 모두 가르칠 수 없다. 그러나 우리는 귀납을 통하여 학생들이 일생동안 지식을 스스로 터득하게 할 수 있다. 예를 들어 학생이 지진의 패턴을 학습하고 주요 지진이 일어나는 위치를 학습하고 나면 아마도 학생은 캘리포니아의 어느 지점에서 지진이 일어날지를 가늠해 볼 수 있을 것이다.

④ 연역법(Deduction)

연역은 사실과 관찰에 의한 결론 도출의 가능성을 전제로 한다는 점에서 귀납과 차이가 있다; 연역은 규칙이나 원리를 기초로 하여 절대적인 원리에 이르는 것이다. 귀납은 알려지지 않은 것을 다룬다; 연역은 알려진 지식을 기초로 한 원리를 포함한 것을 다룬다. 1, 2, 3, 5, 8, …로 이어지는 피보나치수열이 좋은 예이다. 이 수열은 알려진 지식이다. 왜냐하면 앞의 두 숫자를 더한 것이 그 뒤에 이어진 새로운 숫자가 되는 규칙이 있기 때문이다. 그러므로 우리는 8 다음에 13이 이어진다는 것을 쉽게 알아낼 수 있다.

⑤ 오류 분석(Error Analysis)

오류 분석은 사고의 오류를 발견하고 자신의 사고를 평가하는 능력이다. 오류 분석은 학생 스스로의 개인 평가를 포함하기 때문에 학생들의 비판적 · 반성적 사고 능력을 키워 준다. Mazarno는 오류 분석을 할 때 우선적으로 다음의 질문을 따르기를 제안하였다.

- 정보의 추론 과정에 나타난 오류는 무엇인가?
- 정보의 오류에 따른 사실의 왜곡은 어느 정도인가?
- 오류를 어떻게 개선하고 바로잡을 것인가?

⑥ 패턴 만들기(Pattern Building)

패턴을 이해하고 창조하는 것은 정보를 구성하는 기술에서 없어서는 안 될 중요한 능력이다. 학생들은 핵심적인 원인을 찾아보고, 어느 한 현상과 다른 현상을 연관시키는 방법으로 패턴을 만드는 능력을 숙달해 나갈 수 있다. 만약 어떤 학생이 매일 3

교시마다 잠을 잔다고 생각해 보자. 매일 이 학생이 그 시간마다 잠을 자는 근본적인 이유가 단지 잠이 부족해서일까? 어떤 학생은 매주 월요일마다 비생산적이며 무기력해진다. 그 학생의 이유를 조사해 보면 이 학생은 주말 내내 밤늦게 잠을 자거나 지나치게 과도한 활동을 한 경우가 대부분이다. 모든 현상에는 근본적인 원인이 있고, 발생하는 현상과 다른 현상을 연관시켜 보면 우리는 어떤 현상이 일어나게 되는 원인과 해결책을 찾을 수 있을 것이다.

또한 이미 존재하는 패턴을 보고 새로운 패턴을 발견하는 것 역시 정보를 구성하는 기술에서 없어서는 안 될 중요한 요소이다. Ray Choiniere와 David Keirsey는 『Presidential Temperament』(1992)에서 이런 질문을 하였다. "만약 내가 어떤 국가의 사회 분위기를 파악하고 대선 후보자의 성격을 알고 있다면 누가 선거에서 승리할지 정확하게 예측할 수 있을까?" 이 질문은 새로운 패턴의 발견에 대한 의미를 함축하고 있다. 이미 존재하는 패턴, 즉 사회 분위기에 따른 여론과 대선 후보자의 성격을 통하여 선거에 대한 예상이 가능하다는 것이다.

⑦ 관점 분석(Analyzing Perspectives)

관점 분석은 다른 사람이 소유한 사건이나 정보의 관점을 분석할 수 있는 학습자의 능력을 필요로 한다. Mazarno는 관점 분석에서 다음의 질문을 따르기를 제안하였다.

- 왜 이 정보를 가치로운 것으로 평가하는가?
- 특정 관점을 지지하는 이유는 무엇인가?
- 대안적 관점은 무엇이며, 그 관점을 지지하는 이유는 무엇인가?

(2) 평가와 분류의 강조

전통적 평가의 두 번째 문제는 전통적 평가는 평가나 분류를 최상의 목적으로 강조한다는 점이다. 전형적으로 평가는 학습자의 노력의 가치를 외적인 준거에 따라 판단한다. 학생들은 그러한 기준에 근거해서 학습을 하였는지 안 하였는지 판단을 받게 된다. 그러한 평가의 목적은 개인의 인지적 성장을 장려하는 것이 아니라 인지적 성장의 외적 중요성을 결정하는 것이다. 전통적 시험에서 합격을 위한 준거는 교사나 교육과정 또는 행정가들의 교수 목적(또는 목표)에 근거한다. 학생들의 학습 과정 속에 학생들이 어떻게 성장하고 어떤 것에 어려움을 겪는지를 파악하여 실제적인 피드백을 제공하는 것이 무엇보다 중요하지만 전통적 평가에서는 이런 점을 간과하고 있다. 즉, 전통적인 평가 방법은 인지적 과정과 학습 과정에서의 성장을 간과하고 평가를 실제적 상황과 분리시키는 경향이 있다. 그러나 교육의 일차적 목표가 학습자의 사고를 촉진시키는 것이라면, 시험의 구조가 아니라 시험의 기본 개념에 변화가 있어야 한다.

(3) 평가를 위한 수업으로 인한 수업의 질 저하

전통적 평가의 세 번째 문제점은 전통적 교육과정과 수업이 사지선다형 문제 풀기의 수단으로 전락해서 수업의 질이 떨어진다는 것이다. 전통적 평가의 대표적인 형식은 사지선다형이다. 사지선다형은 학습 내용과 관련된 질문을 하고 그에 대한 보기 4개를 들어 그 중 정답을 고르는 형식이다. 교육과정을 개발하거나 수업을 할 때 평가의 성향과 형식은 중요한 역할을 한다. 과거 학교에서의 학생들의 성적은 다른 학교와의 비교 대상이 되어 좋은 학교, 좋지 못한 학교 그리고 유능한 교사, 무능한 교사의 기준이 되었다. 때문에 학교에서는 교육과정을 개발하거나 수업을 진행할 때 이런 사지선다형의 문제를 잘 풀 수 있는 학생들을 양성하고자 한다. 그래야만 유능한 학교나 교사로 인정을 받을 수 있기 때문이다. 하지만 이런 학교 교육의 잘못된 목표는 교육과정과 수업의 질을 떨어뜨리게 된다. 사지선다형의 문제를 잘 풀 수 있는 수업을 해야 하기 때문에 수업의 구조와 방법이 단순해질 수밖에 없다. 따라서 학생들의 다양한 반응을 살피고 학생들에게 만족감을 주는 수행의 제공 등과 같은 학습자 중심의 수업을 진행할 수 없게 된다.

또한 일반적으로 평가의 내용은 직 · 간접적으로 교수 · 학습 과정에 영향을 미친다. 많은 경우 교사들은 기본 개념에 초점을 두기보다는 '시험을 위해' 가르친다. 즉, 지식이나 기술이 일상적인 상황에서 어떻게 사용되는지보다는 시험에서 측정할 것인지를 염두에 두고 가르친다. 시험이 암기된 정보의 회상을 요구할 때 학생들은 이들 지식을 비맥락화시키고 순종적인 사고를 촉진시키는 암기 전략을 개발하는 경향이 있다. 또한 모든 문제에는 단 한 가지의 정답만이 존재한다는 인상을 갖게 한다. 결과적으로 전통적인 시험 전략은 종종 실세계의 문제 해결과 정반대의 사고를 촉진할 수 있다.

(4) 권력과 부의 재생산

전통적 평가가 가지는 또 하나의 문제점은 전통적 시험의 설계가 기존의 권력과 부의 계층을 재생산한다는 점이다. 이에 대하여 A. Korn은 전통적 시험의 설계가 특정 사회 집단에게 유리하게 만들어져 있음을 지적하였다. 기존의 표준화 검사는 다수와 재력가를 위한 평가 항목으로 구성되고 만들어진다. 예를 들어, 사회를 구성하고 있는 다수가 정답을 맞힐 수 있는 항목으로 구성된다는 것이다. 예를 들어 현장에서 흑인이 소수이고, 백인이 다수라고 할 때 흑인에게 유리한 성질의 평가 항목이 다수의 백인 학생의 높은 점수를 확보하기 위해 제외하기 쉽다. 또한 사회 · 경제적 우위를 차지하고 있는 집단은 학교교육에 은근히 영향력을 행사할 수 있다. 때문에 사회 · 경제적으로 우수한 집단에 유리하게 평가 항목을 충분히 조정할 수 있다. 즉, 전통적 평가는 인종 차별, 빈곤 등과 같은 문제에 상당히 영향을 받고 있다.

Korn이 지적한 이러한 문제들로 인하여 교육의 질은 저하되고, 부의 세습은 계속된다. 풍족한 부모의 지원을 받는 아이들은 풍부한 지원을 받지 못하는 아이들보다 높은 점수를 얻게 되고, 그 표준화 검사에 의해 학생들의 서열이 나누어진다. 표준화 검사를 잘 치르게 되는 아이들의 성취 수준은 아주 높게 나올 것이고, 그들은 굉장한 학벌을 등에 업게 된다. 그리고 그들은 좋은 직장을 얻게 되고, 그들 부모와 마찬가지로 풍족한 삶을 살게 될 것이다. 반면 사회 · 경제적 지위가 낮은 집안의 아이인 경우 지위가 높은 집안이 행사하는 영향력에 떠밀려 높은 성취 수준을 얻지 못할 것이다.

위에서 살펴본 것과 같이 많은 사람들이 표준화 검사가 갖는 문제점을 인식하고는 '보다 진실한' 평가 기법의 개발과 사용을 요구하고 있다. 이는 사용될 평가가 학생의 경험을 자극하는 어떤 특성을 가져야 한다는 것을 의미한다. 다시 말해서 학생 자신의 지식이나 기능을 실제 상황에 적용할 수 있는 과제여야 한다. 그와 같은 과제여야 비로소 학생들은 자신의 지식을 활용하고 그 지식을 확장하고 적용할 기회를 갖게 된다는 것이다.

그러나 전통적 평가의 대중적 인기의 영광을 있게 한 표준화 검사마저 많은 사람들의 비판 대상이 되고 있는데, 실제로 표준화 검사는 학생들에게 실세계의 문제 상황에 현명하게 대처할 수 있는 능력을 키워 주지 못하며 오히려 학생들의 독창성, 창의성, 호기심 등과 같은 학습에 대한 내적 동기를 가로막는 평가이다. 따라서 학생들의 창의성, 독창성, 호기심 등 자기 주도적인 학습력과 실세계의 문제를 유능하게 해결할 수 있는 문제 해결력을 향상시켜 주기 위해서는 전통적 평가의 성격과는 사뭇 다른 대안적 평가의 개발과 적용이 절실히 필요하다.

2) 인간의 지능에 대한 새로운 관점

대안적 평가가 대두하게 된 또 하나의 배경은 인간의 지능에 대한 새로운 정의이다. 과거의 지능에 대한 정의는 얼마나 많은 지식을 가지고 있으며 이 지식을 필요할 때 얼마나 신속하게 기억해 낼 수 있느냐에 초점이 맞춰져 있었다. 하지만 통신을 비롯한 과학 기술의 발달로 인하여 이러한 지능에 대한 정의가 새롭게 내려지게 되었다.

실제 Gardner(1983)는 『마음의 틀(Frames of Mind)』을 통하여 인간의 지능을 새롭게 네 가지로 정의 내렸다. 그에 따르면 지능이란 '인간이 특정한 생활의 장면에서 자신의 이해와 해석에 근거하여 구체적 산물을 만드는 능력' 으로서, 이 정의에 기초한다면 학습자가 특정한 실제 생활의 문제 사태에 직면하였을 때 문제를 해결하지 못하거나 만족스러운 수행의 증거를 보여 주지 못하거나, 자신의 이해를 보여 줄 수 있는 산품(product)을 만들지 못한다면 그 학습자는 그 문제를 해결하지 못하는 것으로 간주된다(김명희와 김영천, 1998, p.310). 이러한 지적은 학교에서 학생의 능력을 측정하기 위하여 일반적으로 사용되어 오고 있는 지필평가가 학생의 진정한 능력을 측정하는 데 적절하지 않다는 것을 시사한다. Gardner에 따르면 지필검사에서 높은 점수를 받기 위하여 필요한 문제 해결력이 실제 상황에서 과제를 해결하는 데 요구되는 능력과 상관이 낮을 수 있다는 것이다.

Gardner와 함께 Sternberg도 기존 학교에서의 평가 방법이 학습자가 실제 생활세계에 나갔을 때 요구되는 기술들을 측정하지 못하고 있으며 그 결과 우리 사회에 요구되는 훌륭한 인적 자원을 길러 내는 데 실패하고 있다고 지적하였다. 그에 따르면 기존 학교에서의 평가는 사회에 나가면 사용되지 않을 비활성 지능과 관련된 기술과 지식을 강조하고 있는데 학교에서 강조하고 측정해야 하는 진정한 인간의 능력은 실제 상태에서 문제를 해결할 수 있는 능력인 실제적 지능이어야 한다고 강조하였다. 그리고 이러한 실제적 지능이 사회에서 학습자를 성공으로 이끈다고 하여 이를 성공 지능이라는 은유로 비유하였다. 이에 Sternberg는 "학교는 실사회에 나가면 필요가 없게 되는 비활성 지능을 더 많이 개발시키고 포상, 격려함으로써 사회생활을 위한 준비도 시키지 않고 또 길을 잘못 가게 하고 있다"고 현대 학교교육의 평가 방법의 문제점을 지적하면서 학교는 실제적 지능을 고양시키기 위하여 평가 방법의 대변환이 있어야 함을 주장하였다.

Sternberg의 실제적 지식 또는 실제적 지능을 자세히 살펴보면 다음과 같다. Sternberg가 이야기한 실제적 지식(practical knowledge)은 일상에서 과제를 수행하는 데 있어 주어진 환경을 적절히 선택하고 재구성하며 적용시키는 능력을 말한다. 이러한 실제적 지식은 그것이 학교에서의 생활이든 직장에서 일을 수행하는 것이든 혹은 운동이든 관계없이 모든 일상 생활에서 성공적인 수행을 하는 데 있어 요구되는 지식이다. 따라서 실제적 지식은 비록 전통적으로 강조되어 온 교과서적인 지식이 중요하다 할지라도 그것과는 다른 독립적인 성격을 띠고 있다. 다음에 나오는 구체적인 사례를 통해 실제적 지식이 일상에서 어떻게 성공적으로 수행되고 있는지 그리고 어떠한 독립적 성격을 지니고 있는지 잘 알 수 있다.

Tallahassee는 가정의 쓰레기를 수거해 가는 환경미화회사이다. 각각의 가정은 그들의 정원에 표준 쓰레기 봉지보다 큰 쓰레기통을 놓아 둔다. 그리고 가정에서 나오는 쓰레기를 표준 용량의 봉지에 담아서 정원에 있는 쓰레기통에 담는다. 환경미화원들은 각 가정의 쓰레기통에서 쓰레기를 수거하고 그것을 다시 있었던 위치에 돌려놓아야만 한다. 표면상으로는 이러한 쓰레기 수거는 지적인 노동력보다는 육체적 노동력을 필요로 하는 것처럼 보인다. 쓰레기차가 한 가정에 도착할 때마다 그들은 두 번의 작업 과정을 거쳐야 한다. 한 번은 가득 찬 쓰레기통을 쓰레기차로 가지고 오는 작업 과정이고 또 한 번은 비운 쓰레기통을 정원의 제자리에 돌려놓는 작업 과정이다. 그래서 환경미화원들은 고등학교에서 낙제를 하여 중퇴한 사람들이 대부분이다.

그런데 어느 해 여름 그들의 단순하고 반복적인 작업 과정에 새로운 변화가 생겼다. 한 30대 중반의 직원이 새로 고용되었다. 그는 각 가정의 정원에 있는 쓰레기통이 시(市)에서 제공하는 동일한 모양과 규격을 가졌다는 것에 주목하였다. 그리고 그는 이러한 사실을 이용하여 이전 집에서 비운 쓰레기통을 다음 집의 정원에 놓아두고 다음 집의 정원에 있던 쓰레기통은 차에 가져와서 비운 다음 또 다음 집의 정원에 두는 과정으로 작업을 변화시켰다. 이러한 작업 과정의 변화는 이전에는 두 번의 노동력을 필요로 하던 것을 단 한 번의 작업 과정으로 똑같은 수행을 할 수 있게 만들어 주었다. 새로운 직원의 통찰력은 노동력을 거의 이전의 반으로 줄여 주었다(Sternberg, 2000).

위의 이야기는 실제적 지식이 어떻게 일상에서 성공적으로 이루어졌는지를 잘 보여 주는 사례이다. 새로운 환경미화원은 자신의 일이 가지고 있는 특성과 환경을 정확하게 이해하고 선택한 다음 새로운 형태로 적절하게 변화시킴으로써 일의 효율을 높였다. 그리고 위의 이야기는 이러한 작업 과정의 변화가 학교에서 배우고 익힌 지식을 통해 이루어진 것이 아니라는 점에서 실제적 지식이 학교에서 강조되는 학구적 지식과 독립적임을 보여 주고 있다.

또한 Sternberg(2007)는 지능적 수행이란 무엇인가에 대하여 문화적 맥락에서 접근하였다. 이와 관련하여 최근 몇몇 학자들은 케냐 Kimusu 근처의 작은 마을에 살고 있는 학생들이 그 지역의 환경에 적응하는 능력에 대한 연구를 진행하였다. 연구자들은 케냐의 학생들이 그 지역의 환경에 적응하는 실제적인 지능을 평가하는 시험을 고안하였다. 실제적 지능을 평가하기 위해 고안된 이 시험은 마을 주민들이 여러 종류의 질병과 싸워 이겨낼 수 있다고 믿는 약초에 대한 민간요법을 알고 있는지에 대한 시험이었다. 즉, 연구자들은 케냐의 학생들이 약초의 종류, 자생지, 사용법 그리고 효력 등에 관해 지닌 지식을 측정해 본 것이다.

시험 결과 놀라운 사실이 발견되었다. 환경에 적응하고 생존할 수 있는 실제적인 지능이 높다고 하여 전통적인 평가에서도 높은 점수를 받는다는 것은 아니라는 것이다. 즉, 생존에 필요한 특수한 지식과 일반적인 학교 평가의 점수는 상관관계가 없다는 것이다. 여기서 중요한 점은 과연 어떤 행동이 지능적인 수행일까라는 것이다. Sternberg는 전자, 즉 환경에 생존하고 적응할 수 있는 능력이 바로 지능적인 수행이라고 보았다. 물론 특수한 지역에서 성공적으로 적응하고 생존하는 학생들은 다른 지역에서도 빠르게 적응해 나갈 수 있다. 이것이 바로 문화적 맥락에서 본 지능적인 수행인 것이다.

같은 관점에서 알래스카에 살고 있는 에스키모 아이들을 살펴보자. 에스키모 아이들을 가르치는 교사는 아이들이 특별히 뛰어나지 않다고 말을 한다. 실제로 에스키모 아이들은 전통적인 학교교육에서 강조하는 지식이나 기술에 뛰어나지도 않을뿐더러 실제로 아무런 도움이 되지 않는다. 그렇지만 에스키모 아이들은 다른 종류의 기술에서 뛰어난 재능을 발휘한다. 에스키모 아이들은 학교 교사는 소유하지 못한 사냥, 고기잡이, 채집 그리고 민간요법등의 지식을 소유하고 있다. 이러한 지식들은 뉴욕에서는 아무런 쓸모가 없는 지식이라 할지라도 알래스카에서 생존하고 적응해야 하는 에스키모 아이들에겐 필수적인 지식이다.

이러한 지식을 바탕으로 하는 행동이 바로 Sternberg가 제안하는 지능적 수행인 것이다. 다시 말해 매일 환경에 대하여 적응하고 예측하는 실제적 지식이 중요하며, 이러한 능력이 높은 학생일수록 지능적 수행을 할 수 있다.

이처럼 실제적 지식은 학교에서 배우는 지식이 아니라 일상에서 접하게 되는 다양한 상황들에 대한 이해와 접목을 통해 이루어진다는 점에서, 전문적 지식을 개발 혹은 습득하는 것으로 정의할 수 있다. 실제로 특정 분야에서 요구되는 지식과 기술을 습득한 사람들은 일반적으로 전문가로서의 특성을 가지고 있다. 따라서 실제적 지식에 대한 보다 깊은 이해를 위해서는 전문적 지식에 대한 이해가 선행되어야 한다. 여기에서는 먼저 전문적 지식의 개발로 정의되는 실제적 지식에 대한 이해를 돕기 위해, 전문적 지식을 상대적으로 고정되고 안정된 능력이라고 보는 관점과 전문적 지식의 개발과 습득 과정이라고 보는 두 가지 관점에 대하여 살펴볼 것이다. 전문지식과 그것을 개발하는 방법에 대한 이해는 실제적 지식에 대한 통찰력을 제공해 줄 것이다.

먼저 전문적 지식을 고정되고 안정된 능력이라고 보는 관점에 대하여 살펴보자. 지식에 대한 전통적인 관점은 지식을 유전과 환경에 의해 개발된 개개인의 상대적으로 고정되고 안정된 속성으로 보는 것이었다(Sternberg & Grigorenko, 1997b). 이러한 관점에서의 시험과 테스트는 그들이 졸업하기 전에 익혀야만 하는 학업 성취를 측정하는 것이었다(Anastasi & Urbina, 1997). 전통적으로 이루어져 온 어휘력, 독해력, 언어 추론, 산수 문제 해결과 같은 과목들의 시험은 모두 학업 성취에 관한 시험이다. 심지어 논리적 추론에 관한 시험 역시 서구의 학교에서 가르치는 기술인 기하학적 기호를 다루는 능력으로 측정하고 있다(Laboratory of Comparative Human Cognition, 1982).

이러한 전통적 관점이 가지는 문제점은 크게 두 가지로 볼 수 있다. 먼저 학교에서 습득한 지식이 일상에서의 수행 성공과 큰 관련이 없다는 점이다. 다시 말해 학교에서 배운 지식들이 실제 개개인의 미래 직업 사회에서의 역할 수행과 아무런 관련이 없으며 또한 실제 일상에서도 전혀 쓰이지 않는다는 것이다. 그리고 전통적 관점이 가지는 또 하나의 문제점은 지식을 포함한 많은 인간의 속성을 유전적 요인과 환경적 요인의 상호작용과 결합에 의해 만들어지는 것으로 본다는 점이다. 하지만 개개인의 지식에 유전적 요인이 미친 영향은 직접적으로 측정할 수 없을 뿐만 아니라 평가할 수도 없다. 그것은 오히려 지식이 형성되는 다양한 요인들 중 부분적인 것에만 초점을 맞추어 지식을 측정한 것일 뿐이다. 그리고 전문적 지식을 개발하고 습득하는 과정은 모든 사람에게 똑같이 일어나지 않는다. 다시 말해 전문적 지식을 습득하는 일반적이고 정형화된 방법이 없다는 것이다. 전문적 지식의 습득은 개개인마다 차이가 있으며 그 방법도 다양하다. 따라서 지식의 측정에 있어 유전적 요인은 배제되어야만 한다.

다음으로 전문적 지식의 개발과 습득의 과정으로 바라보는 관점에 대하여 살펴보자. 이것은 전통적 지식에 대한 대안적 관점으로 전문적 지식과 기술을 습득하는 과정과 양상을 측정하는 것이다. 여기에서 정의하고 있는 전문적 지식의 개발을 하나 혹은 그 이상의 분야에서 높은 수준의 전문적 지식을 위해 필요로 하는 기술들을 습득하고 통합하며 강화하는 과정으로 보는 관점이다. 이러한 관점에 따르면 지식의 측정은 반드시 이후 수행의 성공과 관련이 있어야만 한다. 이러한 미래의 수행의 성공을 위해서는 전문적 지식을 개발하고 습득해야만 한다. Sternberg(1985a)는 이러한 전문적 지식의 개발과 습득을 위해서는 문제 인식, 문제 정의, 문제 해결을 위한 전략의 체계화, 정보의 표현, 자원의 배분, 문제 해결책의 평가와 조사와 같은 '사고의 메타구성요소들(metacomponents of thinking)'이 전형적으로 요구된다고 이야기하였다.

앞서 우리는 실제적 지식이란 전문적 지식을 개발하고 습득한 것에 그치지 않고 일상에서 수행을 성공적으로 이끄는 지식이라고 정의하였다. 그렇다면 전문적 지식이란 무엇을 말하는 것일까? 실제적 지식에 대한 보다 깊은 이해를 위해서는 먼저 전문적 지식이 무엇을 말하는지 그 개념을 살펴보아야 한다. 학자들은 두 가지 방식으로 전문적 지식을 개념화하였다(Sternberg, 1994a, 1995a). 먼저 전통적으로 인식되어 온 관점은 그 분야의 지식 축적(knowledge-based)을 전문적 지식의 조건으로 보았다. 이러한 관점은 어떤 특정한 분야에 대해 많은 지식을 가지고 있는 사람을 전문가로 보는 관점이다. 이러한 관점에서 지식은 전문가가 되기 위한 필수조건으로 간주된다. 그 어느 누구도 그들의 분야에 대한 지식이 적은 의사, 변호사, 심리치료사들에 가길 원하지 않을 것이다. 하지만 지금까지의 논의처럼 우리는 직관적으로 지식의 축적이 전문적 지식의 필요충분조건이 아님을 알 수 있다. 지식 축적의 개념에 더해진 또 하나의 개념은 전문적 지식이 단순히 지식의 소유가 아니라 지식 축적을 기반으로 유연한 적용력과 활용력을 가진 것을 이야기한다는 것이다. 이러한 관점에서 전문가는 단순히 많이 알고 있는 것만을 의미하지 않는다. 일상과 작업 공간에서 성공적으로 일을 수행하기 위해 자신이 가지고 있는 지식을 활용하고 적용하여 재구성할 수 있어야 한다. 따라서 이 관점에서 지식은 전문가가 되기 위한 필요충분조건이 아니라 충분조건일 뿐이다. 아무리 방대한 지식을 가지고 있어도 이것을 활용할 수 없다면 그러한 지식은 아무런 쓸모가 없는 것이다.

이러한 실제적 지식이 일상에서 성공적으로 수행되기 위해서는 분석력, 창의력, 실제적 기술과 같은 세 가지 조건이 충족되어야만 한다(Sternberg, 1994a).

- 분석력: 주어진 상황이나 환경을 이해하는 능력
- 창의력: 성공적인 수행을 위하여 지식을 새로운 형태로 재구성하거나 만들어 내는 능력
- 실제적 기술: 다른 사람들에게 자신의 수행을 효과적이고 성공적으로 전달하는 능력

먼저 전문가들은 그들에게 주어진 문제를 분석하는 능력이 필요하다. 의사들의 경우 환자들의 아픈 곳을 찾기 위해 다양한 질병의 특수한 증상이나 증후를 가지고 분석을 한다. 음악인의 경우 악곡을 연주하는 데 기술적 요구를 충족시키기 위해 그들이 연주할 악곡을 분석한다. 또한 전문가들은 다양한 종류의 창의적 기술

을 활용하고 적용할 수 있어야 한다. 변호사들은 정해진 케이스가 없는 다양한 법적 소송에서 승소하기 위해 상황에 맞는 창의적인 법적 전략을 계획해야 한다. 과학자들 역시 아직 알려지지 않은 세계를 연구하기 위해 새로운 이론과 시험을 창조해야 한다. 마지막으로 전문가들은 실제적 기술을 필요로 한다. 성공한 의사들은 고객 관리의 기술이 필요하다. 다시 말해 환자에게 접근하는 방법, 그들을 편하게 하는 방법, 그들이 나을 수 있다는 확신을 가지도록 만드는 방법과 같은 지식적 측면이 아니라 대인관계와 같은 실제적 기술이 필요하다. 변호사들 역시 그들의 의뢰인들이 사실을 말할 수 있도록 분위기를 조성하고 그들이 승소할 수 있다는 확신을 가질 수 있도록 만드는 능력이 필요하다. 음악인들이나 예술가들 역시 자신이 표현하고자 하는 작품의 세계를 청중이 지루해하지 않고 끝까지 집중하여 들을 수 있도록 만드는 능력이 필요하다.

전문적 지식은 한 개인이 가지고 있는 특성이 아니라 다른 사람들에 의해 인식되는 방법으로서의 관점이다. 사람과 상황 사이의 상호작용과 같은 이런 경우에, 전문가란 어떤 그룹에 의해 전문가로 인정을 받는 일종의 자격증과 같은 것으로 볼 수 있다(Sternberg, 1994a). 이러한 인정이 없다면 그 사람은 전문적 지식을 일상에서 수행하기 어려울 것이다. 예를 들어 약조제에 대한 교육을 받았더라도 자격증이 없이는 약국을 개업할 수 없다. 법률을 공부한 사람이 자격증이 없이 그들의 고객들에게 표현할 수가 없다. 학구적 자격 증명서가 없는 과학자들은 연구소나 학구적인 직업을 가지기 어려울 것이다. 다음은 실제적 지식의 세 가지 조건이 어떻게 이루어지는지를 잘 보여 주는 사례이다.

> 우리가 일상에서 자주 접하게 되는 음악. 음악을 접하다 보면 자주 듣게 되는 이야기가 한 연주자의 곡을 다른 연주자가 연주하게 되면 똑같은 느낌이 나지 않는다고 한다. 다른 연주자에게 본 연주자와 똑같은 환경적 요인(악기, 세트장, 음향시설)을 갖추어 주고 똑같은 악보에 의해 똑같이 연주하게 해도 같은 느낌이 나지 않는다고 한다. 더 쉬운 예로는 아무리 노래를 잘 부르는 친구와 노래방을 가서 인기가수의 노래를 불러도 뭔가 어색함이 느껴진다. 이렇게 똑같은 곡을 연주하고 불러도 같은 느낌이 나지 않는 것은 아마추어와 프로의 차이 때문이다.

그렇다면 프로들이 한 곡을 최고의 수준으로 연주하기 위해서 어떠한 과정을 거칠까?

먼저 연주가들은 자신이 연주할 곡의 악보를 받고 악보에 그려진 음표들을 읽고 분석하게 된다. 이 곡은 어떠한 박자와 조성을 가지고 있는지, 어떤 형식을 사용하고 있는지와 같은 기초적인 정보에서 시작하여 악보에 그려진 음표들을 읽고 사용되는 기교들에 대해 파악하고 이해하는 과정을 거친다. 이것은 일차적인 정보에 대한 이해로, 만약 연주자가 악보에 그려진 대로만 연주한다면 다른 사람들에게 감동을 줄 수도 없고 악보를 보고 연주하는 일반인들과 다를 것이 없을 것이다. 그래서 연주자들은 자신이 악보에서 얻은 정보들을 이해하고 종합하여 자신의 느낌에 따라 곡을 적절하게 변형한다. 여기서 변형이란 악보를 바꾸는 것이 아니라 연주를 할 때 자신의 느낌에 따라 강약과 빠르기와 같은 요소들에 변화를 줌으로써 자신만의 느낌으로 곡을 재구성하게 된다. 주어진 악보대로 연주하는 것이 아니라 곡을 창의적으로 바꾸게 되는 것이다. 그리고 이러한 자신의 느낌으로 재창조된 곡은 많은 연습을 거친 후 무대에 올려지게 된다. 하지만 이렇게 악보에 대한 정확한 이해로 높은 수준으로 곡을 재구성하였다고 해도 무대에서 청중들에게 받아들여지는 것은 또 다른 차원의 것이다. 다시 말해 아무리 훌륭하게 만들어진 연주라 해도 청중이 그 곡을 재미있게 즐길 수 있는지 아니면 지루하게 느끼는지는 또 다른 차원의 문제라는 것이다. 우리는 라이브 가수라는 말을 자주 사용하는데 이러한 라이브 가수들은 자신들이 만든 곡들을 부를 때 적절한 무대 장치나 적절한 멘트 그리고 액션 등을 통해 청중이 지루하지 않게 자신의 음악을 즐길 수 있게 환경과 분위기를 만들어 준다. 그들은 정답이 있을 수 없는 청중과 호흡하는 방법을 경험이나 직감을 통해 잘 알고 있는 것이다(진주교육대학교 김지인 학생의 개인적 이야기, 2007. 6).

한 연주자가 자신의 음악을 청중과 호흡하여 연주하게 되는 것을 보여 주는 위의 사례는 전문적 지식이 어떻게 그리고 어떤 절차에 따라 이루어지는지를 잘 보여 주는 사례라고 할 수 있다. 곡에 대한 단순한 이해를 바탕으로 재구성한 높은 수준의 곡을 실제 연주장에서 청중에게 잘 전달할 수 있을 때 전문적 지식이 이루어지는 것이다. 그리고 이 세 가지 조건 중 어느 하나라도 충족되지 않으면 전문적 지식은 완성되지 않는다는 것을 알 수 있다. 왜냐하면 곡에 대한 정확한 이해 없이는 곡의 재창조도 일어날 수 없고 아무리 높은 수준의 곡이라 할지라도 청중에게 알리지 못한다면 의미를 가지지 못하기 때문이다.

3) 변화하는 사회

대안적 평가가 대두하게 된 또 하나의 배경은 사회의 빠른 변화와 함께 사회가 요구하는 인간상도 변화하게 되었다는 것이다. 미래 사회의 직업 시장에 대한 요구 분석을 시도한 연구자들은 기존의 학교 교육과정과 수업 그리고 평가 방법으로는 미래에 요구되는 산업 인력을 만들어 낼 수 없다고 지적하면서 그 해결책으로서 새로운 학교 교육의 목표 정립과 함께 학교에서의 학습자 평가 방법을 변화시켜야 한다고 제언하고 있다(Carnevale, Gainer, & Meltzer, 1996). 그러한 대표적인 주장들의 예를 살펴보면 다음과 같다.

첫째, 미국 교육과정과 장학 연합회(1993)는 미국의 학생들이 배워야 할 새로운 평생학습의 성취기준으로서 다음과 같은 능력을 강조하였다.

복잡한 사유 능력	정보처리 능력	효과적인 의사소통 능력	협동심	사유의 습관

둘째, 미국 학교행정가협회(Association of American School Administrators)는 21세기에 미국의 학생들이 배워야 할 기술들로서 의사소통 기능, 비판적 사고, 추론, 문제 해결 기능, 적응력과 유연성, 정보 해석과 적용 능력, 갈등 해결과 교섭 능력을 예로 들었다(Uchida, 1998).

변화하고 있는 사회의 요구에 맞춰 교육의 역할 또한 새로운 방향과 역할을 정립해야 한다. 여기에 교육의 역할에 대해 심각하게 다룬 미국의 노동부에서 발표한 '미국노동시장 미래 보고서'와 'SCANS 보고서' 두 보고서가 있다. 이 두 보고서를 통해 사회가 어떻게 변해 가는지, 변화하는 미래 사회에 맞춰 어떠한 교육이 이루어져야 하는지 그리고 우리의 교육과 교육과정은 어떠한 방향으로 나아가야 하는지 살펴보도록 하자.

미국노동시장 미래 보고서

(National Center on Education and the Economy, 2006)

미국노동시장 미래 보고서는 현대 사회로 접어들면서 미국이 경험하게 된 위기의 상황과 이러한 위기 상황을 극복하기 위한 방안에 대한 보고서이다. 이 보고서에서 강조하고 있는 미국이 처한 위기 상황은 현재 한국 사회가 겪고 있는 혹은 한국 사회가 머지않아 겪게 될 내용이라는 점에서 의미가 있다. 그리고 이 보고서는 미래 사회에 가장 큰 부가가치를 창출할 수 있는 기술 개발을 위한 경쟁력으로 창의성 계발을 들고 있는데, 이 창의력은 자원의 부족이라는 특수한 상황에 놓여 있는 한국이 세계 시장에서 살아남을 수 있는 유일한 대안이라는 점에서 그 가치를 지니고 있다.

(1) 미국이 처한 위기

이 보고서는 현대 사회에 접어들면서 미국 사회가 겪고 있는 위기의 상황을 다음과 같은 네 가지 상황으로 인식하고 있다.

저임금 국가와의 경쟁	미국 학생들의 국제 경쟁력 약화	세계 노동자들과의 경쟁과 아웃소싱	노동력의 자동화

① 저임금 국가와의 경쟁

미국이 처한 첫 번째 위기 상황은 임금이 싼 국가들에서 물품이 생산되고 있는 세계 경제 속에서 미국이 처하게 된 위기 상황이다. 1990년대, 세계 경제의 국제화가 진행되면서 세계의 모든 나라들은 높은 기술력과 저임금 둘 중 하나를 선택해야만 하는 상황에 봉착하게 되었다. 전 세계의 시장에서 제조업과 같은 높은 기술을 필요로 하지 않는 단순 노동은 임금이 싼 나라에서 행해지게 되었다. 따라서 임금이 높은 미국 사회에서 물품을 생산한다는 것은 경쟁력을 상실하게 됨을 의미하게 되었다. 따라서 미국이 세계 경쟁 시장에서 살아남기 위해서는 고부가가치의 물품과 서비스 시장 개발에 주력해야만 한다.

② 미국 학생들의 국제 경쟁력 약화

미국이 처한 두 번째 위기 상황은 미국 학생들의 상대적인 학력 저하로 인한 국제 경쟁력 약화이다. 20세기 초 미국은 고등교육을 받은 노동자를 많이 가진 나라로서 자긍심이 대단하였다. 하지만 지난 30년 동안 많은 국가들의 고학력 노동자 종사 비율이 미국을 능가해 왔다. 또 미국의 국제적인 경쟁자인 다른 선진국들이 교육에 투자하여 학생들이 더 좋은 교육을 받는 동안, 미국의 학생들과 젊은이들은 수학, 과학, 언어 능력과 같은 부분에서 중하위권을 차지하고 세계 교육 성적 일람표에서 상대적인 순위가 점점 내려가고 있다. 그리고 과거 전 세계 대학생 졸업자의 30% 이상이 미국 출신이었던 것에 비해 지금은 14%로 떨어졌고, 그 수치가 계속해서 떨어지고 있다. 즉, 미국 학생들의 국제 경쟁력이 점점 떨어지고 있는 것이다.

③ 세계 노동자들과의 경쟁과 아웃소싱

미국이 처한 세 번째 위기 상황은 디지털 매체의 발달로 인한 세계 노동자들과의 경쟁과 아웃소싱이다. 요즘 대부분의 일상생활이 디지털화되었다고 해도 과언이 아니다. 사소한 편지부터 기술서적, 개인의 엑스레이와 같은 정보까지 인터넷을 통해 거리와 시간에 상관없이 주고받을 수 있는 시대가 되었다. 고용주들도 자리에서 움직일 필요 없이 전 세계의 노동자들과 만날 수 있게 되었다. 이는 여러 기술 수준에서 미국 노동자들이 전 세계 곳곳의 노동자들과 경쟁해야 함을 의미한다. 즉, 미국의 노동자보다 더 높은 기술력을 갖춘 저임금 노동자를 고용주들이 손쉽게 구할 수 있다는 것이다. 또 오늘날의 시장 경제 흐름은 과거 상품의 재료부터 판매시장 개척, 소비자 손에 들어가기 전까지 모든 과정을 회사에서 주도하는 것과는 반대로 비용 절감과 효율성 증대를 목적으로 외부 용역이나 부품으로 대체하는 아웃소싱이 증가하는 추세이다. 이러한 방법으로 미국인 노동자들이 하던 많은 일들이 노동력이 더 저렴하면서도 더 뛰어난 능력을 가진 다른 국가의 노동자들에게로 아웃소싱될 것이다.

④ 노동력의 자동화

미국이 처한 네 번째 위기 상황은 생산 과정의 자동화이다. 빠르게 발전하는 기술로 인해 사람들이 행하던 많은 일들이 운영비가 싼 자동화된 기계들에 의해 대체될 것이다. 좀 더 정확히 말해 사람들이 판에 박힌 듯 반복하는 일들이 기계에 의해 자동화될 것이다. 이는 이 범주에 속하는 임금이 좋은 중간계급의 많은 일들이 빠르게 자동화되어 일자리를 잃게 됨을 의미한다.

(2) 새로운 경제의 흐름

이 보고서의 핵심은 그림에서 알 수 있듯이 교육 시스템과 환경의 개선을 통한 개인의 창의성 계발이다.

[그림 1-5] 새로운 흐름

앞에서 제시한 미국이 처한 위기 상황에서 미국 노동자들이 현재 수준의 삶을 유지하기 위해서는 고부가가치의 산업에 빠르게 적응하여 경쟁력을 갖추어야 한다고 지적하였다. 그리고 이러한 경쟁력의 핵심을 창의성의 계발로 보았다. 이 보고서는 고부가가치 기술의 핵심인 창의성 계발을 위해서는 교육 시스템의 구조적인 개선을 통한 창의성 계발의 기틀을 마련해야 한다는 점을 지적하고 있다. 아울러 실제 교육 현장의 개선을 통해 창의적 인재 양성이 이루어져야 함을 시사하고 있다. 이러한 국제 경쟁력은 다음과 같은 네 단계를 거쳐 길러지게 된다.

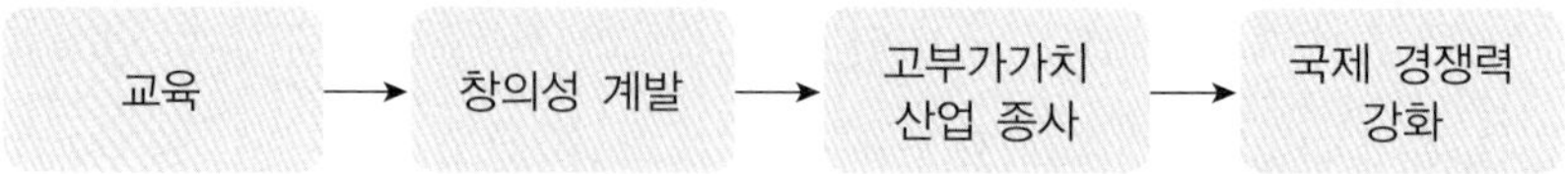

[그림 1-6] 국제 경쟁력의 네 단계

특히 이 보고서는 고부가가치 산업은 기술력이 아닌 창의성에 달려 있음을 강조하였다. 이전에 한 번도 사용되지 않았던 것들을 어떻게, 어떤 용도로 사용해야 할까 상상하는 사람들, 재치 있는 마케팅을 기획하는 사람들, 책을 쓰는 작가, 판매 광고를 만드는 사람들을 이 시대는 요구하고 있다. 따라서 앞으로의 삶에서 창의성과 혁신은 좋고 편안한 삶을 위한 열쇠이다. 이를 위해서는 읽기, 쓰기, 말하기, 수학, 문학, 역사, 문화 등의 분야에 대한 높은 수준의 지식이 바탕되어야 한다.

따라서 학교교육의 방향 또한 창의력을 길러 주는 방향으로 나아가야 한다. 이러한 창의력은 지식, 창의적 생각, 동기의 세 가지 구성요소를 따르고 이 구성요소들의 상호작용에 의해 길러진다.

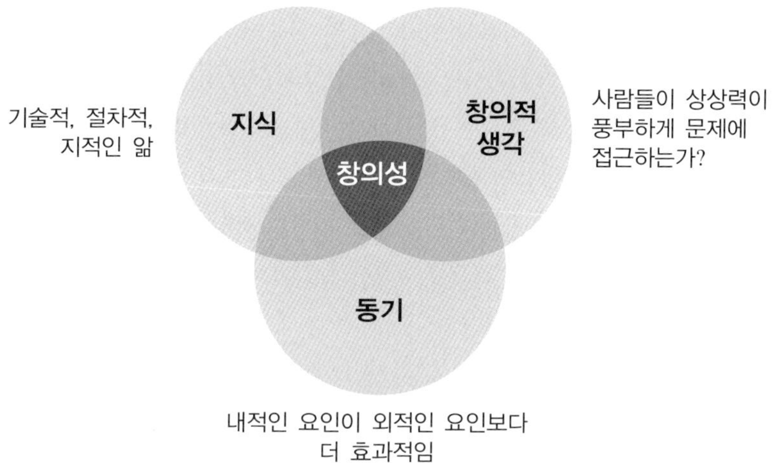

[그림 1-7] 창의성의 세 가지 요소

'전문적 지식'은 기술적이고 절차적이며 지식이다. 이러한 전문적 지식은 한 분야에서 집중적으로 오랜 기간동안 종사함으로써 경험에 의하여 얻어지는 지식이다. 이러한 전문적 지식은 창의성과 관련된 더 넓은 관점과 다양해진 흥미를 새로운 방법으로 다른 요소와 결합시키는 능력의 바탕이 된다. 그리고 '창의적 생각의 기술'은 문제에 대해 유연성 있고 상상력 있게 접근하는 방법을 의미한다. Amabile은 '다른 이와의 불일치와 현상유지로부터 벗어나는 해결책을 찾으려는 시도', '다른 분야와의 지식의 결합', '어려움과 불황 속에서의 끈기 있는 노력', '노력으로 새로운 가능성을 얻어내는 능력'이라고 이야기하였으며 Sternberg는 '문제 상황을 효과적으로 재정의하고 비판적 사고로 자신의 가치를 발견하여 실제 상황에 적용시키는 능력'으로 정의하였다. 또한 '동기'는 내재된 열정과 일에 대한 흥미를 의미한다. 동기에는 외재적 동기와 내재적 동기가 있는데 여기서 말하는 동기는 내재적 동기이다. 다시 말해 보상이나 처벌과 같은 외부적 동기 요인에 의해 일어나는 호기심이 아니라 자발적인 관심과 노력에 의해 생겨나는 마음의 호기심을 이야기한다. 이러한 내재적 동기의 유발은 긍정적 사고를 강화시키고 문제 상황을 해결하려고 함으로써 자기 스스로 창조적인 과정을 만들기 때문에 독창적이면서 창의적 사고를 만들어 낸다.

따라서 미래의 교육은 지적 전문성과 창의성 그리고 내적 동기를 강화하는 방향으로 나아가야 한다. 그리고 이 세 가지 요소들을 교육함으로써 미국 학생들이 기술 집약적인 고부가가치를 창출하는 생업에 종사하고, 이러한 고부가가치 산업에 종사함으로써 미래 국제 시장에서 경쟁력을 갖춘 노동자가 될 수 있다고 이야기하고 있다.

마지막으로 이 보고서는 이러한 위기 상황을 극복하고 난 이후의 미국 산업 사회의 미래상을 고부가가치 산업의 종사로 그리고 있다. 즉, 앞서 언급하였던 저임금의 생산과 고부가가치 산업의 선택 중 후자를 선택해야 함을 강조하였다. 그리고 세계 경제 시장에서 미국의 고부가가치 산업을 그리고 단순한 노동이나 기계에 의한 작업은 상대적으로 임금이 낮은 국가에서 생산되는 구조로 재편되어야 한다고 이야기하고 있다. 개선 이후 전형적인 미국 산업의 미래상은 다음 그림과 같다.

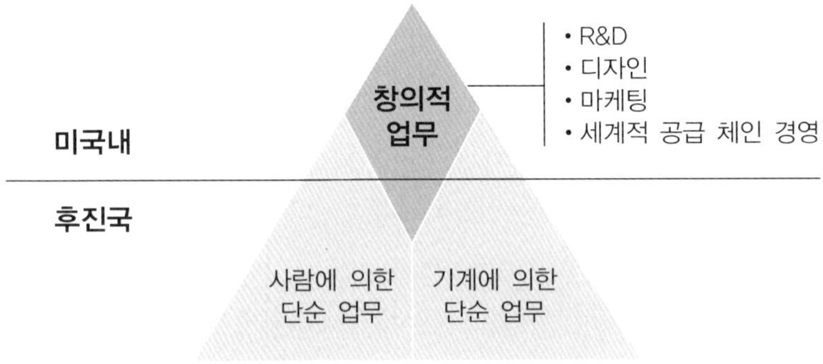

[그림 1-8] 미국 산업의 미래상

SCANS 보고서(US Department of Labor, 1991, 1995)

1990년대 이후 미국의 학교 개혁과 평가 개혁의 방향을 정립하는 데 기여한 미국의 노동부 보고서 SCANS(The secretary's commission on achieving necessary skills)는 21세기 미국의 학생이 배워야 하는/도달해야 하는 교육 목표를 크게 세 가지로 제창하였다.

기초 기술의 습득	사유 기술	정서적 발달

특히 이 보고서는 21세기에 필요한 학교의 학습 결과로서 학생들이 습득해야 하는 탐구 기술로 두 번째 사유 기술을 강조하고 있는데 그 내용은 다음과 같다.

창의적 사고	의사결정	문제 해결	다양한 상징과 정보의 조직과 처리	학습 방법의 학습	추론

미래 사회가 요구하는 인간을 규명하는 데 있어 가장 대표적인 예인 SCANS 보고서는 미래의 직업 수행에 필요한 일터에서의 실제적 지식을 규명한 보고서이다. 이 보고서는 숙련된 노동자들이 자신의 일을 효율적으로 수행하기 위해, 자신을 생산적이고 창조적으로 만들기 위해 사용해야 할 '다섯 가지 능력'과 이러한 다섯 가지 능력을 만족시키기 위해 기초가 되는 '세 가지 기본 능력'으로 미래 인간의 자격 요건을 제시하였다.

과거 사회가 요구하는 일을 잘하는 인간은 주어진 일을 기계적으로 정확하게 하는 인간이었다. 또한 사회는 주어진 문제에 대해 어떠한 이의를 달지 않고 시키는 대로 완벽하게 일처리를 하는 것을 요구하였다. 때문에 학교교육에 있어서도 정해져 있는 명백한 해답을 기억해야 높은 점수를 받지 정해져 있는 답에서 벗어나거나 이 답에 이의를 제기하는 학생들은 학교 수업을 제대로 이해하지 못한 수준 낮은 학생들로 간주하였다. 하지만 미국 노동부 보고서에서 보듯이 오늘날은 과거의 능력만으로는 능력 있는 사람이 되지 못한다. 노동부 보고서에서는 과거 중요하게 생각하였던 지식 습득에 대한 어떠한 언급도 있지 않다. 주어진 문제를 자신이 가지고 있는 자원을 활용하고 적절한 정보를 선택하여 적용하는지 등 과거와는 전혀 다른 능력을 요구하고 있다.

자원	대인관계 기술	정보	시스템	기술

미국 노동부가 제시한 다섯 가지 능력 중 첫째는 자원이다. 이는 자신이 취할 수 있는 자원이 무엇인지를 인지하고 이들을 효과적으로 조직하여 문제를 해결하는 데 사용할 수 있어야 함을 나타낸다. 자원에는 시간, 돈, 재료와 시설, 인적 자원이 있다. 여기에서 시간, 돈, 재료와 시설 등을 충분히 가지고 있는 능력을 말하는 것이 아니다. 이들이 어떠한 문제를 해결하는 데 부족하더라도 자신이 가지고 있는 자원을 충분히 활용하여 문제를 효율적이고도 효과적으로 해결할 수 있는 능력을 말한다.

둘째는 대인관계 기술이다. 집단 구성원으로서 어떻게 하면 집단에 적응하고 다른 구성원들과 생긴 갈등에도 유연하게 대처함으로써 집단의 화합에 도움이 되는지, 상대적으로 우수한 기술과 능력을 다른 사람들에게 어떻게 효과적으로 나누어 줄 수 있는지 등과 관련된 능력이다.

셋째는 정보와 관련된 능력이다. 필요한 정보를 생각해 내고 정리되지 않은 거친 정보를 가치 있는 정보로 다시금 구성하여 적절한 곳에 사용할 수 있는 능력을 말한다.

넷째 능력인 시스템은 사회나 집단의 복잡한 구조를 이해할 수 있는 능력이다. 시스템은 집단의 구조에 대한 이해에서 시작하여 이러한 구조를 보다 효율적이고 생산적으로 발전시키고 재구성할 수 있는 능력을 이야기한다.

다섯째는 다양한 기술을 사용할 수 있는 능력이다. 필요한 기술을 습득하는 것뿐만 아니라 자신이 가지고 있는 기술을 과제 해결에 적용하는 것을 말한다. 또한 이러한 기술의 수정·보완의 필요성을 감지하고 이를 개선할 수 있어야 한다.

SCANS 보고서에 제시한 인간의 다섯 가지 능력을 다음 표에 정리, 요약하였다.

SCANS 보고서에서 제시한 인간의 다섯 가지 능력

자원(Resources): 자원을 규명하고 조직하는 능력, 자원을 효율적으로 구성하는 능력, 자원을 배분하는 능력

a. 시간(Time): 목표와 관련된 활동을 선택하는 능력, 그들을 중요성에 따라 우선순위를 부여하고 시간을 배분하는 능력, 계획을 세우고 수행하는 능력
b. 돈(Money): 활동에 필요한 예산을 마련하고 사용하는 능력, 예산을 짜는 능력, 출납을 정리하는 능력, 목적을 충족시키기 위해 예산을 조정하는 능력
c. 재료와 시설(Material and Facilities): 재료나 공간, 시설을 효율적으로 사용하고, 습득하고 저장 배분, 사용하는 능력
d. 인적자원(Human Resources): 업무를 적절하게 할당하고 배분하는 능력, 수행을 평가하고 적절한 피드백을 주는 능력

대인관계 기술(Interpersonal Skills): 다른 사람들과 함께 일하는 능력

a. 팀의 구성원으로서 참가하는 능력(Participates as Member of a Team)
b. 다른 사람들에게 새로운 기술을 가르치는 능력(Teaches Others New Skills)
c. 고객에게 봉사하는 능력(Serves Clients/Customers)
d. 리더십 활동(Exercises Leadership): 다른 사람에게 자신의 합리적인 의견을 제시하여 설득하고 토론하는 능력, 기존의 방침과 절차에 합리적으로 저항하는 능력

(계속)

대인관계 기술(Interpersonal Skills): 다른 사람들과 함께 일하는 능력

e. 협상하는 능력(Negotiates)
f. 다양성 속에 일하는 능력(Works with Diversity): 다른 가치관이나 배경을 가진 사람들과 함께 원만하게 지내며 일하는 능력

정보(Information): 정보를 습득하고 사용하는 능력

a. 정보를 습득하고 평가하는 능력(Acquires and Evaluates Information)
b. 정보를 조직하고 보존하는 능력(Organizes and Maintains Information)
c. 정보를 해석하고 전달하는 능력(Interprets and Communicates Information)
d. 정보를 얻기 위해 컴퓨터를 사용하는 능력(Uses Computers to Process Information)

시스템(Systems): 복잡한 내부 구조를 이해하는 능력

a. 조직 구조 이해(Understands Systems): 사회 기술적으로 조직이 어떻게 작동되고 구성되어 있는지 이해하는 능력
b. 시스템의 구조를 관찰하고 개선할 수 있는 능력(Monitors and Corrects Performance)
c. 시스템을 보다 발전시키고 디자인할 수 있는 능력(Improves or Designs Systems)

기술(Technology): 다양한 기술을 사용하여 일하는 능력

a. 기술의 선택(Selects Technology): 수행에 적합한 연장이나 도구를 고르는 능력
b. 작업에 기술을 적용하는 능력(Applies Technology to Task)
c. 장비를 보조하고 수리할 수 있는 능력(Maintains and Troubleshoots Equipment)

이러한 다섯 가지 능력은 현대 사회의 다양하고 복잡한 문제들을 해결하는 데 도움이 된다. 지식의 저장과 인출, 기계적인 문제 해결의 모습은 더 이상 이러한 문제를 해결하기에는 역부족이다. 다양한 사회, 급속하게 변화하는 사회에서는 문제를 인식하고 필요한 자원을 수집하고 집단들끼리 원만하게 의논하여 필요한 정보를 수집하고 적용하는 등의 모습이 필요하다. 때문에 학교에서도 이러한 능력을 길러 주기 위해서 교과 내용 위주의 경직된 수업과 수업에서 배운 내용을 얼마나 잘 알고 있는지를 확인하는 평가는 의미를 차츰 잃어 가고 있다. 대신에 다양한 아이디어들을 사용하여 다양한 문제 해결의 모습이 나올 수 있게 개방적인 수업과 평가가 필요하다. 특히, 이러한 과거의 지필평가 위주의 전통적 평가로는 학생들이 변화한 사회에 필요한 능력을 검증하고 이를 피드백해 주기에는 역부족이다. 때문에 학생들이 새로운 사회에 필요한 능력을 갖고 사회인이 되기 위해서는 대안적인 평가 방법이 필요하다.

이러한 다섯 가지 능력을 생산적이고 효과적으로 사용하기 위해 필요한 기초적인 능력이 있다. SCANS 보고서에서 제시한 세 가지 기초 능력과 그 내용은 다음과 같다.

SCANS 보고서에서 제시한 세 가지 기초 능력

기초 기술(Basic Skills)

a. 읽기(Reading)
b. 쓰기(Writing)
c. 산수/수학(Arithmetic/Mathematics)
d. 듣기(Listening)
e. 말하기(Speaking)

사고 기술(Thinking Skills)

a. 창의력(Creative Thinking)
b. 결정력(Decision Making)
c. 문제 해결력(Problem Solving)
d. 마음의 눈으로 사물을 보는 것(Seeing Things in the Mind's Eye)
e. 추리력(Reasoning)

개인적 자질(Personal Qualities)

a. 책임감(Responsibility)
b. 자부심(Self-Esteem)
c. 사교성(Sociability)
d. 자기관리(Self-Management)
e. 성실/정직성(Integrity/Honesty)

첫째, 기초 기술이다. 기초 기술은 읽기, 쓰기, 산수/수학, 듣기, 말하기이다. 이러한 기초 기술은 사람들이 어떠한 문제를 해결할 때 기본적으로 필요한 기술이다. 이들 중 어느 하나를 하지 못한다고 하여 문제를 해결할 수 없는 것은 아니다. 하지만 이들 기술을 고루 갖추고 있을 때 다른 사람들보다 확률적으로 문제를 더 잘 해결할 수 있다. 둘째, 사고 기술이다. 사고 기술은 창의력, 결정력, 문제 해결력, 마음의 눈으로 사물을 보는 능력, 추리력이다. 기초 기술에 사고 기술까지 더해지면 질적으로 우수하게 문제를 해결할 수 있다. 읽기에 창의력, 추리력과 같은 사고 기술이 더해지면 비판적 읽기, 창의적 읽기가 가능하다. 셋째, 개인적 자질이다. 개인적 자질은 책임감, 자부심, 사교성, 자기관리, 성실/정직성이다. 앞의 두 가지 기술만으로 문제를 잘 해결할 수 있다. 하지만 책임감, 자부심, 사교성 등 개인적 자질이 있다면 문제를 보다 유연하고도 효과적으로 처리할 수 있다. 어떤 사람이 앞의 두 가지 기술을 바탕으로 일을 완벽하게 처리하였다. 하지만 이 사람이 다른 사람보다 책임감이 뛰어나다면 끝낸 작업을 한 번 더 훑어볼 것이고 이를 통해 일을 더 훌륭하게 완수할 수 있을 것이다.

앞서 살펴본 것처럼 오늘의 사회가 요구하는 인간은 수동적인 문제 해결자가 아니라 능동적으로 주어진 문제를 슬기롭게 해결할 수 있는 능력의 소유자이다. 이에 학생들을 바라보는 관점 또한 변하였다. 전통적 평가에서는 학생들을 수동적인 지적 수해자로 본 반면 대안적 평가에서는 학생들을 능동적인 지식 구성자로 본다. 스스로의 작업을 충분히 객관적으로 볼 수 있으며 문제가 있을 때는 개선해 나가는 자기 앎 조절이 가능하다. 때문에 학생들은 스스로도 자신의 수행에서 잘한 점과 문제점을 지적하고 판단할 수 있다. 이에 과거 전통적 평가에서는 평가 주체가 학생은 절대 될 수 없는 데 반해 대안적 평가에서는 교사의 평가뿐만 아니라 학생들의 자기평가 또한 평가의 한 영역이 되었다.

아울러 현대 학교교육에서 평가 방법의 개혁을 주장한 학교 개혁가인 Wehlage 외(1996)는 아이들에게 진정 필요한 능력이 무엇인지에 대해 논의하면서 학교에서 일반화되어 왔던 지필평가의 문제점을 다음과 같이 지적하였다.

> 직업 세계에서 성인이 하고 있는 일의 성격은 지식을 단순히 재생산하게 하기보다는 구성하거나, 생산해 내는 것, 그리고 그러한 지식을 언어의 형태로 표현하고, 구체적 산물(가구, 다리, 비디오, 조각)을 만들거나, 청중을 위하여 공연(음악, 연극, 체육)하는 것이다. 그러나 지금까지 학교교육은 학생이 졸업하면 맞이하게 될 직업 세계의 일을 준비시켜 주지 않았다. 오히려 전통적인 교과 내용 중심의 교육과정, 수업 그리고 평가는 다른 사람이 만들어 놓은 정의, 내용, 수행이 어떤 것인지를 이해하는 것만 강조하였다. 그러한 점에서 기존 지식의 단순한 재생산에 대한 지나친 강조는 직업 세계의 적응력을 길러 주지 못한다.

이외에도 Costa와 Kallick(2000)은 미래 사회에서 학생들이 습득해야 할 사유의 습관을 세밀하게 규명해 주었고 콜로라도 주의 오로라 교육국(2001)은 미래의 학습자가 성취해야 하는 평생학습 기준을 미국 최초로 제창하고 이 기준에 근거하여 새로운 교육과정과 수업, 평가 방법을 개발하는 실험적 작업을 하였다(Aurora School District, 2001).

앞서 언급한 학자들의 연구 이외에도 오늘날 사회에서 성공적인 삶을 살기 위해서 어떤 능력을 지녀야 하는지에 대한 연구는 다양하게 이루어져 왔고 이들의 연구 결과로 구체적인 능력들이 제시되었다. 그러한 능력은 과거 전통적인 사회에서의 능력과 확연히 다른 성격을 지니며 달라진 능력을 학생들에게 길러 주기 위해서는 교육 방법뿐만 아니라 새로운 교육 평가 또한 모색해야 한다.

4) 학교교육의 새로운 목표

대안적 평가가 대두하게 된 네 번째 배경은 새로운 학교교육 목표의 등장이다. 전통적 학교교육의 목표는 '얼마나 더 많이 알고 있는가?'로 요약된다. 그러나 많은 학자들은 빠르게 변화하는 환경에서 '아는 것'만으로 미래 사회에 대처하기는 힘들다고 비판한다. 여기서는 Sternberg가 제시하는 네 가지 인간의 전형과 Marzano의 신교육목표 분류를 통해 미래의 학교가 추구해야 하는 목표가 무엇인지에 대해 이야기할 것이다.

(1) 네 가지 인간 전형

Sternberg는 미래 사회에 만들어질 수 있는 미래의 인간 전형을 걸어다니는 백과사전 전형, 비판적인 사상가 전형, 성공적으로 지능이 높은 사상가 전형, 현명한 사상가 전형 네 가지로 정의하고, 미래의 학교가 추구하는 인간의 전형은 현명한 사상가 전형이 되어야 한다고 이야기하였다.

이러한 미래의 인간 전형에 대한 예측 작업은 현재의 교육이 어떤 방향으로 가야 할지를 보여 준다. 왜냐하면 현재의 학교 교육의 목표와 평가를 어떻게 하느냐에 따라 만들어지는 인간형이 달라질 뿐만 아니라 그에 따라 미래 사회의 모습이 결정되기 때문이다. 즉, 미래의 인간 전형을 결정하는 것은 교육에 의한 선택적인 작업인 것이다. 따라서 어떤 전형이 미래를 이끌어 가길 바라는가에 따라 우리의 미래가 결정될 것이고 그 미래를 결정하는 것은 현재 우리가 어떤 교육의 목표와 평가를 선택하느냐에 따라 달라진다. 이에 Sternberg가 논한 네 가지의 미래 인간 전형을 고찰해 봄으로써 어떤 미래를 선택해야 하는지를 결정할 수 있을 것이다. Sternberg는 네 가지 미래 인간 전형을 제시하였는데 이들은 네 가지 수준으로 이루어져 있으며 앞 수준의 인간 전형은 다음 수준의 인간 전형보다 낮은 차원을 의미한다. 즉, 뒤의 수준은 앞의 수준을 만족시키면서 거기에 어떠한 긍정적 요소가 더해진 것이다. 따라서 뒤의 수준은 앞의 수준보다 한 단계 높은 수준의 인간 전형이라고 보면 된다.

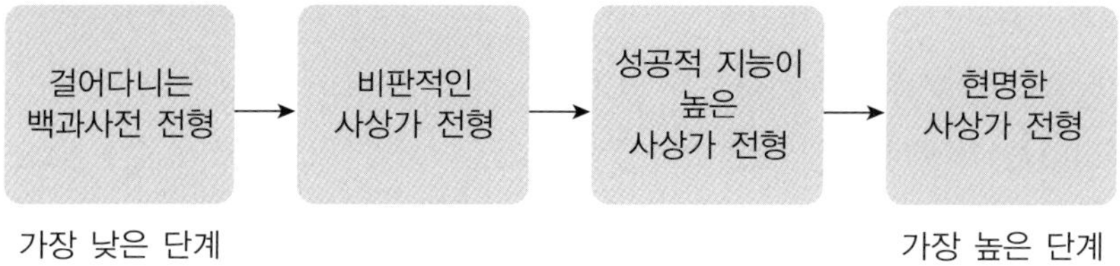

[그림 1-9] Sternberg가 정의한 미래 사회의 네 가지 인간 전형

Sternberg가 제시한 네 가지 인간 전형을 살펴보면, 첫째, 걸어다니는 백과사전 전형이다. 이 전형은 세계의 대부분 아이들이 직면하는 미래로서 현 교육이 맹목적인 암기를 강조할 때 만들어질 수 있는 전형이다. 이러한 인간 전형을 만드는 학교에서는 얼마나 많은 지식을 빠른 시간 내에 암기하느냐를 강조한다. 그래서 암기하는 방법과 암기한 내용을 끊임없이 평가로 검증하고 이를 통해 잘하고 못함의 정도에 따라 서열을 매긴다. 때문에 인간이 기본적으로 가지고 있을 그리고 은근히 주입되어 왔던 경쟁 심리로 인하여 다른 사람보다 더 많이 더 빠르게 암기하고자 한다. 둘째, 비판적 사상가 전형이다. 이 전형은 걸어다니는 백과사전 전형보다 한 단계 높은 수준의 전형이다. 이 전형은 비판적 사고를 할 수 있기 때문에 편향되거나 잘못된 이념에 휩쓸리는 잘못을 쉽게 범하지 않는다. 또한 그들은 문제를 이해할 수 있고 일련의 단계에 따라 해결 과정을 분석할 수 있기 때문에 문제 해결에 있어서도 뛰어난 능력을 발휘한다. 하지만 이 전형의 사람들은 비판적 사고에는 뛰어나지만 창의적이고 실용적인 사고 기술은 부족하다. 문제를 보다 현명하게 해결하기 위해서는 비판적 사고뿐 아니라 창조, 발명, 발견, 탐험, 상상, 추측할 수 있는 능력 또한 필요하다. 셋째, 성공적으로 지능이 높은 사상가 전형이다. 이 전형은 개인적 만족과 국가적 업적을 위해 중요하다. 그러한 사상가들은 새로운 생각을 낳는 창의적 기술을 가지고 있다. 그리고 그것들이 죽은 생각인지 아닌지 알기 위한 분석 능력도 가지고 있다. 또한 어떻게 그 생각을 이행하며 그들 생각의 가치를 다른 사람들에게 설득시킬 수 있는지도 알고 있다. 넷째, 지혜로운 인간 전형이다. 이 전형은 창조이기는 하나 지혜로운 창조이다. 동일하게 주어진 문제를 창조적으로 해결하는 것과 지혜로운 창조의 힘으로 해결하는 것은 다르다. 예를 들어 주어진 문제를 분석하고 이에 대한 창의적 대안을 제시하는 것은 둘 다 가능하지만 이

러한 대안들을 마련하거나 대안을 적용함에 있어 보다 현명하고 지혜로운 판단을 가능케 하는 것은 지혜로운 창조의 힘이다.

과거에는 산업이 크게 발달하지 못하였고 그 산업들이 요구한 것이 단순한 능력과 기계적인 작업이었다. 즉, Sternberg가 제시한 첫 번째 인간 전형을 원하였다. 그리고 산업혁명 이후로 사회가 급속히 발전을 거듭하면서 사회는 조금씩 그 단순함을 벗어던졌다. 때문에 이러한 사회를 살아가는 사람들은 조금 더 복잡한 상황에 처하게 되었고 이런 사회적 상황에 적응하기 위해 주어진 문제 사태를 자신의 삶에 적극적이고도 비판적으로 투영하는 것이 필요하였다. 이에 문제 사태를 비판적으로 바라보고 이에 대한 대안을 모색하는 태도가 필요해졌고, 이런 태도를 가진 인간 전형이 바로 '비판적 사상가'이다.

과거에 추구하던 인간 전형이 '걸어다니는 백과사전', '비판적 사상가'였기 때문에 학교의 교육 목표 또한 이러한 인간 전형을 만들기 위한 내용으로 설정되었고 평가도 이러한 전형들이 가진 능력을 확인하고 향상시키기 위한 것으로 전통적인 지필평가가 제격이었다. 하지만 오늘날은 과거처럼 단순하고 기계적인 사고, 비판적인 사고만으로 잘 살 수 있는 사회가 아니다. 다양한 사상과 물질이 난무하고 있으며 이로 인해 문제들 역시 굉장히 복잡하다. 이러한 사회에는 더 이상 지식을 많이 암기하고 있다거나 사태를 비판적으로 생각하는 것만으로는 통하지 않는다. 오늘날의 사회, 그리고 더 복잡해질 미래 사회에 필요한 것은 문제 사태를 자신에게 맞게 재정의하거나 탄력적 사고로 바라보며 문제를 지혜롭게 해결하는 사람이다. 즉, Sternberg가 제안하였던 '성공적으로 지능이 높은 인간 전형'과 '지혜로운 인간 전형'이 필요한 사회가 되었다.

학교의 평가는 학교의 교육 목표에 의해 결정된다. Sternberg가 논의하였던 네 가지 인간 전형을 통해 우리는 과거 전통적 평가를 통해 검증하고 성장할 수 있었던 전형이 백과사전 전형과 비판적 사상가 전형이었다는 것을 알 수 있다. 그리고 미래 사회가 요구하는 새로운 인간 전형을 만들기 위해서 전통적 평가로는 한계가 있다는 것을 직감할 수 있다. 새로운 인간 전형을 만들기 위해 새로운 교육, 새로운 평가가 반드시 필요하다.

(2) 신교육목표 분류학

학교의 새로운 교육 목표 변화에 큰 영향을 끼친 또 하나의 논의는 Marzano가 정의한 '신교육목표 분류학' 이다. 전통적 평가는 Bloom에 의해 만들어진 교육목표 분류학을 이론적 근거로 기술하였다. Bloom의 교육목표 분류학에 근거하여 만들어진 전통적 평가는 사회의 실제적 지식의 구체적 산물이 아닌 지식적 측면을 강조하였다.

하지만 앞서도 언급하였듯이 오늘의 사회에서는 한 사람이 알고 있는 지식의 양이 중요한 것이 아니다. 정보가 흘러넘치는 오늘날 지식의 양은 너무나 방대해서 한 사람이 모든 정보를 알 수도 없으며 그러한 정보를 기억한다는 것은 더 이상 불가능하게 되었다. 따라서 오늘날 인간에게 요구되는 능력은 수많은 정보의 홍수 속에서 자신이 필요로 하는 정보를 찾아낼 수 있는 능력과 이를 통해 수집한 자료와 정보를 종합하고 분석하여 자신의 실제 상황에 적용할 수 있는 능력이라고 할 수 있다. 이를 위해서는 자기가 알고 있는 것을 재정의하고 이를 실제 생활과 일상에서 적용할 수 있는 능력이 더 중요하다. 알고 있는 것을 재정의한다는 것은 자신만의 새로운 지식을 구성한다는 것이다. 또한 재정의를 통해 의미 없는 지식인 경우 과감하게 버릴 수도 있어야 하고 이를 대체할 새로운 지식을 찾아 적용할 수 있어야 한다. 이러한 지적 능력은 보다 높은 수준의 수행과 고차원적 사고 기술의 습득도 가능하게 한다.

이런 앎과 능력에 대한 새로운 정의는 Marzano의 신교육목표 분류학에 투영되어 있다. Marzano는 신교육목표 분류학을 통해 세 가지 사고 체제, 즉 인지, 메타인지, 자기 사고 체제를 여섯 가지 수준으로 설명하였다. 인지 체제는 다시 인출, 이해, 분석 및 지식 활용을 설명하는 네 수준으로 구성되어 있다.

인지 체제 영역은 Bloom의 인지 영역의 내용과 비슷하나 다른 점이 있는데 그것은 바로 적용과 분석의 위치가 바뀐 것이다. Bloom의 경우 분석이 적용에 앞서지만 Marzano의 경우 적용이 분석보다 높은 수준의 사고이다. 오늘날의 사회가 더 강조하는 인간은 앞서 설명한 것처럼 분석하는 명철한 인간보다 자신의 문제 상황에 자신이 알고 있는 것을 적용할 수 있는 유연한 인간이기 때문이다.

그리고 Marzano는 5수준과 6수준에 자기 체제 사고와 메타인지를 제시하여 인지 영역뿐만 아니라 메타인지와 자기 체제 사고와 같은 고차원적 사고를 제안하고 있다. Marzano가 제시한 5수준 메타인지 체제는 인지 위에 있는 것으로서 목표 상세화, 과정 점검, 명료성 점검, 정확성과 같은 하위 내용으로 구성되어 있다. 이것은 보다 성공적인 목표 수행을 위해 자신의 목표를 구체화하고 이를 실행하는 과정을 점검하며 자신의 지식에 대한 명료성, 정확성에 대한 판단을 할 수 있어야 한다는 사회적 요구를 적용한 것이다. 6수준인 자기 체제 사고는 중요성 검사, 효능감 검사 및 정서적 반응의 검사, 동기 검사와 같은 하위 내용으로 구성되어 있다. 이 영역은 문제를 해결하는 데 인지 능력, 메타인지 능력도 필요하지만 무엇보다

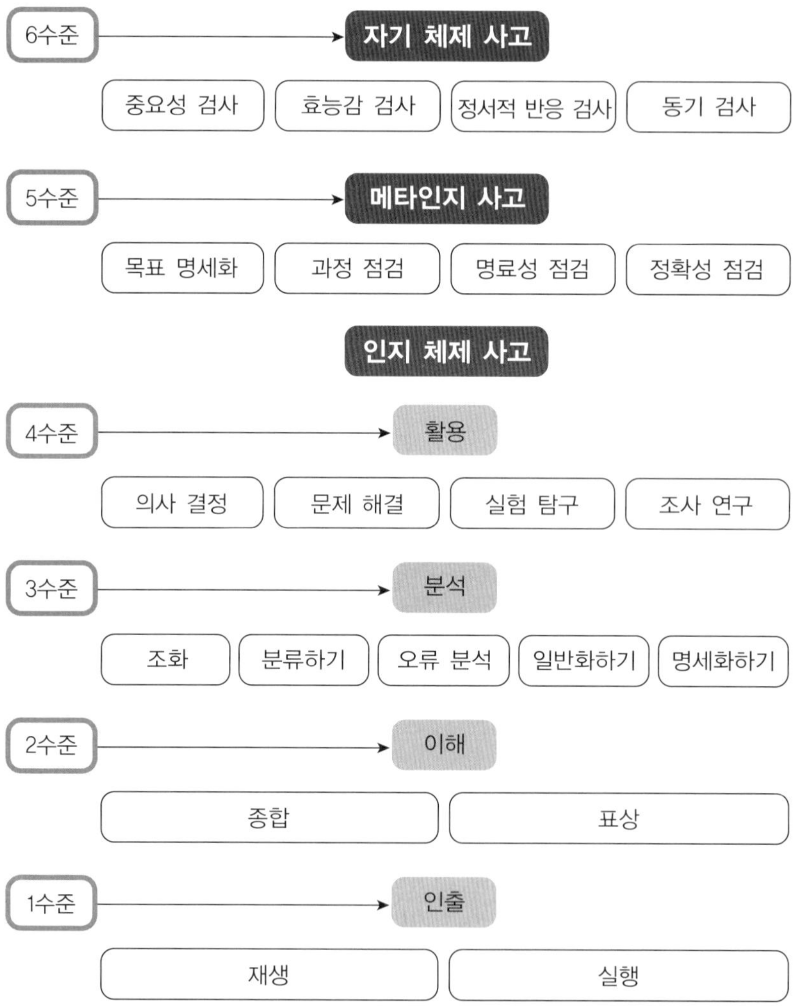

[그림 1-10] Marzano의 신교육목표 분류학의 수준별 내용

그러한 지식과 능력이 자신에게 과연 필요한 것인지, 자신의 성장에 도움을 줄 수 있는지 등과 같은 자기 체제적 사고와 관련된 수준이다. 누군가에게 이끌려 그들이 주는 지식을 기계적으로 받아들이는 것이 아니라 과연 지식이나 능력이 자신에게 얼마나 효과적인지를 판단하는 것은 적극적이고 능동적인 인간을 필요로 하는 오늘날 꼭 필요한 사고이다.

새롭게 쓰인 교육목표 분류학에 따라 학교의 교육 목표는 새롭게 쓰여야 하고 이러한 목표에 대한 달성 여부를 묻는 평가 또한 달라져야 한다. 인지적 측면을 평가하였던 전통적 평가에서 벗어나 메타인지 및 자기사고 체제 또한 평가의 범주에 넣음으로써 학생들이 스스로 자신의 학습 과정을 점검할 수 있게 해야 하며, 나아가 그러한 지식이나 학습과정이 과연 자신에게 적절한 것인지를 판단할 수 있는 능력 또한 길러 주어야 한다.

신분류학의 수준별 목표

	수준 6: 자기 체제	
자기 체제	중요성 검사	학생들은 지식이 자신에게 얼마나 중요한지를 확인하고, 이러한 인식의 기저가 되는 추론을 규명할 수 있다.
	효능감 검사	학생들은 지식과 관련된 능력이나 이해를 증진시킬 수 있는 능력에 대한 신념과 이러한 인식의 기저가 되는 추론을 규명할 수 있다.
	정서적 반응 검사	학생들은 지식에 대한 정서적 반응과 이러한 반응에 대한 이유를 규명할 수 있다.
	동기 검사	학생들은 지식과 관련하여 능력이나 이해를 증진시키기 위한 동기의 수준을 규명하고 이러한 수준별 동기의 원인을 규명할 수 있다.
	수준 5: 메타인지	
메타인지	목표 명세화	학생들은 지식과 관련하여 목표에 대한 계획을 수립할 수 있다.
	과정 점검	학생들은 지식의 실행을 점검할 수 있다.
	명료성 점검	학생들은 자신이 지식에 관하여 가진 명료성의 정도를 결정할 수 있어야 한다.
	정확성의 점검	학생들은 지식에 관하여 가진 정확성의 정도를 결정할 수 있어야 한다.

(계속)

인지 체제		
	수준 4: 활용	
	의사 결정	학생들은 의사결정을 위한 지식을 활용하거나 지식의 활용에 대한 의사결정을 할 수 있다.
	문제 해결	학생들은 문제를 해결하기 위하여 지식을 활용할 수 있거나 지식에 대한 문제를 해결할 수 있다.
	실험 탐구	학생들은 가설을 생성하고 검증하기 위하여 지식을 활용하거나 지식에 대한 가설을 생성하고 시험할 수 있다.
	조사 연구	학생들은 조사를 하기 위하여 지식을 활용하거나 지식에 대한 조사를 할 수 있다.
	수준 3: 분석	
	조화	학생들은 지식 간의 의미 있는 유사성과 차이성을 규명할 수 있다.
	분류하기	학생들은 지식과 관련된 상위 및 하위 유목을 규명할 수 있다.
	오류 분석	학생들은 지식의 표상이나 활용에서의 오류를 규명할 수 있다.
	일반화하기	학생들은 새로운 일반화를 구조화하거나 지식에 근거한 원칙을 구성할 수 있다.
	명세화하기	학생들은 지식의 구체적인 적용 또는 논리적 결과를 규명할 수 있다.
	수준 2: 이해	
	종합	학생들은 지식의 기본적 구조를 규정하고 중요하지 않은 특성과 반대되는 중요한 특성을 규명할 수 있다.
	표상	학생들은 정보의 특징을 확인하거나 인식할 수 있으나 지식의 구조를 필수적으로 이해할 필요는 없으며 혹은 중요하지 않은 구성요소와 중요한 요소를 구별할 수 있어야 한다.
	수준 1: 인출	
	재생	학생들은 정보의 특징을 확인하거나 인식할 수 있으나 지식의 구조를 필수적으로 이해할 필요는 없으며 혹은 중요하지 않은 구성요소와 중요한 요소를 구별할 수 있어야 한다.
	실행	학생들은 중요한 오류를 범하지 않고 절차를 이행할 수 있으나 이러한 절차가 어떻게 왜 이루어졌는지 필수적으로 이해할 필요는 없다.

이제까지 대안적 평가의 배경에 대해 살펴보았다. 대안적 평가는 첫째, 전통적 평가의 문제점으로 등장하였다. 전통적 평가를 통해 고차원적 사고 기술을 길러줄 수 없을 뿐 아니라 평가 항목에 대한 주류가 영향을 끼치기 때문에 다양한 문화적 환경을 인식하지 못하고 오히려 사회 계층을 재생산한다는 비판을 받아 왔다. 둘

째, 인간 능력에 대한 새로운 인식이다. 과거에 능력이 있다는 것을 자극을 받았을 때 반응으로 나타낼 수 있어야 하였다. 하지만 행동주의에 입각한 전통적 관점은 학생들의 학습에 있어서 자극과 반응이 비례하지 않는다는 모순점이 있었다. 이에 인간의 능력을 얻기 위한 과정이나 능력을 새롭게 정의 내리는 인지 심리학의 발전으로 새로운 평가 방법을 모색하게 되었다. 셋째, 사회의 변화이다. 사회가 변화됨으로 인해 사회가 요구하는 유능한 인간상도 바뀌게 되었다. 따라서 사회가 요구하는 능력과 기능을 가진 인간으로 키우기 위해 이를 검증하고 성장시킬 수 있는 새로운 평가의 필요성이 대두되었다. 넷째, 학교교육 목표의 변화이다. Sternberg의 미래 사회의 인간 전형에 대한 정의와 Marzano의 신교육목표 분류학은 학교가 새로운 교육 목표를 선정하고 이 목표에 맞는 평가를 실시해야 함을 암시하고 있다.

제2장

성취기준의 개념과 모델

성취기준에 대한 깊이 있는 이해를 돕기 위해 이 장에서는 성취기준과 관련된 전반적인 내용들에 대해 다룰 것이다. 먼저 성취기준의 개념을 제시하고 미래 사회가 요구하는 인간상의 변화와 함께 성취기준이 어떻게 강조되게 되었는지 그 배경을 살펴볼 것이다. 이러한 배경은 미래 사회가 요구하는 인간상의 변화에 대해 Sternberg가 제시한 네 가지 미래의 인간 전형과 미국 노동부에서 교육부에 제시한 SCANS 보고서를 통해 자세히 살펴볼 것이다. 그리고 다음으로 고등 사고 기술의 습득, 실제 사태에서의 문제 해결력, 교육의 책무성으로 요약되는 성취기준의 세 가지 특징에 대해 살펴볼 것이다. 그리고 하위 개념의 성취기준의 개념에 대하여 정리하여 성취기준에 대한 전반적인 이해를 도울 수 있도록 구성하였다.

1. 성취기준의 개념

성취기준(standard)은 국가 차원에서 학생들이 학습의 결과로서 무엇을 알아야 하며 무엇을 할 수 있어야 하는지를 규정해 놓은 진술문이라고 할 수 있다. Tyler의 원리에 비추어 설명하면 이 성취기준은 교육 목표에 해당한다. 각 교과별 그리고 학년별로 학생들이 알아야 하고 성취해야 하는 것을 규정해 놓은 진술문이라는 점에서 교사와 행정가에게 무엇을 평가할 것인지를 결정하는 데 기준 역할을 한다. 성취기준 용어와 관련하여 비슷한 의미로서 내용 성취기준, 학습 결과 성취기준, 학습 결과라는 개념 등이 통용되고 있다.

Lynn(1998)에 따르면 이 성취기준은 클린턴 행정부의 교육개혁 정책인 『Goals 2000』에서 강조된 이래로 1990년 이후 미국의 각 주 정부의 교육개혁의 기본적인 방향이 되고 있으며 미국의 초등학교와 중등학교의 교육과정, 수업, 그리고 평가 방법 개혁의 기초적 지침으로 사용되고 있다. 이에 Blum(1996)은 수행평가의 논의와 관련하여 성취기준에 대한 이해와 이론화는 필수적이라고 하였다. 특히 수행평가의 핵심적 구성요소인 평가 기준표와 수행 과제가 이 성취기준으로부터 도출된다는 점에서 이 성취기준에 대한 이해와 분석은 수행평가의 실행과 적용 작업에 가장 선행되어야 하는 연구 주제라고 할 수 있다. 그러한 점에서 미국의 경우 지난 20년 동안 각 교과 전문가들의 체계적이고 방대한 연구를 통하여 초등학교부터 고등학교까지 미국의 학생들이 알아야 하고 할 수 있어야 하는 것이 무엇인지를 규명하는 성취기준 정립 작업이 시도되었다. 그리고 그 결과 각 교과의 성취기준이 학교 현장에서 교육과정과 수업의 기준으로서 그리고 평가의 기준으로서 개발되어 사용되고 있다. 다음 표는 미국 학교교육의 각 교과 영역에서 만들어진 성취기준을 과목과 연구기관별로 정리한 것이다.

미국의 교과별 성취기준

교과목	성취기준
국어	Standards for Language Arts (National Council of Teachers of English, International Reading Association, 1992)
수학	Curriculum and Evaluation Standards for School Mathematics (National Council of Teachers of Mathematics, 1989)
사회	Expectations of Excellence: Curriculum Standards for Social Studies (National Council of Social Studies, 1994)
과학	National Science Education Standards (National Academy Press, 1996) Benchmarks for Science Literacy (American Association for the Advancement of Science, 1993)
지리	Geography for Life: National Geography Standards (Geography Education Standards Project, 1994)
역사	National Standards for History: Basic Education (National Center for History in the School, 1996)
시민	National Standards for Civics and Government (Center for Civic Education, 1994)
예술	National Standards for Arts Education: What every young American should know and be able to do in the Arts (Consortium of National Arts Education Association, 1994)
체육	Moving into the Future, National Standards for Physical Education: A Guide to Content and Assessment (National Association for Sport and Physical Education, 1995)
외국어	Standard for Foreign Language Learning in the 21st Century
공학	Standards for technological Literacy; Content for the Study of Technology (International Technology Education Association, 2000)

2. 평생학습 성취기준

평생학습 성취기준은 이미 앞서 성취기준과 관련한 개념들에서 소개하였듯이, 삶의 모든 면에서 실제적으로 사용되는 기술과 관련된 성취기준을 말한다. 지식이 실제 상황에서의 조작 능력이라고 이야기하였듯이 교육의 목적은 단순한 지식을 암기하는 것으로 끝나지 않는다. 오히려 습득한 지식을 종합하여 실제 상황에 맞게 적절하게 사용하는 것이다. 실제 학교에서 강조하는 수행평가 역시 자신이 알고 있는 지식을 활용하는 능력을 길러 주기 위한 것이다. 이러한 교육의 궁극적인 목표와 관련 있는 평생학습 성취기준에 대해 깊이 있는 이해를 위해 한 장을 할애하였다.

먼저 이 장에서는 평생학습 성취기준의 다섯 가지 세부적인 성취 목표를 소개하여 그 의미를 깊이 있게 이해할 수 있도록 하였다. 그리고 다음으로 미국 공립학교인 오로라 학교에서 개발하여 사용하고 있는 평생학습 성취기준을 살펴봄으로써 단순한 이론적인 이해가 아닌 실제적인 이해를 도울 수 있도록 구성하였다.

1) 평생학습의 다섯 가지 세부 성취기준

평생학습 성취기준은 크게 '복잡한 사고 성취기준', '정보처리 성취기준', '효과적인 의사소통 성취기준', '협력/협동 성취기준', '효과적인 사고 습관 성취기준' 다섯 가지의 범주로 나눈다. 평생학습 성취기준의 다섯 가지 범주를 다음 표에 제시하였다.

평생학습 성취기준의 다섯 가지 하위 항목들

복잡한 사고 성취기준
복잡한 사고 성취기준은 각각의 복잡한 추리 전략(비교, 대조/분류/귀납/연역/오류 분석/구성적 지지/추상/분석적 관점/의사결정/조사/실험 탐구/문제 해결/발견)을 효과적으로 사용할 수 있는지를 보여 주는 것과 특정한 이슈와 상황을 제시한 질문을 통해서 해석하고 그 질문들에 응답함으로써 그 이슈와 상황을 명확한 목적을 가진 통제하기 쉬운 과제로 전환하거나 해석할 수 있는지를 보여 주는 것으로 구성되어 있다. NAER의 보고서에 따르면 미국 학생들이 고등 사고 능력을 요구하는 과제에 대한 수행 능력이 현저히 떨어졌다고 한다. 때문에 학생들의 복잡한 추리 능력의 강화에 대한 관심이 증대되었고 이러한 능력 함양이 중요한 성취기준의 요소가 되었다.

(계속)

정보처리 성취기준

정보처리 성취기준은 4가지의 하위 성취기준으로 다시 나뉜다. 첫째, 다양한 정보 수집 기술과 정보 자원을 효과적으로 사용하는 것이다. 주어진 과제를 성공적으로 완성하기 위해 학생들은 각각의 참고 자료, 기초 자료, 전산화된 데이터 자료의 배열 등을 효과적으로 사용할 수 있는 능력이 요구된다. 둘째, 정보의 효과적인 이해와 종합 및 통합하는 것이다. 명시적이고 함축적인 정보를 포함한 모든 정보에 대한 깊은 숙고 과정을 통해 정보를 이해하고 종합 및 통합할 수 있는 능력이 요구된다. 셋째, 정보의 가치에 대한 정확한 평가를 하는 것이다. 수집되고 해석되고 통합된 정보가 모두 과제 수행에 유용한 것은 아니다. 이에 명시적이고 함축적인 정보의 가치를 엄격하게 평가할 줄 아는 능력이 요구된다. 넷째, 프로젝트가 어디에서, 어떻게 추가적 정보로부터 이익을 낼 것인가에 대해 인식하는 것이다.

효과적인 의사소통 성취기준

효과적인 커뮤니케이션 성취기준은 5가지 하위 성취기준이 있다. 첫째, 생각을 명확하게 표현하는 것이다. 학습 경험의 산출물을 서면 에세이, 구두 보고서, 음성 녹음테이프 등을 이용하여 명확하게 표현하는 것을 요구한다. 둘째, 다양한 청중과 효과적인 정보 전달이다. 동료, 부모, 전문가, 일반대중, 학교 위원회 구성원 등을 대상으로 자신의 산출물을 효과적으로 전달하는 것이다. 셋째, 다양한 방법으로 효과적으로 정보를 전달하는 것이다. 다양한 청중의 지식 수준과 흥미를 고려하여 산출물에 대한 정보를 전달함으로써 성취기준을 만족시킬 수 있다. 넷째, 각각의 목적에 맞는 효과적인 정보 전달이다. 구두 보고서, 비디오테이프, 서면 보고서, 패널 토론, 드라마틱한 상연, 개요, 논쟁, 그래픽 제시, 뉴스방송, 논쟁, 오디오테이프, 흐름도 제시, 슬라이드 보여 주기 등 산출물의 목적에 맞게 정보를 전달할 수 있어야 한다. 다섯째는 질적 산출물 생성하기이다.

협동/협력 성취기준

협동/협력 성취기준은 4가지의 하위 성취기준이 있다. 첫째, 그룹의 목적을 달성하기 위한 작업을 하는 것이다. 협동과 협력에 능숙한 학습자가 되어야 한다. 둘째, 대인관계 기술을 효과적으로 사용하는 것이다. 셋째, 그룹을 유지하기 위한 기여를 하는 것이다. 그룹의 프로세스에서 필요한 변화 또는 수정에 대한 확인 및 증명과 그러한 변화들을 수행하기 위한 작업을 시행할 수 있어야 한다. 넷째, 다양한 역할을 효과적으로 수행하는 것이다. 직무 분할이 잘된 그룹 내에서는 구성원이 각자 다양한 역할을 수행해야 한다.

효과적인 사고의 습관 성취기준

효과적인 사고의 습관 성취기준은 자신의 행동과 사고 처리 과정까지 통제할 수 있는 능력을 갖추기를 요구한다. 여러 학자들에 의해 밝혀진 효과적인 사고의 습관은 자기조절, 비판적 사고, 창의적 사고이다.

2) 오로라 공립학교의 평생학습 성취기준

오로라 공립학교의 평생학습 성취기준은 수행평가에 근거한 학습과 그 결과를 평가하기 위하여 오로라 공립학교 교사들과 지역공동체에 의해 만들어진 결과물이다. 그들은 변화하고 있는 세계 속에서 성공할 수 있고 지역 공동체에 이바지할 수 있는 지혜로운 인간을 양성하기 위해 보다 명확하고 구체적인 성취기준과 그 성취기준을 평가할 수 있는 평가기준표(rubric, 루브릭)를 필요로 하였다. 5년간의 노력 끝에 그들은 학생들이 학교에서 학습해야 할 것을 다섯 가지 영역으로 나누고 각 범주가 요구하는 구체적인 세부 항목을 만들었다. 그리고 이러한 각 영역의 성취기준과 각 세부 항목을 평가하기 위한 평가기준표를 개발하였다.

다음 표는 오로라 공립학교에서 사용하고 있는 다섯 가지 영역의 성취기준과 각 영역에 포함되어 있는 세부 성취기준 내용을 정리한 것이다.

오로라 공립학교의 다섯 가지 영역의 성취기준과 세부 성취기준

영역	세부 성취기준
자기 주도적 학습자 (Self-directed learner)	① 우선순위를 정하고 성취 가능한 목표를 세운다. ② 목표 실현을 위한 과정을 실행하고 평가해 나간다. ③ 자신을 위한 선택 항목을 설정한다. ④ 행동에 대한 책임을 진다. ⑤ 자신과 미래에 대해 긍정적인 관점을 설정한다.
협력적 작업자 (Collaborative worker)	① 집단의 구성원으로서 자신의 행동을 관리하고 평가한다. ② 집단의 목표 달성을 위해서 집단 역할을 관리하고 평가한다. ③ 상호적 의사소통으로 의견을 표현한다. ④ 개인차에 대해 고려하여 이야기한다.
종합적 사고자 (Complex thinker)	① 다양한 자료로부터 정보를 종합하고 평가하여 효율적인 접근을 한다. ② 복잡한 문제의 해결에 적합한 사고 과정을 선택한다. ③ 복잡한 문제의 해결을 위해 폭넓고 다양한 사고 과정을 정확하게 이용한다.
공동체 기여자 (Community contributor)	① 자신들이 속한 다양한 공동체에 대해 이해한다. ② 공동체의 행복(이익)을 위해 행동하고 계획한다. ③ 공동체 기여자로서의 역할에 대해 성찰한다.
뛰어난 생산자 (Quality producer)	① 자신들의 목적을 달성하는 결과물을 생산해 낸다. ② 예상되는 청자에게 적절한 결과를 생산해 낸다. ③ craftsmanship에 대해서 반성해 볼 수 있는 결과물을 생산해 낸다. ④ 자료들/과학 기술을 이용한다.

앞서 설명한 다섯 가지 영역의 성취기준은 각 수준별 수행 특징을 자세하게 기술한 평가기준표에 의하여 평가하게 된다. 오로라 공립학교에서 개발한 평가기준표의 특징은 학생이 스스로를 평가하는 자기평가 루브릭과 교사가 학생을 평가하

는 평가 준거인 루브릭으로 되어 있다는 점이다. 각 표의 왼쪽은 학생들의 자기평가 평가기준표이고 오른쪽은 각 영역별 학생들의 수행을 교사가 평가하기 위한 평가기준표이다. 그리고 밑에 나오는 첫 번째 평가기준표의 첫째 칸을 보면 'SDL-1. 나는 목표를 정한다.'라고 되어 있는 것을 볼 수 있을 것이다. 여기서 SDL이란 학습자의 결과물의 다섯 가지 영역 중 첫 번째 영역인 '자기 주도적 학습자(Self-directed learner)'의 약자이다. 그리고 뒤에 붙어 있는 숫자 '1'은 자기 주도적 학습자 범주에서 학생이 제출해야 하는 결과물의 세부 항목 중 '① 우선순위를 정하고 성취 가능한 목표를 세운다' 항목에 해당하는 평가기준표(루브릭)를 의미한다.

(1) 자기 주도적 학습자를 위한 루브릭

자기 주도적 학습자 루브릭은 다섯 가지 평가 영역으로 이루어져 있다.

첫 번째는 '우선순위를 정하고 성취 가능한 목표를 세운다'이다. 자신이 성취할 수 있는 최상의 목표를 설정하였는지, 그리고 그 목표가 왜 자신에게 가치가 있는지 설명할 수 있는지, 자신의 목표 성취를 위한 과정을 논리적으로 정리할 수 있는지 등을 평가하게 된다.

두 번째 요소는 '목표 실현을 위한 과정을 실행하고 평가해 나간다'이다. 자신이 주어진 과제를 얼마나 잘할 수 있는지를 설명할 수 있는지, 문제 해결에 있어 필요시에 자신의 계획을 조절하고 해결의 실마리를 찾을 수 있는지, 일을 해결함에 있어 어려움이 부딪히거나 새로운 국면에 접어드는 순간에 자신의 작업을 계속해 나갈 수 있는지 등을 평가하게 된다.

세 번째 요소는 '자신을 위한 선택 항목을 설정한다'이다. 중요한 선택을 하기 전에 여러 가지 가능성을 기술할 수 있는지, 보다 나은 선택을 하기 위해 좋은 아이디어를 얻을 수 있도록 창의적인 자료와 사람을 이용하는지, 이렇게 모아진 아이디어를 평가하고 비교해 본 뒤 결정을 내리는지 등을 평가하게 된다.

네 번째 요소는 '행동에 대한 책임을 진다'이다. 학생들이 자신의 결점과 행동이 자신과 다른 사람에게 어떤 영향을 미칠 수 있는지 설명할 수 있는지, 자신의 목표 성취를 위한 자신의 행동을 평가할 수 있는지 등을 평가하게 된다.

다섯 번째 요소는 '자신과 미래에 대해 긍정적인 관점을 설정한다'이다. 학생들이 자신의 장점과 우수성 등 스스로를 가치 있는 사람으로서 정확히 설명할 수 있는지,

보다 발전적인 자신을 위해 실패와 실수를 분석할 수 있는지 등을 평가하게 된다.

	SDL-2. 나는 목표 도달을 위해 단계(과정)를 따를 것을 결심한다.	**SDL-2. 학생이 목표를 향해 과정을 실행하고 평가하는가?**
4	• 나는 내가 얼마나 잘할 수 있는지 정확하고 세밀하게 설명한다. • 목표에 도달하기 위한 일을 하기 전에 항상 먼저 그 일에 대해 생각한다. • 나는 내가 필요할 때 나의 계획을 조절하고 문제의 실마리를 찾는 창의적인 방법을 모색한다. • 나는 일이 어려워지거나 새로운 국면에 접어드는 순간에도 나의 목표 도달을 위해 계속 작업해 나간다.	• 학생은 작업하는 동안 적절한 간격으로 과업 목표 성취 진행 상황을 평가한다. • 학생의 평가는 정확하고 과제의 성공적인 수행을 위한 가치 있는 정보를 제공해 준다. • 학생은 과제가 어려워질 때 충동적으로 행동하지 않음을 지속적으로 보여 준다. • 학생은 과제를 지속적으로 실행하고 가장 높은 기준을 세우기 위해 수정한다. • 어려움에 창의적으로 반응한다. • 목표에 도달하기 위한 진행과정을 현실적인 평가로 유지해 나간다.
3	• 나는 내가 얼마나 잘하고 있는지 설명한다. • 나는 목표 도달을 위한 일을 하기 전에 보통 먼저 생각해 보곤 한다. • 나는 내가 필요할 때 나의 계획을 조절한다. • 나는 목표에 도달하기 힘들더라도 계속 목표를 향해 작업한다.	• 학생은 작업하는 동안 적절한 간격으로 과업 목표 성취 진행 상황을 평가한다. • 학생은 자신의 노력에 대해 현실적인 평가를 할 수 있다. • 어려움에도 불구하고 지속적으로 과제를 수행한다. • 충동적으로 행동하지 않는다. • 평가의 기준을 만들고 기준을 만족시키려는 노력을 하며 자신의 과업을 수정해 간다.
2	• 나는 내가 얼마나 잘하고 있는지 설명하지만 나의 설명이 완벽하게 정확하지 못하다. • 나는 목표 도달을 위한 일을 할 때 가끔 생각하기 전에 행동한다. • 나는 내가 필요할 때 항상 나의 계획을 조절하지는 않는다. • 나는 목표 도달이 어렵다고 보이면 포기하곤 한다.	• 학생은 자신의 노력의 효율성을 부정확하게 평가하고 과업 목표 성취 진행 상황을 부정확하게 평가한다. • 어려움에 직면하였을 때 성숙하게 노력하지 않는다. 충동적으로 행동한다. • 필요한 수정을 하다가 실패한다. • 평가의 기준이 명확하게 세워지지 않거나 발견되지 않는다.
1	• 나는 내가 얼마나 잘하고 있는지 설명하지 못한다. • 나는 보통 생각 없이 행동한다. • 나는 나의 목표 실현을 위해 필요하다고 느낄 때 나의 계획을 조절하지 않는다. • 나는 쉽게 포기한다.	• 학생은 목표를 향한 진행 상황 평가에 거의 노력을 들이지 않고 자신의 노력에 대한 효과적인 평가를 하지 못한다. • 과제를 유기하거나 방임한다. • 충동적으로 행동한다.

(2) 협력적 작업자를 위한 루브릭

협력적인 작업자가 갖춰야 할 첫 번째 요소는 '집단의 구성원으로서 자신의 행동을 관리하고 평가한다'이다. 학생들이 집단의 일원으로서 시종일관 과제에 열중하는지, 집단의 문제를 해결하기 위해 유용한 아이디어를 내고 교사의 지적 없이 집단의 일에 능동적으로 참여하는지 등을 평가한다.

두 번째 요소는 '집단의 목표 달성을 위해서 집단 역할을 관리하고 평가한다'이다. 학생들이 자신의 집단의 논쟁을 해결하기 위해 주도적인 역할을 하는지, 집단의 목표 달성을 위하여 자신의 역할에 충실하면서 다른 사람에게도 용기를 북돋아 주는지 등을 평가한다.

세 번째 요소는 '상호적 의사소통으로 의견을 표현한다'이다. 학생들이 자신의 생각을 분명하고도 설득력 있게 설명하는지, 다른 사람과의 대화를 경청하는지, 다른 사람의 의견을 존중하는지 등을 평가하게 된다.

네 번째 요소는 '개인차에 대해 고려하여 이야기한다'이다. 학생들이 다른 사람들의 감정과 의견을 존중하고 다른 사람들 역시 그렇게 하도록 도움을 주는지, 개인적이고 문화적인 차이를 존중할 수 있는지 등을 평가한다.

	CW-2. 나는 목표에 도달하기 위해 그룹과 함께 활동한다.	**CW-2. 학생이 그룹 목표를 도달하기 위한 그룹 기능을 수행하고 평가하는가?**
4	• 나는 그룹의 논쟁을 해결하는 데 도움을 주는 일을 맡고 있다. • 나는 그룹 내 의견의 일치를 위해 그룹을 리드한다. • 나는 그룹의 목표에 도달하기 위한 활동을 하고 있을 뿐 아니라 다른 사람들의 활동을 돕기도 한다. • 나는 다른 사람들에게 신뢰를 준다.	• 학생은 그룹의 논쟁을 해결하기 위해 주도적인 역할을 한다. • 그룹 내 의견을 일치시키기 위해 주도적인 역할을 한다. • 그룹의 목표를 달성하기 위한 활동에 전념한다. 그리고 다른 사람들도 이러한 태도를 보이도록 용기를 북돋운다. • 다른 사람들에게 신뢰를 준다.
3	• 나는 그룹의 논쟁을 해결하는 데 도움을 준다. • 나는 그룹 내 의견의 일치를 위해 노력한다. • 나는 그룹의 목표 도달을 위한 활동을 한다. • 나는 다른 사람들에게 신뢰를 준다.	• 학생은 그룹의 논쟁을 해결하기 위한 활동을 한다. • 의견 일치를 위해 노력한다. • 그룹의 목표에 전념하고 그것을 성취하기 위한 활동을 한다. • 다른 사람들에게 신뢰를 준다.

(계속)

	CW-2. 나는 목표에 도달하기 위해 그룹과 함께 활동한다.	CW-2. 학생이 그룹 목표를 도달하기 위한 그룹 기능을 수행하고 평가하는가?
2	• 가끔씩 나는 그룹의 논쟁을 해결하는 데 도움을 준다. • 가끔씩 나는 그룹 내 의견 일치를 위한 도움을 준다. • 나는 그룹의 목표 도달을 위한 활동에 언제나 참여하는 것은 아니다.	• 학생은 경우에 따라 논쟁 해결을 돕고 의견일치를 위한 활동을 한다. • 그룹 목표와 관련된 명확한 표현이나 행동을 하지는 않지만 그룹 수행에 관심을 가지고 설명한다.
1	• 나는 그룹의 논쟁 해결을 위해 어떠한 도움도 주지 못한다. • 나는 그룹 내 의견 일치를 위한 도움을 주지 못한다. • 나는 그룹 목표 도달을 위한 활동에 참여하지 않는다.	• 학생은 논쟁 해결을 위한 활동을 하지 않는다. • 그룹의 목표에 집중하여 설명하거나 관심을 가지지 않는다.

(3) 종합적 사고자를 위한 루브릭

종합적 사고자가 갖춰야 할 첫 번째 요소는 '다양한 자료로부터 정보를 종합하고 평가하여 효율적인 접근을 한다'이다. 이는 학생들이 과제와 관련된 정보를 찾기 위해 풍부한 자료를 사용하는지, 아이디어를 얻기 위해 정보의 정확성, 신빙성, 오류 등을 평가하는지, 자신의 관점을 반영하여 정보를 통합하는지 등을 평가한다.

두 번째 요소는 '복잡한 문제의 해결에 적합한 사고 과정을 선택한다'이다. 이는 학생들이 자신의 과제의 특징을 분석하여 과제 해결을 위한 적절한 사고 처리 과정을 선택하는지, 과제 처리를 위한 과정을 세부적으로 기술하고 자신이 부딪힐 수 있는 문제점을 기술할 수 있는지 등을 평가한다.

	CT-1. 나는 많은 자료들에서 정보를 찾아내고 사용한다.	CT-1. 학생이 다양한 자료들로부터 정보에 효과적으로 접근하고 그것을 평가, 통합하는가?
4	• 나는 창의적으로 많은 자료들로부터 정보를 찾고 이용한다. • 나는 정보가 정확하고 유용한지 정확하게 평가한다. • 나는 다른 자료들로부터 나의 아이디어를 표현할 수 있게 해 주는 정보를 조합한다.	• 학생은 과제와 관련된 정보를 찾기 위해 풍부한 자료를 사용한다. • 주요 아이디어를 위해서 정보의 정확한 평가와 심사숙고한 평가를 제공한다. 그리고 관련성, 정확성, 신빙성, 오류를 평가한다. • 관점을 반영하는 방법으로 정보를 통합하고 의미 있게 과제에 기여한다.

(계속)

	CT-1. 나는 많은 자료들에서 정보를 찾아내고 사용한다.	CT-1. 학생이 다양한 자료들로부터 정보에 효과적으로 접근하고 그것을 평가, 통합하는가?
3	• 나는 많은 자료들에서 정보를 찾고 이용한다. • 나는 정보가 옳은지 아닌지를 정확히 평가한다. • 나는 다른 자료들로부터 정보를 선택하고 다른 것을 이용할 수 있는 방법으로 함께 사용해 본다.	• 학생은 과제와 관련된 정보를 찾기 위해 자원을 효과적으로 사용한다. • 정보의 타당성, 정확성, 신빙성, 오류(bias)를 위한 정보를 정확하게 평가한다. • 과제에 유용할 수 있는 방법으로 정보를 통합하지 못한다.
2	• 나는 제한된 자료들을 찾고 이용한다. • 나는 정보가 옳고 정확한지 부분적으로 혹은 부정확하게 확인한다. • 나는 다른 것을 이해할 수 있는 방법으로 정보를 사용하지 않는다.	• 학생은 과제에 유용할 제한된 양의 적절한 자료들을 사용한다. • 완벽하게나 완전하게 정확한 정보 평가를 제공하지 못한다. • 과제에 유용할 수 있는 방법으로 정보를 통합하지 못한다.
1	• 나는 유용한 정보를 거의 사용하지 않는다. • 나는 정보가 옳고 유용한지 확인하지 않는다. • 나는 단지 있는 정보를 그대로 사용할 뿐이다.	• 학생은 과제를 위해 거의 정보에 접근하지 않는다. • 정보에 대한 만족할 만한 평가를 제공할 수 없고, 정보를 의미 있게 통합할 수 없다.

(4) 공동체 기여자를 위한 루브릭

공동체 기여자로서 갖춰야 할 요소 중 첫 번째는 '자신들이 속한 다양한 공동체에 대해 이해한다'이다. 이를 위해 학생들은 공동체의 중요한 문제를 설명할 수 있는지, 문제점이 공동체에 어떤 부정적 영향을 미칠 수 있는지와 그 문제점의 원인을 다양한 지식을 이용하여 설명할 수 있는지 등을 평가한다.

두 번째 요소는 '공동체의 행복(이익)을 위해 행동하고 계획한다'이다. 학생들이 중요한 공동체 문제의 해결을 위해 창의적이며 치밀한 실행 계획을 창안할 수 있는지, 충분히 고민하여 계획을 책임감 있게 실행할 수 있는지, 실행에 있어 자신의 행동에 대해 정확하고 철저한 평가를 할 수 있는지 등을 평가한다.

세 번째 요소는 '공동체의 기여자로서의 역할에 대해 성찰한다'이다. 학생들이 공동체에 어떤 기여를 할 수 있는지를 설명할 수 있는지, 이러한 행동이 자신에게 어떤 영향을 미치는지를 설명할 수 있는지, 다음의 행동을 위해 주도면밀하고 건설적인 충고를 할 수 있는지 등을 평가한다.

	CC-1. 나는 공동체 내의 문제점(이슈)에 대해 설명할 수 있다.	**CC-1. 학생이 그 또는 그녀의 다양한 공동체에 대해 설명할 수 있는가?**
4	• 나는 공동체 내의 중요한 문제점(이슈)과 이를 뒷받침하는 사실(근거)을 설명한다. • 나는 그 문제점이 공동체에 어떤 영향을 미칠 것인지를 설명한다. • 나는 사람들이 문제점에 대해 가지는 다른 생각에 대해 정확하게 기술한다. • 나는 그 문제점이 어떻게 나에게 영향을 미치는지를 설명하고 이 문제점에 관한 나의 권리와 책임을 설명한다.	• 학생은 중요한 공동체 문제점(이슈)을 설명한다. • 문제점이 공동체의 어느 부분에 부정적 영향을 미칠지와 그 문제점의 원인에 대해 폭넓은 지식으로 설명한다. • 공동체 내부의 문제점에 대한 다양한 전망을 정확하고 통찰력 있게 기술한다. • 문제점이 어떻게 개인에게 영향을 주는지와 공동체 내에서 자신의 역할을 분명하게 말할 수 있다.
3	• 나는 공동체 속의 문제점에 대해 설명한다. • 나는 그 문제점이 어떻게 공동체에 영향을 미칠지를 설명한다. • 나는 사람들이 문제점에 대해 가지는 다른 생각을 정확하게 기술한다. • 나는 그 문제점이 나에게 미칠지 모를 영향을 설명하고 이 문제점을 해결하기 위해 내가 어떻게 행동해야 하는지를 설명한다.	• 학생은 중요한 공동체 문제점을 확인한다. • 문제점이 어떻게 공동체에 영향을 미칠지와 문제점에 대해 설명할 수 있다. • 공동체 내부의 문제점에 대한 선택할 수 있는 몇 가지 전망을 기술한다. • 문제점이 어떻게 개인에게 영향을 주는지와 공동체 내에서 자신의 역할을 기술할 수 있다.
2	• 나는 공동체 속에서 발생하는 문제점과 이를 뒷받침할 수 있는 약간의 사실(근거)을 설명한다. • 나는 그 문제점이 공동체에 어떤 영향을 미칠 것인지를 부분적으로 설명한다. • 나는 사람들이 그 문제점에 대해 가질 다른 생각들을 부분적으로 기술한다. • 나는 문제점이 어떻게 나에게 영향을 미칠 것인지와 그 문제점 속의 나의 역할을 불완전하게 설명한다.	• 학생은 확인된 문제점에 대한 중요성을 정확하게 설명하지 못한다. • 문제점이 어떻게 공동체에 영향을 미치는지를 완전하게 기술하지 못한다. • 같은 문제점에 대해 다른 전망을 거의 내놓지 못한다. • 문제점이 어떻게 개인에게 영향을 주는지와 공동체 속의 자신의 역할을 기술하는 데 약간의 어려움을 보인다.
1	• 나는 공동체 속의 문제점과 이를 뒷받침할 수 있는 사실(근거)을 설명하지 못한다. • 나는 그 문제점이 어떻게 공동체에 영향을 미칠 것인지를 설명하지 못한다. • 나는 사람들이 그 문제점에 대해 가질 다른 생각들을 기술하지 못한다. • 나는 문제점이 나에게 어떤 영향을 미칠 것인지와 이 문제점을 해결하기 위해 내가 어떤 역할을 해야 하는지 설명하지 못한다.	• 학생은 공동체 문제를 거의 설명하지 못한다. • 문제점의 몇 가지 전망을 이해하지 못한다. • 문제점의 개인적 중요성을 정확하게 묘사하지 못한다.

(5) 우수한 제작자를 위한 루브릭

우수한 제작자가 갖춰야 할 요소 중 첫 번째는 '자신들의 목적을 달성하는 결과물을 생산해 낸다'이다. 학생들이 주어진 성취 목표 및 성취 내용에 알맞은 결과물을 보여 주고 있는지, 그 결과물이 다른 사람의 모범이 될 수 있을 정도로 잘 만들어졌는지 등을 평가한다.

두 번째 요소는 '자신들의 목적을 달성하는 결과물을 생산해 낸다'이다. 이를 위해 학생들은 자신의 결과물의 사용자와 청중을 분석하였는지, 이러한 결과물이 청중과 사용자에게 적합한 것인지 등을 평가한다.

세 번째 요소는 'craftsmanship에 대해서 반성해 볼 수 있는 결과물을 생산해 낸다'이다. 이는 학생들이 자신의 결과물을 만들기 위해 명확성, 일관성, 조직, 독창성 등과 같은 타당한 기준을 만들어 이를 반영한 탁월한 결과물을 만들어 낼 수 있는지, 이렇게 선정된 기준은 수행 과제의 특성과 요구가 잘 반영된 타당한 기준인지 등을 평가한다.

네 번째 요소는 '자료들/과학 기술을 이용한다'이다. 이는 학생들이 자신에게 주어진 수행 과제를 해결하기 위해 이용 가능한 자료들을 창의적으로 사용하였는지, 결과물은 이용 가능한 과학 기술을 효과적으로 사용하였는지 등을 평가한다.

	QP-1. 나는 목적에 적합한 결과물을 만든다.	QP-1. 학생이 목적을 성취할 결과물을 창출하는가?
4	• 나는 나의 결과물의 목적을 분명하게 설명한다. • 나의 결과물은 다른 사람의 모델이 되도록 잘 만들어졌고 목적에 적합하다.	• 학생은 자신의 목적(정보 제공, 즐겁게 해 주기, 설득하기 같은)에 알맞은 결과물을 만든다. • 그 결과물은 목적에 맞고 질적으로 수준이 높기 때문에 다른 결과물의 본보기가 된다.
3	• 나는 나의 결과물의 목적을 설명한다. • 나의 결과물은 목적에 적합하다.	• 학생은 자신의 목적(정보 제공, 즐겁게 해 주기, 설득하기 같은)에 알맞은 결과물을 만든다. • 그 결과물은 목적을 만족시킨다.
2	• 나는 나의 결과물의 목적에 대해 명확하지 않게 설명하고(하거나) 나의 결과물은 부분적으로 목적에 부합된다.	• 학생은 자신의 목적에 명확하지 않은 결과물을 만들어 내거나 오직 목적을 충족시킬 수 있는 결과물만 만든다.
1	• 나는 나의 결과물의 목적을 설명하지 못하고(못하거나) 나의 결과물이 목적에 적합하지 못하다.	• 학생은 분명한 목적 없이 결과물을 만든다.

3. 미국 각 주의 성취기준 모델

1) 일리노이 주의 성취기준

일리노이 성취기준은 전통적인 교육에서 벗어나 보다 실제적이고 고차원적인 사고를 강조하는 보다 명화하고 구체적인 학습 규준을 만들기 위하여 만들어졌다. 일리노이 성취기준은 영어 언어 기술(English Language Arts), 수학(Mathematics), 과학(Science), 사회과학(Social Science), 건강과 체력 증진(Physical Development and Health), 미술(Fine Arts), 외국어(Foreign Language)의 7개 영역으로 이루어져 있다. 일리노이 주는 지역사회가 요구하는 규준을 만들기 위해 교사와 교육 전문가 이외에도 상인, 부모, 그리고 각 분야의 직업 전문가와 기술 전문가들과 협력하여 성취기준을 개발하였다. 그리고 각 학습 영역의 최종 목표를 기술하였다. 또한 보다 진보적인 성취기준의 개발을 위해 국가 수준의 성취기준과 다른 34개 주의 성취기준뿐만 아니라 다른 나라의 성취기준까지 참고하여 성취기준을 개발하였다.

이렇게 개발된 일리노이 주의 성취기준은 다음과 같은 다섯 가지 특징을 가지고 있다.

① 일반적인 사회의 관념이 반영됨.
② 직업 사회를 준비하는 실제적인 기술들로 구성됨.
③ 컴퓨터와 테크놀러지를 이용한 의사소통 기술을 함양함.
④ 변화하는 학생들의 학습을 반영함.
⑤ 습득한 지식과 기술을 확인할 수 있는 충분한 시간을 제공함.

첫째, 학생들의 학습 목표는 일반적인 일리노이 시민들의 동의를 반영하도록 만들어졌다. 이것은 사람들이 일반적으로 옳다고 생각하는 사회적 통념이나 이념 관습 등을 반영해야 한다는 것이다. 하지만 이러한 사회적 통념은 고정되어 있는 것이 아니라 끊임없이 변화하는 것이다. 따라서 만약 지역 공동체나 학교가 기존의 규준이 잘못되었다고 생각한다면 새로운 규준을 개발할 수 있다.

둘째, 학교에서의 학습은 직업 사회를 준비하는 실제적인 기술들로 구성한다. 잘 구성된 지식과 기술은 학생들이 실제 직업 사회에서 자신의 일을 수행하는 데 도움을 줄 뿐만 아니라 직업의 선택, 시민으로서의 자질, 그리고 사회 구성원으로서의 역할을 잘 수행할 수 있도록 돕는다. 따라서 학교에서 학생들이 배우는 것과 실제 직업 사회에서 사용하는 지식과 기술을 일치시킬 수 있도록 해야 하며 학생들에게 이러한 능력을 함양할 수 있도록 충분한 기회와 시간이 주어져야 한다.

셋째, 정보화 시대에 컴퓨터와 테크놀러지를 이용한 의사소통 능력을 기른다. 우리는 정보화 시대에 살아가며 과거와는 달리 컴퓨터나 매스미디어와 같은 다양한 매체를 이용하여 정보를 주고받으며 살아가고 있다. 따라서 학생들이 이러한 매체들을 다룰 수 있고 이러한 매체들을 이용하여 의사소통 할 수 있는 능력을 길러 주어야 한다.

넷째, 계속해서 변화하는 학생들의 학습을 반영해야 한다. 이것은 보다 적절하고 바른 규준을 만들기 위해 지속적으로 성취기준을 개발해야 한다는 것이다. 실제 일리노이 성취기준 개발팀들은 3년을 주기로 기존의 성취기준의 타당도를 점검하여 불필요한 규준은 삭제하고 변화하는 사회에 보다 적절하다고 생각되는 새로운 규준들은 첨가하는 과정을 반복하고 있다.

다섯째, 학생들이 자신이 습득한 지식과 기술을 확인할 수 있는 충분한 기회를 제공한다. 아무리 잘 만들어진 성취기준이라 하더라도 학생들에게 지식과 기술을 익힐 수 있는 충분한 기회와 시간을 제공하지 못한다면 아무런 소용이 없을 것이다.

이와 같은 특징을 가진 일리노이 주 성취기준은 크게 7개 영역으로 구성되어 있다. 그리고 각 영역은 공통적으로 학생들이 성취해야 할 다섯 가지 세부 항목을 가지고 있다. 아래에 일리노이 주의 성취기준의 구성을 표로 제시하였다.

	영어 언어 기술	수학	과학	사회과학	건강과 체력 증진	미술	외국어
문제 해결							
의사소통							
테크놀러지 활용							
협동학습							
연결 짓기							

2) 콜로라도 주의 성취기준

콜로라도 주의 성취기준 역시 다른 성취기준들과 마찬가지로 보다 고차원적이고 실제적인 기술을 측정하기 위해 교과목을 13개로 구성하였다.

시민 교육 (Civics)	무용 (Dance)	경제 (Economics)	외국어 (Foreign Language)	지리 (Geography)	역사 (History)	수학 (Mathematics)
음악 (Music)	체육 (Physical)	읽기, 쓰기 (Reading and Writing)	과학 (Science)	연극 (Theatre)	미술 (Visual Arts)	

콜로라도 성취기준의 특징은 읽기, 쓰기, 수학, 과학에서만 평가가 이루어진다는 점이다. 읽기와 쓰기 그리고 수학의 경우는 3학년부터 10학년까지 매년 평가를 통해 학생들의 수준을 측정하고 학년별로 달성해야 하는 규준을 제시하였다. 과학의 경우는 5학년과 8학년, 10학년에만 시험을 치르고 따라서 성취기준도 5, 8, 10학년에만 제시된다. 콜로라도 주의 성취기준 교과목을 표로 나타내면 다음과 같다.

읽기(Reading)	쓰기(Writing)	수학(Mathematics)	과학(Science)
3학년	3학년	3학년	
4학년	4학년	4학년	
5학년	5학년	5학년	5학년
6학년	6학년	6학년	
7학년	7학년	7학년	
8학년	8학년	8학년	8학년
9학년	9학년	9학년	
10학년	10학년	10학년	10학년
Lectura	Escritura		
3학년	3학년		

(계속)

읽기(Reading)	쓰기(Writing)	수학(Mathematics)	과학(Science)
Lectura	Escritura		
4학년	4학년		

3) 뉴욕 주의 성취기준

뉴욕 주는 예술(The Atrs)과 직업 교육(Career Development and Occupational Studies), 영어(English Language Arts), 체육과 소비자(Health, Physical Education, and Family and Consumer Sciences), 사회(Social Studies), 외국어(Languages Other Than English), 수학, 과학, 기술(Mathematics, Science, and Technology) 크게 7개 영역의 성취기준을 개발하였다. 그리고 각 영역은 다시 최소 2개에서 최대 7개까지 하위 성취기준을 제시하여 각 교과목에서 수행해야 할 기준을 제시하였다. 뉴욕 주의 성취기준의 7개 영역과 7개 기준을 표로 나타내면 다음과 같다.

	예술	직업 교육	영어	체육과 소비자	외국어	수학, 과학, 기술	사회
기준1	예술에서 창조, 수행 능력	직업 기술 개발	정보와 이해력	개인의 신체적 건강	의사소통 기술	분석, 조사, 고안	미국과 뉴욕의 역사
기준2	예술 자원과 도구의 활용 능력	통합 교육	문학 작품 수용과 창조력	환경 보전	문화 이해	정보 시스템	세계사
기준3	예술 작품의 수용과 분석력	직업 사회의 필수 기술	비판적 언어력	자원 관리		수학	지리
기준4	예술의 문학적 가치 이해력	직업 선택	사회 의사소통 언어력			과학	경제
기준5						기술	시민, 시민 의식, 정부

(계속)

	예술	직업 교육	영어	체육과 소비자	외국어	수학, 과학, 기술	사회
기준6						공통 주제 연결 짓기	
기준7						복합적으로 일어나는 문제 해결	

그리고 이러한 성취기준을 바탕으로 각 교과목에서 학생들이 학습해야 하는 기준을 다시 하위 성취기준으로 제시하고 있다. 예를 들어 예술과의 경우 춤(Dance), 음악(Music), 연극(Theatre), 시각예술(Visual Arts) 네 개의 교과목으로 구성하고 각 교과목에서 학습해야 할 성취기준을 다시 제시하고 있다. 아래의 표에서 알 수 있듯이 하위 성취기준은 먼저 평가되는 영역이 나타나 있으며 기준번호를 통해 이 성취기준이 어떤 상위 성취기준에서 왔는지를 밝혀 주고 있다. 표를 보면 예술과 기준번호 1이기 때문에 상위 성취기준에서 예술과의 기준1인 '예술에서의 창조, 수행 능력'에 해당하는 성취기준임을 알 수 있다. 그리고 기준1의 수준에서 평가되어야 하는 성취기준을 교과목별로 제시하고 있다.

뉴욕 주의 예술 영역 하위 성취기준의 예시

영역	기준번호	학년	교과목	
예술	1	초등학교	춤	
춤 동작에 대하여 알고 설명할 수 있다.				
예술	1	초등학교	음악	
다양한 악기들을 사용하여 만든 짧은 곡을 작곡할 수 있다.				
예술	1	초등학교	연극	
생각과 느낌이 조화를 이룬 창의적인 극을 사용할 수 있다.				
예술	1	초등학교	시각예술	
주제와 상징에 바탕을 둔 예술 작품의 창작과 탐구를 통해 자신의 생각이나 아이디어를 개발할 수 있다.				

4. 성취기준의 세 가지 특징

미국에서 출간된 성취기준에 대한 다양한 문헌들을 분석해 보면 성취기준의 특징은 임의적으로 다음 세 가지로 요약할 수 있다: 고등 사고 기술의 습득, 실제 사태에서의 문제 해결력, 교육의 책무성

1) 고등 사고 기술의 습득

성취기준의 첫 번째 특징은 학교의 교육 목표에서 고등 사고 기술의 습득을 강조한다는 점이다. 이처럼 고등 사고 기술의 습득을 강조하기 때문에, 성취기준은 학생들이 알고 할 수 있어야 하는 교육 목표로서 적용력, 비판적 사고, 문제 해결력, 창의적 사고, 종합력 등과 같은 고차원적 사고 기술로 구성되어 있다.

성취기준에 대한 특징과 관련하여 Marzano와 Wiggins는 21세기를 위한 학교 개혁에서 학교가 강조해야 하는 학습의 결과로 고차원적 탐구 기술의 습득을 강조하고 있는데, 그들이 이론화시킨 학교교육의 성취기준에서 다루어야 하는 탐구 기술의 종류는 다음과 같다. Marzano는 성취기준이 갖추어야 할 특징을 '교과 내용 기준', '탐구 기술 기준' 두 가지 영역으로, Wiggins는 '이해', '기술적 능력', '수행 기술', '학습 태도' 네 가지 영역으로 세분화시켜 설명하였다.

성취기준의 예

Mazarno	
교과 내용 기준	각 교과 영역에서 중요하게 간주되어야 하는 지식을 말한다. 전통적인 관점에서 지칭한다면 교과 내용과 비슷한 개념이다. 지식에는 낮은 수준의 사실부터 높은 수준의 개념 또는 원리, 일반화가 해당한다.
탐구 기술 기준	어떤 문제를 해결하는 데 필요한 사고 능력을 말한다. (예) • 과학: 세계에 대한 질문을 제기하고 답하는 데 있어서 과학적인 방법을 효과적으로 사용한다. • 지리: 다양한 형태의 지도, 차트, 그래프로부터 정보를 정확하게 해석하고 요약한다.

(계속)

Mazarno	
탐구 기술 기준	• 수학: 한 체제에 사용되고 있는 양을 다른 체제의 양으로 정확하고 효율적으로 변환할 수 있다. 비교, 관점의 분석, 분류, 의사결정, 연역, 탐구, 귀납, 실험 탐구, 오류 분석, 문제 해결, 창조, 구체화
Wiggins	
이해	각 교과 영역에 존재하는 핵심적인 아이디어와 이론
기술적 능력	각 교과 영역에서 사용되는 탐구 기술
수행 기술	계획, 연구, 협동, 발표, 토론, 의문, 경청하는 능력
학습 태도	인내, 모호함의 수용, 개방성, 세밀함

2) 실제 사태에서의 문제 해결력

성취기준의 두 번째 특징은 학생이 실제 생활에서 접하게 되는 문제나 이슈를 얼마나 잘 해결할 수 있는지를 평가한다는 점이다. 따라서 지식을 얼마나 알고 있는지를 강조하기보다는 습득한 지식을 실제 생활 사태의 문제에 얼마나 효과적으로 적용할 수 있는지의 정도 여부를 강조한다. 이와 관련하여 Wiggins(1998)는 어떤 학생이 실제 생활에서 나타나는 과학적 현상을 설명하는 데 있어서 학교에서 배운 과학적 개념을 적용할 수 없다면 그 학생은 그 개념을 진정으로 이해하지 못한 것이라고 하였다.

또한 전통적인 학교교육의 문제점을 지적한 학교 개혁자들은 전통적인 교육이 졸업 후 직업 세계에서의 문제들을 효과적으로 해결하는 데 준비시켜 주지 못하였기 때문에, 새로운 학교 개혁의 방향은 직업 세계가 가지고 있는 일의 특성을 해결할 수 있는 능력을 길러 주는 것이며 이러한 능력이 성취기준의 내용으로 반영되어야 한다고 강조하였다.

3) 교육의 책무성

성취기준의 세 번째 특징은 교육에 있어 책무성을 강조한다는 점이다. 이 특징은 미국 학교교육의 문제점을 개선하기 위하여 나타난 특징으로서 학습의 결과에 대한 책임을 학생에게 부과함으로써 학생들에게 학교교육과 학습에 대한 태도를 변화시키기 위한 목적이 내재되어 있다. 즉, 공교육이 의무화된 미국의 상황에서 학생들은 일정기간의 교육과정을 채우면 자연스럽게 졸업을 할 수 있기 때문에 졸업할 자격을 갖출 만큼 배웠는지에 대한 평가는 그다지 중요한 문제가 아니었다. 그러나 미국의 공교육 수준이 하락하고 있다는 주장이 대두되면서 공교육을 받은 학생들이 초등학교 졸업자로서, 중학교 졸업자로서, 고등학교 졸업자로서 졸업할 만큼 특정한 학습 기준에 도달하였는지를 강제적으로 평가해야 한다는 여론이 제기되었다.

이에 이러한 문제의 해결책으로서 '성취기준을 통한 미국 학교 개혁 운동'은 학생이 졸업하기 위해서는 단순히 학교가 정해 놓은 문서상의 교육과정과 수업시간을 총 이수하였는지에 기초해서 평가해서는 안 되며 대신에 각 학년별로 각 주의 교육부가 규정해 놓은 학습 결과의 기준에 도달하였는지를 평가하여 그 평가 결과에 따라서 진급과 졸업을 결정해야 한다는 정책이 나오게 되었다. 이에 각 교과의 성취기준은 학생이 다음 학년으로 진급하기 위해 또는 졸업장을 받기 위해 어떠한 학습 기술과 학습 결과를 연마하였는지를 평가하는 준거로 사용되게 되었다(Oneil, 1997). 그리고 이러한 성취기준을 통한 평가는 학생들로 하여금 학교에서의 학습은 자신이 책임져야 할 과제라는 인식을 갖게 만들었고 아울러 각 학생에 대한 성취기준 검사의 결과는 각 학교 전체의 통계로 구체화되기 때문에 교사와 학교장에게도 성취기준에 도달시키기 위한 노력이 교육과정과 수업의 개혁으로 나타나게 되었다.

실제로 미국의 고등학교에서는 학교에서 제시하는 일정한 성취기준 및 졸업 조건을 만족시켜야 졸업을 할 수 있다. 이런 조치는 교사들에게는 학생들이 성취기준이나 조건을 충족시키기 위해 갖추거나 알아야 할 내용이나 수업 형태로서 수업의 질을 도모할 수 있게 하고 학생들에게는 학습이 학생들 자신이 책임지고 관리해야 할 것이라는 책임감을 안겨주기 위함이었다. 다음은 미국의 몇 개 고등학교의 졸업 조건이다.

(1) 노스 캐롤라이나 고등학교의 졸업 조건

능력	필요 학점	과제	시험	도전	학생 점수
의사소통	25	9	4	12	25
숫자의 사용	20	7	7	7	21
정보처리	20	10	8	2	20
협동	10	8		2	10
문제 해결	15	11	4	4	19
공학의 활용	15	6	4	5	15
측정		5			
총점		51	27	32	110

(2) 오하이오 주 고등학교의 10학년 졸업시험

과목	설명
국어	• 학생이 직접 작성한 글쓰기 작품 2개 제출 • 평가 준거: 글의 조직, 아이디어 연관성, 다양한 어휘의 사용, 다양한 문장 구조의 사용, 글쓰기 양식, 논리적 전개
과학	• '과학적 탐구' 능력을 보여 주는 실제 활동을 제시하고 문제를 해결하게 함. • 일상생활과 직업 세계에서 만나게 되는 과학적 설명이나 모델을 만들거나 디자인하시오. • 특별한 어떤 교과이론이 있을 때, 시간이 경과해서 이 이론이 왜 변화되는지 설명하시오.
수학	• 수학적 개념의 이해를 문제 해결에 적용. 실제 생활에서 접하게 되는 자료와 과제를 제시하고서 문제를 해결하시오. • 다음 자료를 사용하여 표, 차트, 그래프를 만들거나 해석하시오. • 다음 수학적 사용이 가져올 가능한 결과를 해석하고 그 확률을 계산하시오.
사회	• 시장 경제에서 정부의 경제적 부서를 다음의 관점에서 논의하시오. • 목적, 과정, 구조의 측면에서 민주주의와 전체주의의 근본 차이를 규명하시오.

(3) 센트럴 파크 동부 고등학교의 졸업 조건

수행 영역	구체적 내용
1. 고등학교 졸업 후의 계획	각 학생은 자신의 학위를 받기 위한 계획을 기술한다. 이 부분은 길고 짧은 인생 행로와 인생의 목표, 재정적인 관심사, 삶의 계획, 그리고 시험, 면접, 신용 조회장과 같은 과정을 다룬다.
2. 자서전	가족사, 특별한 사건들 또는 관계들, 가치들 또는 다양한 형태의 신념들을 자신의 인생과 관련하여 서술한다.
3. 봉사활동과 인턴	다른 사람들을 위해 일하고 봉사할 기회는 7학년을 시작하는 학생들의 중요한 학교생활의 일부분이다. 학생들은 사회활동과 인턴을 통하여 배운 내용을 보여 줄 수 있는 프로젝트 그리고 직업에 대한 경험을 기록한 공식적인 이력서를 작성한다. 작성을 위하여 수필, 비디오, 구체적인 작업활동의 견본, 추천서 등이 준비되어야 한다.
4. 윤리와 사회 문제	학생들은 논쟁을 하거나, 사설을 쓰거나, 소설과 영화에 나타난 중요한 이슈들을 토론함으로써 다양한 관점을 소유하고 있으며, 증거를 비교하고 저울질할 수 있으며, 사회 문제를 합리적으로 판단할 수 있다는 사실을 보여 주어야 한다.
5. 예술과 미학	창조적인 표현력과 창의적 인식력이 높게 평가된다. 예술의 특정 영역에서 손수 공연 전시회를 준비해야 한다. 또한 특정한 예술 작품, 예술가 또는 예술 표현 분야를 선정하여 직접 비평해 봄으로써 미학에 관한 이해와 지식의 소유 여부를 보여 주어야 한다.
6. 대중매체	참고문헌이 포함된 프로젝트나 특정 활동을 실행함으로써 다양한 매체들의 형태들이 어떻게 다른지 그리고 그것들이 인간과 인간의 사고에 어떻게 영향을 미치는지에 대하여 설명해야 한다.
7. 실용기술	다양한 분야(건강과 의학에 대한 관심사, 고용, 시민권, 독립적인 생활, 컴퓨터와 공업기술, 법적 권리)의 지식을 다양한 방법(운전면허 취득하기, 투표하기 위해 명부에 등록하기, 컴퓨터 다루기)으로 습득하고 있다는 증거를 보여 주어야 한다.
8. 지리과	지리에 관한 지식과 지도와 지구본과 같은 지리 도구들을 사용할 줄 아는 능력을 평가하기 위하여 교사가 직접 제작한 시험과 함께 학생의 실제적인 수행이 요구된다.
9. 제2외국어	학생들은 청취자로서, 독서자로서, 발언자로서 영어 이외의 언어를 구사할 줄 아는 능력을 증명해야 한다. 게다가, 모든 학생들은 자신의 개인적인 경험을 이중 언어로서 말할 수 있어야 하고 특정한 사회적 문제 또는 문화적 주제를 한 개 선정하여 제2외국어로 토론할 준비를 해야 한다.

(계속)

수행 영역	구체적 내용
10. 과학과 기술	학생들의 지식은 전통적인 평가 방법을 통하여(그들이 고등학교에서 완성하였던 작품, 교사가 제작한 시험, 뉴욕 주의 능력 시험) 평가된다. 대안적인 평가 방법으로서 과학을 하는 방법론에 관한 지식(과학 실험을 실제로 수행할 수 있는 능력, 그 실험의 과정을 기록하고 보고할 수 있는 능력), 과학이 현대 사회에서 어떻게 구체적으로 이용되고 있는지를 이해하였음을 보여 주는 논쟁이나 연구를 수행해야 한다. 또한 과학이 담당해야 하는 사회적 비용과 효과에 관한 논설문을 작성해야 한다.
11. 수학	뉴욕 주에서 시행하는 수학 능력 시험과 학교 교사가 제작한 시험을 통과해야 한다. 게다가 정치적 목적으로, 시민생활을 목적으로, 소비자를 위한 목적으로 수학이 어떻게 이용될 수 있는지에 관한 프로젝트를 개발하거나(예를 들어, 사회과학 통계치, 투표율 예측, 건축물의 청사진), 아니면 과학적인 수학이나 순수 수학(예를 들어, 과학적인 적용에 수학을 사용하고 이론적인 문제를 연구하는 것) 문제를 선정하여 연구함으로써 고등 수준의 사고 능력을 증명해야 한다.
12. 문학	학생들은 졸업평가위원회가 읽게 될 문학 부분에서 읽은 다양한 장르의 작품 목록을 작성한다. 또한 문학 작품이나 문학적인 표현과 관련되어 자신이 썼던 수필문을 제시함으로써 문학 작품들과 문학 사상들에 대해 반성적으로 생각하고 효과적으로 의사를 전달할 수 있어야 한다.
13. 역사	학생들은 뉴욕 주에서 시행하는 능력 시험에 통과하는 것 외에도 고등학교에서 배운 역사 분야들을 정리한 내용, 주요한 사건들과 인물들의 연대표를 만들어야 한다. 또한 제1차 자료와 2차 자료를 사용하고 참고문헌을 사용하여 역사 연구를 실행해 봄으로써 자신이 하고 있는 역사 연구의 필요성과 목적을 이해하고 있음을 보여 주어야 한다. 학생의 과제는 다음과 같은 준거에 기초하여 평가된다: ① 과거와 현재의 사건들 사이의 관계가 도출되었는가? ② 증거들이 사용되었는가? ③ 다양한 가능성에 어떤 것이 있을 수 있었겠는가를 상상해 보았는가? ④ 역사가 현재 시대의 다양한 논쟁들에서 어떻게 이용되고 오용되고 있는지를 평가하고 있는가?
14. 체육	지난 4년 동안 특정 체육 팀이나 개인별 운동에서 하였던 참여와 활동의 기록을 준비해야 한다. 평가의 목적은 평생 건강 습관, 독립적인 태도, 상호 의존적인 태도, 개인적인 책임감, 운동가 정신을 발달시키기 위한 것이다.

(4) 메릴랜드 학교 평가(Maryland School Assessment: MAS)

메릴랜드 역시 국가에서 추진한 낙오학생 방지하기 운동의 요구를 충족시킬 수 있는 새로운 평가 시스템을 개발해 왔다. 메릴랜드는 졸업 때까지 읽기와 쓰기 영역에서 각 학년별로 학생들이 달성해야 하는 지식과 기술을 메릴랜드 성취기준(Maryland Content Standards)으로 정리하였다.

3학년에서 8학년의 학생들에게는 읽기와 수학 시험을, 10학년의 학생들에게는 읽기 시험을 보게 하여 그 결과를 측정하게 된다. 그리고 고등학생들은 기하학과 생물학에서 모든 정규 과정을 거친 후 최종적으로 고등학교 평가(High School Assessment)를 치르게 된다.

5. 성취기준 관련 개념

지금까지 성취기준의 정의와 등장 배경, 특징과 같은 전반적인 개념들에 대해 설명하였다. 여기서는 보다 세부적으로 성취기준과 관련된 다양한 개념의 성취기준 용어에 대해 정리할 것이다.

1) 내용 성취기준

내용 성취기준(content standards)은 학생들이 알아야 하는 것과 구체적인 학문 분야에서 할 수 있는 것을 말한다. 다시 말해 한 분야의 성취기준(discipline standards)으로, 주어진 한 분야의 구체적인 지식이나 기술을 포함한다. 이는 특정한 분야나 내용 영역의 실행이나 적용(응용)에 필수적인 정보나 기술을 묘사하고 일상의 과제나 학문적 문제들을 해결하는 데 필요한 기술이나 능력을 묘사한다. 예를 들어 'America 2000' 제안서에서는 학생들이 수학, 과학, 영어, 역사, 지리학의 복잡한 내용을 충분히 알 수 있어야 한다고 이야기하였다.

내용 성취기준에서 이야기하는 내용 지식은 '선언적 지식'과 '절차적 지식' 두 가지 유형으로 구성되어 있다(Paris and Lindauer 1982; Paris, Lipson, and Wixwon 1983). 선언적 지식과 절차적 지식은 R. Gagne의 학습 이론(1977)에 제시되어 있는데 선언적 지식은 '무엇이 어떻다는 지식' 즉 사실에 관한 지식이다. 선언적 지식 중 가장 낮은 단계의 유형은 구체적인 사람과 장소, 사물, 사건에 대한 사실이고 가장 높은 단계의 유형은 개념과 일반화이다. 예를 들어, 'J.F. Kennedy는 1963년 11월 22일에 암살당하였다'는 사건에 대한 사실이고, '높은 정치적 지위에 놓인 사람은 생존의 위험에 노출되어 있다'는 일반적 사실이다. 절차적 지식은 어떠한 일을 처리하는 순서에 대하여 아는 지식이다. 절차적 지식 중 가장 낮은 단계의 유형은 알고리즘, 기술 같은 것이고 가장 높은 단계의 유형은 자신이 알고 있는 지식을 이용하여 다양한 상황에 적용할 수 있는 전략이다.

2) 교육과정 성취기준

교육과정 성취기준(curriculum standards)은 학생들이 학습 목표에 도달할 수 있는 방법에 관련된 것이다. 이러한 교육과정 성취기준과 내용 성취기준을 명확히 구별하는 것은 성취기준에 근거한 교육에 있어 하나의 기본적인 이슈로, 때때로 프로그램 성취기준으로 언급되는 교육과정 성취기준은 교실의 교수 목표로서 설명된다. 즉, 주어진 내용 영역 안에서 특정 기술이나 능력을 개발시키도록 돕는 데 사용되는 교육과정 또는 교수법적 활동(instructional activities)을 말한다. 즉, 교육과정 성취기준은 내용 성취기준을 성취하기 위한 교육적 수단인 것이다.

3) 평생학습 성취기준

평생학습 성취기준(lifelong learning standards)은 학생들이 학습을 통해 배운 내용들을 실제 생활에서 어떻게 활용할 것인지와 관련된 것이다. 이러한 평생학습 성취기준은 앞서 제시한 내용 성취기준과 달리 삶의 모든 면에서 실제적으로 사용되는 기술과 관련되는 것이다. 따라서 이것은 특정한 한 분야에 한정되지 않고 생애 전체에 걸쳐 학습하게 되며 많은 상황 속에서 사용될 수 있다. 쉽게 이야기하면 이러한 평생학습 성취기준은 활동이나 적용을 통하여 얻게 되는 실제적 지식(practical knowledge)과 같은 것이다. 따라서 교실 안에서 일어나는 교수 활동과 관련된 지식이나 기술을 의미하는 내용 성취기준과는 그 성격이 매우 다르므로 교육과정 성취기준을 포함시키지 않는다.

4) 학습 기준

학습 기준(learning benchmark)은 시간에 따라 각 성취기준에 따른 결과물이 달성되어야 하는 척도를 나타내 주는 지시자이다. 다시 말해 학습 기준은 학습의 처음과 중간 그리고 마지막에 학생들이 도달하기를 기대하는 기준을 나타낸것이다. 따라서 초기의 학습 기준은 그 수준이 매우 기초적인 기술들로 이루어져 있으며 학습이 진행됨에 따라 그 수준은 점점 복잡하고 고차원적 기술들로 이루어지게 된다.

지금까지 살펴본 성취기준의 하위 개념을 표로 제시하면 다음과 같다.

성취기준 관련 개념들

종류	내용
내용 성취기준 (Content Standards)	• 한 특정 분야의 성취기준으로 학생들이 알아야 하는 것과 할 수 있어야 하는 것에 관한 성취기준 • 사실과 관련된 '선언적 지식'과 어떤 일의 절차와 관련된 '절차적 지식'에 관한 내용으로 구성되어 있다.
교육과정 성취기준 (Curriculum Standards)	• 내용 영역 안에서 특정 기술이나 능력을 개발시키도록 돕는 데 사용되는 교육과정 또는 교수법적 활동과 관련된 성취기준 • 교육과정 성취기준은 내용 성취기준을 달성하기 위한 교육적 수단이다.
평생학습 성취기준 (Lifelong Learning Standards)	• 삶의 모든 면에서 실제적으로 사용되는 기술과 관련된 성취기준
학습 기준 (Learning Benchmark)	• 시간에 따라 각 성취기준에 따른 결과물이 달성되어야 하는 척도를 나타내 주는 지시자

제3장

각 교과목의 성취기준

교육과정의 질적 개선을 위해 도입된 성취기준을 규명하는 작업은 교육 현장에서 올바른 성취기준의 개발과 이의 정착을 도모하는 중요한 작업이라 할 수 있다. 이에 이 장에서는 미국의 초등학교 교육과정에서 제시하는 교과별 성취기준의 특징을 살펴보고자 한다. 이것은 우리나라의 현실과 실정에 맞는 성취기준을 만드는 데 있어 하나의 좋은 모델이 될 것이며, 성취기준의 개발 시 다양한 아이디어를 생성시키는 자극제가 될 것이다. 이에 미국의 초등학교 교육과정에서 제시하는 국어과 성취기준, 수학과 성취기준, 사회과 성취기준, 과학과 성취기준, 예술과 성취기준, 테크놀러지 분야의 성취기준을 제시하였다.

1. 국어과 성취기준

국어과 성취기준(National Standard for Language Arts)은 전국 국어 교사 위원회(NCTE)에서 1992년에 개발하였는데 이것은 학급에서 흥미있고 재미있는 수업을 하는 국어 교사들에게 실제로 수업을 반영하는 글을 쓰고 이야기하는 속에서 나올 수 있는 것을 찾아내어 만든 기준이다. 따라서 이 기준에는 실제 학급의 풍부한 실제의 예와 이야기 그리고 교수와 학습의 다양하고 복잡한 활동이 많이 담겨 있다.

국어과 성취기준은 다른 교과와는 달리 학년의 구별 없이 공통적으로 12개가 제시되고 있다. 국어과 성취기준은 '높은 사고력 함양'을 궁극적 목표로 하고 있는데, 여기에는 폭넓은 독서, 문학 작품 읽기, 글의 이해 및 평가, 말하기, 목적과 대상에 맞는 글쓰기, 문법, 사회 통념 파악하기, 매체의 활용, 언어를 통한 사회의 이해 증대, 다문화에 대한 이해, 문학적 활동, 목적에 맞는 언어 사용 등을 담고 있다.

국어과 성취기준의 특징을 살펴보면, 첫째, 국어과 성취기준은 다른 교과와는 달리 학년의 구분 없이 영역별로 국가 수준의 성취기준 12가지로만 제시되고 있다. 이것은 언어의 특성으로 인하여 학년마다 상세히 제시하기가 어려운 모습을 반영하는 것이라고 볼 수 있다. 둘째, 국가 수준의 성취기준에서는 언어 기술 교육 목표에 큰 의의를 두고 있다. 그것은 읽고 쓰고 말하기의 능력을 고차원적 능력으로 향상시키고 그 능력을 실제로 실제 생활에서 적용하고 그로 인해 지성을 겸비한 사회인으로 육성하기 위한 목적이다. 셋째, 국가 수준의 성취기준에서나 주 정부에서의 성취기준에서 나타나는 특징은 모두 다른 상황에서 작문할 수 있고 의사소통할 수 있는 인간 양성을 중요한 목표로 하고 있다는 것이다. 넷째, 21세기 정보화 시대에 대비하여 컴퓨터 사용 능력의 구비와 다양한 매체의 활용을 요구하고 있다. 다섯째, 국가 수준의 성취기준을 바탕으로 한 주정부 수준의 성취기준들은 성취기준의 근본적인 내용은 같지만 서술하는 방법은 다양하였다.

이러한 내용을 바탕으로 개발된 국가 수준의 국어과 성취기준을 살펴보면 다음 표와 같다.

국어과 성취기준의 내용

성취기준
1. 학생들은 교과서나 그들 스스로에 대해서 또는 미국 세계 문화에 대한 지식을 쌓기 위해서 읽는다. 그리고 새로운 정보 습득을 위해서, 사회와 직장의 필요성에 부응하기 위해서, 자신의 목표 달성을 위해서 읽는데 이러한 교과서에는 소설과 비소설, 고전 문학과 현대 문학 작품이 있다.
2. 학생들은 인간 경험의 많은 범위 즉 철학적, 윤리적, 미적 범위에 대한 이해를 쌓기 위해서 다양한 장르의 광범위한 문학 작품을 읽는다.
3. 학생들은 본문을 이해하고, 해석하고, 평가하고, 감상하기 위해서 많은 전략들을 적용한다. 학생들은 그들의 이전 경험, 다른 독자, 작가들과의 상호작용, 단어의 의미와 다른 텍스트에 대한 지식, 그들의 단어 확인 전략, 그리고 본문의 특색 즉, 음성과 문자의 조화, 문장 구조, 문장의 전후 관계, 삽화에 대한 이해에 의존한다.
4. 학생들은 다양한 청중들과 효과적으로 의사소통을 하고, 다른 목적을 위해서도 말하거나 글쓰기 그리고 시각 언어 즉, 형식, 문체, 어휘의 사용을 조절한다.
5. 학생들은 여러 가지 쓰기 과정 원리를 적절하게 사용하여 글을 쓸 때 다양한 목적을 지닌 다른 독자들과의 적당한 의사소통을 위해서 넓은 범위의 전략 등을 사용한다.
6. 학생들은 인쇄물과 인쇄물이 아닌 텍스트의 창작, 비평, 토론을 위해서 언어 구조, 언어 형식, 매스컴 기술, 비유적인 언어, 그리고 형식에 대한 지식을 적용한다.
7. 학생들은 산출된 아이디어와 질문과 제기된 문제점에 의해서 논점화되고 흥밋거리가 된 사항들에 대해 연구를 한다. 학생들은 그들의 목적과 독자에게 알맞은 방법의 발견에 대한 의사소통을 위해 그들의 다양한 자료로부터 자료를 모으고 평가하고 종합한다.
8. 학생들은 정보를 모으고 종합하기 위해서 그리고 지식을 창출하고 전달하기 위해서 다양한 과학 기술과 정보 자료 즉, 도서, 데이터베이스, 컴퓨터 네트워크, 비디오를 사용한다.
9. 학생들은 문화와 종족, 지리적 범위, 그리고 사회적 규약을 뛰어넘어 언어의 사용, 유형, 방언에서 문화에 대한 다양성을 존중하고 그에 대한 이해력을 발달시킨다.
10. 영어를 모국어로 사용하지 않는 학생들은 그들의 모국어를 영어 교육 과목에 대한 능력 개발과 교육과정을 통한 내용의 이해를 개발시키기 위해 사용한다.
11. 학생들은 식견 있고 반성적이며 창의적인 비판적 구성원으로서 읽고 쓰는 능력을 가진 다양한 문학 공동체에 참여한다.
12. 학생들은 그들 자신의 목적인 학습, 즐거움, 설득, 정보 교환을 성취하기 위해서 말하고 쓰는 시각적인 언어를 사용한다.

2. 수학과 성취기준

수학의 목표는 수학적 소양(mathematical literacy)을 기르는 것이다. 이 목표를 위해서 유치원부터 12학년까지의 성취기준들은 학생들을 위한 다섯 가지 목표를 명료화하고 있다: 학생들은 수학의 가치를 이해할 수 있어야 한다, 수학을 수행하는 자신의 능력에 대해 확신을 가져야 한다, 수학 문제의 해결자가 되어야 한다, 수학적으로 의사소통하는 것을 배워야 한다, 수학적으로 추론하는 것을 배워야 한다. 한편 미국의 수학 교육의 경우 정보화 사회에서의 다양하고 폭넓은 지식 요구에 대해서 많은 문제점을 가지고 있었다. 이에 1986년 미국수학교사협회(NCTM, 1986)에서는 여러 문제점을 극복하고 수학적 소양을 길러 주기 위한 학교 수학의 질을 향상시키기 위한 수단으로 미국학교수학교육과정(유치원~12학년)과 학생들의 성취도 평가와 관련된 일단의 규준을 제시하였다. 그 결과 1989년『학교 수학을 위한 교육과정과 평가기준』이 개발되어 수학 지도와 배움의 향상을 요구하는 문제에 대한 하나의 해결책이 되었다. 그 후 NCTM의 공식적인 결과물은 1990년에『수학 지도를 위한 전문 성취기준』으로 이어졌고 그 이후에는 1995년『학교 수학을 위한 평가기준』으로 이어졌다. 1989년의 성취기준과 원리 그리고 2000년의 학교 수학을 위한 성취기준은 NCTM에 의해 지속적으로 정립되고 있다. 이러한 노력의 결과인 NCTM 성취기준을 살펴보면 6개의 부분으로 나누어져 있는데, 유치원에서 4학년에 해당하는 수학, 5학년에서 8학년에 해당하는 수학, 9학년에서 12학년에 해당하는 수학의 3개 학년군과 평가 등 4개 분야 모두 5개의 성취기준이 제시되고 있다.

한편, 최근의 동향인 2000년의 NCTM 수학과 성취기준을 살펴보면 위의 1989년『학교 수학을 위한 교육과정과 평가기준』과는 약간의 변화가 있다. 학년별 구체적 내용의 분리와 규정보다는 4가지 영역의 형태를 사용하였으며, 학년간 구분을 이전과는 달리 취학 전~2학년, 3~5학년, 6~8학년, 9~12학년으로 나누었다. 2000년에는 NCTM 수학과 성취기준을 10가지 영역으로 제시하고 있는데 그 영역은 수와 계산, 대수학, 기하학, 측량, 자료 분석과 확률, 문제 해결, 추론과 증명, 의사소통, 연결성, 표현 등이었다. 이들 영역에서는 취학 전부터 12학년까지의 교육 활동을 통해 모든 학생들이 각 영역에서 다음의 내용을 할 수 있도록 구성하였다. 이러한 내용 기준을 바탕으로 각 학년군마다 그 특징과 수준에 의한 성취기준이 구체적으로 제시되고 있다.

이러한 자료에 근거하여 수학과 성취기준 내용의 특징을 분석해 보면 다음과 같다.

첫째, 수학과 기준안을 살펴보면 유치원~4학년, 5~8학년의 성취기준에는 문제 해결로서의 수학, 의사 전달로서의 수학, 추론으로서의 수학 성취기준, 수학적 관련성 등 성취기준은 공통적으로 이루어지고 있었다. 이것은 수학적 지식의 한 영역이라기보다는 수학적 지식의 공통적인 과정임을 보여 주고 있다.

둘째, 미국의 수학과 교육과정에서는 수학을 기본적인 계산 기능을 기르고 생활에 필요한 다양한 내용들을 익혀서 의사 전달력과 문제 해결력을 신장시키는 활동으로 보고 있다. 즉, 수학적 지식에 대한 개념을 정적이고 부동적으로 파악하려는 것이 아니라 종합적이고 역동적으로 나타내고 있음을 보여 주고 있는 것이다.

셋째, 활동적이고 구성적인 학습을 강조하여 교사는 아동들에게 다양한 구체적 자료를 활용하여 개념을 탐구하고, 개발하고, 토론하고, 적용할 수 있는 환경을 만들어 줄 것을 요구하고 있다.

넷째, 기술공학 사회에서의 모든 사람들을 위한 수학으로 변화하고 있다. 미국의 경우에는 계산기와 컴퓨터를 사용할 것을 제시하고 있었는데 이것은 복잡한 계산을 하는 데 시간을 낭비하지 않고 계산의 원리를 익히도록 하기 위해서 도입되었다. 그리고 개념적 이해를 깊게 하기 위해서 방정식, 부등식, 도형 문제에 컴퓨터 그래픽이 이용되는데 이것은 논리적 사고력과 직관력 및 문제 해결의 보조 수단으로서 활용되고 있다.

다섯째, 성취기준을 유치원~4학년, 5~8학년, 9~12학년 세 부분으로 나누어 제시하고 있는데 이것은 단계 간의 위계를 나타내는 동시에 교사의 자율적인 학습 내용과 방법의 선택을 가능하게 하였다.

여섯째, 수학 내의 의미 있는 발전과 내용 사이의 관련성, 연결성, 실생활 문제를 해결하는 데 있어 이들 성취기준의 내용을 표로 나타내면 다음과 같다.

수학과 성취기준의 단계별 내용

유치원~4학년	5~8학년	9~12학년
1. 문제 해결로서의 수학	1. 문제 해결로서의 수학	1. 문제 해결로서의 수학
2. 의사 전달로서의 수학	2. 의사 전달로서의 수학	2. 의사 전달로서의 수학
3. 추론으로서의 수학	3. 추론으로서의 수학	3. 추론으로서의 수학
4. 수학적 관련성	4. 수학적 관련성	4. 수학적 관련성
5. 어림셈	5. 수와 수 관계	5. 대수
6. 수 개념과 기수법	6. 수 체계와 수론	6. 함수
7. 범자연수의 연산에 대한 개념	7. 계산과 어림셈	7. 종합적 관점의 기하
8. 범자연수의 계산	8. 규칙성과 함수	8. 대수적 관점의 기하
9. 기하와 공간 감각 개념	9. 대수	9. 삼각함수
10. 측정	10. 통계	10. 통계
11. 통계와 확률	11. 확률	11. 확률
12. 분수와 소수	12. 기하	12. 이산 수학
13. 규칙성과 관계	13. 측정	13. 미적분의 개념적 토대
		14. 수학적 구조

3. 사회과 성취기준

사회과는 시민다운 능력을 조성하는 것을 주요 목적으로 하는 교과이다. 그래서 사회과 전국위원회(NCSS, 1994)에서는 시민 능력 함양을 사회과의 목표로 두었다. 사회과 성취기준의 목적은 첫째, 10가지 주제 기준을 사용하여 고안된 유치원 ~12학년 사회 연구 프로그램을 위한 체제로서 다루어야 한다는 것이다. 둘째, 수행 기대감을 제공함으로써 모든 학생들을 위해 지식, 수행, 태도가 필수적이라는 것을 고려함으로써 교과 과정 결정을 위한 지표로 다뤄야 한다는 것이다. 셋째, 학생들이 수행 기대감을 만족하도록 돕기 위해 고안된 교수로 선생님을 인도하기 위한 교실 실습의 예시를 제공해야 한다는 것이다(NCSS, 1988: 13). 이러한 목적을 달성할 수 있는 사회과 성취기준은 전국 사회과 협의회에 의해 1994년에 만들어졌다. 10가지 주제가 제시되었는데, 중요한 사회과 성취기준의 내용을 살펴보면 문화; 시간과 연속성, 변화; 사람과 장소, 환경; 개인적 발전과 정체성; 개인과 집단, 단체; 권력과 권위, 지배; 생산과 분배, 소비; 과학과 기술, 사회; 세계적 관계; 시민적 이상과 실제 성취기준으로 구성되어 있다. 이것은 다시 초등학교, 중학교, 고등학교의 세 단계로 세분화되어 있었다. 초등학교 사회과의 성취기준의 주제와 내용은 다음 표와 같다.

사회과 성취기준의 내용

영역	성취기준
문화	• 그룹, 사회, 문화가 유사한 인간의 필요와 관심의 측면에서 유사점과 차이점을 탐구하고 기술한다. • 다양한 문화적 기대와 사고의 틀을 가진 사람에 의해 경험이 어떻게 다르게 해석될 수 있는지를 예로 든다. • 문화의 표현과 독특한 문화에서 살고 있는 사람의 행동의 영향으로서 언어, 이야기, 민담, 음악, 그리고 미적 창조물이 제공하는 방법을 기술한다. • 다른 문화로부터 온 사람들이 생각하는 방법을 비교하고, 그들의 물리적 환경과 사회적 조건을 다룬다. • 문화적 단일성과 다양성의 중요성을 예를 들고 기술한다.
시간 연속 변화	• 다른 사람들의 같은 사건이나 입장을 다양한 방법으로 설명할지 모른다는 것에 대해 다른 것에 대한 근거를 예를 들어 해석을 증명한다. • 과거, 현재, 미래, 그리고 아주 오래전과 같은 시간과 관련된 어휘를 바르게 사용하는 능력, 간단한 시간선을 읽고 생각해 내는 능력, 변화의 예를 식별하는 능력, 그리고 관계의 원인과 결과의 예를 인식하는 능력을 논증한다. • 지나간 사건, 사람, 장소나 입장에 관한 이야기나 기사들의 다른 점을 비교하고 대조한다. • 문서, 편지, 읽기, 지도, 교과서, 사진, 그리고 그 밖의 것들 같은 지난 것들을 재구성하는 것을 확인하고 다양한 근원을 사용한다. • 다른 시간과 장소에 있는 사람들은 세계를 다르게 본다는 해석을 논증한다. • 사실의 지식과 역사적인 질문의 요소, 공적 문제의 실행에 관한 결정을 알리는 것과 함께 역사로부터 개념들이 쓰인 것을 사용한다.
사람 장소 환경	• 장소, 지역, 그리고 관계있는 위치, 방향, 크기, 모양의 이해를 입증하는 상상의 세계지도를 구성하고 이용한다. • 지도, 지구의, 사진 같은 다양한 지구의 표현들을 설명하고 이용하고 분간한다. • 적합한 자료들, 데이터 자료, 지도책, 데이터베이스, 기준선망 시스템, 그래프들과 같은 지리적인 도구를 이용하고 지도들을 생성하고 조작하며 정보를 설명한다. • 거리를 추정하고 축척을 계산한다. • 산, 고원, 섬, 대양과 같은 갖가지 땅모양과 지리적인 지형들 사이의 위치를 파악하고 분간한다. • 계절, 기후, 날씨, 물의 순환과 같은 물리적 체계 변화에 대하여 서술하고 골똘히 생각한다. • 사람들이 그들의 집, 운동장, 교실, 그리고 그와 같은 것들을 디자인할 때 그들의 생가, 개성, 문화, 그리고 바람과 필요성을 반영하는 장소들을 어떻게 만드는지 설명한다.

(계속)

영역	성취기준
사람 장소 환경	• 땅의 쓰임, 도시의 건물, 선택된 장소와 지역의 생태계 변화 같은 인간과 그들의 물리적 환경의 상호작용을 검토한다. • 특정한 지역의 안에서 그리고 그 밖에서 물리적인 특징들이 시간이 흐르면서 변화되어 왔는지 그리고 이런 변화들이 어떻게 서로 연결되어 있는지 조사한다. • 환경적인 변화의 사회적 경제적 영향과 홍수, 폭풍, 가뭄 같은 현상의 위기들의 결과를 조사하고 추측한다. • 현존하는 사용법을 검토하고 제의하고 가정, 학교, 공동체, 특정 지역의 안에서 밖에서 자원과 천연자원의 양자택일의 사용법을 평가한다.
개인의 발전과 정체성	• 신체적인 성장과 개인적인 기호에 관련된 시간에 걸친 개인적인 변화를 기술한다. • 직접적인 환경과 관련된 특별한 장소에 개인적인 관련을 기술한다. • 한 사람의 핵심적이고 지속적인 가족들의 독특한 특징을 기술한다. • 어떻게 학습하는지와 신체적인 성장이 행동에 어떻게 영향을 주는지 보인다. • 가족, 그룹, 공동체가 개인의 하루하루 생활과 개인적인 선택에 영향을 주는지 확인하고 기술한다. • 기호, 능력, 지각과 같은 개인의 정체성에 참여하는 요소들을 조사한다. • 개개인은 각각 다른 방식으로 반응을 보이는 이유를 확인하는 특이한 사건을 분석한다. • 목적을 달성하기 위해 자주적으로 그리고 협동적으로 일한다.
세계적 관계	• 예술, 음악, 신앙, 그리고 그 밖의 문화적 요소를 세계적인 이해를 용이하게 하거나 오해하게 만드는 방법을 탐구한다. • 개인, 집단, 국가 사이의 투쟁, 협력, 상호 의존의 예를 제공한다. • 세계적인 사회에서 과학 기술 변화의 결과를 시험한다. • 오염과 멸종 위기 같은 현재의 불변하고 최근에 생겨난 세계적인 논쟁점의 원인과 결과, 가능한 해결책을 탐구한다. • 수입된 석유의 사용, 토지의 사용, 환경 보호와 같은 개인이 원하는 것과 필요한 것, 다양한 전체적인 관련 사이의 관계와 긴장을 시험한다. • 아동에 대한 대우, 종교 집단, 전쟁의 결과와 같은 모든 사람의 권리와 관련된 투쟁, 관계, 논쟁점, 표준을 조사한다.
시민의 이상과 실천	• 인간 개인의 존엄성, 자유, 정의, 평등 그리고 법치주의, 구체적인 상황에서 응용의 토론과 같은 미국의 민주주의 공화국 정부 형태의 사상 양식을 확인한다. • 권리와 의무의 예를 확인한다. • 공공의 논쟁점에 대한 복합적인 관점의 정보를 알아내고 입수하며 정리, 적용한다. • 선택된 시민토론의 형식과 민주주의 공화국에서 일관된 시민 이상 관여를 확인하고 실천한다. • 형식의 다양성, 비공식 관계자 영향, 공식 정책의 모순을 인정한다. • 여론이 개인의 결정에 끼치는 영향과 정부 정책이 공공의 논쟁점에 끼치는 영향을 시험한다. • 공식 정책과 시민의 행동이 정부 민주주의 공화국 형태의 공식화된 이상에 어떻게 반영되는지 설명한다. • 공식 정책이 정부 관련 논쟁점에 어떻게 사용되어 왔는지 묘사한다. • 공동선(公同善)이 시민 행동의 다양한 형태를 통하여 강화될 수 있는지 확인하고 해석한다.

(계속)

영역	성취기준
개인 집단 단체	• 학생, 가족 구성원, 동등한 활동 집단의 구성원이나 클럽 구성원들과 같은 집단 지위에서 배우게 되는 행동 양식의 역할을 확인한다. • 종교적 신념, 법, 사람들과 일에 가해지는 동등한 압력과 문화의 요소들과 같은 단체적인 영향과 집단을 설명하고 예시를 제시한다. • 단체의 예시를 확인하고 단체와 사람의 상호 작용을 기술한다. • 개인, 집단, 단체 사이에서의 긴장의 예시와 한 집단보다 많이 속해 있는 것이 내부적인 충돌을 야기한다는 것을 확인하고 기술한다. • 개인의 신념, 정부 정책, 법 사이의 긴장의 예시를 확인하고 기술한다. • 단체의 역할의 예시와 더 나아가 연속과 변화 두 가지를 제시한다. • 집단과 단체가 개인의 요구를 어떻게 직면하고 공공의 물건을 장려하는지 제시하고 그들이 어떤 점에서 실패를 하는지 예시를 확인한다.
힘 권력 통치	• 가족, 동등한 집단, 그리고 학교 교실과 같은 그나 그녀의 사회적 집단에 관련된 개인의 권리와 책임을 평가한다. • 정부의 목적을 설명한다. • 사람들의 필요와 요구, 확립된 질서, 치안, 갈등의 조정을 정부가 어떻게 제공하는지 안 하는지의 예시를 제공한다. • 집단과 기구가 어떻게 화합을 조장하고 다양성을 다루어서 질서와 치안을 지속하는지 인식한다. • 작은 지역, 큰 지역, 국가적인 정부 간을 구분하고 시장, 주지사, 대통령 같은 수준의 대표 지도자를 확인한다. • 집단과 국가 사이와의 논쟁이 야기하고 화합에 기여하는 요인들을 확인하고 기술한다. • 통신, 교통, 정보과정, 무기 개발, 갈등을 해결하는 데 도움을 주거나 기여하는 다른 방면에의 테크놀러지의 역할을 연구한다. • 개인과 집단의 요구와 필요, 공평, 공정, 정의와 같은 개념들 간의 긴장의 예시를 인식하고 제공한다.
생산 분배 소비	• 정부가 우리의 경제학 결정의 선택을 보여 주는 예를 제공한다. • 필요한 것과 원하는 것을 구별한다. • 사유와 공유의 상품과 서비스의 예를 확인한다. • 조직 단위, 노동자, 은행, 노동조합, 정부기관, 작은 회사, 큰 회사와 같은 작은 경제 체제를 구성하는 여러 가지 제도의 예를 제공한다. • 우리는 전문화된 일을 가진 노동자가 있는지와 제품을 기부하고 상품과 서비스를 교환하는 방법이 어떠한지를 묘사한다. • 경제 결정에 자극, 가격, 전통, 습관의 영향을 묘사한다. • 매일의 생활에서 돈의 역할을 설명하고 증명한다. • 수요와 공급의 시세의 관계를 묘사한다. • 수요, 공급, 가격 같은 경제 개념을 사회와 국가의 사건을 설명하는 것을 돕는 데 사용한다. • 발전도상에서 매립지를 빠르게 채우는 폐물의 흐름을 줄이는 방법 같은 현재 지역 경제의 논쟁점 반응에 경제 개념의 지식을 적용한다.

(계속)

영역	성취기준
과학 과학기술 사회	• 과학과 과학기술이 가정, 육아, 일, 수송, 통신 같은 사람의 삶을 변화시켜 온 예를 확인하고 묘사한다. • 과학과 과학기술이 자연환경의 변화를 이끌어 온 댐과 부두 건설, 앞바다 석유조파법, 열대 우림의 손실 같은 분실 대안 사용 같은 예를 확인하고 묘사한다. • 가치, 신뢰, 태도의 변화가 새롭고 과학적이고 과학기술적인 지식으로 귀착되었음을 알아보고 자원의 보전, 화학의 생활, 환경에 유해한 점에 대한 예를 인식하고 묘사한다. • 과학과 과학기술이 자연의 환경, 개인의 권리, 공공의 이익을 보호하기 위해 지시하는 것을 감시하는 방법을 제안한다.

이 자료에 근거하여 사회과 성취기준 내용의 특징을 분석하면 다음과 같다. 첫째, 사회과 성취기준은 유치원~12학년까지의 학생들을 위한 성취기준으로 10가지의 주제들은 지식, 기술, 태도를 포함한 수행 기대감으로 나타나며 교과 결정을 위한 지표의 역할을 하고 있다. 둘째, 사회과 성취기준의 내용은 모든 학교 단계에서 학생들이 성취해야 할 기준으로 문화; 시간과 연속성, 변화; 사람과 장소, 환경; 개인적 발전과 정체성; 개인과 집단, 단체; 권력과 당위, 지배; 생산 분배, 소비; 과학과 기술, 사회; 세계적 관계; 시민적 이상과 실제 등이다. 셋째, 사회과 성취기준에 포함되어 있는 경험을 살펴보면 문화에서는 문화와 문화의 다양성에 대한 경험을 포함하고 있다. 넷째, 사회과 성취기준에서의 10가지 요소별 행위 동사를 살펴보면 다음과 같다: '기술한다', '증명한다', '사용한다', '설명한다', '분간한다', '예를 든다', '비교한다', '대조한다', '사용한다' 등. 이들 행위 동사는 학생들의 도전적이고 자주적이며 활동적인 구성의 과정을 요구하는 학습 방향으로 구성되어 있음을 알 수 있다. 다섯째, 사회과 성취기준은 신념과 행동을 지식과 연결시켜 주도록 하고 있는데 학생들의 삶이나 매체를 통하여 취득한 지식을 연결하고 있는 것이 특징이다.

4. 과학과 성취기준

과학 교육의 성취기준에서는 모든 학생들이 과학적 소양을 성취할 수 있고 또 그러한 기회를 가져야 한다는 신념에 바탕을 두고 있다. 즉, 과학적 탐구의 산물로 가득한 세계에서의 과학 교육의 목표는 과학적 소양을 갖춘 시민을 양성하는 것이다. 과학 교육의 성취기준이 추구하는 학교 과학 교육의 목표는 다음과 같다. 첫째, 자연 세계에 대해 알고 자연 세계를 이해하는 일의 소중함과 즐거움을 경험하는 것이다. 둘째, 개인적 의사 결정 과정에서 적절한 과학적 과정과 원리를 사용하는 것이다. 셋째, 과학과 기술이 관련된 문제에 대한 공적인 대화와 토론에 지적으로 참여하는 것이다. 넷째, 자신의 직장에서 과학적 소양인의 지식, 이해, 기능을 활용하여 경제적 생산성을 높이는 것이다.

이러한 목표를 바탕으로 다음과 같은 몇 가지 원리를 가지고 과학과 성취기준이 개발되었는데, 첫째, 과학은 모든 학생들을 위한 것이다. 둘째, 과학 학습은 능동적 과정이다. 셋째, 학교 과학은 현대 과학 활동을 특징짓는 지적, 문화적 전통을 반영한다. 넷째, 과학 교육 개선은 체계적인 교육 개혁의 일부이다(National Science Education Standards, 2000: 29). 이런 목표와 원리를 바탕으로 선정된 과학과 성취기준의 내용은 8개로 이루어져 있다.

과학과 내용 영역에 따른 하위 주제

내용 영역	하위 주제		비고
교과 통합 개념과 과정	계(system), 질서, 조직		전 학년에 걸쳐서 배움
	증거, 모델, 설명		
	변화, 항상성, 측정		
	진화, 평형		
	형태와 구조		
탐구로서의 과학	유~12학년	탐구를 수행하는 데 필요한 능력	
		과학적 탐구에 대한 이해	

(계속)

내용 영역		하위 주제	비고
물상과학	유~4학년	물체와 물질의 속성	
		물체의 위치와 운동	
		빛 · 열 · 전기와 자기	
	5~8학년	물질의 성질과 변화	
		운동과 힘	
		에너지 전환	
생명과학	유~4학년	생물의 특성	
		생물의 일생	
		생물과 환경	
	5~8학년	생물체계의 구조와 기능	
		생식과 유전	
		조절과 행동	
		개체군과 생태계	
		생물의 다양성과 적응	
지구와 우주과학	유~4학년	지구 구성 물질의 성질	
		하늘의 물체	
		땅과 하늘의 변화	
	5~8학년	지구계의 구조	
		지구의 역사	
		태양계 내에서의 지구	
과학과 기술	유~4학년	자연물과 인공물을 구별하는 능력	
		과학기술을 이용한 설계 능력	
		과학과 기술에 대한 이해	
	5~8학년	과학기술을 이용한 설계 능력	
		과학과 기술에 대한 이해	

(계속)

내용 영역	하위 주제		비고
개인과 사회적 관점에서의 과학	유~4학년	개인과 건강	
		인구의 특성과 변화	
		자원의 종류	
		환경에서의 변화들	
		국지적 문제들과 과학과 기술	
	5~8학년	개인 건강	
		인구, 자원, 환경	
		자연 재해	
		위험과 이익	
		과학-기술-사회	
과학의 역사와 본성	유~4학년	인간 노력으로서의 과학	
	5~8학년	인간 노력으로서의 과학	
		과학의 본성	
		과학의 역사	

유치원~4학년의 내용 기준에 해당하는 성취기준의 일부를 살펴보면 다음 표와 같다.

유치원~4학년의 과학과 성취기준 일부

교과 통합 개념과 과정	계(system), 질서, 조직	• 측정의 의미와 측정 도구의 사용법과 같은 통합 개념과 과정의 의미를 깨닫고, 그것을 활용할 수 있는 기초를 세워야 한다.
	증거, 모델, 설명	
	변화, 항상성, 측정	
	진화, 평형	
	형태와 구조	

(계속)

탐구로서의 과학	탐구를 수행하는 데 필요한 능력	• 주변 환경 내의 물체나 생물 그리고 사건에 관한 문제 제기에 답할 수 있다. • 간단한 탐구의 설계와 수행 능력을 함양할 수 있다. • 자료를 수집하고 감각을 확장하기 위한 간단한 장비와 기구의 사용 기능을 습득할 수 있다. • 자료를 이용한 합리적인 설명을 입증할 수 있다. • 탐구와 설명에 관한 의사소통 능력이 있어야 한다.
	과학적 탐구에 대한 이해	• 문제를 제기하고 해답을 과학자들이 이미 알고 있는 내용과 비교하는 활동을 할 수 있다. • 과학자들은 답하려는 문제에 따라 서로 다른 종류의 탐구 활동을 수행할 수 있다. • 확대경, 온도계, 자와 같은 도구를 사용하여 정보를 얻는 것이 감각만을 이용하여 얻는 것보다 더 많은 정보를 얻는다는 것을 알 수 있다. • 관찰과 이 세계에 대해 이미 알고 있는 내용을 이용하여 설명을 구성할 수 있다. • 자신들의 탐구 결과를 다른 사람에게 공개할 수 있다. • 다른 사람들의 활동 결과를 검토하고 질문할 수 있다.
물상과학	물체와 물질의 속성	• 물체는 크기, 무게, 모양, 색, 온도 등과 같은 여러 가지 관찰 가능한 성질과 다른 물체들과 반응할 수 있는 능력을 가지고 있다. • 물체는 종이나 나무 등 한 가지 이상의 물질로 이루어져 있다. • 물질은 고체, 액체, 기체 상태로 존재한다.
	물체의 위치와 운동	• 물체의 위치는 다른 물체나 배경에 대한 상대적인 위치로 기술할 수 있다. • 물체의 운동은 시간에 따른 물체의 위치를 추적하고 측정하여 기술할 수 있다. • 물체의 위치와 운동은 밀거나 당김으로써 변한다. • 소리는 물체를 진동시켜 발생시킬 수 있다.

위와 같은 형식으로 각 학년별(유~4학년, 5~8학년) 과학과 성취기준은 내용 영역에 따라 구체적으로 제시된다. 이러한 과학과 성취기준의 특징을 살펴보면 다음과 같다. 첫째, 과학과 성취기준은 과학 내용 기준을 중심으로 모든 학생들이 이 기준에 대한 능력과 이해를 증진하는 방향으로 구성되어 있는 것이 특징이다. 둘째, 과학과 성취기준은 과학적 소양을 갖춘 시민이라는 이상을 제시하며 여기에는 과학적 소양을 갖추기 위해 학생들이 학년마다 무엇을 알아야 하며, 무엇을 이해해야 하고, 무엇을 할 수 있어야 하는지가 제시되어 있다. 셋째, 과학과 기준

은 배워야 할 내용뿐만 아니라 과학 교수 기준, 과학 교사 전문성 계발 기준, 과학 교육 평가 기준, 과학 내용 기준, 과학 교육 프로그램 기준, 과학 교육 기준으로 구성되어 있다. 넷째, 과학과 기준에서 내용 기준은 유치원부터 12학년까지의 과정을 통해서 자연 과학 분야에서 학생들이 무엇을 알아야 하고, 무엇을 이해해야 하며, 무엇을 할 수 있어야 하는지를 개괄적으로 보여 주고 있다. 다섯째, 과학과 내용 기준에서 '과학의 통합 개념과 과정'과 '탐구로서의 과학'은 어느 학년에서나 적용되었는데 그 까닭은 이 영역과 관련된 이해와 능력이 학생들의 교육 경험 전반을 통하여 발달되어야 하기 때문이다. 여섯째, 과학과 성취기준은 해당 학년의 모든 학생들이 제공되는 활동을 수행한 결과 기준의 내용을 이해하고 능력을 계발해야 한다고 진술하고 있었다. 그리고 각각의 내용 기준은 다른 기준의 지식과 기능을 일부 포함하기 때문에 전체가 한 묶음으로 사용되어 있었다. 일곱째, 과학과에서는 타 교과와의 관련성을 중시하는데 그 중에서 기술과의 관련을 중시하고 있다. 여덟째, 과학 성취기준은 교육과정 설계를 위한 안내로서 학교나 주에서 교육과정을 수립할 때 안내서의 역할을 하도록 하고 있다.

5. 예술과 성취기준

예술과 성취기준의 기본은 미국 예술 교육 성취기준(National Standards for Arts Education)으로 1994년에 개발되었다. 예술 평가는 가시적이며 실행할 수 있는 예술 구조(Visual and Performing Arts Framework)의 4가지 구성요소에서 학생의 수행 상황을 반영해야 한다: 심미적 인식, 창의적 표현, 예술 전승, 심미적 가치. 이들을 구성요소로 하여 예술교육의 각 교과인 무용, 음악, 연극, 미술의 성취기준이 개발되었다.

성취기준 요소 1: 무용

구성요소 1: 심미적 인식 — 여러 감각이 관여하는 융합

- 학생들은 인식, 동일함 그리고 신체의 이미지를 공간과 시간에서의 표현 도구로 개발한다.
- 학생들은 감각의 자극에 대한 움직임에 반응한다. 예를 들면 시각, 청각, 미각.
- 학생들은 댄스 기술을 통하여 운동 근육 능률을 보여 주며 운동 표현 형식을 통제, 확장한다.
- 학생들은 공간, 시간, 그리고 에너지 개념으로 신체를 통합하여 무용 기본 요소에 바탕을 둔 운동 표현 형식을 언어화하고 사용한다.

구성요소 2: 창작적 표현

- 학생들은 독창력, 개인적 스타일, 명쾌함을 가진 율동을 통하여 개인적 감정과 아이디어를 표현한다.
- 학생들은 즉석에서 하기, 문제 해결 기술, 창조적 생각, 그리고 답사를 사용하여 무용의 창조적 과정을 개발한다.
- 학생들은 무용을 만드는 다양한 출처에서부터 추상적인 이미지를 전달한다.
- 학생들은 율동을 응집성 있는 페이즈(연속 동작의 한 단위)와 유기적인 형태와 구조를 가진 구성에서 선택하고 계획한다.
- 학생들은 무용 구성과 수행평가에 관계된 자기평가 기술을 개발한다.
- 학생들은 무용이 의사소통의 수단이고 다양한 율동이 각 개인의 표현에서 온다는 태도로 증명된다.
- 학생들은 고유의 율동 주제, 페이즈를 보여 주고 수업 중에, 수행평가 중에 다른 사람들을 위해 악곡에 맞춰 춤춘다.

구성요소 3: 무용 전통 역사와 문화

- 학생들은 무용을 세계 문화에서 보편적인 언어로 인정한다 — 과거, 현재, 미래.
- 학생들은 사회적, 제식의 및 수행평가 내용에서 무용의 역사적 역할을 명료하게 표현한다.
- 학생들은 문화적, 역사적 인식에서 온 무용의 유사성과 차이점을 설명한다.
- 학생들은 아마추어와 프로 수준의 무용에서 방관자와 참여자로서 활동적인 관계를 지속하려는 바람을 명료하게 표현한다.
- 학생들은 사회적, 제식의 및 수행평가 내용에서 동시대적 문화의 무용의 명시를 파악한다.

구성요소 4: 심미적 가치 — 향유, 관찰, 인식, 코멘트

- 학생들은 창조적이고 제약받지 않는 율동과 넓은 범위의 무용 경험에 대한 기쁨과 자유를 발견한다.
- 학생들은 자신과 다른 사람들의 독특성을 인정하여 무용 구성에서 고유성을 인식하고 가치를 둔다.
- 학생들은 무용 작품의 심미적 질에 대하여 평가함으로써 건설적인 비평 기술을 설명하는데, 이유는 그들이 자신과 다른 사람과 인생에 대한 커뮤니케이션과 설명에 관계하기 때문이다.
- 학생들은 그들 자신의 심미적 측정, 율동의 질 그리고 창작에 사용된 과정에 대한 무용 작품을 인식하고 서술하고 비교한다.
- 학생들은 다른 연구 영역의 심미적인 질에 대한 무용의 기본적인 요소를 이야기한다.

성취기준 요소 2: 드라마/연극

구성요소 1: 심미적 인식 — 여러 감각이 관여하는 융합

- 학생들은 환경을 관찰하고 반응하는 데 지각하고 선택적이 된다.
- 학생들은 내부적 아이디어, 의도 혹은 느낌의 외부적 표현으로서 율동을 사용한다.
- 학생들은 연설이든 말을 사용하지 않는 음성으로든 의미와 느낌의 표현으로 목소리를 악기로 사용한다.
- 학생들은 신속한 변화와 예기치 못한 자극에 즉각적으로 그리고 협력적으로 반응한다.

구성요소 2: 창작적 표현

- 학생들은 영화 스토리를 되풀이해서 말하고 그 역을 맡아 본다.
- 학생들은 구성되고, 연주되고, 평가되고 재연주된 즉석 연주를 수행평가한다.
- 학생들은 독창적인 장면에 대해 원고를 쓰고 즉석 연주를 수행평가한다.
- 학생들은 장면이나 희곡에 대해 독특한 디자인을 창조하고 기술적인 요소를 창조한다.

그룹의 구성원

학생들은 각색의 계획에 활발히 참여한다.
학생들은 아이디어를 찾고 표현하는 데 그룹 노력을 평가한다.
학생들은 기본 연기 기술에서 능숙하다.
학생들은 외형의 기본적인 연기 요소를 사용한다. 성격 묘사, 갈등, 동기화, 설정.
학생들은 외형의 연기에 관련된 기본적인 표현 형식을 습득하고 있다.

외형의 연기 기술

학생들은 연출을 배운다.
학생들은 무대 관리를 배운다.
학생들은 비즈니스 관리를 배운다. 예를 들면, 선전, 수익.
학생들은 디자인과 세트, 조명, 의상, 소도구, 음향 및 특수효과 등의 기술적 요소를 배운다.
학생들은 가령, 음악, 댄스, 시각 예술, 그리고 문학과 같은 다른 예술 형태가 드라마/연극에서 어떻게 이용되는지를 이해한다.

구성요소 3: 드라마/연극 전통 — 역사적, 문화적

- 학생들은 주요 테마, 역사적 기간 그리고 문화 배경을 인정한다.
- 학생들은 문화적 차이에 대한 이해와 감사의 수단으로 현재의 연극의 중요성을 인정한다.

구성요소 4: 심미적 가치

- 학생들은 격식을 따지지 않는 그룹의 구성원을 평가한다.
- 학생들은 연극 작품, 영화와 TV 수행평가를 평가한다.
- 학생들은 심미적으로 연극을 평가하는 기준을 공식화하고 사용한다.

성취기준 요소 3: 음악

구성요소 1: 심미적 인식 — 지각과 개념의 발전

- 학생들은 음향이 어떻게 발생하고 수정되는지에 대한 이해를 표현한다.
- 학생들은 음악적 요소에 대한 이해를 표현한다.
- 학생들은 음악에서 구성(형태와 디자인)에 대한 이해를 표현한다.
- 학생들은 문자로 된 기보법에 대한 효율적인 이해를 표현한다.

구성요소 2: 창조적 표현 — 음악 기술의 발전

- 학생들은 정확하게 그리고 지적으로 음악을 듣고 반응한다.
- 학생들은 다양한 음원을 사용하여 음악을 연주한다.
- 학생들은 기보법의 사용을 통하여 효율적으로 음악적 아이디어를 전달한다.
- 학생들은 독창적인 음악 아이디어를 발전하고 전달할 수 있는 능력을 표현한다.

구성요소 3: 음악적 전통 — 역사적, 문화적

- 학생들은 자신들의 음악적 전통을 파악하고 친숙하게 된다.
- 학생들은 다른 문화와 민족 특유의 그룹에서 어떤 표현이 풍부한 요소를 확인한다.
- 학생들은 음악의 구성, 스타일, 선집, 그리고 연주에 영향을 주는 사회적, 역사적 상황을 서술한다.

구성요소 4: 심미적 가치

- 학생들은 개인과 문화의 삶에 있어 음악의 역할과 가치에 관한 이해를 표현한다.
- 학생들은 특별한 상황에서 음악의 기능과 목적이 구성과 선집, 수행평가에 어떻게 영향을 주었는지에 대한 이해를 표시한다.
- 학생들은 음악의 어떤 요소가 특징 있는 유형과 형태를 생산하도록 결합되는 방법에 대한 이해를 표현한다.

성취기준 요소 4: 시각 예술

구성요소 1: 심미적 인식 — 시각적, 촉각적

- 학생들은 전체 환경 내에서 예술, 자연, 사건과 객체의 작업화에서 시각적, 촉각적 품질에 대한 심미적인 인식을 증가시킨다.
- 학생들은 시각적, 촉각적 이미지와 심벌에서 — 시각 예술에 독특한 — 물리적 언어를 인식함으로써 직접적으로 그리고 은유적으로 세상을 알게 된다.

구성요소 2: 창조적 표현 — 예술적 인식과 기술

- 학생들은 경험에 대한 반응을 전달하고 표현하는 예술적인 기술을 획득하고 있다.
- 학생들은 개인적 경험의 중요성을 인정하고 자신들의 시각적 표현과 다른 학생들의 예술적 활동에 있는 독특성을 존중한다.
- 학생들은 아이디어, 느낌, 그리고 가치에 대해 효과적으로 시각적 예술 표현법을 사용함에 있어 솜씨 있고 조직적인 기술을 개발한다.

(계속)

구성요소 3: 시각적 예술 전통 — 역사적, 문화적

- 학생들은 동시대적인, 역사적인 그리고 유사이전의 문화에서 다양한 예술적 제작 활동과 예능을 공부한다.
- 학생들은 예술이 역사를 반영하고 기록하고 모든 문화에서 역할을 한다는 사실을 이해한다.
- 학생들은 포괄적인 세계 관점의 정황으로 창조적 능력과 예술적 전통에 대한 이해를 습득한다.
- 학생들은 그들 자신의 심미적 가치를 명백히 하여 다른 사람의 심미적 가치상의 차이를 감상하는 법을 배운다.

구성요소 4: 심미적 가치 — 분석, 해석, 판단

- 학생들은 분석, 해석, 그리고 판단에 대한 객관적인 기준을 사용하여 전체 환경 안에서 예술, 자연, 다른 객체의 작업에 많은 반응을 한다.
- 학생들은 전체 환경 안에서의 예술과 다른 객체의 작품의 심미적인 질에 대해 판단하고 의견을 정당화함으로써 경험으로 의미와 가치를 끌어낸다.
- 학생들은 시각적 관계에 대해 예술 제작을 향상시킬 수 있는 습득된 심미적 가치에 근거하여 분석, 해석, 판단한다.

시각 예술의 성취기준 내용의 특징을 분석하면 다음과 같다. 첫째, 시각 예술의 성취기준은 예술적 지각력, 창의적 표현력, 역사적 문화적 맥락, 심미적 가치에 관한 내용으로 구성되어 있으며, 학년별 구분은 유치원~4학년, 5~8학년, 9~12학년으로 나누어져 있다. 둘째, 시각 예술의 성취기준은 시각 예술이 국가교육과정의 중요한 부분으로서 모든 학생들이 잘 계획된 예술 프로그램을 유치원부터 12학년까지 제공받아야 한다는 목적 아래 만들어진 성취기준이라는 것이다. 셋째, 시각 예술의 성취기준은 학생들이 미디어나 기술, 그리고 과정들을 이해하고 적용하는 능력을 포함하고 있다. 다섯째, 시각 예술의 성취기준은 학생들이 미술에서 사용되는 언어를 사용하여 시각 예술에 대한 구조나 기능에 대한 지식을 인지할 수 있도록 구성되었고, 학생들이 시각 예술의 역사나 문화와의 관계를 이해할 수 있도록 구성되었다. 여섯째, 시각 예술의 성취기준은 학생들이 그들의 작품의 장점이나 특징들을 반영하고 평가할 수 있도록 구성되었다. 일곱째, 학생들이 시각 예술과 다른 교과 간의 관계를 이해하고 이를 활용하여 미술 작품을 만들 수 있도록 구성되었다.

6. 테크놀러지 성취기준

테크놀러지 성취기준은 과학기술의 소양을 개발하기 위하여 국제 테크놀러지 교육 협의회(International Technology Education Association)에 의해서 2000년도에 개발되었다. 이 기준은 유치원부터 고등학생까지의 모든 학생들이 갖추어야 할 필수적인 기술 공학적 지식과 기술들을 포함하고 있는 기술 소양을 위한 성취기준으로서 테크놀러지 성취기준을 제시하고 있다. 본 성취기준은 5가지 영역으로 나누어져 있는데 테크놀러지와 본질, 테크놀러지와 사회, 디자인, 테크놀러지 사회를 위한 능력, 디자인된 세계 등이다. 테크놀러지 성취기준을 구성하고 있는 주요한 성취기준의 주제는 다음 표와 같다.

테크놀러지 성취기준의 주제

주제	하위 주제
테크놀러지 본질	학생들은 테크놀러지 성질의 이해를 개발할 것이다. 1. 특징과 테크놀러지 범위 2. 테크놀러지의 중심 개념들 3. 테크놀러지와 다른 분야 사이의 관계
테크놀러지와 사회	학생들은 테크놀러지와 사회의 이해를 개발할 것이다. 4. 테크놀러지의 문화, 사회, 경제와 정치의 효과 5. 환경에 관한 테크놀러지의 효과 6. 테크놀러지의 발달과 사용의 사회의 역할 7. 역사에 대한 테크놀러지의 영향
디자인	학생들은 디자인의 이해를 개발할 것이다. 8. 디자인의 특질 9. 공학 디자인 10. 수리하는 역할, 조사와 발달, 발명과 혁신, 문제 해결의 실험
테크놀러지 사회를 위한 능력	학생들은 테크놀러지 세계를 위해 능력을 개발할 것이다. 11. 디자인 과정의 적용 12. 테크놀러지 제품과 시스템의 사용과 유지 13. 제품과 시스템의 충격에 대한 평가

(계속)

주제	하위 주제
디자인된 세계	학생들은 디자인 세계의 이해를 개발할 것이다. 14. 의학 테크놀러지 15. 농업과 관계있는 생물 공학 16. 에너지와 힘 테크놀러지 17. 정보와 통신 테크놀러지 18. 운송 테크놀러지 19. 제조 테크놀러지 20. 건설 테크놀러지

테크놀러지의 본질 성취기준은 테크놀러지의 범위와 본질, 테크놀러지의 중심 개념, 테크놀러지와 다른 분야의 관계를 그 내용으로 하고 있다. 즉, 테크놀러지가 무엇인지, 그것의 일반적 중심 개념, 그리고 다양한 테크놀러지 사이의 관계와 테크놀러지와 인간이 노력한 다른 분야와의 관계를 탐구하는 것이다. 테크놀러지와 사회 성취기준은 테크놀러지의 문화적 · 사회적 · 경제적 · 정치적 효과, 환경에서의 테크놀러지의 효과, 테크놀러지의 사용과 발전에 관한 사회의 역할 등이다. 디자인 성취기준은 디자인의 속성, 공학 디자인의 이해, 고장의 수리나 연구 개발, 발명과 혁신 그리고 문제 해결에서의 실험의 역할에 대한 이해 등이다. 테크놀러지 세계를 위한 능력 성취기준은 세 가지인데, 디자인 과정에 적응하는 능력, 테크놀러지적 제품과 시스템을 사용하고 유지하는 능력, 제품과 시스템을 사용하고 유지할 수 있는 능력 등이다. 디자인된 세계에 대한 이해 성취기준은 일곱 가지로 구성되어 있다. 의료 테크놀러지, 농업과 생물 공학 테크놀러지, 에너지와 동력 테크놀러지, 정보 통신 테크놀러지 능력, 전송 테크놀러지, 제조 테크놀러지, 건설 테크놀러지 등이다.

이러한 사실에 근거하여 테크놀러지 성취기준의 특징을 살펴보면, 첫째, 테크놀러지 성취기준은 5개의 주제로 구성되어 있다. 이들 주제는 다시 세부적인 하위 주제로 구성되어 있다. 둘째, 테크놀러지 성취기준의 등급은 유치원~2학년, 3~5학년, 6~8학년, 9~12학년으로 나누어져 있으며 모두 20여 개의 성취기준으로 이루어져 있다. 셋째, 테크놀러지 성취기준에는 두 가지 유형의 기술이 있는데 '인식의 성취기준'과 '과정의 성취기준'이다. 인식의 성취기준은 학생들이 기술에 관한 것을 알아야 하고 이해해야만 하는 기술에 관한 기초적인 지식을 설명하는 것이며, 과정의 성취기준은 일하는 방법과 그것의 세계에서 학생들이 기술적으로 글을 읽고 쓸 줄 알아야 하는 능력을 기술하는 것이며, 이들 둘은 서로 상보적인 역할을 한다.

제4장

수행 과제의 개념과 설계

이 장에서는 수행 과제의 개념, 수행 과제의 특징, 수행 과제의 제작 절차를 알아본다. 그리고 국어과, 수학과, 사회과, 과학과, 통합 영역의 수행 과제의 종류를 예시와 함께 살펴볼 것이다.

1. 수행 과제의 개념

수행 과제(performance task)는 학생들이 교과의 개념을 진정으로 이해하고 문제 상황이 주어졌을 때 실제적으로 문제를 해결할 수 있는지를 평가하기 위하여 만들어지는 과제를 의미한다. 시험 문항이라는 용어 대신에 수행 과제라고 용어를 쓰는 이유는 평가 과정에서 학생이 실제적 수행 과정을 통하여 문제를 해결하고 구체적인 결과를 산출해야 하기 때문이다. 이때 결과는 학생이 시험지에 자신의 생각을 적는다든지, 직접 발표를 한다든지, 수학 개념에 근거하여 어떤 모형을 만든다든지 등의 결과물(product)로 나타난다. 그리고 이러한 결과물을 만들기 위해서 요구되는 학생의 능력은 대부분 수업에서 배운 개념이나 원리를 얼마나 잘 이해하고 실제 사태에 적용할 수 있는지를 평가하는 문제들로 구성된다.

미국의 경우 수행평가의 대두와 함께 수행 과제를 제작하는 방법에 대한 이론화가 심층적으로 이루어져 왔다(Arter, 1996; Hess, 1996; Wiggins, 1998). 그리고 이러한 이론화는 현장 교사들로 하여금 전통적인 사지선다형 평가 방법을 지양하고 '수행 과제를 통한 평가'를 실행하는 쪽으로 유도하는 데 상당한 역할을 하였다. 국어에서는 직접 글을 쓰거나 발표하거나 연설을 하게 하고, 과학에서는 실험 실습 보고서 작성하기나 떨어지는 나뭇잎의 운동을 연구하고 그 운동의 패턴을 설명할 수 있는 실험을 설계하게 하며 그 결과를 공기 저항, 운동, 공기 역학의 법칙에 근거하여 해석하도록 하고(Lomask, Baron, Greig, & Harrison, 1992), 수학과에서는 제한적인 조건을 제시하고 수학적 개념을 기초로 책장을 설계하도록 하고, 사회과에서는 2차 세계대전에서 미국의 일본에 대한 핵폭탄 투하가 정치적, 윤리적, 군사적 측면에서 얼마나 합리적 결정이었는지 의사결정하기 등 수행이 강조되는 과제들이 각 교과 수행평가 과제로 이용되기 시작하였다.

이 과정에서 지필평가의 문제점을 보완하면서 수행평가의 이상을 반영한 평가 과제인 개방형 지필평가(prompt)가 폭넓게 사용되고 있다(Spandel, 1996). 이 개방형 지필평가는 학생들에게 지필로 답을 쓰도록 하면서도 평가의 주안점을 단순한 지식의 재인이나 재생이 아니라 고차원적 사고 기술의 적용 여부에 둠으로써 수행평가의 이상을 실현하는 평가 과제이다. Freedman(1994)의 『개방형 지필평가 문항 만들기』는 이러한 맥락에서 미국 현장 교사들이 수행평가 과제를 만드는 데 유익한 도서로 활용되고 있다.

수행 과제가 학생의 고차원적인 사고 기술을 측정하는 것이어야 하기 때문에 수행 과제에 대한 이론화는 이 분야의 연구자들에 의하여 심도 있게 연구되어 왔다. 그 중에서 Wiggins는 수행평가가 성공적으로 실행되기 위해서는 좋은 수행 과제를 많이 만들어서 현장에 보급해야 한다고 강조하였다. 그리고 수행 과제의 제작자가 될 사람들은 다음과 같은 내용들에 답할 수 있어야 한다고 하였다: 좋은 수행 과제가 갖추어야 할 조건, 수행 과제를 만드는 방법, 수행 과제의 종류, 수행 과제 제작과 관련하여 현장 교사가 유념해야 할 내용, 수행 과제 점수 매기기.

2. 수행 과제의 특징

Wiggins(1998, pp.139-145)는 수행 과제가 다른 평가 과제와 달리 갖추어야 할 특징을 네 가지로 설명하고 있는데 그의 이러한 개념화는 수행 과제를 제작하는데 필요한 방법적 지식으로 간주되고 있다. 첫째, 수행 과제는 학생이 미래의 실제 직업 세계에서 경험하게 될 과제와 비슷한 형태의 과제여야 한다. 수행 과제는 교과에서 다루고 있는 개념의 추상적인 확인이 되어서는 안 되며 대신에 학생이 졸업하게 되면 맞이하게 될 실제 생활 사태에서 당면하게 될 과제여야 한다.

둘째, 수행 과제는 단순한 탐구 기술의 확인이 아니라 복잡한 탐구 기술을 사용할 수 있는지를 평가하는 것이어야 하며 지식의 종합적 사용 능력을 요구하는 것이어야 한다. 과제는 학생들로 하여금 복잡한 정보를 조직하고, 종합하고, 해석하고, 설명하고, 평가하도록 설계되어야 한다.

셋째, 수행 과제는 비구조화된 문제로 구성되어야 한다. 우리의 직업 세계에서 작업자가 해결해야 하는 과제가 특정한 해결책이나 정답 또는 완벽한 해결 조건을 모두 갖춘 것이 아니기 때문에 수행 과제 역시 비구조화된 것이어서 문제를 해결하기 위해서는 다양한 제한 조건을 이해하고 그러한 제한 조건 속에서 최상의 방법을 찾는 노력을 요구해야 한다. 이를 통하여 학생들은 실제 직업 세계에서의 과제 수행은 예측하기 힘들고 복잡하다는 점을 깨달아야 한다.

넷째, 수행 과제는 의미 있는 구체적인 청중을 대상으로 만들어져야 한다. 과제는 전통적 지필평가에서 특정한 청중이 없는 것과는 달리 특정한 청중(물건을 구매할 사람, 의사결정자, 시민 등)을 대상으로 하여 만들어져야 한다. 직업 세계에서 하는 일이 대부분 청중을 대상으로 하고 있기 때문에(예, 건축 설계자는 건축주에게 설명해야 하며, 의상 디자이너는 옷을 구매할 고객에게 설명해야 하며, 세일즈맨은 가정 주부들에게 팔아야 할 물건을 설명해야 한다), 수행 과제는 구체적인 청중을 대상으로 하여 자신의 결과를 보여 주고 설득시키는 작업으로 구성되어야 한다. 이에 교실에서 하게 될 학생의 수행 과제는 자기가 살고 있는 도시의 시장을 대상으로, 시민을 대상으로, 아니면 신문을 읽게 될 사람을 청중으로 가정하고 작업을 해나가야 한다.

Wiggins가 예로 든 좋은 수행 과제를 소개하면 다음과 같다.

[좋은 수행 과제의 예시] 포장용기 디자인

- 상황과 역할: 당신은 한국제과의 포장기술부 기술자입니다.
- 목적, 도전: 목적은 한국제과의 제품 선적 비용을 최소화하는 것입니다.
- 선물/수행 그리고 목적: 당신은 주어진 자원을 가지고 안전하고, 비용이 합리적인 포장용기를 디자인해야 합니다. 그리고 포장용기 디자인이 주어진 자원을 얼마나 효과적으로 사용하였으며, 한국제과의 제품 선적량을 얼마나 극대화시켰는지에 대해 도표와 수학적 설명이 제시된 계획서를 준비해야 합니다.
- 청중: 당신은 회사 관리자들에게 당신의 용기 디자인이 주어진 조건을 얼마나 적절한 비용으로 이용하였는지와 한국제과의 선적량을 얼마나 극대화시켰는지, 그리고 수송하기에 안전하게 만들어졌는지를 확인시켜야 합니다.

- 성공의 기준: 당신이 계획한 용기는 다음과 같아야 합니다.
    - 주어진 자원을 비용 효과 측면에서 합리적으로 사용하였다.
    - 한국제과 상품의 선적량을 극대화시켰다.
    - 운송하기에 안전하였다.

Wiggins와 함께 일련의 학자들도 수행 과제에 대한 이론화에 노력해 왔다. 많은 이론서와 실제 지도서, 수행 과제 자료집 중에서 몇 가지 예를 들면 다음과 같다: Barber, J. 외(1995), 『통찰과 결과들: 수학과 과학에서의 평가 과제』; Lewin, L.(1998), 『위대한 수행: 교실 수업에서 사용할 수 있는 평가 과제의 제작』; Allinger, G. 외(1999), 『수학 프로젝트 핸드북』; Danielson, C.와 Marquez, E.(1998), 『고등학교 수학과 수행 과제 모음집』; Danielson, C.(1997), 『초등학교 고학년 수학과 수행 과제 모음집』; Johnson, B. 『수행평가 핸드북 제2권: 수행과 전시회』. 이러한 서적들의 출간과 함께 미국 각 주 교육부의 교육과정과 평가 담당 전문가들은 대학의 연구자와 현장 교사들을 팀으로 구성하여 현장 교사에게 도움이 될 수 있는 수행 과제들을 체계적으로 제작하여 보급시켰고 각 주의 전체 학생이 참가하는 전국 학력 성취도 검사의 문항들(large-scale assessments)에 수행 과제 또는 개방형 지필평가 문항을 첨가시키는 실험적 작업을 하게 되었다.

이에 지난 1990년 이래로 미국 각 주 교육부의 교육과정, 수업 그리고 평가 부서는 주 단위 학력고사에 국어과, 사회과, 과학과, 수학과 등에서 개방형 지필평가 문항 또는 수행 과제(시험지에 답을 적는 것이 아니라 학생들이 직접 작품을 만들도록 하는 과제)들을 시험 문항으로 출제하기 시작하고 이러한 문항 개발을 위하여 엄청난 예산과 인력을 투자하였다. 그러한 대표적인 주 교육부는 메릴랜드, 코네티컷, 켄터키, 콜로라도 캘리포니아, 뉴욕 등이다. 특히 메릴랜드의 MSAP 그리고 켄터키의 CAT 평가 시스템은 미국 전체 주 중에서 학생들의 학업 성취도 검사를 수행 과제 중심으로 실행하는 대표적인 평가 제도로 정착되고 있다.

전국 단위에서의 이러한 평가 문항 성격의 변화는 미국의 현장 평가에서 수행평가가 대안적인 평가 방법으로 자리 잡았음을 여실히 드러내는 증거로서 평가 체제의 변화를 통하여 기존 교육과정과 수업이 가지고 있었던 문제점을 개선하려고 하는 의지가 반영된 것이다. 평가 문항이 선다형에서 개방형 지필평가나 수행 과제로 변화되면서 학교의 교육과정과 수업 그리고 학습의 방법이 변화되고 있다. 그 예로서 국어과의 수업은 학생들이 실제 작가가 하는 작업처럼 글을 쓰는 작업을 중심으로 이루어지고 있고, 수학과에서 학생들은 일상생활에서의 수학적 사건과 현상을 해결하고 결과물을 만드는 데 열성적으로 참여한다. 그 결과로서 나타난 가장 큰 변화는 학생들의 학습에 대한 태도 변화이다. 학생들은 이제 작업자로서 그리고 문제 해결자로서 수업에 참여한다. 그리고 그러한 연습이 있어야만 표준화된 대단위 학력고사에서 학생이 높은 점수를 얻을 수 있다는 신념이 정착되었고 이러한 신념의 생성은 교사 중심, 강의 중심, 설명 중심의 수업을 변화시키고 있다.

우리나라의 경우 수행 과제에 대한 이론화 작업은 최근에 와서야 그 중요성이 인정되면서 이 분야에 대한 연구물들이 출간되고 이 주제와 관련한 소개 작업이 활발하게 시작되고 있다. 권오남과 김경자(1997)가 번역한 『초등수학 수행평가 과제 제작 및 분석』, 강순희(2001)의 『중학교 1학년 과학과 수행평가 문항』, 김경자(2000)가 번역한 『수행평가 과제 제작의 원리와 실제』 등이 이 분야의 선도적인 작업이라고 할 수 있다. 아울러 진주교육대학교와 동 대학교 부설 초등학교에서 진행하였던 '초등학교 수행평가 도구 개발' 연구에서는 초등학교의 각 교과에서 활용할 수 있는 수행 과제의 예들을 실험적으로 개발하였다(곽재용 외, 2001). 그리고 이러한 수행 과제의 이론화와 문항 개발 작업은 앞으로도 계속되어야 할 것이다.

수행평가의 목표가 학습자에게 성취되었는지를 평가하기 위한 방법이라는 점에서 훌륭한 수행 과제를 만들고 보급하는 일은 수행평가의 성공적인 현장 정착에 필수적인 작업이다. 이에 수행 과제 연구와 관련하여 우리가 노력해야 하는 작업의 내용은 다음과 같다. 첫째, 수행평가에 대한 교사 연수 프로그램에서 수행 과제에 대한 체계적인 강의가 이루어져야 할 것이다. 둘째, 미국 등 외국에서 만들어진 모범적인 수행 과제들을 번역하고 우리 현장에 소개함으로써 좋은 수행 과제란 어떤 것인지를 우리 현장 교사에게 느끼게 해 주어야 한다. 선진적인 모델을 접하고 적용해 봄으로써 현장 교사의 수행 과제에 대한 이해도가 증진되고 제작 기술이 향상될 수 있다. 특히 좋은 수행 과제 하나를 만들기 위해서는 상당한 인력과 비용 그리고 노력이 투자되어야 한다는 점에서 모방을 통한 창조력의 신장은 훌륭한 전략이 될 것이다. 아울러 우리나라의 현장에서 개발되어 사용되고 있는 수행 과제 중에서 좋은 수행 과제를 선별하여 수행 과제를 필요로 하는 현장 교사들에게 널리 쓰이도록 도와주는 것도 중요하다. 나아가 가장 중요한 작업으로서 우리의 교육과정에 적합한 수행 과제들을 개발하는 노력이 요구된다.

3. 수행 과제의 제작 절차

수행 과제는 교육 목표로서 의도하였던 성취 결과가 과연 학생에게 달성되었는지를 평가하기 위하여 학생에게 제시되는 문제 상황 또는 과제로서 학생은 이 과제를 수행함으로써 학생이 가지고 있는 수행의 수준을 드러내게 된다. 그러한 점에서 평가자는 어떠한 수행 과제를 제작할 것인지를 신중하게 결정해야 하는데 이와 관련하여 다음과 같은 물음에 답할 수 있어야 한다: ① 성취 결과를 평가하는 데 고려될 수 있는 가능한 수행 과제에는 어떠한 것이 있는가? ② 어떠한 과제를 선택하는 것이 의도하였던 성취 결과에 대하여 학생이 도달한 수준을 판단하는 데 가장 효과적인가? ③ 수행 과제를 어떻게 만들 것인가?

이러한 물음과 관련하여 효과적인 수행 과제를 개발하기 위한 전략으로서 평가자는 다음 세 가지의 내용을 유념하는 것이 필요하다: 수행 과제의 특징, 수행 과제의 제작 방법, 수행 과제의 평가 방법.

첫째, 수행 과제의 특징은 전통적인 평가에서의 지필검사와는 달리 수행 과제는 어떠한 특징을 띠고서 만들어져야 하는지에 대한 수행 과제가 갖추어야 하는 내재적 요소를 언급한다. 일종의 수행 과제가 갖추어야 하는 지침을 말한다. 평가자는 의도하였던 성취 결과에 비추어 수행 과제를 신중하게 규명해야 한다. 이렇게 하여 기준이 규명되고 나면 다음 단계로서 교사는 목표를 달성하는 데 도움이 되는 수행 과제(Performance task)를 제작해야 한다. 수행 과제는 의도한 학습의 결과가 획득되었는지를 평가하기 위한 작업으로서 설계자는 어떠한 학생의 산물과 수행이 그러한 목적에 부합되는지를 결정해야 한다.

한편 수행 과제를 만들 때 고려해야 할 사항은 다음과 같다.

첫째, 실제 직업 세계에서 경험하게 될 과제와 비슷한 시뮬레이션이 되어야 한다. 문제 상황을 해결하기 위하여 지식을 어떻게 사용하는지를 검증할 수 있어야 하며, 교실 바깥에서 접하게 되는 개념과 문제 또는 이슈를 관련시켜 논의할 수 있도록 과제를 만들어야 한다.

둘째, 교과 영역의 개념을 심층적으로 이해하고, 복잡한 탐구 기술을 사용할 수 있어야 한다. 단순한 적용이나, 맥락과 거리가 먼 기술, 사실, 개념에 대한 단순한 적용이 되어서는 안 된다. 과제는 학생들에게 특별한 개념, 문제 또는 이슈를 해결하는 데 있어서 복잡한 정보를 조직하고, 종합하고, 해석하고, 설명하고, 평가하도록 요구해야 한다.

셋째, 과제는 구체적인 청중을 대상으로 한다. 학생이 그러한 청중에게 지식을 소통하고 구체적인 산물이나 수행을 제시하거나 실제적인 행동을 취하도록 만드는 것이어야 한다. 직업 세계에서의 전문가(과학자, 수학자, 디자이너, 엔지니어, 신문기자)는 작업을 수행하기 위해, 작업의 결과를 표현하기 위해 복잡한 형식의 의사소통 방법을 개발하여 사용하고 있다. 글쓰기가 강조되며, 학생의 이해, 설명 또는 결론을 글로 표현하도록 하게 한다.

4. 교과목별 수행 과제의 종류

이 장에서는 미국에서 개발된 각 교과별 수행 과제를 살펴볼 것이다. 제일 처음 살펴볼 각 교과의 수행 과제는 다음과 같다. 국어과 수행 과제는 중학교 1학년을 대상으로 복잡한 시에서 간단한 시, 특히 현대 서정시에 적합한 과제이다. 수학과 수행 과제는 수의 규칙을 찾아 다음 수를 예측하는 과제이며 이는 초등학교 2~3학년을 대상으로 한다. 사회과 수행 과제는 초등학교 5학년을 대상으로 환경 보전과 국토 계발에 대한 토론을 통해 문제 해결 능력을 평가하는 것이다. 과학과 수행 과제는 취학 전 및 유치원 아동을 대상으로 곰인형을 만드는 것이다. 마지막 교과인 통합 영역의 수행 과제는 초등학교 1~2학년을 대상으로 과학, 언어 예술, 수학을 통합한 수행 과제이다.

1) 국어과 수행 과제

수행 과제 1	시에 바탕을 둔 수행 과제

1. 적용 학년: 중학교 1학년

2. 성취기준

① 시의 의미를 해석하고 문학용어를 사용하여 4~5개의 단락으로 이루어진 문학 에세이를 쓴다.

② 시의 의미를 해석하는 인터뷰를 수행한다.

③ 시를 산문으로 바꿀 수 있다.

3. 개요

우리가 시에 대해서 배우는 것은 무엇이든지 기술적인 글과 같이 일반적으로 시와 연관짓지 않았던 영역들을 포함하여 모든 다른 형식의 언어 사용 능력을 향상시키기 위해서이다. 시를 통해서 학생들은 리듬 있게, 세련되게, 간결체로, 재치 있게, 감성적으로 쓰고 말하는 방법에 관한 것을 배운다.

여기에 제시되어 있는 수행 과제들은 학생들을 좀 더 빠르게 학습으로 끌어들이도록 고안된 것이다. 시의 의미가 분명할 때 우리는 그 시가 접근하기 쉽다고 이야기한다. 만약 시가 난해하여 우리가 그 의미를 해석해 내기 어렵다거나 우리의 마음을 끌지 못한다면, 그것은 소용없는 것이다. 이 과제들은 학생들로 하여금 처음 시를 봤을 때처럼 시가 접근하기 어렵지 않다는 것을 알도록 하고, 그들을 시로 인도하는 길잡이 역할을 하기 위해 고안되었다.

첫 번째 주의점은 시를 한번 이상 읽어야 한다는 것이다. 두 번째는 시를 소리내어 읽어야 한다는 것이다. 마지막 주의점은 시의 의미는 본문에 기초를 두고 있지만 우리가 경험에서 무엇을 가져오느냐에 따라 의미가 변할 수도 있다는 점을 염두에 두는 것이다. 우리는 시로 인해 생각나는 모든 것을 연상할 수 있지만, 그것이 시 그 자체가 객관적인 의미를 지니고 있지 않다는 것을 의미하진 않는다.

하지만 시를 읽는다는 것은 어떤 장소에 처음 방문하는 것과 같다. 그 장소에 더 많이 방문할수록, 세세한 것을 더 많이 알아낼수록, 편안함을 더 많이 느낄수록, 방문자는 더 자유스럽게 탐구할 수 있다.

이 장의 과제들은 어떤 시에도 적용될 수 있을 것이다. 그 과제들은 다음과 같다.

- 시 해석을 적는 것[1)]
- 시를 인터뷰하기
- 시를 산문체로 옮기기
- 셰익스피어 풍의 단어 목록

4. 수행 과제

1) 시 해석 적기

(1) 산출물: 문학 에세이
이 과제에서 학생들은 같은 시인에 따라서 또는 같은 주제를 가진 시들 중에서 하나를 선택한다. 그들은 시의 의미를 해석하고 문학 용어를 사용하여 4~5개의 단락으로 이루어진 문학 에세이를 쓸 것이다.

(2) 학생 지시 사항
자신이 선택한 시의 의미를 설명하는 4~5개의 문단으로 이루어진 문학적인 에세이를 쓰시오. 그 시의 주요한 흐름에 대해 이해한 것을 에세이에 표현하시오. 문학적인 요소, 즉 주제, 특징 부여, 구조, 시점과 상징, 반어, 비유적인 언어와 같은 기술에 주목하시오. 이러한 요소들과 기술이 주요한 아이디어를 어떻게 전달하고 있는지 설명하시오. 자신이 어떠한 반응을 하는지와 시의 명확하고 모호한 의미를 논의하는 것이 좋을 것이다. 단순히 시의 좋고 싫음을 말하는 것이 아니라, 그 시가 어떻게 자신의 경험과 연관되는지, 그리고 좋은지, 싫은지에 대해 이야기하시오.

(3) 교수
어원상으로 문학에서 '설명하다(explicate)'는 라틴어의 '드러내다(fold out)'에서 유래한다. 즉, 문학적인 용어를 도구로 해서 시가 객관적으로 무엇을 의미하는지, 시를 해부하고 분석한다. 우리는 명확하게 지배적인 아이디어뿐만 아니라 시의 모호한 표현에 대해서도 설명한다.

아래는 학생들이 시의 의미를 찾도록 돕는 12단계의 과정이다.

---

1) 여기서는 '시 해석을 적는 것'을 제시하고 나머지 과제는 같은 형식이므로 내용 제시를 생략하였다.

① 여러 가지로 읽기

학생들에게 시를 묵독할 시간을 주시오. 그리고 몇몇의 다른 학생들로 하여금 소리 내어 읊도록 하시오. 수업이 진행될수록 그 시들을 다시 듣고 싶어할지도 모른다. 여러 가지 표현은 시를 이해하는 데 중요한 부분이다.

② 제목 고려하기

시의 제목을 들었을 때 무엇이 생각나는지 학생들에게 목록을 만들도록 하시오. 그것을 작성하는 동안 교사는 어떤 기대를 합니까? 그러한 기대에 학생들은 부응합니까? 제목이 다의적입니까?

③ 시 해석에 들어가기

시에 관해서 분명히 드러나는 것은 무엇입니까? 학생이 확실하게 이해한 주제, 심상, 그리고 행은 무엇입니까? 학생들이 이미 이해한 모든 것을 열거하시오. 그렇게 이해한 명확한 의미들은 애매함을 해결해 줄 것이다.

④ 의문 품기

이제 우리는 해결되지 않은 것이 무엇인지 알 수 있다. 먼저 친숙하지 않은 단어들을 정리하시오. 그리고 문맥에서 의미를 흐리는 단어나 구를 고려하시오. 이 시점에서 꼭 명백한 답을 가질 필요는 없다. 그것은 선생님이 답을 제시하는 것보다 학생이 스스로 의문을 품는 것이 개인적인 이해를 위해 효율적이기 때문이다.

⑤ 중요한 단어들

'~에 관해'라는 구를 사용하지 않고 시의 지배적인 아이디어를 표현하시오. 우리는 '~에 관해'라는 구의 표현을 피한다. 왜냐하면 주로 의미의 탐구가 그 구에서 끝나기 때문이다. "이것은 박쥐에 관한 시예요." 그리고 또 아래에 설명되어 있는 단어들처럼 시를 이야기하는 데 열쇠가 되는 동사는 더 나은 접근을 가능하게 한다.

- 일깨우다(evoke)

이 단어는 시를 통해 대화하는 데 필수적인 도구이다. evoke는 단어 bring out(불러일으키다)과 의미가 같다. evoke는 시가 우리에게 불러일으키는 것, 어떤 것을 연상하게 하는 것을 설명한다. 학생들이 이 단어를 제대로 사용하기 위해서는 교사의 지도와 학생의 연습, 그리고 약간의 지도된 연습이 필요하다. 그것은 시간이 좀 걸린다. 왜냐하면, evoke는 우리의 사고를 향상시키고, 시와의 관계를 생각하도록 이끌기 때문이다. [예문] 둘째 연의 이미지는 시인이 일상적인 가족 의식을 그리워하는 향수가 evoke가 된다.

- 전달하다(Convey)

우리가 시 또는 심상이 전달하려는 것을 말할 때, 정곡을 찌른 것이다. [예문] 이 시는 야구를 하고 싶어하는 열망을 전달한다.

- 암시하다(Suggest)

이 단어는 우리로 하여금 적절한 함축, 중의, 그리고 분위기 같은 시적인 개념들에 이르도록 한다. [예문] '예민한 눈'이라는 단어는 사슴이 겁에 질리고 위험하여 도망치려는 것을 암시한다.

- 묘사하다(Portray)

이 단어는 시어로 인해 연상되는 장면 이해를 표현할 때 사용한다. [예문] 이 시는 인생을 작은 마을에 비유한다.

⑥ '나는 ~에 대해서 생각한다'는 진술

독자는 시를 통해 자신의 세계를 돌아봄으로써, 시의 의미에 대한 강한 지각을 향상시킬 수 있다. 이것이 '나는 ~에 대해서 생각한다'는 진술이 필요한 이유이다. 에세이에 한 번 또는 두 번 특별한 이미지가 무엇인지 또는 자신의 삶에 무엇을 연상시키는지 진술해야 할 것이다. [예문] "아무도 몰라서 입을 열기가 어려웠던 새 학교에서의 첫날을 생각하였어요."

⑦ 문학적인 용어의 사용

이제 학생들은 시의 의미에 깊게 빠져 있거나 비유적인 단어들이 어떻게 작용하는지에 대해서 생각할 준비가 되어 있다. 학생들은 이미 직유와 은유를 구분하는 법, 의인법을 인식하는 법, 두운법과 의성어가 무엇인지를 배웠다. 이제 실제의 시에서 그 같은 기술들이 어떻게 작용하는지 보여 줄 필요가 있다. 이것은 학생들이 효과에 대해서 생각한다는 말이다. [예문] "이 시는 '시카고의 검은 손에 의한 달의 상실'이 의인화되면 암흑, 공업화, 이탈, 고립과 같은 것들을 연상시킵니다." 시가 암시적이라면, 그 암시가 시를 풍부하게 하는 의미를 가지게 된다. 'Rachel of the sea'라는 소설에서 Rachel호가 물에 빠져 버둥거리는 이사멜을 구출하는 장면은 소설 '모비딕'의 끝 장면을 암시한다.

⑧ 시적 방법 이용하기

이제는 학생들에게 시를 어떻게 인용하느냐 하는 것과 구두법, 대문자 표기와 같은 것들을 어떻게 적절하게 사용하느냐를 보여 줄 차례이다. 왜냐하면 그들은 자신의 설명에 3~4개의 인용구를 사용해야 하고, 본문에서 자신의 진술을 정당화해야 하기 때문이다.

⑨ 대구

대부분의 시는 대구를 가지고 있다. 대구는 반어, 병치, 모순과 같은 시적인 장치로 나타난다. 더 미묘한 대구는 날카롭거나 부드러운 어감, 짧고 긴 소리들과 같이 단어 그 자체의 어감에 깔려 있다.

지금쯤이면 학생들은 시작 노트와 시 해석을 하면서 얻어진 아이디어들을 가지고 있을 것이다. 그들은 주어진 시에서 어떤 부분이 가장 두드러진 부분인지 결정해야 한다.

수행 과제 2	장편 작품에 기초한 글쓰기

1. 적용 학년: 고등학생

2. 성취기준

① 문학 작품에 기초한 문학적 수필을 완성한다.

② 등장인물, 배경, 상징, 암시, 은유, 사건의 시작과 종료 등의 요소들이 주제에 통일된 양식으로 구성된다.

③ 결론에 대한 비교, 대조와 같은 적절한 예시를 사용하여 문학적 글쓰기를 한다.

3. 개요

이 수행 과제는 장편 작품을 가지고 학생들이 문학을 얼마나 잘 이해하고, 기억하고, 감상하며, 그리고 그것을 자신들의 삶에 얼마나 잘 적용하는지를 보여 주는가를 목적으로 하고 있다. 이 과제를 수행하기 위하여 학생들은 하나 또는 그 이상의 장편 작품이 주제를 전달하기 위하여 문학의 요소들을 어떻게 사용하는지를 보여 주는 여러 가지 단락의 글을 써야 한다. 그리고 교사는 학생들이 작품의 줄거리나 요약을 쓰는 활동이 되지 않도록 줄거리 발전, 서스펜스, 고조되는 행동, 절정, 대단원, 인물, 관계, 배경, 문체, 대조, 주제, 심상, 전환점 등과 같은 문학적 요소를 사용하여 글을 적도록 지도해야 한다.

이 수행 과제는 이러한 문학 작품을 완성하기 위하여 아래 표에 제시된 6가지의 과제를 제시하여 하나의 통합된 글을 이끌어 내도록 구성되어 있다. 그리고 이러한 수행 과제를 잘 수행하기 위하여 각 과제에 대한 학생들의 실제 작품을 제시하여 이해를 돕고 있다. 또한 예시는 현장에서 이러한 수행 과제가 어떻게 이루어지고 있는지를 잘 보여 주고 있다.

장편 작품을 완성하기 위해 요구되는 수행 과제		
① 작품 선정하기	② 주제 끌어내기	③ 주제 진술
④ 첫 단락 쓰기	⑤ 전개	⑥ 결론

학생들에게 수행 과제의 방향과 목적을 정확하게 전달하기 위하여 교사는 진지한 사고 분석 해석을 요구하는 작품을 선정하여 제시해야 한다. 그리고 교사는 학생들이 이러한 작품을 잘 이해할 수 있도록 돕고 이를 바탕으로 자신에게 가지는 의미를 재해석하여 하나의 작품을 완성하도록 도와야 한다. 이러한 작품을 완성하기 위해 다음과 같은 작품들을 사용한다.

- Mark Twain의 『허클베리 핀의 모험(The Adventure of Huckleberry Finn)』
- Harper Lee의 『앵무새 죽이기(To Kill A Mockingbird)』
- F.Scott Fitzgerald의 『위대한 개츠비(The Grate Gatsby)』
- Nathaniel Hawthorne의 『주홍글씨(The Scarlet Letter)』
- Toni Morrison의 『빌러브드(Beloved)』
- William Shakespear의 『줄리어스 시저(Juius Caesar)』
- J.R.R. Tolkein의 『호빗(The Hobbit)』
- John Steinbeck의 『분노의 포도(The Grape of Wrath)』
- Mitch Albom의 『모리와 함께한 화요일(Tuesdays With Morrie)』
- Annie Dillard의 『An American Childhood』

4. 글쓰기에 요구되는 6가지 과제

1) 작품 선정하기

첫 번째 수행 과제는 학생들이 자신의 주제를 끌어낼 수 있는 작품을 선정하는 것이다.

하지만 수많은 작품 중에서 학생들이 어떤 작품을 선정하는 것은 쉬운 일이 아니다. 따라서 다음과 같은 방향을 제시함으로써 학생들을 도울 수 있다.

> 문학에서 인물은 인생에 있어 돌아올 수 없는 지점에 도달한다. 당신이 읽어온 문학으로부터 인물이 돌아올 수 없는 지점에 도달하는 두 가지 작품을 선택해라. 어떻게 그 인물이 돌아올 수 없는 지점에 도달하는지, 왜 돌아올 수 없는지, 이러한 지점에 오도록 만든 환경을 구체적인 참조로써 보여 주어라. 제목과 저자를 붙여라.

이처럼 학생들이 작품을 선정할 방향을 정확하게 제시해 줌으로써 보다 어려운 주제에 도달하도록 돕는다. 그리고 더 도전적이고 의미 있는 질문은 또 다른 방법으로 작품에 접근할 수 있도록 돕는다. 여기서 주의해야 할 점은 누구나 알고 있는 대표적인 문학 작품을 가지고 접근해야 한다는 것이다. 그리고 학생들에게 문학을 자유롭게 선택할 수 있도록 해 주어야 한다는 점이다.

2) 주제 끌어내기

두 번째 수행 과제는 학생들이 선정한 두 가지 작품으로부터 주제를 끌어내는 것이다. 문학 작품의 주제를 끌어내는 것은 자신이 마지막에 만들어 낼 문학 작품의 주제를 구성하는 데 있어 중요하다. 그 이유는 학생들은 다른 작품들의 주제를 생각해 보면서 주제가 어떻게 구성되며 주제를 구성하는 요소에 대하여 알 수 있기 때문이다. 즉, 한 문학 작품의 주제가 어떻게 이루어졌는지를 이해하게 된다. 그리고 이러한 주제 구성에 대한 이해는 자신의 주제를 구성하는 데 있어 적절하게 활용될 수 있다. 학생들이 이러한 두 작품의 주제를 얻는 것을 돕기 위해 다음과 같은 방향을 제시해 준다.

> 문학 작품이 공통적으로 가지고 있는 것을 물어보아라. 그리고 스스로에게 한 작품에서 발견한 재미있는 것이 무엇인지 물어보아라. 그런 다음, 그러한 재미의 관점이 다른 작품에도 존재하는지 보아라. 또는 문학이 무엇을 일깨우는지 스스로에게 질문해 보아라. 그 질문에 대한 답을 발견한다면, 그리고 다른 작품에서도 같은 답을 찾게 된다면, 그 답이 아마도, 주제가 될 것이다. 혹, 무엇에 흥미를 느끼는지를 결정할 수 있다. 그리고 문학이 그런 흥미 속으로 진행되는지 볼 수 있다.

[예시] 학생 작품

미첼

미첼은 『The Hobbit』과 『The Grape of Wrath』를 정말로 좋아하였다. 이것들은 그가 거의 대부분 안다고 느끼는 책들이다. 그러한 책들은 무엇을 공통점으로 가지고 있나? 여기에 미첼의 주제 진술이 있다.

> John Steinbeck의 『The Grape of Wrath』와 J.R.R. Tolkein의 『The Hobbit』에서 주요 인물들은 약속된 땅으로 가는 길을 따라 분투 노력한다. 그리고 그들이 마침내 도착했을 때, 그들은 자신들을 기다리고 있는 기대하지 않은 도전을 발견하게 된다.

3) 주제 진술

주제 진술은 자신의 글의 관심 대상과 상황에 대한 분석적인 기초와 결론을 알려 준다. 주제 진술은 과제를 이해 · 해석할 수 있도록 돕는다. 이러한 주제를 진술 할 때 유의해야 하는 점은 너무 편협하거나 너무 광범위해서도 안 된다는 점이다. 주제 진술은 한 가지 중요한 면에 초점을 두어야만 하고, 문학적인 요소로 보충해야만 한다. 여기에 좋은 주제 진술의 평가가 있다. 이러한 질문들은 주제를 끌어내는 아이디어를 자극하고 이러한 생각에 의해 우리는 글을 계획하게 된다.

- 이해: 이 그림은 무엇을 의미하는가? (명백한 사실은 제외한다.)
- 분석: 그림을 구성하고 있는 부분들은 무엇이며, 이러한 부분들이 주제를 위해 어떻게 구성되어 있는가?
- 비교/대조: 두 그림에서 같은 점은 무엇인가? 다른 점은 무엇인가?
- 반성: 그림을 바라보는 시각이 처음과 어떻게 변화하였는가?

좋은 주제 진술은 자신들이 첫 번째 단계에서 선정한 두 가지 작품 모두로부터 많은 예시를 드는 것이다. 이것은 자신의 주제가 좋다는 사실을 증명해 준다. 또한 문학적 요소를 사용하여 주제를 진술해야 한다. 만약 주제 진술이 정확하게 이루어지지 않으면 그것은 단순한 글의 요약에 지나지 않는다.

[예시] 학생 작품

테일러

테일러는 그의 주제 진술을 가지고 노력하고 있다. 그는 어린 시절에 대해 쓰기를 원한다.

> Annie Dillard의 『An American Childhood』와 Harper Lee의 『To Kill A Mockingbird』는 둘 다 어린 시절에 관한 것이다.

하지만 테일러는 about이란 단어 때문에 고민에 빠져 있다. 물론 about이란 단어를 주제를 진술하는 데 사용할 수 있다. 그러나 우리는 그것이 주제 말하기 단어보다는 요약하여 말하기 단어로 더 적합하다는 것을 알고 있다. 테일러는 about 대신 행동 동사를 사용함으로써 주제를 진술할 필요가 있다.

Annie Dillard의 『An American Childhood』와 Harper Lee의 『To Kill A Mockingbird』 둘 다에서, 작가는 어린 시절의 중요한 기억을 묘사하고 있다.

거기로부터, 테일러는 왜 구체적인 기억이 중요한가에 대해 스스로 생각하도록 한다: 작가/인물은 어떤 것이든 배웠나? 이 기억들은 놀라운가? 통쾌한가? 충격적인가? 무서운가? 훌륭한가?

주제 진술은 당신의 문학적 원천들을 정리해야 하고, 명백한 것에 기초를 둔 이야기에 대해 당신이 알아낸 것을 자랑할 기회를 주어야 한다.

반어적이게도, 주제 진술은 결론이다. 이러한 학생들은 주제와 문학에 대해서 생각해 왔고, 문학의 선택과 함께 주제의 선택을 가져오는 결론을 내 왔다. 수필의 본문은 이런 결론을 뒷받침할 것이다.

어쨌든, 주제를 직접적으로 진술하는 것은 나쁘지 않다. 한 가지 주제는 이런 것이다. 우리는 강한 진술을 만들기 위해 계속할 수 있다. 그러나, 종종 줄거리 요약으로 이끌 수 있는 단어 about에 대해서 조심해라.

Toni morrison의 『Beloved』의 한 가지 주제는 사랑은 영원하다는 것과 사랑은 모든 고난을 이겨낸다는 것이다.

4) 첫 단락 쓰기

네 번째 수행 과제는 글을 시작하는 첫 단락을 쓰는 것이다. 많은 사람들이 잘못 이해하고 있는 것이 첫 단락에 꼭 주제가 진술되어야 한다는 생각이다. 하지만 첫 단락에 꼭 주제가 들어가야 하는 것은 아니다. 첫 단락을 쓰는 데 있어 무엇보다도 중요한 것은 사람들의 관심과 흥미를 불러일으킬 수 있어야 한다는 점이다. 첫 단락에서 마음을 불러일으키는 부분은 동기(motivate)라고 불린다. 동기는 주제 진술을 위한 단계를 설정하는 일반적인 흥미 진술이다. 물론 주제 진술이 먼저 되어 있다고 하더라도, 단지 그것은 주제 진술에서 기대하지 못한 방법이지 법칙에 어긋나는 것은 아니다. 보통 주제 진술은 첫 단락의 끝 문장에 있다. 우리는 그 맥락에서 주제 진술을 찾아낸다.

그래서 우리는 보통 첫 단락을 동기와 주제 진술을 위해 사용한다. 이것은 글의 첫인상을 결정해 주기 때문이다. 이러한 첫인상의 핵심은 어조에 있다. 첫 단락을 읽은 후, 독자는 이 글이 좋은지 나쁜지 쉽게 느낄 수 있다. 그리고 한 가지 주의점은 주제 진술은 많이 변해서는 안 된다는 것이다. 그러기 위해 여기에 주제 진술을 위한 단계를 설정할 문장을 쓰는 것에 관한 몇 가지 제안이 있다.

- 수필을 위한 문맥(문장의 전후 관계)을 설정하기 위해 주제에 대해 일반적 진술을 한다.

- 재미있는 일화로 시작한다. 일화는 간단하고 짧은 이야기일수록 좋다.
- 질문으로 시작한다.

[예시] 학생 작품

미첼

인생은 여행이다. 우리는 목적지와 지도를 가지고 있지만, 많은 교통체증과 표시되지 않은 도로, 우회, 지연, 길가의 시선을 끄는 것, 고속도로 강도가 있다. 그리고 우리가 마침내 목적지에 도착하였을 때, 그것이 우리가 생각하였던 것과 이제까지 생각해 왔던 느낌은 아니다. John Steinbeck의 『The Grape of Wrath』와 J.R.R. Tolkein의 『The Hobbit』에서 주인공은 약속한 땅으로 향한 길을 따라 노력하고, 그들이 마침내 그곳에 도착하였을 때, 그들을 기다리고 있는 뜻하지 않은 도전을 발견한다.

스캇

인생에서 우리가 할 수 있는 가장 중요한 구별은 옳고 그른 것 사이의 구별이다. 당신은 법률 책이나 성경에 있는 것을 찾을 거라고 생각할 것이다. 그러나 그것이 항상 쉬운 것은 아니다. 때때로 주어진 상황에서 무엇이 옳고 무엇이 그른지에 대해 당신은 혼란을 겪는다. 그러면, 당신은 당신의 마음을 찾아야만 한다. Mark Twain의 『The Adventure of Huckleberry Finn』과 William Shakespear의 『Juius Caesar』에서 인물은 무엇이 옳고 그른지를 질문한다.

제이미

우리는 '포기하지 마라'라는 말을 많이 들어 왔다. 그렇게 말하기는 쉽지만, 당신이 의지할 곳이 없을 때 혹은 당신이 심하게 아프고 회복할 희망이 없다면 어떻겠는가? 몇몇 사람들은 그러한 무서운 상황에서 꿋꿋이 버틸 수 있을 것이고, 연민이나 동정 대신에 존경을 받을 가치가 있다. Nathaniel Hawthorne의 『The Scarlet Letter』와 Mitch Albom의 『Tuesdays With Morrie』는 힘겨운 불행의 극복을 의미하는 인내를 주제로 다룬다.

테일러

당신은 어떤 사건에 대해 그 당시에는 실감하지 못할 수도 있다. 그러나 당신이 당신의 어린 시절을 되짚어본다면 당신은 회상하게 될 것이다. 그것은 리얼한 영상은 아니다. 그것은 당신이 언제나 뒤돌아볼 마음속 삶의 스크랩북과 같은 정신적인 심상이다. Anie Dillard가 쓴 『An American Childhood』와 Harper Lee가 쓴 『To Kill A Mockingbird』 둘 다 유년시절의 중요한 추억들에 대해 묘사하고 있다.

5) 전개

다섯 번째 수행 과제는 주제와 첫 단락을 바탕으로 글을 전개해 나가는 것이다. 이 과제에서, 학생들은 하나 또는 그 이상의 장편 작품의 주제를 전달하기 위해 문학의 요소들을 사용하여 여러 가지 단락을 적는다. 당신은 두 개의 장편 작품이 어떻게 주제를 전달하는지를 보여 주는 여러 단락을 쓰고 글을 발전시켜 나가게 된다. 이때 주의할 점은 줄거리 발전, 서스펜스, 고조되는 행동, 절정, 대단원, 인물, 관계, 배경, 문체, 대조,

주제, 심상, 전환점 등과 같은 문학적 요소를 사용하여 글을 전개해야 한다는 것이다. 다음은 학생들의 글쓰기 수필의 수준을 향상시키기 위해 문학적인 요소들을 사용할 수 있도록 도울 수 있는 지침이다.

> 주제 문장은 반드시 문학적인 용어를 포함해야 한다. 그런 다음, 각각의 작용에 관해 설명하는 보조 문장을 써라. 그런 다음, 그 두 일을 함께 그 단락을 지배하는 문학적 용어에 비추어 보아라.

[예시] 학생 작품

미첼

두 개의 소설의 전환점은 둘 다 여행하는 무리들이 마침내 그들의 운명에 다다랐을 때이다. Joad에겐 캘리포니아는 약속의 땅이었다. 그곳에서 그들은 많은 양의 일거리와 양식, 그리고 기회로 가득찬 새 삶을 기대하였다. 그러나 실망스럽게도 그들 무리는 다 살아남지 못하였다. 그뿐만 아니라, 그들은 약속의 땅에서 환영받지 못하였으며 그곳은 부패로 가득 차 있었고 더 궁핍한 곳임을 알게 되었다. Bilbo와 그 일행에게도 마찬가지로, 그들이 마침내 Lonely Mountain에 다다랐을 때, 그들은 그 문으로 들어가기도 전에 또 다른 여행을 계획해야 하였다. 두 이야기에서 여행이란 모두 더 많은 위험을 가지고 고민하고 염려하는 것 이상이었다.

스캇

두 작품의 배경(setting)은 주요 인물로 하여금 그 땅의 법률을 문제 삼도록 요구한다. Huck Finn에서는, 그 땅의 법은 Huck에게 Jim을 도망친 노예로 신고할 것을 요구하였다. 그러나 그는 그 편지를 찢어버리고 법을 지키는 대신 차라리 감옥에 갈 것을 결심한다. Julius Caesar에선, Brutus는 로마의 법이 Caesar의 밑에서 유지될 수 있는지에 관해 판단하기 위해 그의 양심과 씨름한다. 또 다른 시대와 장소에서는, 이런 본질에 관한 몸부림이 그들이 존재하였던 방식처럼 불가피한 것은 아니다.

제이미

당신은 Hester 또는 Morrie를 보자마자, 그들의 고통의 상징(the symbol)을 알 수 있다. Hester에게 고통의 상징은 알파벳 A이고 Morrie의 그것은 그의 휠체어이다. Hester와 Morrie, 그들에겐 자신과 자신의 삶에 대해 스스로 어떻게 느끼는지 서술하는 데 그 상징을 사용하는 것이 도전을 의미하는 것은 아니었다. 휠체어는 수치의 배지(badge)와 같은 종류의 상징은 아니다. 그러나 둘 — 휠체어와 수치 — 다 장애를 의미한다. 휠체어와 그 A는 큰 고통과 많은 눈물을 발생시켰지만 Hester와 Morrie는 사랑이 그들의 상징보다 더 중요하다는 것을 알았다.

메레디스

『An American Childhood』와 『The Great Gatsby』에서 재현하는 주제(recurrent motif)는 미국 중심지역에 관한 사랑이다. 차이점은 Annie Dilliard는 그녀의 자연을 향한 사랑을 지킨 반면, Jay Gatsby는 미국 심장 지역에 대한 사랑을 잃어버리고 대신 대도시의 오염된 가치를 선택한다는 데 있다. F.

Scott Fitzgerald는 중서부에 관한 아름다운 구절들을 적었지만, 그 이야기의 아이러니는 Jay Gatsby가 부자가 되는 꿈과 Daisy에게 사랑을 받는 꿈을 이룸에도 불구하고 그는 오염된 가치에 빠짐으로써 스스로를 파멸시킨다는 데 있다. 내면의 모티브는 이런 작품들 속에서 다른 의미를 갖는다. Annie에게는 순수함으로 남고, 반면에 Gatsby에게는 그 순수의 의미를 잃는다.

테일러

『An American Childhood』와 『To Kill A Mockingbird』는 둘 다 수집의 전형적인 이미지(images)를 보여준다. 많은 어린이들은 물건들을 모으고 소중히 여긴다. Annie Dilliard의 이웃이 그녀에게 돌 수집한 것을 주자, 그녀는 그것을 소중히 간직한다. Scout의 이웃은 그녀가 나무의 빈 구멍에 놓아둔 기묘한 상(象)을 그녀에게 주었다. Scout는 그녀와 Jim이 새겨진 두 개의 조상(彫像)을 소중히 여긴다. 두 작품 모두, 유년시절의 수집으로 이웃의 존재에 대한 즐거운 이미지들을 일깨워 준다.

이를테면 이런 말이 있다. "작문의 단어들과 문장의 구조는 독자들과 계약을 맺는다. 그 계약이란 에세이 안에서 당신의 직무를 그들이 이행하는 것을 의미한다."(Vavara)

6) 결론

마지막 수행 과제는 글의 결론을 완성하는 것이다. 당연히 우리는 결론을 맺어야 한다. 결론은 작품의 완성된 마무리이며, 독자들에게 알맞은 작별 인사와 같은 것이다. 도입문을 쓸 때와 마찬가지로 결론을 쓰는 데 정해진 방식이란 없다. 그러나 여기에 보다 좋은 결론을 적기 위한 몇 가지 지침들이 있다.

- 갑자기 떠오른 아이디어들을 기록해 두어라. 지금까지 사용하지 않았던 이러한 아이디어들은 색다른 방법을 찾아내는 데 도움이 될 수도 있다. 예를 들어, 활과 화살을 갖고 사냥하는 것의 이점에 관해 적는다면, 결론에서 그런 사냥을 하기에 좋은 몇몇 장소들을 제시할 수도 있다.
- 독자들을 고려하라. 그리고 작품이 그들과 어떻게 관계되는지 강조하도록 시도하라.
- 미시적인 측면보다 거시적인 측면에서 주제를 사용하라. 논해 왔던 주제가 어떻게 큰 우주에 적용되는지 보여 주어라.
- 다른 시각에서 논제가 어떻게 고찰되는지를 암시하라.
- 고전을 응용하라. 에세이 끝으로 가는 고급스런 방법은 고전적인 언급이다. 또한 전설 문학, 성경, 세익스피어 또는 다른 문학을 언급할 수도 있다.
- 두 가지 이야기의 결말들을 함께 묶어라.
- 개인적으로 느끼는 이 주제의 중대성에 관련된 단어를 말하라.
- 요약하는 것 외에 다른 어떤 것도 생각해 낼 수 없더라도 독자들에게 그러한 요

약이 제시되었다는 사실을 이야기해서는 안 된다. 요약으로 이루어진 서너 페이지의 작문은 독자들에게 무례한 짓을 하는 것이다. 본질적으로, 당신은 독자들에게 그들이 제재에 관한 세 장 정도의 내용을 기억하지 못할 정도로 매우 어리석다고 말하는 것이나 다름없다. 그래도 더 이상의 어떤 것을 생각해 내지 못한다면, 요약하라. 그러나 절대 "결론적으로"나 "요컨대" 등의 말은 사용하지 마라.

[예시] 학생 작품

미첼

Bilbo의 여행의 끝부분에서, Gandalf는 진술한다. "당신은 예전의 당신이 아니다. 당신은 난쟁이 호빗이 아니다." Bilbo는 더 이상 예전의 안락한 환경 속의 그가 아니다. 마찬가지로 Joad의 가족들 또한 변화를 경험하였다. 몇몇 멤버들은 죽었고 몇몇은 유랑하였다. 이 이야기와 많은 다른 여행 이야기에서 인물들을 일변시키는 것은 운명이 아닌 여행 그 자체이다.

교사의 논평

미첼의 수필은 구성이 잘되었으며, 뒷받침도 탄탄하며, 생각이 명료하게 나타났다. 왜냐하면 그는 다루기 쉽고 높은 사고 수준을 가능케 하는 주제를 선택하였기 때문이다. 우리는 보통 『The Hobbit』과 『The Grapes of Wrath』를 연결지어 생각하지 못한다. 몇몇 유사점은 놀랄 만한 것이다. 미첼은 여행단의 숫자가 둘 다 13명으로 구성되어 있다는 것을 알아냈다. 그러나 그는 그리스도의 12제자와 이 숫자를 연결시키지 않았다. 이 연결은 문학적 초보 수준을 넘어서는 일이다.

스캇

나는 이 주제에 흥미를 가졌다. 왜냐하면 친구에 대한 신실함이 부모에 대한 충실함을 거스르고 테스트된 상황에 처해진 경험이 있기 때문이다. 곤란한 상황이었다. 그리고 나는 아직도 내가 옳은 행동을 하였는지 모르겠다.

교사의 논평

스캇은 매우 성실하게 과제에 접근하였다. 논문 전체를 통해 그는 초점을 유지하였다. 객관적인 도덕의 부재 속에서 양심의 몸부림은 개인의 신뢰를 얻을 수 있다. 그는 Huck와 Brutus와 그들의 사회를 내려다보는 통찰력을 보여 주었다.

제이미

종교의 역할은 고난이 우리에게 찾아왔을 때 어떻게 할지 이해하도록 노력하는 데 있다. Hester와 Morrie는 그들의 신조가 그들에게 어떤 의미를 주는지에 대해 말하지 않았다. 그럼에도 불구하고 그들은 다른 사람들과 관계를 유지함으로, 그리고 올바른 삶을 살기 위해 스스로 하였던 일을 앎으로써, 고통을 참아냈다.

교사의 논평

두 가지 다른 유형의 어려운 과제에도 불구하고 제이미는 Hester와 Morrie에 관한 이 주제 — 인내를 선택하였다. 그녀는 Hester의 사회적으로 지워진 문제와 Morrie의 육체적 문제 사이의 차이점을 인정하는 일을 잘 해 주었다. 그녀는 긍정적인 마음의 자세를 유지하는 것과 고통을 참게 하는 관계를 사랑하는 것의 중요성을 강조하였다.

메레디스

스포츠 또는 문학에서 당신의 한계를 테스트하는 것은 중요하다. 그리스 신화에서는 Icarus에 관한 이야기가 있다. 그는 자신의 한계를 시험하였다. 그러나 그가 태양에 너무 가까이 다가갔기에 그의 날개는 녹았고 결국 그는 죽었다. Annie Dillard는 저작활동과 배움과 예술에 자신을 바침으로 그녀의 한계를 시험한다. 그녀는 훌륭한 작가가 되었다. Jay Gatsby는 자신의 한계를 시험한 소설의 인물이다. 그러나 그는 이기적인 여인과 사랑에 빠짐으로써, 그녀를 감동시키기 위해 모든 일을 함으로써, 파멸하게 되었다. 즉 그는 태양에 너무 가깝게 날았다.

교사의 논평

메레디스는 여기서 너무 억지해석하였다. 소설과 자서전을 비교하는 것은 힘들고 어색하다; 둘은 목적과 구조면에서 다르다. 그녀의 노력에도 불구하고 Annie Dillard는 Jay Gatsby와 잘 어울리지 않는다. 그리고 최선을 다하자는 그녀의 주제는 논문 전체에 두루 나타나지 못하고 있다. 메레디스는 두 작품 사이에서 어떤 유사점이라도 찾아내려는 절망적인 시도 속에서 주제의 궤도를 잃었다.

테일러

당신은 Annie Dillard와 Scout의 어린 시절을 읽음으로 많은 역사를 배운다. Annie Dillard에게서 당신은 1950년대의 Pittsburgh(피츠버그, 미국 펜실베이니아 주 남서부의 강철 공업도시) 지역에 관해 배우고, 스캇으로부터 당신은 Great Depression(대공황) 시대의 Alabama(앨라배마; 미국의 한 주)에 관해 알게 된다.

교사의 논평

테일러는 여기서 제2의 사람에게(부차적인 문제에) 시점을 이동시킴으로써 그의 견해의 요점을 잃었다. 두 작품 사이의 비교/대조를 요약하는 것이 더 나은 접근이었을 것이다. 『To Kill a Mockingbird』는 일상의 기억들이 배경이 되고 그 속에서 일어나는 극적인 사건에 관한 이야기이다. Dillard 자서전은 어떤 극적인 사건으로 꾸며지지 않은 잔잔한 서술의 연속이다. 테일러의 에세이는 우리가 학생들에게 장르를 섞지 말라고 주의를 주는 또 하나의 이유가 된다.

5. 글쓰기 조감도 양식

마지막으로 앞서 제시한 여섯 단계를 한눈에 볼 수 있도록 만든 조감도이다. 이러한 조감도를 학생들에게 제시함으로써 학생들은 자신들이 수행해 나가야 하는 과제에 대하여 쉽게 인지할 수 있다. 그리고 학생들은 자신이 수행해야 하는 과제의 방향을 보다 쉽고 정확하게 잡을 수 있을 것이다. 다음 조감도는 첫 단락과 전개 그리고 결론 세 부분에 들어가야 할 내용을 간단하게 적어 볼 수 있도록 하여 학생들이 자신의 글을 쓰는 방향을 잡을 수 있도록 구성되어 있다. 또한 학생들은 이 조감도를 보며 자신들의 수행 과제를 이해할 수 있다.

<table>
<tr><td>시작 단락(동기 문장들)</td><td></td></tr>
<tr><td></td><td></td></tr>
<tr><td></td><td></td></tr>
<tr><td>논제 진술</td><td rowspan="27">주요 단락의 각 주제 문장마다 다음의 문학적 단어를 사용하라.

• 지속적인 긴장감(서스펜스)
• 줄거리 상승
• 최고조(클라이맥스)
• 결말
• 등장인물의 특징
• 관계
• 등장인물 확장
• 때와 장소
• 아이러니(반어)
• 상징적 표현(상징성)
• 어조
• 구성
• 관점
• 서술
• 암시
• 암시(빗대어 말하기)
• 장르
• 비유적 언어
• 스타일(양식)
• 대조
• 주제(모티프)
• 심상
• 전환기(분기점)
• 줄거리 확장</td></tr>
<tr><td></td></tr>
<tr><td></td></tr>
<tr><td>단락 2</td></tr>
<tr><td>문학적인 용어가 사용된 주제 문장, 문학에 관련된 문장(들) 1, 문학에 관련된 문장(들) 2, 두 문장은 모두 주제 문장으로 되돌아가는 역할을 한다.</td></tr>
<tr><td></td></tr>
<tr><td></td></tr>
<tr><td></td></tr>
<tr><td>단락 3, 4, 5 등. 위와 동일</td></tr>
<tr><td></td></tr>
<tr><td></td></tr>
<tr><td></td></tr>
<tr><td></td></tr>
<tr><td></td></tr>
<tr><td></td></tr>
<tr><td></td></tr>
<tr><td></td></tr>
<tr><td></td></tr>
<tr><td></td></tr>
<tr><td></td></tr>
<tr><td></td></tr>
<tr><td></td></tr>
<tr><td></td></tr>
<tr><td>결론</td></tr>
<tr><td>하나 또는 두 문장들은 수필에 마무리된 끝머리를 부여한다.</td></tr>
<tr><td></td></tr>
<tr><td></td></tr>
</table>

2) 수학과 수행 과제

수행 과제 1	언니의 숙제

1. 적용 학년: 초등학교 2~3학년

2. 성취기준

① 수의 규칙을 찾아 다음 수를 예측할 수 있다.

② 다양한 방법으로 해답을 찾을 수 있다.

3. 과제 설명

학생들은 곱셈표를 제시하고 곱셈을 할 수 있지만 구구단을 모르는 동생이 곱셈표의 규칙을 어떻게 알게 되었을까 생각해 보게 된다. 학생들은 표를 통해 곱셈표의 규칙을 이해하고 교환법칙이 성립한다는 것을 설명하고, 다른 칸의 곱셈표를 완성하게 된다.

4. 가정한 수학적 배경

학생들은 곱셈을 배웠지만 구구단은 아직 외우지 않았고, 표를 해석하고 이유를 설명하는 경험을 해 왔다고 가정한다.

5. 문제 수행의 핵심 요소

- 곱셈표를 분석하고 규칙을 찾아내어 일반화
- 곱셈의 교환법칙 이해
- 곱셈표에 없는 단을 유추

6. 상황

- 대상 학년: 초등학교 2학년
- 교재: 이 과제에서 교재는 특별히 필요하지 않다.
- 제한 시간: 20분
- 집단의 배경: 학생들은 개인적으로 답안을 작성한다.

[예시] 학생들의 과제 수행 '언니의 숙제'

4학년인 선영이는 학교에서 곱셈표 빈칸 채우기 숙제를 받았습니다. 선영이가 한참 문제를 풀고 있는데 구구단을 외우지도 않는 동생 2학년 선경이가 옆에서 빤히 보더니 빈칸에 들어갈 숫자를 말하는 거예요.

선경이는 어떻게 문제를 풀 수 있었을까요. 선경이는 구구단을 외우지도 못하는데 말이에요. 여러분이 선경이라면 빈칸을 어떻게 채울 수 있었을까요?

자, 그럼 다음 문제에 답을 해 보세요.

×	2	3	4	5	6	7	8	9	10	11
2	49	6	8	10	12	14	16	18		
3	6	9	12	15	18	21	24	27		
4	8	12	16	20	24	28	32	36		
5	10	15	20	25	30	35	40	45		
6	12	18	24	30	36	42	48	54		
7	14	21	28	35	42	49	56	63		
8	16	24	32	40	48	56	64	72		
9	18	27	36	45	54	73	72	81		
10										
11										

1. 9단 줄에 있는 수들에는 어떤 규칙이 있나요? 아는 대로 글로 써 보세요.
   (답이 여러 가지로 나올 수도 있습니다.)

2. 7×4 와 4×7은 같습니까? 예 아니오 (O 하세요.)
   왜 그러게 생각하였나요? 글로 써 봅시다.

3. 선경이는 어떻게 비어 있는 칸의 숫자를 알아맞혔을까요? 여러분이 곱셈과 구구단을 모르는 선경이라고 생각하고 비어 있는 11단에 수를 채워 봅시다.

그리고 어떤 방법으로 11단을 채울 수 있었는지 글로 써 봅시다.

예시 답안

1. 다음의 세 가지 대답을 예상할 수 있다;
   ① 9단은 숫자가 9씩 커진다.
   ② 9단은 십의 자리가 0, 1, 2, 3 …으로 1씩 증가하고 일의 자리가 9, 8, 7…로 1씩 감소한다.
   ③ 9단의 십의 자리와 일의 자리의 숫자의 합은 모두 9가 된다.

2. 곱셈에는 교환법칙이 성립한다는 것을 아동의 논리대로 설명해야 한다.
   다음의 대답을 예상할 수 있다.
   ① 7×4는 28이고 4×7도 28이기 때문이다.
   ② 곱셈에서는 곱하는 수가 같으면 순서가 바뀌어도 같은 답이 나오기 때문이다.

3. 곱셈표에서는 10단과 11단이 다 비어 있다. 문제에서 11단의 답만 구하도록 한 것은 단순히 구구단을 외워 답을 구하는 것이 아니라, 곱셈표를 보고 숫자가 변하는 규칙을 유추하여 답을 찾도록 하기 위해서이다.(다음의 두 가지 대답을 예상할 수 있다.)

   ① 곱셈표의 세로줄을 먼저 유추할 때:
   11×2는 곱셈표의 가로줄이 4, 6, 8, …,16, 18로 2씩 증가하기 때문에 10×2의 결과인 20에 2를 더하여 22가 된다.
   11×3는 곱셈표의 가로줄이 6, 9, 12, …, 21, 24로 3씩 증가하기 때문에 10×3의 결과인 30에 3을 더하여 33이 된다.
   11×9는 곱셈표의 가로줄이 18, 27, 36, …, 72, 81로 9씩 증가하기 때문에 10×9의 결과인 90에 9를 더하여 99가 된다.

   ② 곱셈표의 가로줄을 먼저 유추할 때:
   2단은 계속 2씩 커지고 3단은 계속 3씩 커지는 것이다. 그러므로 11단은 계속 11씩 커진다.

   따라서
   11×2 = 11+11 = 22　11×6 = 55+11 = 66
   11×3 = 22+11 = 33　11×7 = 66+11 = 77
   11×4 = 33+11 = 44　11×8 = 77+11 = 88
   11×5 = 44+11 = 55　11×9 = 88+11 = 99

수행 과제 2 부피에 대한 이해

1. 개요

부피에 대한 이해 평가를 위한 수행 과제는 먼저 학생이 학습하여 알고 있는 부피에 대한 개념을 이용하여 실제 백화점에서 사용되는 가장 효율적인 포장지를 개발하도록 구성되어 있다. 이 수행 과제에 부피에 대한 개념을 사용한다는 직접적인 언급은 없다. 하지만 학생들은 상품에 맞는 포장지와 박스를 만들기 위해 암묵적으로 부피에 대한 개념을 사용하게 된다.

2. 평가 기준

① 수학적 사고	② 수학적 방법과 추론	③ 과제의 효율성과 경제성	④ 보고서의 질	⑤ 과제의 정확성

3. 부피에 대한 이해 평가를 위한 수행 과제

1) 문제 해결 상황 제시

실제 생활에서 우리는 대형 백화점에서 산 물건의 포장을 원할 때, 그 물건의 포장에 대한 일정한 요금을 지불하고 있다. 평균적으로 매년 24,000명의 소비자들이 백화점에서 옷을 사고, 그 중의 약 15%정도의 소비자들이 그들이 구입한 물건을 포장해 가기를 원한다. 백화점에서는 한 달에 평균적으로 165벌의 자켓과 750벌의 셔츠, 480벌의 바지 그리고 160개의 모자를 팔고 있다. 문제는 각 상품의 크기나 형태가 다름에도 불구하고 포장 방법이나 포장지의 규격이 같다는 것이다. 실제 현재의 백화점에서는 모든 포장 박스의 가격이 같고 포장지 요금으로는 1야드에 26센트를 받고 있다. 그리고 포장지 규격은 오직 가로 길이가 1야드, 세로 길이가 100야드인 한 가지 포장지롤만을 가지고 있다.

이러한 상황에서 학생 여러분이 백화점에 포장부서의 과장으로 부임하여 왔다. 자연히 여러분들은 포장에 대한 일 년 예산에 대한 계획을 만들어야 한다. 하지만 현재의 포장방법은 낭비가 심할 뿐만 아니라 경제적인 효율성도 현저하게 떨어진다. 따라서 자연히 비용을 줄일 수 있는 곳이 있다면 최대한 줄여 효율적인 운영을 하고 싶을 것이다. 어떤 모양과 크기의 포장 박스가 바지, 셔츠, 자켓, 모자와 같은 각각의 제품에 가장 알맞은가? 그리고 각각의 포장 박스를 포장하는데 드는 최소한의 포장지의 양은 얼마나 될까?

2) 수행 과제 내용

판매 부서에 다음과 같은 보고서를 요구한다.

① 바지, 셔츠, 자켓, 모자를 개별적으로 구입하였을 때 가장 적절한 포장 박스의 크기

② 필요로 하는 포장지롤의 수

③ 포장지 구입에 최적의 비용

3) 고려해야 할 사항

① 옷을 접는 방법을 고려해야 한다. 옷을 접는 방법에 따라 필요로 하는 포장 박스

의 크기와 모양이 달라질 것이다. 따라서 옷의 구겨짐이 없이 포장할 수 있는 방법을 고려해야 한다.

② 다양한 방법으로 옷을 접어 보고 포장하는 수행을 통해 가장 효율적인 방법을 찾아야 한다. 여기에는 두 가지 방법을 사용할 수 있다. 하나는 이미 규격화되어 있는 박스를 이용하는 방법이다. 이미 규격화된 박스에 다양한 방법으로 옷을 접어서 넣어 보는 것이다. 다음으로는 직접 포장 박스를 개발하는 것이다. 이 방법을 사용할 경우에는 접는 방법뿐만 아니라 어떤 모양과 크기의 박스를 만들지에 대해서도 고려해야 한다.

③ 포장지의 낭비를 최소한으로 하면서 포장이 간편한 방법을 고려한다. 그러나 아마도 포장의 편이성을 고려하다 보면 버려지는 부분이 늘어날지도 모른다. 거기에는 가장 이상적인 포장 방법과 그러한 포장을 위해 버려지는 포장지 사이에는 반비례라는 어떤 규칙이나 법칙이 있기 때문인지도 모른다. 혹은 포장을 쉽게 한 효율만큼 포장지 소비에 대한 부가 비용이 늘어난 것일지도 모른다.

④ 포장을 하고 남은 포장지를 활용하는 방법에 대해서도 고려해야 한다. 포장을 하게 되면 반드시 버려지는 부분이 있기 마련이다. 이처럼 사용하지 않았거나 버려지는 포장지를 활용할 수 있는 방법에 대해서도 고려해야 한다.

4. 부피의 개념에 대한 전통적인 평가 방법

다음은 미국의 각 주에서 사용하고 있는 부피에 대한 지식을 측정하는 전통적인 평가이다. 이러한 전통적인 평가 방법은 백화점의 포장지를 만들어 내는 수행 과제와 같은 고차원적인 지식을 사용하지 않는다. 이러한 평가는 단순한 공식의 암기와 이해 수준에 머물러 있다.

[예시] 전통적인 평가

34. 지름이 5이고 높이가 10인 소다 캔이 있다. 이 소다 캔의 부피는 얼마인가?

36. 다음 반지름이 10이고 높이가 15인 콘의 부피는 얼마인가?

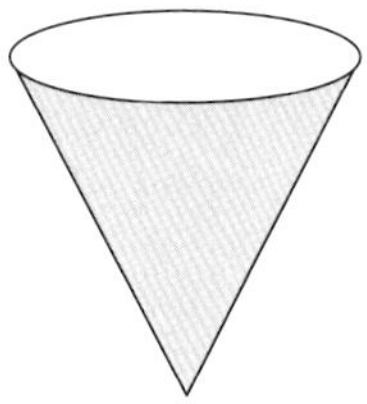

3) 사회과 수행 과제

수행 과제 1	신이시여, 당신은 어떤 결정을 내리실 건가요?

1. 적용 학년: 5학년(3. 환경 보전과 국토 개발)

2. 성취기준

다른 사람의 의견을 존중하며 대화와 토론으로 문제를 해결하는 능력을 갖는다.

3. 관련 단원: 5학년 1학기(3. 환경 보전과 국토 개발)

4. 평가 형태: 수행평가(쓰기, 말하기)

5. 수행 과제

여러분은 지금 '자연이 먼저냐, 개발이 먼저냐'라는 문제로 신의 법정에 와 있습니다. 원고는 자연이고, 피고는 인간 대표, 심판자는 신입니다.

이 평가를 위해서 여러분은 작은 모둠으로 나누어 이 중 자연과 인간과 신의 역할을 맡게 될 것입니다. 법정에서 진술을 하기 이전에 자연과 인간은 모둠별로 자기소개서를 준비하기 위해, 신은 질문지와 판사기록지를 준비하기 위해 함께 작업해야 할 것입니다. 법정에서의 진술은 각자의 입장을 정확히 전달하고, 상대방의 입장을 관철하기 위한 목적은 아닙니다.

1) 한 반 학생들은 아래의 역할을 대표하는 7개의 작은 모둠으로 나뉠 것이다.

자연		인간		신
물의 대표(강)	4~5명	과학자	4~5명	4~5명
땅의 대표(산)	4~5명	공장주	4~5명	
공기의 대표(바람)	4~5명	정치인	4~5명	

2) 여러분은 각각의 입장(자연, 인간)에 따라 아래의 것을 포함해서 자기소개서를 써야 한다.

자연의 입장	인간의 입장
① 당신의 역할과 기능은 무엇인가? ② 당신의 예전의 모습은 어떠하였는가? ③ 당신이 현재 처한 상황은? ④ 인간을 고소한 이유는? ⑤ 얻고자 하는 판결은 무엇인가?	① 당신의 역할과 기능은 무엇인가? ② 왜 자연을 개발하려고 하는가? ③ 개발을 통해서 얻은 것은 무엇인가?

3) 여러분이 신의 입장이라면 아래의 것들을 준비해야 한다.

① 자연과 인간에 대한 객관적인 정보를 찾는다.
② 각 대표자에게 물어볼 하나 이상의 질문을 준비한다.
③ 자연과 인간이 대립하기 이전의 상황을 살펴본다.
④ 언제부터 대립하였는지 알아본다.
⑤ 현재의 대립 상황을 알아본다.
⑥ 판사 기록지를 만든다.

4) 원고와 피고의 대표자에게는 입장을 발언할 기회가 주어진다. 양 측 대표의 진술을 바탕으로 화해를 도모하거나 합리적 해결 방안 또는 판결을 내릴 수 있다.

5) 자연과 인간은 자기소개서와 구술된 진술에 의해서 평가받을 것이다. 신은 판사 기록지와 판결에 의해서 평가받는다.

6) 자연, 인간, 신은 각자의 입장을 대변하는 이름표를 만들 수 있다. 이 이름표는 스케치북 정도의 크기로 줄을 달아 목에 매는 것이다. 이름표의 내용은 각자가 현재 처한 상황이나 입장을 가장 잘 나타내 줄 수 있는 그림을 그리거나 잡지나 신문을 오려 붙여서(콜라주 형태) 만든다.

6. 평가 준거

1) 내용

자기소개서에는 다음의 내용이 포함되어야 한다.

① 자기소개서의 정보는 정확하고 사실적이어야 한다.

② 자기소개서는 3~4개 이상의 구체적인 예를 포함해야 한다.

③ 자기소개서는 다양하고 타당한 근거를 제시하여 설득력을 가져야 한다.

④ 자기소개서는 각각의 역할(산, 강, 바람, 과학자, 자본가, 정치인) 특성이 잘 드러나도록 작성한다.

⑤ 자기소개서는 주장의 설득력을 높이기 위해서 동의서 같은 자료를 덧붙일 수 있다.

신의 질문지와 판사 기록지에는 다음의 내용이 포함되어야 한다.

① 다양하고 객관적인 정보를 수집하여 질문지를 작성한다.

② 질문은 단순하고 명료해야 한다.

③ 질문은 편파적이거나 감정적이어서는 안 된다.

④ 판사 기록지는 원고와 피고의 진술 태도, 형식, 내용을 판단할 수 있도록 작성되어야 한다.

⑤ 판사 기록지에는 진술 태도, 형식, 내용에 관하여 각각 2~3가지 이상의 언급이 있어야 한다.

⑥ 판사 기록지의 형식은 아래의 것을 참고하거나 자유롭게 만들 수 있다.

[예시] 판결문 양식

판사(신의 이름): ____________________

신(판사)들은 다음의 기준에 따라 재판을 진행시킨 후 판결하도록 한다.

		긍정 측	부정 측
① 시간을 정확하게 지켰는가?	5점 중	(　　)점	(　　)점
② 입장 제시를 제대로 하였는가?	5점 중	(　　)점	(　　)점
③ 상대방에게 질문을 제대로 하였는가?	5점 중	(　　)점	(　　)점
④ 상대방 질문에 답은 제대로 하였는가?	5점 중	(　　)점	(　　)점

⑤ 타당한 근거를 들어서 주장하였는가?	5점 중	( )점	( )점
⑥ 주장에 설득력이 있는가?	5점 중	( )점	( )점
⑦ 법정에서 예의를 잘 지켰는가?	5점 중	( )점	( )점
⑧ 정해진 판결을 인정하고 수긍하는가?	5점 중	( )점	( )점
	전체 40점 중	( )점	( )점

2) 질

① 법정에서의 진술은 자기소개서의 내용을 바탕으로 한다.

② 진술은 4~5분 정도 한다.

③ 자연, 인간, 신은 법정에서 지켜야 할 예의에 어긋나지 않게 한다.

④ 법정 참가자는 상대를 비방하거나 감정적인 발언을 해서는 안 된다.

⑤ 발표시에는 발표의 기술 — 청자와의 눈맞춤, 성향, 제스처, 적절한 문장 길이 — 을 활용한다.

⑥ 발표의 유창성을 위해서 반드시 예행 연습을 한다.

⑦ 발표자 이외의 참가자도 적극적으로 법정에 참여한다.

7. 유의사항

① 자연과 인간은 쓰기 요소로 반드시 자기소개서를 완성한다.

② 신은 쓰기 요소로 질문지와 판사 기록지를 반드시 완성한다.

③ 말하기에서 발표자 이외의 참가자도 발언권을 가지며 적극적으로 참여한다.

4) 과학과 수행 과제

수행 과제 1	곰인형 만들기

1. 적용 학년: 취학 전, 유치원

2. 성취기준

학생들은 경험을 통해 세부적인 지식을 습득하고, 습득한 지식을 종합하여 전체를 바라볼 수 있는 통합된 지식을 구성한다.

3. 개요

아이들은 다음 6단계의 활동을 통하여 장난감 곰을 구성하고 있는 요소와 특성에 대하여 이해하고, 장난감 곰을 구성하고 있는 요소와 특성들을 통합하여 장난감 곰을 만들어 낼 수 있다.

활동 1	장난감 곰의 특성 목록 만들기
활동 2	장난감 곰 분류하기
활동 3	장난감 곰 만드는 계획 세우기
활동 4	장난감 곰 만들기
활동 5	자기평가
활동 6	장난감 곰과 함께 소풍 가기

표에서 알 수 있듯이 학생들은 장난감 곰 만들기 수행 과제를 성공적으로 수행하기 위하여 6개의 활동 단계를 거치게 된다. 먼저 '활동 1'을 통해 학생들은 장난감 곰을 이루고 있는 구성요소에 대한 지식을 습득하고 장난감 곰의 특성을 이해하게 된다. '활동 2'에서는 '활동 1'에서 알게 된 장난감 곰의 특성을 바탕으로 실제로 장난감 곰과 장난감 곰이 아닌 것을 분류하게 된다. '활동 3'에서는 학생들이 이해한 장난감 곰을 실제로 만드는 계획을 세운다. 그들은 정확한 기준들에 근거하여 장난감 곰을 만들기 위한 여러 개의 재료들을 선택할 것이다. 이 활동은 장난감 곰을 이루는 부분 요소들을 하나의 전체적인 지식으로 통합하기 위한 목적을 가지고 있다. 그리고 학생들은 '활동 4, 5'의 단계를 통해 실제 장난감 곰을 만들어 보고 자기평가를 통해 자신의 수행을 반성하게 된다. 마지막 '활동 6'은 선택적인 단계로 학생들이 자신들이 만든 결과물에 의미를 부여할 수 있는 시간을 가지고 학부모들에게 학생들의 수업의 결과물을 전시하는 단계이다. 따라서 실제 수업에서는 생략할 수도 있다.

4. 수업 설계

1) 활동 1: 장난감 곰의 특성 목록 만들기

활동 1에서는 학생들이 가져온 장난감 곰을 통해 장난감 곰을 분류할 수 있는 방법(예를 들면 눈, 코, 색깔, 크기, 옷을 입었는지 등)에 해당하는 목록을 만드는 활동을 하게 된다. 먼저 학생들은 학생들이 가져온(혹은 교사가 직접 준비할 수도 있다.) 장난감 곰들을 하나하나 살펴 가면서 각 장난감 곰이 가지고 있는 특성을 찾는다. 그리고 학생들이 발견한 특성들을 아래에 제시한 〈활동지 1〉에 기록하고 그래프나 도표로 나타내는 활동을 수행한다.

[활동지 1] 장난감 곰의 특성 관찰하기

친구들이 가져온 장난감 곰들을 관찰하며 특이한 부분이나 공통적으로 가지고 있는 부분들을 살펴봅시다. 그리고 장난감 곰에게 절대 없어서는 안 된다고 생각하는 부분들이 있다면 아래 표의 가장 밑에 있는 '장난감 곰 특성'란에 기록합니다. 그리고 자신이 기록한 장난감 곰 특성의 횟수만큼 스티커를 붙입니다. 예를 들어 자신이 장난감 곰에게 없어서는 안 되는 것이 눈이라고 생각하였다면 '장난감 곰 특성'에 눈이라고 기록하고 학생들이 가지고 온 곰이 눈을 가지고 있다면 스티커를 하나씩 붙이도록 합니다.

<table>
<tr><td rowspan="4">나타난 횟수</td><td></td><td></td><td></td><td></td><td></td></tr>
<tr><td></td><td></td><td></td><td></td><td></td></tr>
<tr><td></td><td></td><td></td><td></td><td></td></tr>
<tr><td></td><td></td><td></td><td></td><td></td></tr>
<tr><td>장난감 곰 특성</td><td></td><td></td><td></td><td></td><td></td></tr>
</table>

그리고 이 단계를 보다 효과적으로 수행하기 위해서 다음과 같은 방법을 활용한다면 좋다. 우선 준비되는 장난감 곰은 특별히 틀린 부분이 있거나 유별난 특성을 가지고 있는 장난감일수록 좋다는 것이다. 이 단계에서의 핵심은 학생들이 장난감 곰이 가질 수 있는 특성을 찾게 하는 것에 있다. 따라서 준비되는 장난감 곰이 특별히 틀린 부분이 있거나 유별난 특성을 가지고 있다면 아이들은 쉽게 특성을 발견할 수 있을 것이다. 또한 필요에 따라서는 특정 부분을 가지지 못한 장난감 곰 역시 학생들이 특성을 파악하는 데 도움이 될 수 있다. 그리고 다음으로 활동지에 학생들이 기록한 것을 그래프나 도표로 만드는 작업을 할 수도 있다. 학생들은 자신들이 기록한 장난감 곰의 특성과 그 특성이 나타난 횟수를 그래프나 도표로 만드는 작업을 통해 일반적 속성과 특수한 속성을 구별해 낼 수 있을 것이다.

2) 활동 2: 장난감 곰 분류하기

활동 2에서는 준비된 가방 속에 장난감 곰과 함께 다른 다양한 물건들을 넣어 두고, 학생들이 그 가방 속에서 장난감 곰을 분류해 내는 활동을 하게 된다. 그리고 나서 학생들은 어떻게 해서 자신이 장난감 곰을 발견하였는지 설명하게 된다. 이 단계에서는 학생들이 '활동 1'에서 학습한 장난감 곰의 특성을 바탕으로 실제 장난감 곰을 분류할 수 있는지 그리고 학생이 정확한 근거와 기준에 따라 장난감 곰을 찾아낼 수 있는지 알 수 있게 된다. 따라서 두 번째 활동을 하기에 앞서 교사는 반드시 '활동 1'에서 학생들과 함께 발견한 장난감 곰의 특성에 대하여 상기시켜 주어야 한다. 그리고 학생들이 장난감 곰을 분류할 때 자신들이 기록한 활동지를 바탕으로 분류하도록 수업을 전개해야 한다. 다음은 '활동 2'에서 점검해야 하는 항목을 나타낸 활동지이다.

[활동지 2] 장난감 곰 분류에 관한 수행 점검 항목

아동 이름: ______________________

1. 아동이 가방 속의 다른 재료들로부터 장난감 곰을 구별한다.
   예　　아니오
2. 아동이 안내를 받고 손으로 만져서 알 수 있는 장난감 곰의 특성을 나타낸다.
   (예, 둘 혹은 그 이상의 신체 부분들, 장난감 곰의 부드러움 등)
3. 아동이 안내 없이 손으로 만져서 알 수 있는 장난감 곰의 특성을 나타낸다.
   (예, 둘 혹은 그 이상의 신체 부분들, 장난감 곰의 부드러움 등)

3) 활동 3: 장난감 곰을 만드는 계획 세우기

'활동 3'은 토의를 통해 새로운 장난감 곰을 만들기 위한 계획을 세우는 단계이다. 이 단계는 활동 1과 활동 2를 통해 학습한 장난감 곰의 특성을 바탕으로 새로운 장난감 곰을 만드는 계획을 세우는 과정을 통해 학생들이 지식을 통합적으로 재구성할 수 있도록 하기 위한 단계이다. 학생들은 토의를 통해 자신들이 가지고 있는 장난감 곰에 대한 지식을 재구성하여 창의적인 자신만의 장난감 곰을 만들어 내게 될 것이다. 교사는 이때 학생들이 일반적인 특성과 특수한 특성을 활용하여 창의적이고 독창적인 작품을 만들 수 있도록 돕는다.

4) 활동 4: 장난감 곰 만들기

활동 4에서는 자신들이 계획에 따라 실제로 장난감 곰을 만드는 단계이다. 아이들은 자신이 계획한 단계에 따라 장난감 곰을 만듦으로써 자신들의 지식을 통합적으로 재구성하게 될 것이다. 이 단계에서 교사는 아이들이 그들이 만들 장난감 곰의 재료를 스스로 선택하도록 해야 한다. 그리고 이렇게 만들어진 장난감 곰은 소풍을 위해 가방에 넣어 둔다. 다음은 '활동 4'에서 이루어져야 하는 수행 점검 활동지이다.

[활동지 4] 장난감 곰을 만들기 위한 수행 점검

아동 이름:

1. 아동이 급우들에 의해 산출된 특성들을 그의 장난감 곰에 포함시킨다.
    -
    -
    -
    -
    -
    -

2. 아동이 가방을 꽉 채운다.
    - 스스로
    - 도움을 받아

3. 아동은 가방을 닫고 확실하게 한다.
    - 스스로
    - 도움을 받아

5) 활동 5: 자기평가

활동 5에서 아이들은 작업 동안 그들 자신의 실행을 평가하게 된다. 학생들은 자신이 장난감 곰을 만든 과정을 반성함으로써 자신의 수행 정도와 보충해야 하는 부분들을 발견할 수 있게 된다. 다음은 자기평가 활동지이다.

[활동지 5] 자기평가

아동 이름:

1. 나는 장난감 곰이 가지는 특성들을 사용하여 장난감 곰을 만들었는가?
    매우 만족한다. 만족한다. 부족하다.

2. 나는 최선을 다하였는가?
    매우 만족한다. 만족한다. 부족하다.

3. 나는 장난감 곰에 대해 ______________________ 을 배웠다.

6) 활동 6: 장난감 곰 소풍

활동 6은 자신들이 만든 장난감 곰을 가지고 소풍을 가는 것이다. 마지막 '활동 6'은 앞서도 이야기하였듯이 선택적인 단계로, 학생들이 자신들이 만든 결과물에 의미를 부여할 수 있는 시간을 가지고 학부모들에게 학생들의 수업 결과물을 전시하는 단계이다. 따라서 실제 수업에서는 생략할 수도 있다.

수행 과제 2	태양과 온도

1. **적용 학년:** 5~8학년

2. **성취기준**

① 과학적인 요구를 하는 데 필요한 능력(5~8학년)

기술, 설명, 예견, 증거를 사용하여 모델을 개발하라. 학생들은 그들이 무엇을 관찰하고자 하는지는 그들의 설명에 기초를 두어야 하고, 인지적 기술을 계발함에 따라 기술과 설명을 차별화할 수 있어야 한다. 결과 초래의 제공과 증거와 논리적 논쟁을 기초로 한 관계의 정립이 필요하다. 이러한 성취기준들은 학생들이 효과적으로 조사를 수행할 수 있도록 하기 위해 지식을 기초로 한 과목에 요구되고, 과학의 내용과 학생들의 새로운 지식의 계발에 한하는 내용과 설명과의 관계 정립 사이의 계발을 위함이다.

② 에너지의 이동(5~8학년)

열은 예견 가능한 방법으로 이동하며, 그것은 따뜻한 것에서 차가운 물체로 이동하며, 후에는 양쪽이 같은 온도에 도달한다.

3. **기술**

① 학생들은 환경적인 조건에 대한 온도의 관계와 그리고 그것을 실제적인 상황에 대한 그들의 이해의 적용을 고려해야 한다.

② 과제는 학생들의 이해와 부과적인 상황에 대한 이해의 적용을 평가해야 한다.

③ 이러한 과제는 대략 5~10분이면 학생들이 완성할 수 있도록 디자인되어야 한다.

4. **총체적인 과제의 내용 영역:** 지구와 우주과학, 물리과학

5. **특정 지식의 영역:** 열과 기온

6. **수행 기대:** 설명을 밝혀내게 하는 과학적 원리의 적용과 새로운 문제의 해결

7. **선생님들의 일반적인 교수법**

이 과제는 학생들이 약 5~10이면 완성할 수 있도록 디자인되어야 한다. 학생들은

이것을 수행하는 동안 개별적인 작업을 하도록 해야 한다. 또 곧바로 작업을 시작할 수 있는 준비를 해야 한다.

8. 주의 사항

선생님과 학생들은 항상 작업의 안전 예방 조치, 실험실 이용의 안전성의 경과를 미리 숙지해야 하며 과학 수행 과제를 행할 때 시설이 잘 갖추어져야 한다.

9. 과제: 네 개 온도계의 기온을 추론하고 왜 그런 값을 추론하였는지 설명하기

A, B, C, D 네 개의 온도계를 야외의 서로 가까운 곳에 둔다. 때는 6월의 화창한 햇빛이 비치는 정오이다. 온도계A는 햇빛이 비치는 가볍게 채색된 보도 위에 둔다. 온도계B는 같은 보도 위에 있지만, 그늘에 둔다. 온도계C는 공기로 가득 찬 밀봉된 투명한 자루에 넣어, 햇빛이 잘 드는 동일한 보도 위에 둔다. 온도계D는 공기로 가득 찬 밀봉된 투명한 자루에 넣어, 햇빛이 드는 수영장 속에 둔다.

1시간 후, 온도계의 눈금은 다음과 같았다.

- 31℃(88°F)
- 44℃(112°F)
- 34℃(94°F)
- 54℃(130°F)

그 시각의 대기 온도는 31℃(88°F)였고, 수영장 온도는 29℃(85°F)였다.

가. 각각의 온도계가 위치한 곳에 근거하여 각 온도계와 어울린다고 생각되는 온도계의 눈금을 아래의 표에 기록하시오.

온도계	여러분이 생각하는 온도
A. 개방된 공기, 햇빛이 드는 흰색 보도 위	℃
B. 개방된 공기, 그늘인 흰색 보도 위	℃
C. 플라스틱 자루, 햇빛이 드는 흰색 보도 위	℃
D. 플라스틱 자루, 햇빛이 드는 수영장 속	℃

나. 다른 온도계와 비교해서 각각의 온도계가 그러한 눈금을 가진다고 생각한 이유를 설명하시오.

A. ____________________

B. ____________________

C. ____________________

D. ____________________

다. 라디오와 TV를 통해 방송되고 신문지면에 나오는 "맑고 따뜻한 날씨에서는 애완동물을 밀폐된 차 안에 돌보지 않고 내버려두지 마세요."라는 공익광고를 지지하는 상황을 위의 하나의 온도계와 비교하시오.

____

____

____

10. 루브릭 최대 점수 10점

〈질문 가〉 차트(4점)

기준: 각각 정확한 답에 1점씩 준다.

- 온도계A: 34℃(94°F)
- 온도계B: 31℃(88°F)
- 온도계C: 54℃(130°F)
- 온도계D: 44℃(112°F)

〈질문 나〉 설명(4점)

기준: 차트에서 학생의 답에 기초한 정확한 설명에 각각 1점씩 준다.

이유를 쓰지 않고 수적 비교로만 진술된 답은 0점을 준다.

- 온도계A는 태양 때문에 공기 온도보다 더 따뜻할 것이다.
- 온도계B는 공기 온도와 같을 것이다.
- 온도계C는 냉각시키지 않고 햇빛에 담고 있기 때문에 가장 뜨거울 것이다.
- 온도계D는 C만큼 뜨겁지 않을 것이다. 왜냐하면 담겨 있지도 않고 물이 차갑게

오랫동안 지속시켜 줄 것이기 때문이다.

〈질문 다〉 따뜻한 날 차 안에 애완동물 두기(2점)

기준: 온도계C의 정보에 관해 언급한 것은 1점을 준다.

온도계C가 용기에 담겨진 것과 닫혀진 차 안을 비교하면 1점을 준다.

- 2점을 받을 만한 대답: 닫혀진 차 안에 있는 것은 태양이 플라스틱 가방 안에 있는 것과 같다. 온도가 가장 높다.
- 1점을 받을 만한 대답: 닫혀진 차 안에서는 열이 밖으로 나갈 수 없기 때문에 온도가 아주 높을 것이다.

5) 통합 영역 수행 과제

수행 과제 1	비눗방울 과학자들

1. 적용 학년: 1~2학년

2. 성취기준

이 수행 과제는 과학, 언어 예술, 수학의 통합 교과에 해당하는 수행 과제이다. 따라서 성취기준 또한 각 교과에 해당하는 영역에 따라 제시되어 있다.

교과목	성취기준
과학	• 학생은 비눗방울 실험들로부터 자료를 수집하고 정보를 기록할 것이다. • 학생들은 비눗방울을 만드는 어떤 방법이 최고의 방울을 만드는지를 결정하기 위해서 자료들을 비교할 것이다.
수학	• 학생들은 수집한 자료들을 바탕으로 막대 그래프를 만들게 될 것이다.
쓰기	• 학생들은 과제에 포함된 각 활동을 기록하게 될 것이다.

3. 개요

이 수행 과제는 학생들이 방울에 대한 연구를 통하여 과학적인 사고와 절차에 대하여 학습하게 되는 것을 목적으로 한다. 학생들은 먼저 세제 용액의 비율이 다르게 섞인 비눗방울을 만드는 방법에 대하여 배운 다음 과학적인 실험 절차에 따라 가설을 설정하고 실험을 통해 이 두 가지 방법이 갖고 있는 차이점을 비교하는 과정을 통해 과학적으로 사고하는 방법을 이해하게 될 것이다. 그리고 이러한 과정을 통해 과학자들이 실제 사고하고 실험하는 과정을 이해하게 될 것이다. 실험을 통해 잠정적인 결론이 도출되면 마지막으로 학생들은 연구 결과를 수집하고 조직하여 그래프로 나타낼 것이다. 각 활동 후에는 방울 학습 일지를 통해 학생들이 각 활동에서 얼마나 잘 수행하였는지를 반성하는 자기평가 활동을 실시한다.

그리고 이 수행 과제는 통합 교과에 해당하는 과제이다. 관찰을 하는 과정에 내재해 있는 과학적으로 사고하는 방법과 행동 방법을 보여 준다는 측면에서 과학 교과의 영역에 해당하며, 학생들이 자료를 수집하고 수집한 자료를 그래프나 도표로 표현한다는 측면에서 수학 교과의 영역에 해당하며, 자신들이 발견한 새로운 사실을 알리는 글을 쓰는 방법을 보여 준다는 측면에서 언어 교과와도 연결되어 있다. 따라서 이 수행 과제는 과학, 언어 예술, 수학 수업에서 실시될 수 있다.

4. 수업에 필요한 준비물

준비물은 크게 교사의 준비물과 수업 준비물로 나누어 제시하였다. 그리고 수업 준비물은 각 활동에 따라 필요한 도구들을 제시하였다.

영역		준비물
교사		• 관찰 목록을 만들기 위한 차트 종이 • Buble, Buble(Mercer Mayer 저), The Wise Woman and Her Secret(Eve Merriam 저) 또는 방울에 대한 다른 책들 • 매스킹 테이프

수업	활동 1	• 시판용 비눗방울
		• 집에서 비눗방울을 만드는 방법
		• 3개의 그룹이 비눗방울을 만들기 위한 원료와 도구
		  • 설겆이용 액체 비누
		  • 파란색 식용 색소
		  • 붉은색 식용 색소
		  • 글리세린
		  • 한 컵의 액체 계량 컵
		  • 1/2 계량 티스푼

(계속)

영역		준비물
수업	활동 1	• 계량 테이블스푼 • 집에서 만드는 비눗방울을 준비하기 위한 용기 • 과제에 포함된 모든 활동을 하기 위한 학생당 한 개의 방울 막대 • 일지에 기재하기 위한 채점 도구들 • 자료 수집 기록 • 막대 그래프
	활동 2	• 붉은색, 파란색 크레용 • 방울 로고 ※ 그룹의 능력 수준에 맞게 교사가 적절한 로고를 선택한다. 유치원, 1학년, 2학년들을 위한 로고들이 포함된다.
	활동 3	• 비눗방울 비교 자료 도표
	활동 4	• 통계 도표 아이콘 • 채점 도구: 비눗방울 비교를 위한 점검 목록표

5. 수업의 실제

사전 평가 활동 비눗방울에 대한 생각 나누기

사전 평가 활동은 비눗방울 만들기 활동에 들어가기에 앞서 비눗방울에 대한 지식을 활성화시키기 위한 단계이다. 학생들은 비눗방울 만들기 활동에 앞서 비눗방울에 대한 개념적 지식을 학습하게 된다. 그리고 이러한 개념적 지식을 친구들과 함께 자유롭게 토의하면서 개념을 활성화시키고 수업에 대한 동기와 흥미를 유발시키게 된다.

비눗방울에 대한 개념을 활성화시키기 위해 교사는 먼저 방울의 개념을 소개한다. 이때 선생님은 『bubble, bubble』(Mercer Mater저) 또는 bubble과 관련 있는 다른 책을 읽어 주도록 한다. 그 이야기에는 사실적 정보와 허구적 정보가 둘 다 포함되어 있기 때문에, 어떠한 요소가 사실적 정보인지를 찾을 수 있도록 충분히 토론할 시간을 갖는 것이 중요하다. 토론을 할 때는 처음에는 소규모의 그룹으로 자신들의 생각과 아이디어를 토론한 후에 마지막에는 전체 그룹이 함께 토론하도록 한다. 이러한 토론 과정을 거치는 이유는 토론을 통해 자신들이 미처 생각하지 못한 방울에 대한 사실적 개념을 발견하고 이를 통해 학생들의 사전지식을 활성화시키기 위해서이다. 그리고 이렇게 하여 도출된 사실들은 칠판이나 다른 자료에 기록하는 것이 필요하다.

◎ 자기평가 활동

학생들은 이 활동들을 방울에 관한 학습일지에 반성하여 기록한다. 과학자가 하는 것처럼 학생들이 각 활동이 끝난 다음에 어떤 것을 학습하였고 성취하였는지에 관하여 날마다 반성할 수 있도록 학습일지를 이용하게 하는 것이 중요하다. 이러한 반성은 학생의 능력에 따라서 그림으로 나타내거나 글로 쓰거나 할 수 있다.

1학년 학습일지 사전 평가 활동

나는 방울에 대한 나의 생각을 친구와 얼마나 잘 이야기하였는가?

매우 잘함	잘함	노력 요함
나는 한 가지 이상의 의견을 모든 친구들과 이야기하였다.	나는 단지 나의 짝과 의견을 나누었다.	나는 어떤 의견도 이야기하지 않았다.

비눗방울 학습일지

☞ 아래에 오늘 내가 한 내용을 적으세요.

____

____

____

____

____

____

활동 1 비눗방울 관찰하기

활동 1은 학생들에게 과학적인 방식으로 사고하기 위해서는 관찰 활동이 중요함을 알게 하고, 관찰을 통해 비눗방울에 대한 자료를 수집하도록 하는 단계이다. 교사는 과학적인 방식으로 생각하고 행동한다는 것이 무엇을 의미하는지 소개하기 위하여 『현명한 여인과 그녀의 비법』(Eve Merrian 지음)이라는 책을 소개한다. 책을 소개할 때 교사는 "지금 호기심의 가치를 배운 작은 소녀에 대한 이야기를 읽겠어요."와 같은 멘트를 통하여 학생들의 사전 지식을 활성화시킨다. 책을 소개하고 난 후에는 책에 대하여 토론을 한다. 토론에는 "왜 Jenny는 그 누구도 알지 못하였던 늙은 여자의 비법을 발견할 수 있었나요?"와 같은 질문을 사용할 수 있다. 이러한 질문으로부터 Jenny는 호기심이 있었고 궁금증을 가지고 질문을 하였다는 사실을 인식시킨다. 그리고 이러한 Jenny의 행동이 과학자들이 탐구하는 행동과 유사함을 밝힌다. 그리고 이러한 토론을 통해 학생들이 스스로 주변의 것들을 감각을 이용하여 관찰하는 것이 중요하다는 사실을 이끌어 낼 수 있도록 해야 한다. 그리고 오감을 이용한 관찰의 중요성에 대한 사실을 끌어내기 위해 다음과 같은 선택 활동을 할 수도 있다.

> 선택 활동
>
> 사물의 특징을 사용하여 상자나 가방 안에 있는 사물을 알아맞히는 활동을 한다. 학생들은 사물을 보지 않고 촉각, 미각 후각, 청각을 이용하여 가방에 들어 있는 사물을 맞혀야 한다.

이러한 활동들을 통해 과학적으로 사고하는 것이 무엇인지 알게 되고 과학적으로 사고하기 위해서는 관찰이 중요하다는 것을 인식하게 된 후에 본격적인 비눗방울에 관한 자료를 수집하게 된다. 비눗방울에 대한 자료를 수집할 때, 교사는 학생들에게 과학자들이 하였던 것처럼 관찰을 통해 비눗방울에 대한 자료를 얻을 수 있도록 지도한다.

자료를 얻기 위한 관찰에 앞서 먼저 무엇을 관찰할지에 대하여 생각하는 시간을 가진다. 교사는 관찰의 방향과 목적을 정확하게 제시하기 위하여 토론을 통해 아래에 제시된 선택적 유인물에 나와 있는 비눗방울에 대한 질문을 이끌어 내도록 한다. 관찰하기에 앞서 학생들에게 이러한 질문들을 이끌어 내는 것은 관찰을 보다 효율적이고 의미 있게 만들어 준다. 아래의 유인물이 선택적 유인물인 이유는 교사가 반드시 이러한 질문들을 유인물로 만들어서 나누어 주어야 하는 것은 아니기 때문이다. 교사는 수업 중에 자연스럽게 학생들이 이러한 질문들을 끌어낼 수 있도록 안내하기만 하면 된다. 즉, 그룹 토의를 통해 이러한 질문들을 말로 제시하도록 하여도 무방하다는 것이다.

선택적 학생 유인물

1. 당신은 다른 크기의 비눗방울을 만들 수 있습니까? 어떻게 만들 수 있습니까?

2. 당신은 비눗방울을 잡을 수 있습니까?

3. 당신이 세게 불면 어떤 일이 일어납니까? 당신이 약하게 불면 어떤 일이 일어납니까?

5. 당신이 방울 막대로 세게 물결을 만들거나 약하게 물결을 만들면 어떤 일이 일어납니까?

6. 방울은 무슨 색입니까?

7. 방울들은 어떤 느낌들입니까?

8. 모든 방울은 둥급니까?

관찰에 대한 사전 지식이 충분히 활성화되었다면 다음으로 학생들이 시판용 방울 용액을 이용하여 방울에 대해 간단한 관찰을 할 수 있도록 한다. 이때 학생들은 3개의 소그룹으로 활동한다. 관찰 활동이 끝나면 학생들에게 앞에서 실시하였던 방울에 대한 다양한 기록에 새로운 관찰 내용을 언급하여 기록하게 한다. 그리고 과학자들 역시 연구를 할 때에는 먼저 현상들을 관찰하고, 관찰을 통해 알게 된 지식이나 생각을 다른 사람들과 공유하는 과정을 통해 탐구한다는 사실을 인지시켜야 한다.

◎ 자기평가 활동

학생들은 이 활동이 끝나면 방울 학습일지에 활동에 대한 수행을 자기평가한다. 학생들은 이 활동으로 그들의 방울 관찰일지를 기록한다.

1학년 학습일지 활동 1

나는 오늘 비눗방울을 얼마나 잘 관찰하였나요?

매우 잘함	잘함	노력 요함
나는 많은 분명한 관찰을 하였다.	나는 몇 가지의 분명한 관찰을 하였다.	나는 어떠한 관찰도 하지 못하였다.

비눗방울 학습일지

☞ 아래에 오늘 내가 한 내용을 적으세요.

활동 2 비눗방울 용액 만드는 방법 익히기

활동 2에서 먼저 학생들은 협동학습 그룹을 만들어 유인물에 있는 세제 용액의 비율이 서로 다른 비눗방울 용액을 만든다. 활동 2에서 교사는 문제를 해결하기 위하여 과학적인 방법을 사용하는 단계를 도입하기 위해 다음과 같은 상황을 학습에 제시한다.

> 문제 상황 제시
>
> 비눗방울파티를 계획하고 있습니다. 그래서 비눗방울을 만들기 위한 돈을 저축하고 싶습니다. 그러나 제가 가지고 있는 문제는 비눗방울을 만들기 위한 방법을 두 가지밖에 알고 있지 못하다는 겁니다. 그런데 어떤 방법이 최상의 비눗방울을 만들게 하는 방법인지에 대하여 알 수가 없답니다. 때문에 오늘 과학자가 하는 것처럼 어떤 방법이 더 나은 방법인지를 알아보는 것이 필요합니다.

이러한 문제 상황을 제시한 후 교사는 활동 2에서 나누어 준 유인물에 따라 비눗방울 용액을 만들게 된다. 학생들은 협동학습 그룹을 만들어 학생 유인물 1, 2에 나와 있는 비눗방울 만드는 방법을 실행함으로써 비누 용액을 만들어 낼 것이다.

◎ 자기평가 활동

학생들은 이 활동이 끝나면 방울 관찰일지를 기록한다.

1학년 학습일지 활동 2

나의 그룹은 비누 용액을 만들기 위하여 일을 얼마나 함께 잘 하였나요?

매우 잘함	잘함	노력 요함
3명의 모든 친구들이 비눗방울을 만드는 데 도왔다.	단지 2명의 친구들이 비눗방울을 만드는 데 도왔다.	단지 1명만이 비눗방울을 만들었다.

비눗방울 학습일지

☞ 아래에 오늘 내가 한 내용을 적으세요.

___

___

___

___

___

___

___

___

___

___

다음은 활동 2에서 학생들에게 나누어 주어야 하는 비눗방울 용액을 만드는 방법이 적힌 유인물이다.

학생 유인물 1

비눗방울 방법 1(빨간색)

재료:

물: 1컵

세제 용액: 5테이블스푼

글리세린: 1/2티스푼

붉은 식용 색소: 3방울

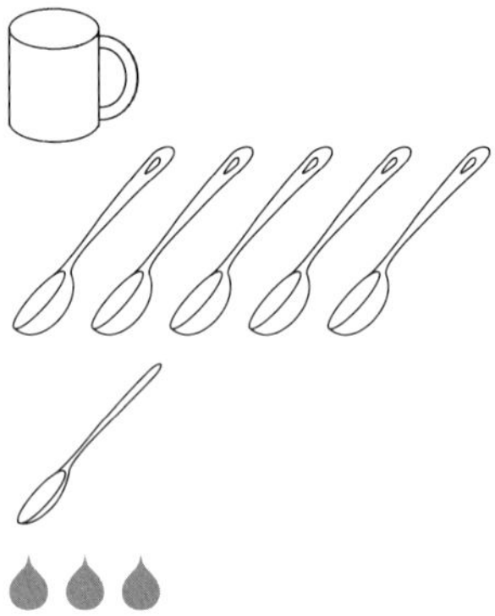

지시 사항:

- 모든 재료들을 용기에 담는다.
- 천천히 젓는다.

학생 유인물 2

비눗방울 방법 2(파란색)

재료:

물: 1컵

세제 용액: 2테이블스푼

글리세린: 1/2티스푼

붉은 식용 색소: 3방울

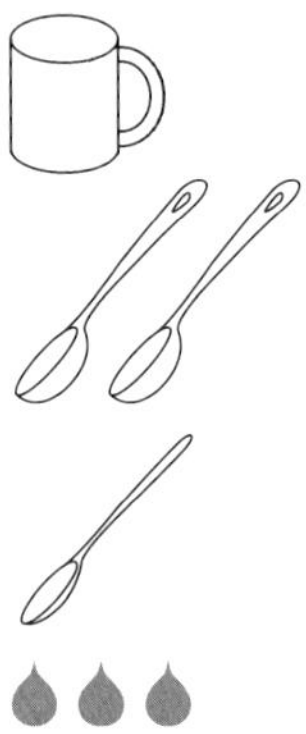

지시 사항:

- 모든 재료들을 용기에 담는다.
- 천천히 젓는다.

활동 3 과학적 실험 단계에 따라 최상의 비눗방울 만드는 법 알아내기

활동 3에서는 과학적 실험 단계에 따라 가설을 설정하고 실험을 통해 결과를 기록하고 잠정적인 결론을 도출해 내게 된다. 즉, 과학적인 실험 방법에 따라 세제의 비율이 다른 비눗방울 용액으로 비눗방울을 만들어 보고 비교함으로써 최상의 비눗방울 용액을 만드는 원리를 발견해 낼 수 있다.

교사는 먼저 학생들이 최상의 비눗방울을 만들 수 있는 실험을 설계할 수 있도록 과학적인 방법의 단계를 소개한다. 과학적인 실험 방법의 단계는 가설, 실험, 결과 기록, 결론 도출이다. 그리고 학생들에게 붉은색과 파란색 중 어느 것에서 비눗방울이 더 잘 만들어지는지 질문하고 왜 그렇게 생각하였는지 생각하도록 유도한다. 그리고 이러한 질문을 통해 학생들이 비눗방울이 더 잘 만들어지는 가설을 설정할 수 있도록 돕는다. 그리고 이러한 가설을 검증하기 위해 학생들이 활동 2에서 만든 파란색 비눗방울과 빨간색 비눗방울을 사용하여 실제 비눗방울을 만들어 본다. 두 가지 용액 중 어느 것에서 비눗방울이 더 잘 만들어지는지 비교한 것을 기록할 수 있도록 아래에 제시된 유인물을 나누어 준다. 그리고 실제 비눗방울이 만들어지는 정도에 따라 유인물에 평가한다.

활동 3에서 유의하여야 하는 사항은 교사는 학생들에게 비눗방울 만드는 실험과 그 결과를 유인물에 기록하도록 지도하는 것이다. 그리고 교사는 색깔은 두 스푼을 넣은 용액과 다섯 스푼을 넣은 용액을 구별하기 위한 것으로 비눗방울이 잘 만들어지는 정도와 아무런 상관관계가 없음을 알려 주어야 한다. 즉, 색깔은 용액을 구분하기 위하여 사용된 것이며 변인은 용액 속의 비누의 양이라는 점을 상기시켜야 한다. 그리고 유인물에 있는 R 은 빨간 비눗방울을 뜻하는 빨간색이고 B 는 파란 비눗방울을 뜻한다는 사실도 학생들에게 알려 주어야 한다.

학생들이 세운 가설을 검증하기 위하여 사용되는 표준 비눗방울 만들기 절차는 다음과 같다.

① 막대를 용액에 적신다.

② 천천히 한번 분다.

③ 방울을 만들었는지 아니면 그렇지 못하였는지에 따라 웃는 얼굴이나 슬픈 얼굴에 색을 칠한다.

학생 유인물 3

비눗방울 비교

가설: 나는 비눗방울 R 또는 B가 가장 잘 만들어질 것으로 생각한다.

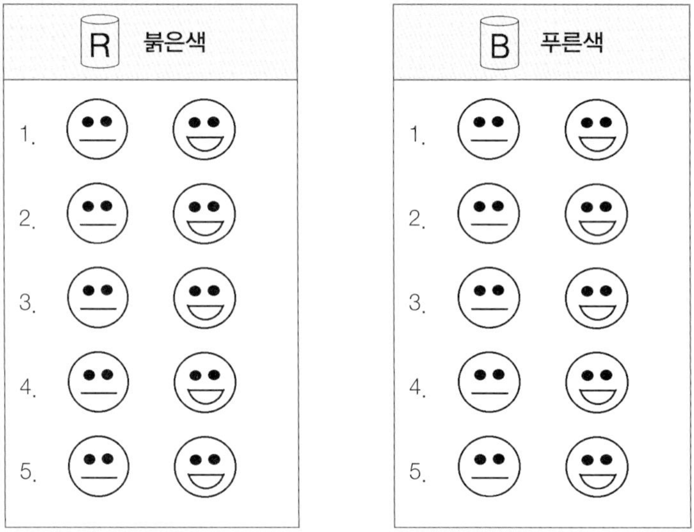

비눗방울이 얼마나 잘 만들어졌나요?

결과: R 또는 B가 가장 잘 만들어졌다.

결론: 나의 가설이 맞았다.　　나의 가설이 틀렸다.

◎ 자기평가 활동

학생들은 이 활동을 비눗방울 학습일지에 반성할 것이다.

1학년 학습일지 활동 3

정보를 수집하는 과정에서 나는 과학적인 방법을 얼마나 잘 따랐나요?

매우 잘함	잘함	노력 요함
나는 정확히 모든 단계를 따랐다.	나는 3~4가지 단계를 정확히 따랐다.	나는 2가지 이하의 단계를 따랐다.

비눗방울 학습일지

☞ 아래에 오늘 내가 한 내용을 적으세요.

활동 3에서 교사는 학생들이 과학적인 절차에 따라 두 가지 방법을 비교하였는지 평가하기 위해 다음에 제시된 수행 점검 목록표를 활용하는 것이 좋다.

비눗방울을 비교하기 위한 수행 점검 목록표

요소	평가	
	예	아니오
1. 학생은 적절하게 색을 분류하여 색칠한다.		
2. 학생은 가설을 개발하였다.		
3. 학생은 표준 방울 만드는 방법을 따랐다.		
4. 학생은 각 방울의 특성을 평가하였다.		
5. 학생은 실험 결과를 평가하였다.		
6. 학생은 가설을 근거로 하여 결과를 도출하였다.		

활동 4 최상의 비눗방울 만드는 방법 정의하기

활동 3이 과학적인 실험 단계에 의해 잠정적인 결론을 도출한 것이라면 활동 4는 실험한 자료들을 종합하고 분석하여 일반적인 원리나 결과를 도출해 내는 과정이라고 할 수 있다. 활동 4에서 유의할 점은 일반적인 원리를 도출할 때 자신의 실험 결과뿐만 아니라 다른 학생들의 실험 결과를 반드시 포함하도록 해야 한다는 점이다. 그러기 위해서 먼저 과학자들은 학생들로부터 같은 가설을 왜 재실험하는지 생각하도록 이끌어 내라. 다음과 같은 이유가 제시될 수 있다.

- 가설의 타당성을 높이기 위해
- 검증 과정에 문제는 없는지를 규명하기 위해

- 인간의 실수가 결론의 한 가지 요인이 되는 것을 배제하기 위해

학생들로 하여금 다른 학생들의 실험 결과를 함께 분석하고 종합해야 하는 이유를 자연스럽게 이끌어 내기 위해 다음과 같은 선택 활동을 하는 것도 도움이 된다.

> **선택 활동**
>
> 이 활동의 목적을 설명하는 자료로서 『Seven Blind Mice』(Ed Young 지음) 책이 도움이 될 것이다. 앞이 안 보이는 6마리 쥐는 한 사물에 대해 각각 다른 견해를 가지고 있다. 일곱 번째 쥐가 모든 정보를 종합하였을 때 쥐들은 그 사물이 코끼리라는 것을 알 수 있다.

모아진 자료를 종합하고 분석하기 위해 학생들이 활동 3에서 실험한 결과들을 아래에 제시된 도표에 기록한다. 그리고 이러한 자료들을 한눈에 쉽게 알아 볼 수 있도록 다양한 형태의 그래프로 재조직하도록 학생들을 지도해야 한다. 그래프를 그릴 때 교사는 여러 다른 그룹에 의하여 실시된 같은 실험의 결과들 역시 자료를 조직하고 정리하기 위하여 사용된다는 사실을 발견하도록 지도해야 한다. 그리고 이것이 학생들에게 과학자들이 가설을 재실험하는 이유임을 다시 한 번 인지시키도록 한다.

그리고 마지막으로 도표와 그래프를 바탕으로 결과를 토론한다. 이때 학생들이 어떤 방법이 최고의 비눗방울을 만드는 방법인지 결정하도록 그래프 위에 나타난 자료를 사용하도록 해야 한다. 이러한 활동을 통해 활동 2에서 있었던 최초의 딜레마와 관련하여 최상의 방울을 얻기 위하여 어떠한 비눗방울 만들기 방법이 사용되어야 하는지를 결정하게 되며 일반적 결론은 그래프의 결과에 의해 입증된다.

비교 결과에 대한 학급 그래프

R(붉은색)															
B(푸른색)															
횟수	1	2	3	4	5	6	7	8	9	10	11	12	13	14	15

R 또는 B = 한 사람의 비눗방울 실험 결과

제5장

평가기준표의 개념과 설계

루브릭은 라틴어의 '붉은색'을 뜻하는 말로 종교 예배 행사의 지침이나 법원의 결정 내용을 중요하게 강조하기 위한 방법으로 사용되었으며 '중요하다'는 의미를 담고 있다(Wiggins, 1998). 현재 수행평가에서는 학생의 수행 결과를 평가하기 위한 서술식 채점척도라는 뜻으로 통용되고 있다(김영천, 2000). 전통적인 평가에서 학생의 결과가 수량화될 수 있는 점수로 변환되었다면 수행평가에서는 수량화되기 힘든 학생의 지적 능력과 학습 성취 결과를 루브릭을 사용하여 기록한다. 따라서 루브릭에 대한 연구는 수행평가 연구와 실행을 위해 중요한 작업이라고 할 수 있다.

1. 루브릭의 개념

루브릭은 전통적인 평가에서 사용하는 점수(score) 또는 등급(grade)에 상응하는 개념으로서 학습자가 수행 과제에서 드러낸 수행의 결과물(작품, 글쓰기, 문제 해결, 만들기, 토론)이 어떠한 수준에 있는지를 규명하고 판단하기 위하여 사용되는 수행평가에서 개발된 채점 방법이면서 결과 표현 방법인 평가 도구이다. 학생의 수행 결과를 점수(예 70점, 90점 또는 수, 우, 미, 양, 가)에 근거하여 평가하지 않고 루브릭으로 판단한다는 점에서 수행평가의 이상이 녹아들어 있으면서 수행평가를 전통적인 평가 방법과 구별시키는 대표적인 역할을 한다.

루브릭에는 다음과 같이 전통적인 평가 방법과 구별되는 차이점이 있다. 첫째, 평가 영역이 세부적으로 제시된다. 이를 전문적으로는 크리테리어(criteria)라고 하는데 평가할 내용을 말한다. 예를 들면 글쓰기 능력을 평가하는 경우, 훌륭한 글쓰기가 갖추어야 하는 준거로는 글의 조직, 글의 결론 도출, 글의 맞춤법, 글의 흥미도 등이 크리테리어가 된다. 둘째, 학생의 학습 결과는 점수가 아니라 단계로 표현된다.

학생의 수행 결과는 60점 또는 80점으로 표현되는 것이 아니라 단계 1, 2, 3으로 표현된다. 가장 일반적으로 사용되고 있는 단계는 3단계로서 단계 1은 가장 낮은 수준을, 단계 3은 가장 높은 수준을 의미한다. 학생의 수행 결과를 보다 정확하게 구분하고자 할 때는 5단계가 사용된다. 이 경우 단계 1은 최하위, 단계 3은 중간, 단계 5는 최상 수준을 의미한다. 따라서 5단계 루브릭은 3단계 루브릭에 비하여 학생이 가지고 있는 수준 차이를 더욱 정확하게 구분해 낼 수 있다. 우리나라의 경우 1단계, 2단계, 3단계의 용어 대신에 상, 중, 하의 용어를 사용하기도 한다. 셋째, 각 단계에는 학생들의 수행이 갖는 질적인 특징을 서술적으로 설명해 놓은 진술문이 제시된다. 기술자(descriptors)라고 불리는 진술문은 단계 1에 해당하는 학생 수행의 특징과 숫자로 표현되기 힘든 학습 기술의 특징이 문장으로 만들어진 것이다. 이때 이 기술자는 평가자가 정확하고 객관적인 판단을 내릴 수 있도록 관찰 가능하고 측정 가능한 증거나 용어, 행동으로 진술된다. 이 기술자가 자세하게 만들어질수록 점수로 표현되기 어려운 학생의 수행의 특징을 측정하는 데 도움을 준다.

2. 루브릭의 역할

루브릭의 역할은 다음과 같이 여섯 가지로 정리할 수 있다. 첫째, 루브릭은 평가의 내용을 상세화한다. 루브릭은 학생이 평가받기 이전에 어떠한 준거에 의하여 어떤 내용이 평가받을 것인지를 구체적으로 설명하고 있기 때문에 학생에게 훌륭한 평가기준으로 사용된다. 전통적인 평가에서는 평가의 내용(시험 문항)이 무엇인가가 학생에게 시험 상황 이전까지 알려져서는 안 되는 것에 비하여 수행평가에서는 평가 이전에 어떠한 과제가 어떻게 평가될 것인가를 학생에게 설명해 주어야 한다. 이런 점에서 루브릭은 평가에 대한 기준으로서 학생이 자신의 작품(학습의 결과)이 어떻게 평가될 것인지를 이해하는 효과적인 도구가 된다.

둘째, 루브릭은 학생의 수행이 갖고 있는 특징과 문제점, 그리고 수준이 어떠한지를 정확하게 진단하는 역할을 담당한다. 학생의 수행 특징을 평가 영역과 수준에 기초하여 자세하게 구분하여 서술적으로 설명하여 놓았기 때문에 학생의 수행이 어떠한 수준에 있는지를 상세하게 밝혀낼 수 있다. 따라서 전통적인 평가에서 사용되는 점수가 학생의 학습 결과가 갖는 문제점과 특징을 진단적인 관점에서 찾아내기 어려운 반면에 루브릭은 점수로서 표현되기 어려운 수행의 다차원적인 특징과 내용을 서술해 놓았기 때문에 학생의 이해 수준과 적용 수준이 어떠한 상황에 있는지를 면밀하게 진단하는 데 효과적이다.

셋째, 루브릭은 학생에게 자기 조절 학습 태도를 길러 준다. 자기 조절 학습 태도는 두 가지 면에서 학생에게 의미 있다. 먼저 루브릭은 평가 이전의 상황에서 유효하다. 학생이 어떻게 평가받을 것인지를 알고 있기 때문에 평가 준거에 비추어 과제 또는 평가 상황을 스스로 준비할 수 있다. 어떻게 공부하여야 하며 무엇에 중점을 두어야 하는지를 유념하면서 공부하게 되기 때문에 자신의 학습을 감독할 수 있고 학습의 책임감이 증진된다. 또한 루브릭은 평가를 실시한 후에 학생의 자기 조절 학습 태도를 증진시키는 데 효과적이다. 루브릭에 기초하여 학생의 작품(학습 결과)이 평가되기 때문에 학생은 자신의 수행이 어떠한 성취를 하였으며 어떠한 수준에 있는지를 세심하게 이해할 수 있다. 즉, 루브릭이 효과적인 피드백의 도구가 된다. 그리하여 학생은 다음 수행에서 어떻게 수행을 개선해 나갈 수 있는지를 루브릭의 평가 준거에 비추어 찾아낼 수 있으며, 자신에게 무엇이 필요한지를 판단할 수 있다.

넷째, 루브릭의 개발은 교사의 수업 연구를 촉진시킨다. 교사는 어떠한 단원을 공부하기에 앞서 목표가 무엇인지, 그것을 가르치기 위해서 필요한 것은 무엇인지, 학생들은 무엇을 배워야 하는지, 교사 자신이 요구하는 평가에서 우수한 학생의 작품과 평균인 학생의 작품과 열등한 학생의 작품을 어떻게 구분할 것인지를 알고 난 뒤에 루브릭을 개발해야 하므로 교수 · 학습에 있어 교사의 연구와 노력이 제고된다. 이러한 연구와 노력은 결국 교사의 전문성으로 옮겨진다.

다섯째, 학부모와 학생 간의 협동적인 학습에 안내자 역할을 한다. 학습 단원의 초기에 교사가 루브릭에 대하여 소개를 하면 학생들과 학부모들은 교사의 기대를 정확하게 이해하게 되고 성취의 가장 높은 수준을 이루기 위해 어떻게 해야 하는지를 계획할 수 있다. 학부모들은 단원의 목표, 과제들, 그리고 학습 단원에서 가장 우수한 작업의 표본인 평가 영역을 알고 있기 때문에 그 학습 과정에서 학생의 과제 수행의 도우미가 될 수 있다.

여섯째, 루브릭은 학교 내에서 교사들 간의 공동 연구를 촉진한다. 교사들은 루브릭 개발을 위해 함께 연구하며 작업을 할 수 있다. 특히 협동과 토의를 통하여 훌륭한 루브릭이 만들어질 수 있기 때문에 교사들 간의 밀접한 대화와 비평은 루브릭 제작에 있어서 필수적이다.

3. 루브릭의 종류

루브릭에는 현재 종합적 루브릭, 분석적 루브릭, 발달적 루브릭, 주제 루브릭 등 네 개의 루브릭이 사용되고 있다.

첫째, 종합적 루브릭(generic rubric)은 수행의 결과를 개발된 몇 개의 단계에 근거하여 판단하는 방법으로 학생의 수행 결과가 수준의 개념에 비추어 점수화된다. 예를 들면 단계 1 또는 단계 3으로 개념화된다. 따라서 학생의 수행이 갖는 다양한 특징(예, 의사소통, 종합력, 글쓰기)은 개별적인 평가 준거로 개발되어 있는 것이 아니라 단계라는 준거 속에서 종합적으로 설명되어 있다. 종합적 루브릭의 한 예는 다음 표와 같다. 학생의 말하기 발표 능력을 5단계로 평가한 루브릭으로 각 단계마다 학생의 말하기 발표가 어떤 특징(증거)을 갖추어야 하는지를 자세하게 설명하고 있다.

학생의 말하기 발표 능력을 5단계로 평가한 종합적 루브릭

5 **매우 훌륭함**	학생은 연구 문제를 설명하고 그것의 중요성에 대한 중요한 이유를 설명한다. 결론이 어떻게 해서 도출되었는지에 대한 구체적인 정보가 제공되어 있다. 말의 전달은 매우 진실하고 문장 구조는 정확하고 논리적이다. 발표 중 계속하여 청중과의 시선을 유지한다. 주제에 대한 준비, 조직, 몰입에 관한 모든 증거가 포함되어 있다. 더 효과적으로 전달하기 위하여 시청각 자료가 이용된다. 청중이 질문하는 경우 자세하고 적절한 정보를 가지고 명료하게 대답한다.
4 **아주 잘함**	학생은 공부한 문제에 대해 설명하고 그 중요성에 대한 이유를 설명한다. 결론이 어떻게 해서 도출되었는지에 대한 하나의 적절한 정보가 제시되어 있다. 말투와 문장 구조는 대체적으로 정확하다. 그 주제에 대한 준비와 조직, 열정의 증거가 있다. 시청각 자료가 사용된다. 청중의 질문에 명확히 대답한다.
3 **잘함**	학생은 공부한 문제를 설명하고 결론을 진술하지만 뒷받침하는 정보가 4나 5 수준만큼 강하지는 못하다. 말투나 문장 구조는 대체적으로 정확하다. 준비와 조직을 한 징후가 약간 보인다. 청중의 질문에 대답한다.
2 **보통임**	학생은 연구 문제에 대해 진술하지만 그것을 완전히 설명하지는 못한다. 연구 문제에 대한 결론을 제시하지 못한다. 말투와 문장 구조는 이해할 만하지만 약간의 실수가 있다. 준비와 조직의 증거도 부족하다. 시청각 자료는 사용되기도 하고 사용되지 않기도 한다. 청중의 질문에 만족스럽지 못하게 답변한다.
1 **못함**	학생은 연구 문제가 무엇인지 그리고 그것이 왜 중요한지에 대한 진술 없이 발표를 한다. 주제는 불분명하고 적당한 결론이 제시되어 있지도 않다. 말투는 따라가기 어렵다. 준비나 조직을 준비한 징후가 없다. 청중의 질문에 기본적으로 답하거나 아예 답하지 못한다.
0 **수행을 안 함**	발표를 하지 않았다.

둘째, 분석적 루브릭은 학생의 수행이 갖추어야 하는 성취 준거에 비추어 학생의 수행 결과를 수준별로 평가하는 방법이다. 따라서 몇 개의 평가 영역이 항목으로 제시되고 항목에서 학생의 수행이 어떠한 수준인지가 결정된다. 분석적 루브릭의 예는 다음과 같다. 학생의 과학적 연구 능력을 평가하기 위해 평가 영역으로 크게 네 가지 영역(실험 설계, 자료 수집, 과학적 결과, 발표)을 도출하였고 각 영역에

서 학생의 수행이 가질 수 있는 수준을 네 단계로 규명하여 각 단계의 수준이 가져야 하는 특징을 서술하였다.

학생의 과학적 연구 능력을 평가하기 위한 분석적 루브릭

실험 설계	과학적 결과
4. 설계는 학생이 그 문제를 분석하고 독립적으로 디자인하여 하나의 사려 깊은 실험을 실행하였다는 것을 보여 준다. 3. 설계는 학생이 명백한 변수를 제어하는 실험을 실행함으로써 과학적 진행에 대한 기초적인 생각을 숙지한 것을 보여 준다. 2. 설계는 학생이 과학적인 과정에 관한 기초적인 생각을 발전시켰지만 명백한 변수를 제어하는 데 있어서 약간의 도움을 필요로 한다는 것을 보여 준다. 1. 설계는 선생님이 추가적인 도움을 제공하였을 때만이 실험을 수행하게 될 수 있음을 보여 준다.	4. 팸플릿은 문제를 어떻게 해결하였는지를 명백하게 설명하고 있다. 다른 자료와 실험에서 도출된 정보가 설명하는 데 사용되고 있다. 3. 팸플릿은 학생들이 결과를 이해하고 있으며 그 결과를 어떻게 설명할 것인지를 알고 있음을 잘 보여 주고 있다. 2. 팸플릿에는 실험의 결과가 잘 나타나 있다. 그러나 도달된 결론은 불완전하였거나 질문이 제기된 후에 제시되었다. 1. 팸플릿에는 실험의 결과가 잘 나타나 있다. 그러나 도출된 결과는 설득력이 없고, 완벽하지 않으며, 논리적이지 못하다.
자료 수집	**발표**
4. 자료는 실험의 결과가 어떻게 나타났는지를 잘 이해할 수 있을 정도로 순서정연하게 수집되고 기록되어 있다. 3. 자료는 실험의 결과가 어떻게 나타났는지를 이해할 수 있게 기록되어 있다. 2. 자료는 정돈되지 않은 채로 기록되어 있거나 선생님이 도움을 준 후에 올바른 순서로 기록된다. 1. 자료는 불완전하게 기록되어 있어서 선생님의 도움이 상당한 수준으로 제공된 후에 올바른 방식으로 기록된다.	4. 발표는 연구로부터 도출된 명료한 답(관점)을 제시하였고 청중을 발표에 주의 집중시킬 수 있도록 몸 동작과 목소리 그리고 눈맞춤이 효과적으로 사용된다. 3. 발표가 성인의 도움에 의해 준비되지만 실험의 결과가 사용된다. 발표는 논리적이고, 의미를 명료하게 하기 위하여 몸 동작, 목소리와 눈맞춤이 사용된다. 2. 발표가 성인이 적극적인 조언을 제공한 후에 이루어진다. 몸 동작과 목소리, 눈맞춤이 어느 정도 제공된다. 1. 발표가 성인의 적극적인 조언을 통해서만 가능하다.

셋째, 발달적 루브릭(developmental rubric)은 학생의 수행 수준을 발달적 관점에서 평가한다. 학생의 수행을 학교의 교과 목표나 교육 내용의 숙달 수준 또는 학년에 비추어 단계를 구분하여 평가하는 것이 아니라 어떤 수행이 가지고 있는 고유한 발달의 단계에 기초하여(예, 초보적인 수준에서 전문적인 고등 단계) 평가하는

것이 특징이다. Piaget의 인지 발달 단계 이론처럼 학생의 수행이 어떻게 발달적으로 변화하고, 발전하는지를 질적으로 규명하여 학생의 수행이 그러한 몇 개의 단계 중에서 어떤 단계에 해당하는지를 평가한다. 따라서 학생의 수행을 발달적 관점에서 이해하는 데 도움이 되는 루브릭이다. 가장 대표적인 예로 어린아이가 태어나서 언어를 효과적으로 사용하는 수준까지 어떠한 단계를 밟게 되는지를 규명한 언어 능력 루브릭이 있다. 다음은 발달적 루브릭의 한 가지 예이다.

언어 능력 발달적 루브릭

수준	의미를 전달하기 위하여 그림, 상징, 문자, 단어, 문장을 사용할 수 있다.
1	• 완전한 문장을 사용하여 혼자 힘으로 글을 만들어 낼 수 있다. 그러나 문장의 여러 부분에서만 대문자, 마침표, 물음표에 대한 사용이 확실하다. • 실제 상황 또는 상상적인 사건을 연대기 순으로 배열할 수 있다. • 이야기의 시작, 등장인물, 하나 혹은 그 이상의 사건을 만들어 냄으로써 이야기 구조의 기본적인 요소에 대한 이해를 보여 주는 이야기들을 쓸 수 있다. • 단순하고, 시간 순서로 이루어지지 않은 글을 만들어 낼 수 있다.
2	• 완전한 문장을 사용하여 혼자 힘으로 글을 만들어 낼 수 있다. 그러나 문장의 대부분에서 대문자, 마침표, 물음표에 대한 사용이 확실하다. • '그리고', '그래서'라는 접속사를 폭넓게 사용하기 시작함으로써 시간 순서로 이루어지는 글을 쓸 수 있다. • 단순한 사건이나 정해진 결말 그 이상의 상세한 것을 담고 있는 더 복잡한 이야기를 쓸 수 있다. • 수업시간에 다른 아이들과 선생님과 상의해서 자신의 글을 수정하고 다시 쓰는 것을 시작한다. 이때 올바른 시제와 대명사를 사용하였는지를 주의깊게 검토하고 문장이 갖는 의미와 명료함이 잘 드러나 있는지 신중하게 주의를 기울인다.
3	• 올바른 형태를 갖춘(제목, 단락, 시제 등) 방식으로 주제를 드러내고자 하는 시도가 보인 글을 쓸 수 있다. 이 글에는 구두점이 거의 정확하고 독자가 명료하게 의미를 이해할 수 있도록 증거가 충분하게 제시되어 있다. • 도입, 배경, 인물, 사건의 연속, 결말을 가진 이야기를 쓴다. • 시간 순이 아닌 글을 논리적으로 쓴다. • 종속절과 같이 일반적인 형식이 아닌 문장 구조를 사용하기 시작한다. • 자신의 글쓰기를 혼자 힘으로 수정하고자 애쓰고, 그러한 시도를 통하여 일어난 변화를 이야기하고자 한다.

(계속)

수준	의미를 전달하기 위하여 그림, 상징, 문자, 단어, 문장을 사용할 수 있다.
4	• 다양한 형식(노트, 편지, 지시문, 이야기, 시)과 다양한 목적(계획하기, 알려 주기, 설명하기, 즐거움을 위해, 감정과 태도를 표현하기 위해)을 가지고 글을 쓴다. • 단순한 주제를 논리적인 형태(예를 들면, 레이아웃, 첫머리, 단락)로 제시하고자 하는 시도가 성공적으로 나타나 있는 글을 쓴다. 구두점이 거의 정확하게 사용되고 있으며 쉼표의 사용이 효과적으로 이루어지고 있다. • 표준말로 글을 쓰며(비표준 형식이 적절한 문맥을 제외한) 반복을 줄이는 구조를 사용함으로써 말하기와 글쓰기의 차이점이 명백하게 드러나 있다. • 종이 위에 자신의 아이디어를 기록하여 모아두고 그것들에 기초하여 초벌 글쓰기를 시도하며 필요한 경우 다시 쓰고 재구성할 수 있는 능력을 보여 준다.
5	• 여러 가지 목적을 가지고 있는 청중에게 다양한 방식으로 다양한 목적을 가지고 글을 쓴다. • 강조를 위해 단어 순서를 바꾸거나 단어나 문장을 고의로 반복하는 방법을 통하여 문학적인 스타일이 보이는 글을 쓴다.
6	• 제1차적인 생활 경험을 근거로 하여 쓰인 글 그 이상 수준의 주제를 다룰 수 있는 매우 구조화된 글을 쓴다. • 자신 있게 주제와 청중의 수준을 고려하여 문법, 어휘의 선택을 폭넓게 사용한다. • 첫 번째 초안의 글이 계속 수정될 수 있다는 사실을 인식하고 있다. 문장 구조나 글쓰기 형식을 변경하는 방법을 인식하고 있다.
7	• 확실한 목적과 청중을 고려하여 다양한 형식으로 적절한 양으로 글을 쓸 수 있다. • 복잡한 주제를 명료하게 그리고 효과적으로 쓴다. 연속된 단락 사이의 관계가 효과적으로 연결되어 있는 잘 구조화된 글을 쓴다. • 문법적인 구조와 어휘의 다양함을 보이고 있다. 선택된 문체가 글 전체적으로 유지되고 있다. • 자기 자신만의 문제를 드러냄으로써 눈에 띄는 효과를 이룬다.

넷째, 주제 루브릭(task rubric)은 현재 우리나라의 학교에서 많이 사용하고 있는 루브릭으로 교과의 단원이나 교과 내용에 기초하여 루브릭을 만드는 방법이다. 특별한 어떤 교과 내용이나 주제에 대하여 학생이 어떻게 이해하였는지를 평가하기 위하여 만들어지는 루브릭으로 앞에서 설명한 루브릭들에 비하여 가장 구체적인 루브릭이라고 할 수 있다. 교과서나 교재의 한 단원이 끝나고 나면 단원에 대한 평가 방법으로 사용할 수 있는 루브릭으로 교실의 교사에게 가장 효과적으로 수용되고 있는 루브릭이다.

면담에 대한 주제 루브릭

학습 목표: 면담할 사람을 정해 면담을 해 보고 면담이 필요한 경우에 대하여 알 수 있다.		
평가기준	5	면담 주제에 맞게 계획을 세워 면담을 진행하며 면담으로 정보를 찾았을 때의 장점과 단점을 정확하게 알고 있다.
	4	면담 주제에 맞게 계획을 세워 진행하며 면담 과정이 다소 서투르나 면담의 장점과 단점을 알고 있다.
	3	면담을 진행하나 계획성이 다소 부족하고 면담으로 정보를 찾았을 때의 장점과 단점을 대강 알고 있다.
	2	면담이 제대로 진행하지 못하고 면담으로 정보를 찾았을 때의 장점과 단점에 대해 잘 알지 못한다.
	1	면담 과정과 면담으로 정보를 찾았을 때의 장점과 단점을 알지 못한다.

4. 루브릭의 설계 방법

여기에서는 구체적인 루브릭의 설계 방법을 알아본다. 루브릭의 구성요소를 살펴봄으로써 루브릭 설계 방법을 알아보고, 마틴의 루브릭 설계 과정을 통해 실제적인 루브릭 개발 과정을 살펴볼 것이다.

1) 루브릭의 구성요소

루브릭은 4개의 기본적인 요소로 구성되어 있다. 루브릭을 만드는 요소와 방법은 굉장히 다양하나, 기본 형태는 같다. 가장 간단한 형태의 루브릭은 과제 서술(연구과제), 성취의 단계(성취의 수준, 가능하면 등급의 형태), 과제의 영역(기능의 분류, 과제에 관련된 지식), 그리고 각 활동 단계의 구성에 대한 설명(구체적인 피드백) 등을 다음 표에 보이는 것처럼 나타낸다.

루브릭의 기본 형태

제목(Title)

과제 서술(Task Description)

	Scale level 1	Scale level 2	Scale level 3
Dimension 1			
Dimension 2			
Dimension 3			
Dimension 4			

(1) 과제 서술

과제 서술은 기본적으로 가르치는 사람에 의해 만들어지는 것이며 학생들이 해야 할 몇 가지 종류의 수행을 포함한다. 과제는 특별한 연구 과제(논설, 포스터, 발표)의 형태로 주어지며 교실에서 기대되는 행동, 적절한 실험 계획안의 사용, 참여와 같은 전체적인 행동 등을 포함한다.

과제 서술

우리 시의 변화하는 공동체

각각의 학생은 과거 30년에 걸쳐 Portland 공동체의 변화에 대한 5분짜리 발표를 해야 한다. 학생은 자신이 바라는 방법에 따라 발표안을 만들어야 한다. 그러나 여기에는 몇 가지 이론들이 있어야 한다. 발표는 청중을 위해 적절한 사진, 지도, 그래프 그리고 다른 시각적 보조물을 포함해야 한다.

	Scale level 1	Scale level 2	Scale level 3
Dimension 1			
Dimension 2			
Dimension 3			
Dimension 4			

(2) 성취 단계 — 수준(scale)

성취 단계는 주어진 과제들을 얼마나 잘 해결하였는지를 몇 가지 수준으로 구분하는 것이다. 수행의 수준을 기술하기 위해 사용되는 용어들은 재치 있는 표현이어야 한다. 일반적인 루브릭에서는 '숙달한', '부분적으로 숙달한', '발전하고 있는'과 같은 단어들로 더 긍정적이고 활동적이며 수준 중에 가장 낮은 수준을 받은 학생들에게 다음에 발전할 수 있다는 잠재적인 가능성을 심어 줄 수 있는 동사로 된 표현들이다. 몇몇 교사들은 '높은 수준', '중간 수준', '초기 수준'과 같은 판단적이지 않고 경쟁을 유발하지 않는 말을 사용하기를 더 좋아하고 반면 또 다른 교사들은 숫자, 심지어 등급을 나타내는 말을 사용하기를 좋아한다. 다음은 Huba와 Freed(2000)가 수집한 수준들의 명칭이다.

- 정교한, 유능한, 부분적으로 유능한, 아직 유능하지 않은(NSF Siythesis Engineering Education Coalition, 1997)
- 훌륭한, 능숙한, 낮은, 받아들이기 어려운(American Council of Teachers of Foreign Languages, 1986: 278)
- 진보한, 중간보다 높은, 중간의, 초심자(Gotcher, 1997)
- 특출한, 숙달된, 중간의, 초심자(College of Education, 1997)(Huba & Freed, 2000: 180)

성취 단계

우리 시의 변화하는 공동체

각각의 학생은 과거 30년에 걸쳐 Portland 공동체의 변화에 대한 5분짜리 발표를 해야 한다. 학생은 자신이 바라는 방법에 따라 발표안을 만들어야 한다. 그러나 여기에는 몇 가지 이론들이 있어야 한다. 발표는 청중을 위해 적절한 사진, 지도, 그래프 그리고 다른 시각적 보조물을 포함해야 한다.

	발전하고 있는	부분적으로 숙달한	숙달한
Dimension 1			
Dimension 2			
Dimension 3			
Dimension 4			

(3) 과제 영역(dimension)

영역은 과제가 어떤 구성요소로 세분화될 수 있는지를 명확하게 할 수 있다. 구성요소들이 얼마나 비중이 있는지, 비록 크기의 비중을 다르게 할 필요가 없을지라도 과제의 각각의 면의 상대적 중요성이나 강조점 등을 고려해서 포인트나 백분율을 덧붙여야 한다. 또한 영역은 학생들이 성공적인 작업을 하는 데 결합해야 하는 기술의 유형으로 표현해야 한다. 그러나 영역에 수행의 질을 표현하는 말을 넣을 필요는 없다. 학생들의 작업의 질에 대한 표현은 크기의 서술 부분에서 다룰 것이다.

과제 영역

우리 시의 변화하는 공동체

각각의 학생은 과거 30년에 걸쳐 Portland 공동체의 변화에 대한 5분짜리 발표를 해야 한다. 학생은 자신이 바라는 방법에 따라 발표안을 만들어야 한다. 그러나 여기에는 몇 가지 이론들이 있어야 한다. 발표는 청중을 위해 적절한 사진, 지도, 그래프 그리고 다른 시각적 보조물을 포함해야 한다.

	발전하고 있는	부분적으로 숙달한	숙달한
지식/이해 20%/20점			
사고/탐구 30%/30점			
시각적 보조물 사용 20%/20점			
발표 기술 10%/10점			

(4) 지적 수준의 서술

영역은 과제의 모든 범주를 포함한다. 루브릭은 그 해당 영역에서 가장 높은 수준의 수행의 특징을 나타내는 기술들을 포함하고 있어야 하는데 이러한 루브릭을 점수 안내 루브릭이라 부른다.

이를 바탕으로 다양한 수준에 따른 루브릭을 창안할 수 있다.

점수 가이드 루브릭: 가장 높은 수준의 수행에서 영역의 기술

영역(dimension)	평가 준거(criteria)
지식/이해 20%/20점	발표는 학생들의 이론을 뒷받침하기 위해 적절하고 정확한 사실을 사용함으로써 역사적 이해의 깊이를 말한다. 연구는 수업 또는 제공된 테스트에서 표현된 것을 뛰어넘는 것으로 충분하다는 것을 보여 준다.
사고/탐구 30%/30점	발표는 이론을 중심으로 전개하고 있으며 그 이론은 역사편찬의 또는 사회적 이슈에 대한 발전적 이해와 높은 수준의 개념에 대한 이해 능력을 보여 준다.
의사소통 20%/20점	발표는 청중에게 아이디어를 전달하는 데 효과적이다.
시각적 보조물 사용 20%/20점	발표는 적절하고 쉬운 이해를 돕기 위해 시각적인 보조물을 사용한다. 그리고 발표자는 발표에서 적절한 시간에 이들을 사용하여 설명한다.
발표 기술 10%/10점	발표자는 청중의 이해를 돕기 위해 청중과 눈을 마주치고 생기 있는 목소리와 제스처 그리고 신체 언어를 사용하고 모든 청중이 들을 수 있게 충분히 명확하고 큰 소리로 말을 한다.

2) 마틴의 루브릭 개발 과정

루브릭을 개발하는 과정을 이해하기 위해서 마틴 교사가 실행한 방법을 소개하고자 한다. 마틴 교사는 단원 주제로 '포유류'를 선택하였고 통합적인 교과 접근을 통하여 수학, 읽기, 쓰기를 통합시켰다. 이에 마틴은 이 계획의 첫 단계로 이 단원의 학습에서 중요한 목표들을 결정하고 그런 다음 각 목표에 가장 적당한 학생들의 행동이 무엇인지를 정하였다. 마틴은 스스로에게 다음과 같은 질문을 하기 시작하였다. "내가 이 단원을 끝냈을 때 내 학생들이 도달하기를 원하는 목표가 무엇인가?"

(1) 단원 학습의 계획

마틴은 목표에 근거하여 단원 계획 지도를 만들었다.

이 지도는 마틴이 이 단원의 주요한 목표에 맞는 그의 아이디어들을 조직하는 데 도움을 주었다. 지도는 포유류에 대한 몇 가지 특징적인 정보(포유류의 특이성, 포유류와 다른 동물의 비슷한 점과 차이점, 포유류의 다양성) 등을 가르칠 필요가 있다는 것을 보여 주며, 학생들이 학습일지에 매일 그들이 배웠던 것을 기록하게

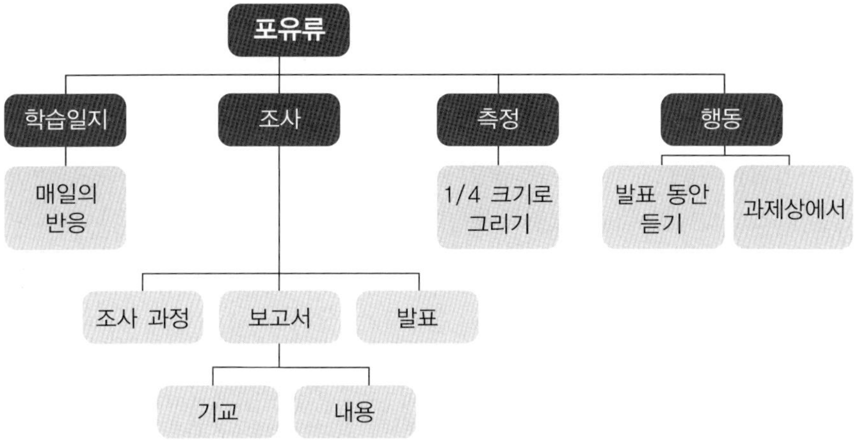

[그림 5-1] 단원 지도

하고자 한다. 또한 학생들은 조사 보고서에는 선택한 포유류를 조사하며 조사에 대한 절차 또한 제출한다. 그 조사 기간 동안, 마틴은 학생들이 다양한 자원을 사용하여 포유류에 대한 정확하고 적당한 정보를 찾아 조사 결과물을 써서 제출하거나 발표하기를 원하였다. 이에 마틴은 조사 결과물은 완성도 높고, 잘 쓰이고, 정확한 기교가 사용되어 있기를 기대하였다. 이 과학 단원을 수학과와 통합하기 위해, 마틴은 학생들이 자신들이 선택한 포유류를 4분의 1 크기로 그려서 묘사하게 하기로 결정하였다. 마지막으로 학생들의 수업 참여도와 함께 그들의 조사를 완성하고 발표를 듣는 행동을 평가하고자 하였다.

마틴은 단원을 모두 학습하기 위해서는 대략 4주 정도 걸릴 것이라 생각하였다. 그는 첫 5일은 포유류에 대한 중요한 과학적 지식을 이해하는 데 사용하기로 결정하였다. 그는 이 지식을 가르치기 위해, 과학책과 이러한 내용이 들어 있는 책을 사용하였다. 첫 주 동안에 학생들은 그들이 이해하였던 것을 설명하는 학습일지를 완성해야 하였다. 마틴은 조사 프로젝트를 설명하는 가장 좋은 방법은 그가 학생들과 함께 조사 프로젝트를 완성하는 것이라 결정하였다. 그는 대략 다음 7일에서 8일 동안에는 포유류 조사 과정에 대해 과학 수업의 초기에 짧은 강의를 하였다. 그는 모든 보고서에는 각 포유류의 모습, 크기, 습관, 음식, 독특한 특징 등의 특별한 정보가 포함되기를 원하였다. 마틴은 최종 결과물(수행물)의 참조물 위치, 노트하는 것과 노트의 조직, 그리고 주석을 사용하는 것의 모형을 만들었다. 매일 조사 과정에 대한 짧은 강의가 있은 후, 참조물을 찾고 노트하고 보고서를 작성하였다. 그 보고서들이 거의 완성되어 감에 따라, 마틴은 4분의 1 크기로 그리는 것에 대한 짧은 강의를 계획하였다. 그는 학생들이 작품을 완성하는 데 하루 또는 이틀 정도의 시일이 걸릴 것이라 생각하였다. 그는 학생들이 그들의 발표를 위한 보고서들을 단순하게 읽는 것을 원하지 않았다. 그는 또한 학생들이 구두 보고서를 통해 그들을 안내할 색인카드를 사용하는 방법을 이해할 수 있도록 수업 초기의 짧은 강의를 준비하였다. 그 단원 학습의 마지막 주 동안, 5명의 학생들은 매일 구두 발표를 하였고 그들의 포유류에 대한 질문에 대한 답을 하였다.

이로 인해 마틴은 그의 역할, 기대, 그리고 학생들이 이 과학 단원에 대한 학습을 하는 동안 시도하는 행동들을 알게 되었다. 다음 표에 있는 목표들을 생각해 보자.

목표와 목표 개체

목표	목표 개체
학습일지에 정보 기록하기	1. 학습자는 학습일지에 정확하고 완벽한 정보를 기록할 것이다.
조사 프로젝트 완성하기	1. 학습자는 다양한 자원들을 사용할 것이다. 2. 학습자는 적당한 노트를 할 것이다. 3. 학습자가 쓴 보고서는 충분한 정보를 담고 있고 도식도 잘 되어 있을 것이다. 4. 보고서는 정확한 대문자 쓰기를 하고 철자도 정확할 것이다. 5. 그 발표는 충분하고 영양가 있는 정보를 청중에게 줄 것이다. 6. 그 발표는 듣기에 좋을 것이다.
1/4 크기로 묘사하기	1. 학습자는 그들이 선택한 포유류를 정확하게 1/4 크기로 그릴 것이다.
그 단원 전체에서 적당한 행동 보여 주기	1. 학습자는 교수 · 학습 동안 주의깊게 들을 것이다.

(2) 수행 수준 단계의 설정

두 번째 과정은 수행 수준의 단계를 설정하는 것이다. 학습할 목표가 정해지고 나면 학생들의 학습 과정, 결과, 행동을 평가하기 위한 기준의 세트, 즉 루브릭을 개발해야 한다. 루브릭이 각 학습 목표에 따른 숙련 단계가 다양화됨으로써 구별되기 때문에 각 목표에 대해 교사인 마틴이 원하는 숙련 단계를 어느 정도 할 것인지를 결정하였다. 다시 말해, 각 목표에 맞게 학생들의 수행을 평가하기 위해 어느 정도의 점수들이 적당한지를 결정하는 것이다. 그러나 이러한 논의를 하기 전에 먼저 생각해야 하는 것이 우리가 각 숙련 단계에 숫자를 배정할 필요성이 있는가 하는 것이다. 숫자들은 이 논의에서 '사람들이 보다 쉽게 숙련 단계를 이해할 수 있게 만든 것이다'라는 것을 규정해야 한다. 숫자들이 루브릭에 사용될 때 더 높은 숫자는 더 나은 수행을 의미하도록 한다. 숙련 단계의 적당한 숫자는 교사에게 달려 있고 학생들 사이에서 있을 수준의 단계의 폭을 어느 정도 할 것인가도 교사의 몫이다. 마틴은 3점 크기는 기대되는 수행 단계들 사이에서 충분한 구별 역할을 하지 못할 것이라고 생각하였다. 또한 그의 학생들의 작품 중 많은 것들이 2점에 해당되는 것은 아주 쉬운 일이라고 생각한다. 즉 전문가 수준도 아니고 아주 불만족도 아닌 작품이 그에 해당한다. 그는 더 분별하기 쉬운 루브릭을 선호하였기 때문에, 학생들의 작품을 묘사(기술)하기 위해 4단계의 수준을 선택한다. 그리고 시도하지 않은 작품에 대해서는 0이란 점수를 부여한다. 이러한 방법에서 마틴은 우수한, 좋은, 받아들일 수 있는, 부적합한, 수행하지 않은 것으로 구별할 수 있다.

(3) 지적 수준의 서술

다음 단계에서는 각 단계에 맞는 수준을 서술한다. 이 단계는 루브릭 개발과 연계된다. 마틴은 각 목표에 대해 학생들의 작품들 사이에서 찾을 수 있는 것을 예상하는 4단계의 수준을 설정하였다. 그가 개발한 첫 루브릭은 매일 학생들의 학습일지에 적은 학생들의 기록과 관련되어 있다. 학생들의 평가에 사용하기 위한 각 단계를 위한 규준을 기술하였다. 4라는 점수는 아주 우수한, 3은 좋은, 2는 받아들일 수 있는, 1은 부적절한 작품으로 결정하였다. 마틴은 다음 표에서 보이는 것처럼 루브릭에서 학습일지 기록에 따른 각 단계를 구분하였다.

학습일지를 위한 루브릭

목표: 학습일지에 정보 기록하기
목표 개체: 학습자는 학습일지에 정확하고 완벽한 정보를 기록할 것이다.

4	5개의 배움일지에 있는 정보는 완벽하고 정확하였다. 그 문장에서 잘못 이해한 부분을 찾지 못하였다.
3	4개의 배움일지가 완벽하였고, 정확하였다. 내용에서 잘못 이해한 충분한 근거가 없었다.
2	3개의 배움일지에 있는 정보는 완벽하고 정확하였다. 또는 기록사항의 정보는 중요한 점을 이해하는지를 잘 보여 주었지만 세부적인 면이 부족하였다.
1	정보가 불충분하였거나 문장에서 잘못 이해한 것이 충분히 보였다.
0	일지에 어떠한 정보도 기록되지 않았다.

마틴은 남은 목표들에 대해서도 이러한 절차를 사용하여 루브릭을 작성한다. 그는 루브릭을 서술하고 다시 수정하면서 조사 프로젝트의 의도를 잘 반영할 수 있었고 학생들에게도 그의 목표를 더욱 명확히 제시할 수 있었다. 예를 들어, 그는 각 아이들이 그림을 얼마나 잘 그리는지에 의해 포유류에 대한 그림을 평가하고 싶지는 않았다. 대신, 그는 4분의 1의 크기를 계산하는 각 아이들의 능력을 평가하기를 원하였다. 따라서 그가 개발한 규준은 오직 수학적인 문제만을 다루었지, 미술적인 자질을 생각한 것은 아니었다. 포유류 그림에 대한 마틴의 루브릭은 다음 표에서 볼 수 있다.

포유류 그림을 위한 루브릭

목표: 1/4의 크기로 그림 그리기
하위목표: 학습자는 그들이 선택한 포유류를 정확하게 1/4 크기로 그릴 것이다.

4	그린 것은 정확하게 1/4로 줄였다. 이 학생은 축소하기 위한 계산에 수학을 사용하였다.
3	그린 것은 거의 1/4의 크기로 축소시켰다. 이 학생은 축소하기 위한 계산에 정확하게 수학을 사용하였다.
2	그린 것은 축소는 시켰으나 거의 1/4의 크기는 아니었다. 이 학생은 축소하기 위한 계산에 정확하게 수학을 사용하였다.
1	이 학생은 그림을 그렸으나 부적절하게 수학을 사용하였거나 축소를 위해 수학을 사용하는 것을 시도하지 않았다.

마틴은 루브릭에서 목표를 제일 위에 놓고 점수는 왼쪽에 놓았다. 마틴이 학생들의 행동을 어떤 단계로 구분하였는지는 다음 표에 나타나 있다.

행동 루브릭

목표: 포유류 과학 단원을 통해서 적당한 행동을 보이기			
목표 개체	**학습자는 주의깊게 수업을 경청할 것이다.**	**학습자는 조사 프로젝트 전체에 걸쳐 과제를 남길 것이다.**	**학습자는 발표를 주의깊게 들을 것이다.**
4	학생은 학습 전반에 걸쳐 주의 집중을 하였다.	학생은 조사 프로젝트 전반에 걸쳐 과제를 남겼다.	학생은 발표 내내 주의를 기울였다.
3	학생은 주의 집중을 하였으나 그 학습 중 몇 번 주의를 딴 데로 돌렸다. 학생은 교사의 주의 없이 학습으로 돌아왔다.	학생은 조사 프로젝트 대부분의 시간에 과제를 남겼으나 몇 번은 작업에서 벗어났다. 학생은 교사의 주의 없이 작업으로 돌아왔다.	학생은 주의는 기울였으나 발표 전반에 걸쳐 몇 번 놓친 적이 있다. 학생은 교사의 주의 없이 발표로 돌아왔다.
2	학생은 보통 주의를 기울이지만 학습에 참여하기 위해 가끔 주의가 필요하였다.	학생은 조사 프로젝트 대부분의 시간에 걸쳐 과제를 남겼으나 작업에 참여하기 위해 가끔 주의가 필요하였다.	학생은 보통 주의를 집중하나 발표에 참여하기 위해 가끔 주의가 필요하였다.
1	학생은 주의를 기울이지 않았으며 학습에 참여하기 위해 규칙적인 교사의 지시가 필요하였다.	학생은 과제를 어렵게 남겼다. 그리고 작업으로 돌아오기 위해 교사의 규칙적인 지시가 있었다.	학생은 주의를 기울이지 않았으며 발표에 참여하기 위해 교사의 계속적인 지시가 있었다.

각 학생들의 학습 수준을 구별하기 위해서 기준을 우수한, 좋은, 받아들일 수 있는, 부적절한 수행으로 지정한다. 조사 프로젝트에 대한 마틴의 루브릭은 다음 표에서 볼 수 있다.

조사 프로젝트 루브릭

목표: 조사 프로젝트 완성하기

목표 개체	**학습자는 다양한 자원들을 사용할 것이다.**	**학습자는 정확한 노트를 할 것이다.**	**보고서는 잘 조직되어 있을 것이고 충분한 정보를 가지고 있을 것이다.**	**보고서는 정확한 대소문자, 어법, 구두법, 철자를 사용할 것이다.**	**발표는 충분하고 적절한 정보를 청중에게 제공할 것이다.**	**발표는 듣기 쉬울 것이다.**
4	정보는 4가지 또는 더 이상의 자원에서 가져왔다.	모든 범주(외형, 재현/결과, 습관, 먹이 그리고 독특한 특성)에서 명확하게 노트하고 있다.	보고서는 잘 조직되었고 완전하고도 정확한 정보를 포함하고 있다.	보고서에서 정확한 대소문자, 구두점, 어법, 철자를 전체적으로 사용하고 있다.	발표는 잘 조직되었고 완전하고도 정확한 정보를 가지고 있다. 학생은 그/그녀의 보고서를 읽지 않았다.	발표 내내 교실 뒤까지 들렸다.
3	정보는 3가지 자원에서 가져왔다.	대부분의 세부함은 그 증거를 찾을 수 있지만 모든 범주에서는 아니다.	보고서는 잘 조직되어 있다. 많은 세부함이 발견되지만 몇 가지 중요한 정보를 하나 또는 두 개의 범주에서 놓치고 있다.	몇 가지 잘못이 드러나지만 그 잘못은 독자의 이해에 방해를 주지 않았다.	그 발표는 잘 조직되었지만 몇 가지 중요한 정보가 없었다. 학생은 그/그녀의 보고서를 읽지 않았다.	대부분의 발표는 교실 뒤에서도 듣기 쉬웠다.
2	정보는 2가지 자원에서 가져왔다.	노트는 모든 범주에서 나타나고 있지만 세부함은 부족하다.	보고서는 가끔 이해하기 어렵다. 중요한 정보를 3가지 또는 그 이상의 범주에서 놓치고 있다.	잘못된 흔적이 있고 그 잘못의 몇몇은 독자가 그 보고서를 이해하는데 어려움을 주었다.	발표는 이해하기 쉬웠다. 그러나 세부함이 부족하거나 학생은 그/그녀의 보고서를 읽었다.	몇 개의 발표는 교실 뒤에서도 듣기 쉬웠다.
1	정보는 1가지 자원에서 가져왔다.	거의 노트를 하지 않았다.	보고서는 이해하기 어려웠다. 중요한 정보를 모든 범주에서 놓치고 있다.	보고서 전체에서 독자들이 이해하기 어려운 많은 잘못이 발견되었다.	발표는 이해하기 어려웠고 불완전하였다. 중요한 정보를 놓치고 있다.	교실 뒤에서도 듣기 쉬운 발표는 거의 없다.
0	사용된 자원이 없다.	노트를 하지 않았다.	보고서를 쓰지 않았다.	보고서를 쓰지 않았다.	발표를 하지 않았다.	발표를 하지 않았다.

마틴이 루브릭을 개발하는 동안 그는 미처 생각하지 못하였던 몇 가지를 분명히 할 수 있었다. 예를 들어, 그는 학생들이 포유류에 대한 조사를 하면서 학생들이 사용하기를 바랐던 자원의 수에 대해 생각하지 못하였다. 그가 루브릭을 개발함에 따라, 그는 4가지 자원들은 우수한 수행을 나타내는 것이고, 좋은 수행은 3가지 자원 등으로 나타낼 수 있다고 생각하였다. 아울러, 그의 루브릭 초안은 그가 학생들이 그들의 보고서를 읽는 것 대신에 그들의 발표를 위해 필요한 발표물을 만들기를 원하였다는 것을 분명히 하지 않았다. 마틴은 루브릭을 개발하는 과정에서 평가 기준을 생각하는 것뿐만 아니라, 강의를 어떻게 해 가야 할 것인지에 대한 조언을 얻을 수 있다는 것을 깨달았다.

(4) 기준 작품의 선택

다음 단계는 기준 작품(anchor paper)을 선택하는 것이다. 평가 기준 작품은 루브릭에서 각 점수에 해당될 것이라 기대되는 학생들의 작업이나 수행의 모형이다.

(5) 루브릭의 수정 · 개정

마지막 단계는 루브릭을 개정하는 것이다. 마틴은 심혈을 다해 개발된 루브릭이라 할지라도 마틴이 미래에 만나게 될 학생들의 요구와 맞닥뜨리게 되는 그 해에는 그가 개발하였던 루브릭을 계속적으로 수정 · 보완해야 한다는 것을 알았다. 다시 말해서, 한번 루브릭을 개발하면 그것은 끊임없이 미래 학생들의 다양한 요구들과 다른 목표들과 상호작용하면서 더 좋게 수정되고 철저하게 적응하는 것이 필요하다는 것이다(Debbie Rickards and Earl Cheek Jr., 1999, pp.14-21).

이러한 마틴의 루브릭 개발 과정을 요약하면 다음과 같다. 포유류에 대한 과학 단원에 대한 루브릭을 개발하기 위해 첫째, 전체적인 단원 학습 계획을 세웠다. 그는 목표, 단원 설계, 유용한 자원, 시간 계획뿐만 아니라 교사와 학생의 행동까지 반영해야만 하였다. 그런 다음 그는 각 목표에 맞는 숙련 단계에 해당하는 수행 수준 단계를 설정하였다. 다음으로 가장 중요한 모든 목표들에 대해 각 단계에 해당하는 지적 수준을 서술하였다. 마지막으로, 기준 작품을 선택하였다. 마틴은 미래에 그의 루브릭에 대한 수정이나 개정이 요구된다는 것을 깨달았다.

5. 다양한 각 교과의 루브릭 모델

여기에서는 국어, 수학, 사회, 과학과에 등장하는 다양한 모델의 루브릭을 소개하고자 한다. 그리고 정보화 시대가 요구하는 전자 포트폴리오에 대하여 소개할 것이다.

1) 국어과 루브릭

국어과 루브릭에서는 국어과의 기본 구성 영역이라고 할 수 있는 말하기, 듣기와 읽기, 쓰기 영역을 중심으로 살펴본다.

(1) 구술 발표 루브릭

말하기 영역은 로체스터 시 학교 지역 '구술 발표 루브릭'을 통하여 살펴본다.

청중에 대한 인식			
뛰어남(4)	능숙함(3)	조금 능숙함(2)	미숙함(1)
청중들에게 보이는 자료와 발표 형태의 적합한 조화	청중들에게 보이는 자료와 발표 형태의 적합한 조화	청중들에게 보이는 자료와 발표 형태의 적합한 조화	청중들에게 보이는 자료와 발표 형태의 적합한 조화
정보(설명과 교수 포함) 청중의 주제에 대한 지식과 이해가 상당히 높아졌다.	**정보(설명과 교수 포함)** 청중의 대부분의 핵심에 대한 인식과 이해가 높아졌다.	**정보(설명과 교수 포함)** 청중이 몇 군데의 핵심에서 지시과 이해가 높아졌다.	**정보(설명과 교수 포함)** 청중에게 주제의 지식과 이해를 높이는 데 실패한다.
설득 청중의 관점에서 핵심의 타당성을 인정하도록 효율적으로 납득시킨다.	**설득** 관점의 핵심이 분명하지만 전개나 근거가 불충분하다.	**설득** 관점의 핵심이 분명한 것 같기도 하지만 전개와 근거가 부족하다.	**설득** 청중을 효율적으로 설득시키는 데 실패하였다.
즐거움 적절한 유머의 사용으로 주제와 관중의 흥미를 밀접하게 결합시키고 중요한 핵심을 만든다.	**즐거움** 유머의 사용이 적당히 성공적으로 이루어진다.	**즐거움** 유머 사용을 시도하지만 조리가 없고 불충분하다.	**즐거움** 유머의 사용이 없거나 부적당하다.

(계속)

자료의 효과, 조직			
뛰어남(4)	**능숙함(3)**	**조금 능숙함(2)**	**미숙함(1)**
〈내용〉	**〈내용〉**	**〈내용〉**	**〈내용〉**
초점 목적과 주제를 명확하게 정의한다; 정보와 논리가 조리 있다. (설득적인 말하기는 반대의 경우를 미리 대비하여 반례를 제공하는 것이다.)	**초점** 목적과 주제가 어느 정도 성공적으로 정의되어 있다; 정보와 논리가 대체로 조리 있다.	**초점** 목적과 주제를 정의하려고 시도한다; 정보와 논리가 모순된다.	**초점** 목적과 주제가 분명하게 정의되지 않았다; 뒤죽박죽되고 엉터리이다.
자료의 질 적절한 예, 사실과(혹은) 통계	**자료의 질** 몇몇의 예, 사실 그리고(혹은) 통계가 주제를 뒷받침한다.	**자료의 질** 주제를 충분히 뒷받침하지 못하는 자료로서 예, 사실 그리고(혹은) 통계가 부족하다.	**자료의 질** 예, 사실, 통계의 사용을 통한 주제의 뒷받침이 전혀 없거나 아주 약하다.
충분함 결론이나 아이디어가 자료와 증거물로 뒷받침된다.	**충분함** 결론과 생각들을 뒷받침하는 몇몇의 자료와 증거물이 있다.	**충분함** 결론이나 아이디어를 뒷받침하는 증거나 자료가 매우 빈약하다.	**충분함** 전체적으로 아이디어나 결론을 뒷받침하는 것이 불충분하다.
〈조직〉	**〈조직〉**	**〈조직〉**	**〈조직〉**
서론(도입) 서론에서 주제를 상세히 하고 청중들의 마음을 사로잡는 강한 목적 진술이 있다.	**서론(도입)** 서두의 진술에서 일반적인 발표 목적을 청중에게 알린다.	**서론(도입)** 주제의 서론에서 청중에게 발표의 목적을 인식시키는 데 실패하였다.	**서론(도입)** 서론의 진술이 없거나 청중을 혼란스럽게 하는 서론의 진술이 있다.
본론(핵심) 주제가 상세하게 드러나며 이를 위한 조사가 집중적으로 깊이 있다.	**본론(핵심)** 주제를 상세히 할 필요가 있고, 집중적이고 깊게 조사한다.	**본론(핵심)** 주제가 너무 광범위하고 조사가 부족하며 엉성하게 말한다.	**본론(핵심)** 주제가 일반적이거나 모호하고 체계가 없다.
결론(끝) 청중에게 주요 내용을 요약해서 알려 주고, 청중은 발표자의 설명을 잘 이해하고 나간다.	**결론(끝)** 결론이나 요약을 한층 더 세련되게 할 필요가 있다.	**결론(끝)** 주요 아이디어를 요약할 필요가 있거나 청중은 모호한 성격을 가지고 나간다.	**결론(끝)** 주요 아이디어가 불명확하고 청중은 새로운 아이디어를 얻지 못하고 나간다.

(계속)

발표			
뛰어남(4)	능숙함(3)	조금 능숙함(2)	미숙함(1)
자세/용모 긴장을 풀고 자신감을 가지며 청중이나 목적에 맞는 적절한 옷을 입는다.	**자세/용모** 작은 실수에서 재빠르게 대처한다. 적절한 옷을 입는다.	**자세/용모** 약간의 긴장이 있고 청중이나 목적에 맞지 않은 옷을 입으며 외관에 무관심하다.	**자세/용모** 지나치게 긴장을 하고(혹은) 청중이나 목적에 맞지 않은 옷을 입는다.
몸동작 자연스러운 움직임과 힘있는 표현, 분위기 조장 그리고 청중이 보이도록 돕는 설명하는 몸짓	**몸동작** 움직임과 몸짓이 대체적으로 발표를 강화시킨다.	**몸동작** 서투른 동작이나 불충분한 움직임이다.	**몸동작** 움직임이나 설명하는 몸짓이 전혀 없다.
시선 맞추기 부분마다 모든 청중들과 직접 시선을 맞춤으로써 주의를 집중시키고 신뢰를 준다.	**시선 맞추기** 청중과 직접 시선을 맞추는 것을 상당히 조화롭게 한다.	**시선 맞추기** 때때로 시선을 맞추지만 청중과 시선을 맞추는 것이 지속적이지 못하다.	**시선 맞추기** 청중과 시선을 맞추려는 노력을 하지 않는다.
목소리 소리 크기의 변화와 억양 변화가 청중의 흥미와 핵심을 강조하는 것을 유지하도록 도와준다.	**목소리** 크기와 억양의 변화가 충분하다.	**목소리** 소리가 아주 작거나 변화가 없는 불규칙한 크기이다.	**목소리** 소리가 작고 청중의 관심을 끌지 못하는 단조로운 톤이다.
속도 정해진 시간에 맞는 길이, 극적인 문장 사용, 적절히 쉬는 부분을 잘 택한다.	**속도** 발표 패턴이 대체적으로 성공적이다; 정해진 시간과 길이 사이에 약간의 부조화가 있다.	**속도** 일정하지 못하고 부적당한 발표 패턴과(혹은) 길이가 정해진 시간에 맞지 않다.	**속도** 발표가 갑자기 급속하게 이루어지거나 너무 느리게 혹은 길이가 정해진 시간에 맞지 않다.
	발표 보조물 말하는 데 약간의 명확성과 중요성이 더해진다.		**발표 보조물** 전혀 사용되지 않고 시도하지 않는다.

(2) 쓰기 루브릭

국어과 루브릭에서는 우선 현재 미국에서 가장 강조되고 있는 글쓰기 루브릭을 제시하였다. 현 교육과정이 강조하고 있는 수행평가와 포트폴리오 평가에 있어 학생들의 글쓰기는 가장 중요한 평가 대상이 된다는 점에서 필수적인 영역이라고 할 수 있다. 여기서는 사우스 브런즈윅(South Brunswick) 초등학교의 글쓰기 루브릭과 아홉 개의 수준으로 개발한 쓰기 루브릭을 제시하고자 한다. 사우스 브런즈윅의 글쓰기 루브릭은 문법이나 글의 규칙에 관한 루브릭이고 아홉 개 수준으로 개발한 루브릭은 글쓰기에서 궁극적으로 추구하는 목표와 관련한 루브릭이다. 아홉 개의 수준으로 루브릭을 만드는 것은 엄청난 노력의 결과물로 글쓰기 루브릭을 보다 심층적으로 이해하는 데 큰 도움을 줄 것이다.

사우스 브런즈윅 초등학교의 글쓰기 루브릭(3~6학년)

글쓰기 평가 영역	전문가 단계 5	성숙 단계 4	숙달 단계 3	발전 단계 2	초심자 단계 1
작가의 영향 작가의 독특한 관점을 글에 표현함으로써 독자의 관심을 유발시킬 수 있는 능력	• 글의 처음부터 끝까지가 독자의 관심을 끎 • 개인적인 목소리가 시종일관 빛남 • 아이디어가 독창적인 방법으로 표현되어 있어서 독자의 관심을 유발시킴	• 일반적으로 독자의 주의를 끎 • 가끔 저자의 개인적인 목소리가 드러남 • 몇 개의 아이디어가 독창적으로 표현됨	• 가끔 독자의 주의를 끎 • 가끔 개인적인 목소리가 나타남 • 아이디어가 평범한 방법으로 표현됨	• 독자의 주의를 포착하지 못함 • 개인적인 목소리가 거의 나타나지 않음 • 아이디어가 평범한 방식으로 표현됨	• 독자의 주의를 끌지 못함 • 개인적인 목소리가 드러나지 않음 • 아이디어가 평범한 방식으로 표현됨
충분한 설득력 작문의 목적에 맞게 적절한 정보와 자료를 사용할 수 있는 능력	• 목적이 명확하게 제시됨 • 시종일관 충분하고 적절한 정보, 그리고 구체적인 세부적인 지식이 제시되어 있음	• 목적이 명확하게 제시됨 • 대부분, 충분하고 적절한 정보, 그리고 구체적인 세부적인 지식이 제시되어 있음	• 목적이 명확하게 제시됨 • 대부분의 생각이 충분히 설명되어 있음 그러나 몇 개의 아이디어는 구체적인 정보가 필요함	• 목적이 명확하게 나타나 있기고 하고 그렇지 않기도 함 • 몇 개의 생각은 주제를 지지하나 더 많은 생각과 세부 정보가 필요함	• 목적이 명확하지 않음 • 대부분의 생각이 주제와 관련 없음

(계속)

글쓰기 평가 영역	전문가 단계 5	성숙 단계 4	숙달 단계 3	발전 단계 2	초심자 단계 1
조직 자신의 생각을 논리적인 순서로 표현할 줄 하는 능력. 하나의 생각은 앞에서 제시한 생각과 논리적으로 관련을 가지고 있어야 함.	• 시작, 중간, 그리고 끝부분이 매우 잘 발달되어 있음 • 단락이 잘 만들어져 있음 • 각각의 생각이 의미가 통하고 앞에 나와있는 단락과 연관성이 높음 • 독자를 위하여 문단을 변경하거나 주제를 변경하는 경우에 매우 유려한 방법을 사용함	• 시작, 중간, 그리고 끝부분이 매우 잘 발달되어 있음 • 단락이 잘 만들어져 있음 • 단락이 잘 만들어져 있음 • 각각의 생각이 의미가 통하고 앞에 나와있는 단락과 연관성이 높음 • 독자를 위하여 문단을 변경하거나 주제를 변경하는 경우에 매우 유려한 방법을 사용함	• 시작, 중간, 그리고 끝부분이 매우 잘 발달되어 있음 • 단락이 잘 만들어져 있음 • 단락이 잘 만들어져 있음 • 각각의 생각이 의미가 통하고 앞에 나와있는 단락과 연관성이 높음 • 독자를 위하여 문단을 변경하거나 주제를 변경하는 경우에 매우 유려한 방법을 사용함	• 시작과 중간. 끝부분을 나타내는 증거가 가끔씩 보임. 그러나 보고서의 전체적 구성에는 맞지 않음 • 단락을 만들고자 하는 노력이 가끔씩 보임 • 때때로 저자의 생각을 이해하기가 힘듦	• 시작, 중간, 마무리가 없음 • 단락을 만들고자 하는 노력이 거의 없음 • 생각이 연결되지 않음 • 단락과 내용의 변화를 연결시키는 글쓰기 전략이 거의 없음
문장과 스타일 다양한 문장구조를 사용할 줄 아는 능력. 이를 통하여 독자를 즐겁게 해 주는 매력적인 글쓰기 스타일을 보여준다.	• 문장 길이가 상황에 따라서 다양함 • 문장의 구조가 상황에 따라서 다양함 • 글을 시작하는 부분은 다양한 단어나 문구로서 표현되어 있음 • 글이 시작부터 끝까지 매력적인 리듬을 가지고 있음	• 문장 길이가 상황에 따라서 다양함 • 문장의 구조가 상황에 따라서 다양함 • 글을 시작하는 부분은 다양한 단어나 문구로서 표현되어 있음 • 글의 대부분이 매력적인 리듬을 가지고 있음	• 문장 길이가 상황에 따라서 다양함 • 문장의 구조가 상황에 따라서 다양함 • 글을 시작하는 부분은 다양한 단어나 문구로서 표현되어 있음 • 글의 리듬이 매우 평범함	• 대부분의 문장이 짧음 • 문장의 구조가 간단함 • 문장은 자주 쓰이는 몇 개의 일반적인 어휘와 단어로 시작됨 • 글의 리듬이 매우 평범함	• 문장 길이가 짧음 • 문장이 대부분 간단함 • 몇몇의 문장은 완성되어 있지 않음 • 거의 모든 문장의 시작이 동일함 • 글의 리듬이 없음

(계속)

글쓰기 평가 영역	전문가 단계 5	성숙 단계 4	숙달 단계 3	발전 단계 2	초심자 단계 1
단어의 선택 작문의 목적에 적합한 단어를 사용하고 독자로 하여금 저자의 생각을 이해하도록 도와주는 능력	• 단어의 선택이 글 전체를 통하여 효과적이고 풍부한 묘사적 단어, 튼튼한 동사 표현, 작문에 적합한 단어와 서술적인 어휘의 사용	• 단어의 선택이 대부분의 경우에 효과적이고 풍부한 묘사적 단어, 튼튼한 동사 표현, 작문에 적합한 단어와 서술적인 어휘의 사용	• 단어의 선택이 글의 몇몇 부분에서 효과적이고 튼튼한 묘사적인 단어, 동사 표현, 작문에 적절한 단어를 포함	• 글에서 쓰인 대부분의 단어가 평범함. 가끔씩 작문에 적합한 단어를 사용하고자 노력함	• 글에서 쓰인 거의 모든 단어가 평범한 것임
글쓰기 규칙 표준문법과 사용에 대한 지식과 적용력	• 문법, 언어 사용에 있어서 나타나는 실수가 글의 전체 구조에 영향을 끼치지 않음	• 문법, 언어 사용에 있어서 거의 실수가 없음 • 실수는 글을 이해하는 데 영향을 끼치지 않음	• 표준문법, 언어 사용에 있어서 실수가 나타남 • 실수는 글을 이해하는 데 영향을 끼치지 않음	• 문법, 언어 사용에 있어서 실수가 많이 나타남 • 때때로 그러한 실수가 글의 내용을 이해하는 데 방해가 됨	• 문법, 언어 사용에 있어서 실수가 지나치게 많음 • 실수가 글의 내용을 이해하는 데 방해가 됨

쓰기 평가의 아홉 단계 준거

단계	범위	글 쓸 때 하는 일	쓰기가 보여 주는 것	쓰기의 실제
9	• 다양한 장르의 글쓰기를 한다. • 숙달된 쓰기 기능을 가지고 있다. • 감동적이고 설득력 있는 글을 쓸 수 있다.	• 대부분의 친숙한 주제에 대해 짧은 글과 긴 글 둘 다로 쉽게 글을 쓴다. • 글에서 유추와 상징 및 풍자를 사용한다. • 긴 글에 삽입된 전달하고자 하는 내용을 설명하고 뒷받침하기 위해서 비유, 은유와 직유를 사용한다. • 설득력 있는 주장을 펼친다. 글에서 적절하고 잘 다듬어진 은유적 표현을 사용한다.	• 능숙하고 효과적인 방식으로 쓰여진 수준 높은 글	• 글을 통하여 긴 주장이 담긴 내용을 전달한다. • 학습 과제에 필요한 소논문을 쓸 수 있다.

(계속)

단계	범위	글 쓸 때 하는 일	쓰기가 보여 주는 것	쓰기의 실제
8	• 말의 미묘한 의미 차이를 알고 있다. • 분석적 논설을 전개한다. • 쓰기에서 세세한 묘사를 한다. • 의미를 분명하게 하기 위해 글을 편집한다.	• 어휘, 글의 구성과 배치(layout)의 효과를 높이기 위해 자신의 글을 수정하고 편집한다. • 의미나 내용의 손실 없이 글의 구조를 개선하기 위하여 다른 사람의 글을 수정하고 편집한다.	• 정확하게 표현된 의미 • 목적, 상황 그리고 글을 읽는 대상에 맞는 정확하고 적절한 글의 구성과 배치 • 효과적이고 적절하게 제시된 논설, 설명과 이야기 형태의 글 • 의미의 모호함과 의미 차이를 알고 있음을 보여 주는 어휘 선택 • 의미 전달을 위한 은유와 같은 비유적 언어	• 주장과 상황의 분석을 제시한다. 내용의 구성을 유지한다. • 그 구성은 상세한 설명이 담긴 긴 글에서 정당화된다.
7	• 풍부한 어휘를 사용한다. • 주제, 목적, 그리고 읽는 대상에 따라 문체가 달라진다. • 글은 생동감 있고 다채롭다. • 글을 전면적으로 수정할 수 있다.	• 이야기, 설명문, 논설문을 쓸 수 있다. • 목적, 상황, 그리고 읽는 대상에 맞는 적절하고 효과적인 다양한 문체를 사용한다. • 목적, 상황, 그리고 읽는 대상에 맞는 적절하고 효과적인 다양한 어휘를 사용한다. • 생각을 매끄럽게 연결시키고 보다 읽을 만한 나은 글로 재구성하기 위해 글을 다듬는다. • 다른 단어나 문장으로 바꾸면서 쓴 글을 고친다. • 수정할 때 내용의 연결 순서를 바꾸고, 새로운 내용을 덧붙인다.	• 분명하게 제시된 중심 내용과 뒷받침 내용들. 편지, 초대장에 맞는 올바른 서식. 묘사하기 위한 목적으로 사용된 직유와 같은 비유적 표현	• 대화 글, 시, 희곡, 일지와 같은 다양한 종류의 글을 쓴다. • 공식적인 편지와 사교적인 편지를 쓰고 각각의 목적을 구별한다. • 과제의 요구에 합당한 글을 쓴다. • 상세한 개인 신상과 그와 관련된 정보를 요구하는 복잡한 종류의 글을 완성한다.

(계속)

단계	범위	글 쓸 때 하는 일	쓰기가 보여 주는 것	쓰기의 실제
6	• 사물을 잘 묘사한다. • 능숙하게 쓰고 이야기를 전개시키고, 사건을 묘사한다. • 이제 쓰기를 향상시킬 기능을 가지고 있다.	• 긍정문, 의문문, 명령문, 감탄문과 같은 다양한 문장으로 쓴다. • 생각을 논리적인 순서로 전개시키기 위해 문단으로 나누어 글을 쓴다. • 다른 사람이 쓴 글을 다듬을 때 대부분의 맞춤법, 구두점과 문법적 오류를 고친다. • 쓰기를 향상시키기 위해 다른 책들을 참고한다.	• 시작, 갈등, 해결의 순서가 논리적으로 전개된 이야기 • 긴 설명문과 이야기체의 글이 일관되게 전개된다. • 능동태와 수동태를 사용하고 다양한 어휘와 문법 구조를 보인다. • 주절과 종속절이 있는 복문으로 된 문장을 구사한다. • 특별한 관심을 가진 분야에 관한 수준 높은 쓰기 기능이 있다. • 이야기체의 글과 다른 종류의 글 사이의 차이점에 대해 안다.	• 개인 신상에 관한 정보를 적는 일정한 형식의 글을 완성한다. • 이야기체의 글과 여러 다른 유형의 글을 적절하게 사용한다.
5	• 쓸 내용을 계획하고, 구성하고 손질할 수 있다. • 문단 단위가 있는 글을 쓴다. • 어휘와 문법은 주제에 적합하다. • 수긍이 가는 이야기를 쓸 수 있다.	• 다른 사람들이 읽을 만한 글이 될 때까지 쓴 글을 다듬는다. • 흔히 틀리는 글자, 구두점, 문법적 오류를 고친다. • 생각을 문단으로 발전시킨다. • 쓰기를 할 때 어휘를 확장하고 점검하기 위해 사전을 사용한다. • 생생하고 구체적인 말(표현)을 사용한다.	• 거침 없이 이어지는 생각을 담은 문장들. 응집력 있는 구조를 가진 문단들 • 연결 관계를 보여 주는 능력. 주장하고 설득하는 능력 • 약간의 정보가 빠져 있더라도 다른 사람들이 알아볼 만한 설명문과 논설문으로 쓰여진 내용 • 정확한 맞춤법과 적절한 구두점으로 쓰여지고, 분명한 의미를 가진 간략한 글 • 일인칭에서 삼인칭으로 적절히 전환한 글 • 올바른 시제의 일관된 사용. 부적절한 단어 선택이 매우 드물	• 사실감 있는 배경에 따른 적절한 연결 순서로 글을 쓴다. • 등장 인물을 상상하여 창조한다.

(계속)

단계	범위	글 쓸 때 하는 일	쓰기가 보여 주는 것	쓰기의 실제
5			게 보이지만, 또래나 자기보다 어린 아동이나 주변 어른들과 같은 친숙한 대상에 맞게 쓰여진 적절한 어휘 • 접속사를 이용한 중문	
4	• 자신의 이야기를 쓸 수 있다. • 결과에 만족할 때까지 단어와 철자를 바꾸어 쓴다.	• 쓴 글을 고칠 때 흔히 쓰이는 단어에 틀린 글자가 나오면 표시를 한다. • 쓰기를 할 때 책에서 읽은 견해, 주제, 문장 구조를 활용한다. • 쓰기에서 순서와 시간의 개념을 도입한다. • 자신의 글을 반복해서 읽고 고친다. • 쓰기에서 적절한 일상생활 단어들을 사용한다.	• 규칙에 맞게 사용된 구두점. 대부분 올바르게 쓰여진 맞춤법 • 급우들이 읽고 이해하고 다시 이야기할 수 있는 글들 • 한 주제에 관해 논리적인 순서로 쓰여진 여러 문장들 • 매끄럽게 연결된 내용. 처음, 가운데, 끝으로 나누어진 글	• 다양한 인물이 나오는 이야기를 쓴다. • 자신의 경험에 관한 글을 쉽게 쓴다. • 다양한 주제에 관해 쓴다. • 개인적 일화에 대해 쓰고 친구에게 편지를 쓴다. • 알고 있는 대상에게 글을 쓴다. • 시, 편지, 일기, 일지 등과 같은 다양한 글을 쓴다.
3	• 자신이 쓴 글로 무언가를 말한다. • 자신의 문장을 쓴다. • 글로 표현하는 것에 관심을 갖는다.	• 도움 없이 쓰기 시작한다. • 손으로 쓴 대부분의 글씨 수준에 맞는 자신만의 글씨체를 갖는다. • 쓴 글을 소리 내어 읽어 봄으로써 글을 점검한다. • 철자가 맞는지를 알아보기 위해 단어를 소리 내어 읽는다.	• 알아볼 수 있는 단어로 된 읽기 쉬운 글씨 • 문장 형태로 배열된 단어 • 읽을 수 있는 문장을 만들기 위해 논리적인 순서로 쓰여진 단어들 • 어른이 이해할 수 있게 쓰여진 문장들	• 문장은 한 주제에 관한 내용을 전달한다. • 쓰기에서 일인칭 '나는'을 사용한다. • 느낌, 판단 또는 직접적인 경험을 쓴다. • 글에 나오는 인물을 경험과 주변 환경으로부터 만들어 낸다.
2	• 손으로 쓰는 법을 배우는 중이다. • 철자와 단어가 무엇인지를 알고 자신이 쓴 글로 생각을 전할 수 있다.	• 주위에서 볼 수 있는 간판과 다른 글에서 단어들을 그대로 베껴 쓴다. • 연필이나 펜을 알맞게 잡는다.	• 낱자, 단어, 물음표 등과 같은 쓰기의 형식을 이용한다. • 단어를 만들기 위해 여러 낱자들을 합친다.	• 자신의 이름을 쓴다.

(계속)

단계	범위	글 쓸 때 하는 일	쓰기가 보여 주는 것	쓰기의 실제
2	• 알아볼 만한 철자와 단어들을 쓰기 시작한다.	• 쓰기를 위해 더 익숙한 손을 사용한다. • 단어를 문장 형태로 적어 보려고 시도한다. • 간단한 내용을 쓴다. • 소리-철자 연결 관계를 사용한다. • 자신이 그린 그림에 제목을 단다.	• 쓰기를 할 때 가로는 왼쪽에서 오른쪽으로 옮겨 가고 세로는 위에서 아래로 옮겨 간다는 것을 안다.	
1	• 글자가 무엇인가를 말해 준다는 것을 안다. • 주변에서 볼 수 있는 글자에 호기심을 느낀다. • 글자의 형태를 보기 시작한다.	• 종이에 어떤 표시를 만들기 위해 필기 도구를 사용한다. • 표시(단어, 문장, 글, 철자)의 의미를 설명한다. • 주위에서 볼 수 있는 간판에서 단어들을 베껴 쓴다. • 자신이 쓴 '글'을 '읽고,' 이해하고 설명한다.	• 그림과 글자의 차이점을 이해한다. • 글에서 알아볼 수 있는 몇 가지 기호를 이용한다.	• 손으로 쓰는 법을 배우는 중이다. • 철자와 단어가 무엇인지를 알고 자신이 쓴 글로 생각을 전할 수 있다. • 알아볼 만한 철자와 단어들을 쓰기 시작한다.

(3) 좋은 글의 평가 기준

위에 제시한 루브릭이 문법적이고 글 자체에 대한 평가를 담고 있는 루브릭이라면 지금 소개하는 루브릭은 글의 전체적인 구성이나 외적 형태에 대한 평가를 담고 있는 루브릭이다. 즉, 아무리 잘 적은 글이라고 할지라도 그 형식에 있어 구조화를 시키지 못한다면 다른 사람들에게 자신의 의사를 효과적으로 전달할 수 없을 것이다. 아래에 소개하는 루브릭은 이러한 글의 형식과 관련한 평가기준을 제시한 루브릭이다.

	4	3	2	1
내용	• 정보는 적절하고 믿을 수 있는 것이다. • 실례를 포함한 충분한 증거는 전제를 지지한다.	• 대부분의 정보는 적절하고 믿을 수 있는 것이다. • 알맞은 정보는 전제를 지지한다.	• 정보의 대부분은 적절하지도 믿을 수도 없는 것이다. • 전제를 지지하는 정보는 한정되어 있다.	• 정보는 적절하지 않거나 전혀 존재하지도 않는다. • 전제를 지지하는 정보가 설사 있다 하더라고 거의 없다.
방법	• 평가지에는 결정을 하기 위한 목표(희망하였던 결과)가 확실히 적혀 있다. • 평가지에는 결정이 어떻게 결과와 관련이 있는지를 보여 준다. • 평가지에는 합당한 대안이 제시되어 있다. • 평가지에는 선택한 결정의 위험성(끝부분)이 인정되어 있다.	• "4"에 적혀 있는 과정 중에 한 부분이 없거나 적절하지 않다.	• "4"에 적혀 있는 2~3부분이 없다.	• "4"에 적혀 있는 과정이 있다 하더라도 거의 언급하지 않는다.
체제1 조직	• 평가지는 잘 조직되어 있으며, 처음, 중간, 끝이 잘 구별되어 있다.	• 평가지는 조직되어 있으나 읽는 자는 처음, 중간, 끝을 구별할 수 없다.	• 평가지는 잘 조직되어 있지 않으며 시작과 끝 부분이 삭제되어 있다.	• 평가지는 구성에 조직에 대한 감각이 없거나 있다 하여도 거의 조직되어 있지 않다.
체제2 기교	• 기계적 실수가 거의 없거나, 실수가 눈에 거슬리지 않는다.	• 몇몇 기계적 실수는 있지만 거의 두드러지지 않는다.	• 분명한 실수가 많이 있다.	• 중요한 실수가 많이 있다.
효과	• 평가지는 흥미롭고 논의는 정당하다.	• 평가지는 흥미롭지만 논의는 한계가 있다.	• 평가지에는 흥미로운 부분이 거의 없다.	• 평가지는 흥미롭지 않다.

내용: _____ × 3 = _____
방법: _____ × 3 = _____
체제1 _____
체제2 _____ × 3 = _____
효과 _____ × 2 = _____
총점(40-0) ___________

(4) 읽기 영역

다음으로는 읽기 영역에 대한 루브릭을 소개한다. 일반적으로 국어는 읽기, 쓰기와 말하기, 듣기로 이루어져 있다고 한다. 따라서 또 하나의 중요한 영역인 읽기에 대한 루브릭을 소개한다.

가준: 학생들이 수행하는 과업의 단계				
	초보 단계	기초 단계	숙련 단계	발전된 단계
책의 선택	• 읽기는 괴롭다. • 읽기는 너무 많은 시간을 요한다. • 책을 고르는 것을 좋아하지 않는다. • 다른 일들을 하기를 더 좋아한다. • 오직 그림책만을 고른다.	• 책을 고르는 데 도움을 받기를 좋아하거나 필요로 한다. • 그림책을 고르거나 쉽고 익숙한 책을 고른다.	• 스스로 책을 고르기 시작한다. • 옳은 책을 고른다. • 내용의 양이 각각 다른 책들을 고른다. • 여러 가지 형식의 책들을 고른다.	• 스스로 책을 고르기 시작한다. • 약간 힘들고 도전적인 책을 고른다. • 폭넓게 읽는다. • 여러 가지 형식의 책의 작가들을 많이 안다.
독서에 대한 지속적인 몰입	• 읽는 시간동안 정신이 산만해진다. • 읽기를 시키는 데 감독이 필요하다. • 읽지 않고 페이지들을 자주 넘긴다.	• 읽기 과제가 주어졌을 때나 요구될 때 시키는 대로 따른다. • 짧은 시간 동안만 읽기에 집중할 수 있다.	• 어느 정도의 시간 동안 읽기에 집중한다. • 선택이 책 읽기일 때, 책을 읽는다.	• 상당한 시간 동안 읽기에 집중한다. • 선택이 여러 개인 경우에 책을 선택하여 읽는다.
대화나 상담을 통한 문학에 대한 반응	• 약간의 세부사항으로 질문에 답한다. • 내용을 재진술하는 것이 정확하지도 않고 완전하지도 않다. • 비록 그림으로 표현되어 있다 하더라도 종종 읽기 내용의 주제가 무엇인지를 이해하지 못한다.	• 책에 대해 이야기할 때, 교사가 단서와 같은 정보를 제공해 주는 것이 필요하다. • 질문에 답하게 될 때, 스스로 질문 이외의 추가사항의 내용도 진술한다. • 거의 완벽하게 내용을 정확하게 요약한다. 그러나 중요하지 않은 내용이 포함되기도 한다. • 자신의 의견이나 느낌이 거의 제공되지 않는다. • 사실을 말하는 데 집착한다.	• 토론를 하는 데 있어 책에 대하여 가지고 있는 정보나 느낌을 나누어 가진다. • 정확하게 세부사항을 요약한다. • 글속에 드러나 있는 유머를 인식한다. • 질문에 답하는 경우에 자신의 의견이 무엇인지를 드러낸다.	• 자유롭게 책에 대한 정보나 느낌을 공유한다. • 정확하게 세부사항을 요약한다. • 유머를 즐기고 감상한다. • 자신의 질문과 의견을 제시한다. • 책에 쓰인 언어 표현을 자신의 일상적인 대화에서 사용해 본다.

2) 수학과 루브릭

수학과 루브릭에서는 먼저 수열에 관한 루브릭을 통해 각 단원별로 학생들의 성취기준을 어떻게 제시할 수 있는지 살펴볼 것이다. 그러고 나서 수학과에서 궁극적으로 추구하고자 하는 수학적 문제 해결에 관한 루브릭을 소개하고자 한다.

(1) 수열 루브릭

① 개요

정밀하고 복잡한 수학적 과정을 이끌어 내고, 문제로부터 창의적인 사고를 이끌어 내는 전략이 효과적이며, 논리적인 사고력이 뚜렷한지 알아본다.

② 루브릭 만들기

주어진 수열을 보고 빈 공간에 들어갈 숫자가 무엇인지를 적고 그에 대한 설명을 덧붙인다. 완전한 수열에 대한 수학적 생각을 바탕으로 하고 있는지를 알아보는 개념 이해, 단계적으로 문제를 해결하고 용어나 수의 적절한 결합을 나타내는 방법, 자신의 생각을 효과적으로 잘 나타냈는지를 평가하는 생각 전달법, 그리고 답의 결과와 해결의 과정이 정확하게 맞는지를 알아본다.

루브릭

	4	3	2	1
개념 이해	어떻게 그것을 해결하였는지 보여 주기 위한 그들의 생각과 의사표현이 문제에 적합한 형태에서 완전한 수학적 생각을 바탕으로 하고 있다.	문제를 풀 수 있을 정도의 수학적 생각만으로 바뀌었다.	문제의 일부분만 풀릴 수 있는 수학적 생각을 받아들였다.	문제의 작은 부분을 이해하는 데 그치고 수학적 사고는 보이지 않는다.

(계속)

	4	3	2	1
방법	완전한 방법에 의해 단계적으로 문제를 해결해 나가고 있으며 사용된 용어, 수들의 적절한 결합이 보인다.	문제를 풀 때 사용된 용어나 수들의 결합이 다소 밀접성은 떨어지나 전체적으로 문제될 것은 없다.	문제 해결 과정이 중간에 빗나갔다.	문제를 해결해 나가려는 과정이 보이지 않는다.
생각 전달법	자신의 생각을 모든 과정에서 단계적으로 잘 표현하였다. 사용된 수, 용어, 그림들이 생각을 효과적으로 나타내고 있다.	생각을 과정에 맞게 부분적으로 표현하였다.	과정이 명백하지 않거나 문제 해결에 있어 단계적으로 이루어진 생각의 전달이 보이지 않는다.	단지 시작만 하였거나 자신의 생각을 전달하고자 한 노력이 전혀 보이지 않는다.
정확도	대답은 맞고 해결 과정도 그 문제를 풀 수 있는 과정으로 보인다.	해결 과정에 있어 틀린 부분이 있지만 전체적인 문제 해결에서 크게 작용하지 못하고 답 또한 맞다.	문제의 의도를 정확하게 파악하지 못하여 문제 해결 과정이 정확하지 않으나 답은 맞다.	문제의 의도와 맞지 않게 끝을 맺었고 답이 틀렸다.

[예시] 수행 과제

2학년	●1, 5, 9, ( )● 1. 왜 9가 세 번째 숫자인지 그림을 통해 설명하세요. 2. 9 다음에는 어떤 숫자가 올 것 같은지를 설명하고 숫자를 적어 넣으세요.
3학년	●5, 1, 5, 2, 5, ( )● 1. 왜 2가 네 번째 숫자인지 설명하세요. 2. 마지막 빈칸에는 어떤 숫자가 들어가야 합니까?

(2) 수학적 문제 해결자 루브릭

오리건 주에서 개발하여 사용하고 있는 수학적 문제 해결자 루브릭과 캔사스의 문제 해결자 루브릭을 제시하였다. 이 두 개의 루브릭은 다른 루브릭들과는 달리 그 형식이 표의 형태를 취하지 않는 특징을 가지고 있다.

① 오리건 주 수학적 문제 해결자 루브릭

오리건 주 수학 문제 해결 능력

출처: 오리건 주 교육부

과목: 수학　　　　　　　　단계: 4

학년: 3, 5, 8, 11　　　　　단계 범위: 5

참고: 점수 2, 4점은 특별히 정하지 않았다. 2점은 1점을 위한 기준보다 향상된 수행에 주어져야 하지만 2점을 위한 기준을 만들지 않았다. 마찬가지로 3점을 위한 기준보다 향상된 수행에 4점을 주어야 하나 4점을 위한 기준을 만들지 않았다.

기준 1: 개념 이해 능력

개념 이해 능력은 문제를 이해하고 해결을 위한 전략을 적용시키기 위한 적당한 정보를 선택하는 능력을 포함한다. 이는 문제 상황, 관련된 정보, 적당한 수학적 개념과 논리적, 합리적 근거 사이의 관련 지음을 통하여 소통되는 것이다.

5 충분한 개념 이해: 학생은 문제를 풀기 위하여 모든 관련된 정보를 사용한다.
- 질문이나 문제에 관한 학생의 대답이 조리 있다.
- 학생은 적당한 수학적 용어로써 그 문제를 해석할 수 있다.

3 부분적 개념 이해: 학생은 그 문제의 핵심은 뽑아낼 수 있지만 그 문제를 풀기 위한 정보들을 사용하지 못한다.
- 학생들은 단지 부분적으로만 그 개념들 사이의 관련을 지을 수 있다.
- 학생의 문제 해결이 그 문제와 충분히 연관되지 못하였다.
- 학생이 그 과제의 한 부분을 이해하나 완벽하게 이해하지 못한다.

1 개념 이해의 부족: 학생의 문제 해결이 앞뒤가 맞지 않거나 그 문제와 관계없다.
- 학생이 적당하지 않은 수학적 개념으로써 그 문제를 해석한다.
- 학생이 과제와 관련된 개념의 이해 없이 잘못된 절차를 사용한다.

기준 2: 절차상의 지식 능력

절차상의 지식 능력이라는 것은 개념의 적당한 사용을 증명하는 것이다. 이는 구체적 모델을 사용하는 과정에서의 증명과 정당화 혹은 그 문제에서 본래적 요소를 다루는 과정에서의 수정을 포함한다.

5 충분한 적절한 과정의 사용: 학생은 문제를 증명하는 동안 효과적으로 원리를 사용한다.

- 학생은 적당한 수학적 용어와 전략을 사용한다.
- 학생은 문제를 해결하고 증명한다.
- 학생은 정확하게 수학적 원리와 언어를 사용한다.

3 부분적 적절한 과정의 사용: 학생은 수학적 용어와 원리, 절차의 사용에 있어 정확하지 못하다.

- 학생은 정확하게 과정을 수행하지 못한다.
- 문제 해결에서 증명을 하기 위하여 학생이 사용하는 과정이 정확하지 않다.

1 적당한 과정의 사용의 부족: 학생은 시도한 문제 해결에 있어 부적당한 방법을 사용하거나 데이터를 다루는 데 있어 서툴다.

- 학생이 부적당한 방법이나 해결을 제거하는 데 실패하였다.
- 학생이 원리를 잘못 사용하거나 부적당한 과정 속에서 문제를 해석하였다.
- 학생이 문제 해결을 정당화시키는 데 실패하였다.

기준 3: 문제 해결 기술과 전략적 능력

문제를 해결하는 데에는 그 문제가 해결되기 전에 종종 어떤 종합적인 면에서의 많은 기술의 사용을 요한다. 학생은 분명한 초점과 그 문제를 성공적으로 이끌어 가 좋은 근거를 가지고 문제 해결 전략을 설명한다.

5 사고/기술의 통찰적 사용/전략: 기술과 전략은 문제를 탐구하기 위해 통찰력 있게 사고하는 몇몇 증거를 보여 준다.

- 학생의 과업 수행이 분명하고 초점이 맞다.
- 기술과 전략이 적당하고 통찰력 있는 사고로써 증명한다.
- 학생이 능력을 신장시키고 문제 해결이 문제에 있어 종합력을 가능하게 한다.

3 틀에 박힌 혹은 부분적 기술/전략의 사용

- 기술과 전략에 있어 어느 정도 초점은 맞추나 확실성이 제한되어 있다.
- 학생이 단지 부분적으로 유용한 전략을 적용한다.
- 학생의 전략이 완성되지 못하였다.
- 학생이 적당하게 문제를 시작하였으나 잘못된 방향으로 나아간다.

1 제한된 기술과 전략: 기술과 전략에서 중심 요지가 부족하고 나타나지 않는다.

- 과정이 적혀 있지 않다.(단지 해답만 있다.)
- 전략이 엉터리이다.
- 학생이 문제를 충분히 탐구하지 않았고, 원리나 흐름 관계를 찾아보지 않았다.
- 학생이 문제가 요구되는 해결 방법을 선택적으로 찾는 데 실패하였다.

기준 4: 소통

학생의 소통 능력을 평가하는 데 있어 그/그녀가 원리와 과정에서 접근한 의미와 설명, 이해, 펼쳐질 생각들을 평가하는 유창성, 두 가지 모두에 지대한 관심을 가져야 한다.

5 확실하고 완벽한 소통: 학생이 확실하고 응집되며 명백하고, 또한 세련된 설명으로 완벽한 근거를 준다.

- 학생이 청중에게 자신의 생각을 효과적으로 전달한다.
- 설명이 충분하고 사리에 맞다.
- 한 단계에서 다음 단계로 이어지며 체계를 보여 준다.
- 학생이 강한 지지된 논의를 제시한다.

3 부분적 혹은 완벽하지 않은 소통: 학생의 설명이 명확하지 않고 앞뒤가 맞지 않거나 완벽하지 않다.

- 학생이 부정확하게 혹은 앞뒤가 맞지 않게 술어를 사용한다.
- 학생의 시각적 보조자료(그래프, 표, 도표 등)가 적합하지 않고 직접적으로 관련되지 않는다.
- 학생의 설명이 그의 생각이 아니라 그의 문제 해결이 중심이다.

1 소통의 제한된 혹은 부족함: 학생의 설명이 이해될 수 없거나 나타나지 않는다.

- 학생이 적합한 수학적 용어를 사용하지 않거나 잘못 사용한다.

- 학생이 설명을 도와주거나 명확하게 해 주는 필수적인 시각적 자료를 사용하지 않는다.
- 학생의 설명이 초점에서 벗어나 있다.

203 문제 해결을 위한 분석 척도

출처: Szetela, Walter and Nicol, Cynthia. 수학에서의 문제 해결력 평가. Educational Leadership, 1992년 5월(pp 42-45).

과목: 수학 단계: 3

학년: 전 학년 단계 범위: 3~5

단계 1: 문제 이해 단계

4 문제를 완전히 이해함

3 문제의 부수적 부분을 오해함

2 문제의 주요 부분을 오해함

1 문제를 완전히 오해함

0 시도하지 않음

단계 2: 문제 해결 단계

4 산술적 오류 없이 문제를 풀 수 있는 정확한 해결 절차임

3 전체적으로 맞는 과정이나 부분적으로 오류가 있거나 과정상 잘못됨

2 부분적으로 맞는 절차이나 주요 부분이 틀림

1 전체적으로 부적당한 풀이 절차임

0 시도하지 않음

단계 3: 문제 해답 능력

2 정확한 풀이

1 풀이 과정상의 오류, 계산 과정에서의 오류, 복잡한 해답을 요하는 문제에서의 부분적 해답, 풀이 과정은 있되 해답이 없는 경우, 부정확한 수준의 해답

0 답하지 않거나 부적당한 풀이 과정에 기초한 잘못된 정답

참고: 이 루브릭은 루브릭 201에 기초함, 시카고 국립학교 학생평가부.

수학 성적 루브릭

익명의 수학 교사에 의해 제작됨(당신이 이러한 루브릭의 개발자가 누구인지를 알고 있다면 저에게 알려 주기 바랍니다.)

4. 모범 응답

4.1 모든 방면에 있어서 완벽하고, 분명하며, 조리 있고, 모호하지 않으며 통찰력 있는 설명을 제시한다.

4.2 기초적인 수학적 내용, 절차, 구조를 이해함을 보여 준다.

4.3 문제의 모든 필수적인 조건을 고찰하고 납득할 수 있다.

4.4 적절한 실례와 반례를 들어가며 논증을 강력하게 입증할 수 있음을 보여 준다.

4.5 해법 연구가 능률적으로 연구에 대한 반성과 점검에 대한 증거를 보여 준다.

4.6 상황에 맞게 적절히 적용한다.

3. 적당한 응답

3.1 합리적이고 분명한 설명과 함께 비교적 완벽한 응답을 제시한다.

3.2 기초적인 수학적 내용, 절차, 구조를 이해함을 보여 준다.

3.3 문제에 있어서 대개의 필수적인 조건을 고찰하고 납득할 수 있다.

3.4 적절한 실례와 반례를 들어가며 논증을 적당하게 입증할 수 있음을 보여 준다.

3.5 연구에 대한 반성과 점검에 대한 증거가 어떠한지를 해결하고 연구한다.

3.6 상황에 맞게 수학을 적절히 적용한다.

2. 최소한의 응답

2.1 응답은 하지만 설명이 불명확하거나 세부적인 것이 부족하다.

2.2 기초적인 수학적 내용, 절차, 구조에 있어서 작은 결점을 보여 준다.

2.3 문제에 있어서 약간의 필수적인 조건을 고찰하고 납득할 수 있다.

2.4 어떤 정확한 결론을 이끌어 낼 수 있다. 그러나 추론이 거짓이거나 불완전할 수도 있다.

2.5 연구에 대한 반성과 점검의 흔적을 적게 보여 준다.

2.6 상황에 맞게 수학을 적용하려는 어떤 시도가 있다.

1. 부적당한 응답

1.1 응답이 불완전하고 설명이 불완전하거나 이해할 수 없다.

1.2 기초적인 수학적 내용, 절차, 구조에 있어서 중대한 결점을 보여 준다.

1.3 문제의 필수적인 조건을 설명하는 데 실패한다.

1.4 거짓된 추론을 사용하고 부정확한 결론을 이끌어 낸다.

1.5 연구에 대한 반성과 점검의 흔적을 보여 주지 않는다.

1.6 상황에 맞게 수학을 적용하는 데 실패한다.

0. 무응답

0.1 관계없는 대답을 하거나 응답을 하지 않는다.

0.2 문제의 부분만을 인식하나 해결책을 내놓기 위한 시도는 하지 않는다.

② 캔자스 문제 해결 루브릭

a. 문제 해결을 위한 어려움을 정확하게 확인하기

b. 문제 해결의 한 가지 이상의 방법을 제안하기

c. 문제가 어떻게 해결되었는지 확인하고 어떤 과정이 일어났는지 설명하기

d. 문제 해결을 위한 그러한 방법의 선택에 대해서 설명하기

4 a. 적어도 세 가지 정도의 어려운 점을 정확하고 사려 깊게 설명하였고 중요도의 순서에 따라서 배열하였다.

b. 가장 중요한 문제를 해결하기 위한 자신만의 창의적이고 합리적인 방법을 적어도 세 가지 제안하였다.

c. 어떻게 문제가 해결되었는지 확인하고 어떤 과정이 일어났는지에 대하여 충분히 설명함으로써 문제와 해결 방법에 대한 심도 있는 이해를 보여 주었다.

d. 왜 문제 해결을 위해서 그러한 방법을 선택하였는지, 왜 다른 방법들은 선택하지 않았는지에 대한 이유에 대해서 명백하고 완벽한 설명을 하였다.

3 a. 적어도 세 가지 정도의 어려운 점을 정확하게 설명하였고 가장 중요한 점을 확인하였다.

b. 가장 중요한 문제를 해결하기 위한 자신만의 방법을 적어도 세 가지 제안하였지만 그것들이 합리적이고 창의적이지 않다.
c. 어떻게 문제가 해결되었는지 확인하고 그것을 간단히 설명하였다.
d. 왜 문제 해결을 위해서 그러한 방법을 선택하였는지에 대한 이유에 대해서 명백하고 완벽한 설명을 하였다.

2 a. 적어도 두 가지 정도의 어려운 점을 설명하였거나 또는 가장 중요한 점을 확인하지 않았다.
b. 가장 중요한 문제를 해결하기 위해 단지 두 가지의 방법만을 제안하였다.
c. 어떻게 문제가 해결되었는지 확인하였지만 그것을 설명하지 못하였다.
d. 이 문제에 관한 간단한 답을 썼지만 그것이 완벽하게 명확하지 못하였다.

1 a. 단지 한 가지 정도의 어려움을 설명하였다.
b. 가장 중요한 문제를 해결하기 위한 단지 한 가지 방법을 제안하였다.
c. 어떻게 문제가 해결되었는지에 대해서 확인하지 못하였다.
d. 왜 그런 방법으로 해결하였는지에 대해서 설명하지 못하였다.

수업 활동에서 수학적 문제 해결(North Carolina)

1. 평가 기준

- 수학적 통찰력
- 수학적 추론
- 문제 해결 발견과 효율성
- 정확성
- 발표의 질

2. 수학적 통찰력

5. 기초적인 수학적 의미에 대한 정교한 이해를 보여 준다. 개념, 공식, 기술과 도구가 일반적으로 이 경험 수준에서 발견되는 방법을 넘어서 사용된다. 문제의 본질을 파악하여 그것을 푸는 데 수학적으로 적절하고 효과적인 도구를 사용한다. 이 활동은

학생들이 부분적 지식으로부터 표본을 일반화할 수 있음을 보여 준다.

4. 기초적인 수학적 의미에 대한 전체적인 이해를 보여 준다. 개념, 공식, 기술, 사용 도구가 적당하고 문제를 푸는 데 적절하다. 문제 핵심을 파악하고 그것을 푸는 데 수학적으로 적절한 도구를 사용한다.
3. 기초적인 수학적 의미에 대한 적절한 이해를 보여 준다. 이 활동은 적절한 산수, 공식, 개념들을 넘어서는 조절력을 나타내지만 문제의 부분적 사실을 넘어서 더 효과적이고 포괄적인 표본, 공식 등의 일반적 원리를 찾는 데 약간의 어려운 점이 있다. 이해는 하였지만 약간의 문제를 푸는 데 필요한 개념, 공식, 산수가 미흡하다.
2. 기초적인 수학적 의미에 대한 제한적인 이해를 보여 준다. 일반적인 원리나 기초적인 공식이 드물게 혹은 부정확하게 사용된다. 학생들의 활동은 문제를 푸는 데 적절할지 모르지만 일반적으로 미숙한 귀납적이고 경험적인 전략에 의지하거나 불필요한 작업과 실패에 대한 경험에 의존하게 된다.
1. 문제에서 기초적인 수학적 의미에 대한 이해를 보이지 않는다. 그들의 부족함을 도와주기 위한 가능한 자원이나 일반적 원리, 공식, 산수의 사용이 거의 없거나 부족하다.
0. 이 문제에서 수학적 의미에 대한 학생들의 이해를 판단하기 위한 답변으로는 부족한 제출물이다. (일반적으로 문제를 완성하는 데 실패하였기 때문이다.)

3. 수학적 추론

5. 문제를 풀기 위한 수학적, 효과적, 전체적인 계획을 개발하였다. 문제에 대한 접근과 답이 명료하고 상세하고 사용된 지식이 정교하거나 정확한 것에 상관없이 전체적으로 합리적이다. 학생들은 모든 주장을 계산기 질문적 자료 절대적 전제를 탐구하여 강제적인 증거와 토론으로 증명한다.
4. 완전히 문제 해결을 위한 수학적 계획을 개발하였다. 접근과정이 적절하고 생각이 잘 표현되었으며 근거 있는 자료와 절약에 기초하였다. 학생들이 대부분의 주장에 대한 논의와 근거를 제공하고 논의의 질이 향상된다. 모든 중요한 추론이 비록 학생이 한가지나 두 가지 과정과 전제를 고려하지 않았다 하더라도 명료하고 논리적이다. 제한된 수학적 지식이 있거나 언급된 방식에 의해 정답을 찾는 데 실패하더라도 모든 답과 방법은 합리적이다.
3. 문제를 적절하게 이해하고 그것을 푸는 데 수용할 수 있는 계획을 수립한다. 주장이 불합리하더라도 모든 중요한 생각들이 고려되어 있다. 문제 해결 계획이 비효율

적이다. 이런 답안은 학생들이 적당한 전략을 고안하는 데 어려움을 가지고 있다는 약간의 증거들을 제공한다. 분석을 완전히 작성한 최종 완성에서는 결합이나 단계의 비논리적인 구성이 있을지 모른다. 그 방식에 따른 몇 명의 답안이나 전략은 합리적인 것이 아닐지 모르지만 그 작업을 하는 학생들의 물음 후 답안을 깨닫고 다시 추론해 볼 수 있는 증거물을 제공하였다.

2. 문제를 해결하는 데 기본적이고 적절한 계획을 거의 제공하지 않거나 전체적인 전략에서 문제의 비판적인 면을 고려하는 데 실패하였다. 비록 작업이 완전할 때에도 그 방식에 따른 답안과 전략이 합리적이거나 적절하지 않을 수 있다. 이는 학생들이 결과의 의미와 핵심을 제공하는지에 대한 제한적인 이해를 가지면서 수에 집착한다는 것을 보여 준다. 의미 있는 결과로의 자료 조직과 연속적인 단계와 유사한 모습이 있지만 전체적인 전략이나 문제가 요구하는 것에 기초한 것에 접근을 하는 논리가 명백하지 못하다.
1. 학생들은 문제를 풀기 위한 어떤 명백하고 적절하고 합리적인 전략을 만드는 데 실패하였다. 증명이나 논리만이 유사한 형태가 있다. 비논리적이거나 부정확한 단계의 연속이 제공된 작업이 특징짓는다. 이런 답안은 비논리적인 계산, 육감이나 그림, 기록 이상으로 결코 많지 않다.

4. 수학: 효율성과 문제 해결 발견

5. 문제 해결이 효과적이고 창의적이다. 핵심적 요소와 실제 생활의 구성이 완전히 언급되었다. 그 작업은 이상적인 수학적 결과가 어떻게 이 문제의 구성에서 효과적으로 다루어질 수 있는지 명백히 이해하였음을 말한다. 실생활의 다양한 변화와 암시적인 전제가 신중하고 완전하게 탐구되어 있을지도 모른다. 문제 해결은 가능한 한 많은 방법에서 창의적이다. 전통이 아닌 다른 접근, 복잡한 다양함을 흔드는 사고는 대부분의 학생들이 행동하는 것으로 보이지 않는 수학적 방식을 가져온다.
4. 문제 해결이 효과적이다. 문제의 세부사항과 뒷배경이 명확하게 제시되어 있다. 수학적 결과의 생각이 이 문제의 배경에 있어서 어떻게 대부분 적당하게 되는지 또는 그렇게 되지 않는지의 명확한 이해를 제시한다. 만약 대부분이 모두 그렇지 않다면 실생활의 다양함과 절대 전제가 명확하게 그리고 완전히 탐색되었다.
3. 문제 해결이 전적으로 효과적이지 못하다. 중요한 가설과 사실이 해결과 이 방법에서 고려되지 않았다. 또한 일이 어떻게 수학적 답변과 실질적으로 이 배경에서의 견해와 억제(대부분 실세계의 다양성은 고려되어 있었다. 몇 개의 다양성의 적용이

제시되지 않음)를 명확하게 나타내지 못하였다. 또는 해결이 수학의 사실의 결과와 관련된 원칙이 사용되지 않음으로써 비효과적이다.
(창의적이지만 비효율적인 답변은 3을 준다.)

2. 문제를 위한 해결이 비효과적이고 문제의 수학적 사고가 약하고(또는) 속박과 인식하는 모델과 수학적 계산의 연관성이 약하다.
1. 문제를 위한 해결이 완벽하지 못하고 비효과적이다.

5. 수학: 쓰기 작업의 정확성

(실수한 형식 또는 추론의 메모는 여기에서 점수화하지 않는다. 그들은 '수학적 지식' 그리고 '수학적 추론'에서 점수화된다.)

5. 수행 전 과정이 정밀하다. 모든 계산이 정확하고 정확/측정 오류의 진정한 깊이를 위한 조건을 마련하고 정확히 이름 붙였다.
4. 수행이 대부분 정확하고 완벽하다. 모든 중요한 계산이 정확하고 실수한 것이 이것이 속한 수학과의 관계와 수를 만드는 것의 정확의 진실한 정도를 위한 조건을 마련한다. 학생들의 정확의 진실한 정도를 위한 조건을 마련한다. 학생들의 수행은 명확히 보여지고 이해될 수 있어야 한다.
3. 수행이 정확하다. 가장 중요한 계산이 정확하지만 그런 몇몇의 것은 틀렸다. 일에서 제시할 것을 이해하기 위한 몇몇 것이 이해하기 힘들거나 수행이 그것이 이해해야 하는 것이다.
2. 수행이 전 과정에서 부정확한 것을 가지고 있다.
1. 수행이 매우 부정확하고 이해하기 정말 어렵다.

6. 수학: 발표의 질

5. 학생의 수행이 매우 설득력 있고 보통이 아니게 잘 표현되었다. 연구의 정수와 해결을 해야 하는 문제가 청중의 주의깊음과 배경 그리고 발표의 목적에 따라 높은 문제 해결과 효과적인 방식으로 요약되고 있다. 마지막 과제에서 명백한 숙련성이 보인다. 보조 도구(시청각 교재, 모형, 비디오 등)를 효과적으로 사용하였고 조원들의 협동이 돋보인다. 청중은 발표자가 청중의 흥미를 고려하여 발표하고 있다는 것을 확신할 수 있다.
4. 학생들의 수행 과제는 설득력이 있고 이러한 점이 잘 드러난다. 연구와 문제들은 발표자의 효과적인 방법으로 요약하고 있으며 청중을 고려하고 올바른 문맥과 발

표의 목적이 명백히 드러난다. 수행 과제는 완벽하고 철저하다. 다만 정밀함과 깔끔함이 부족하다. 수업을 효과적으로 하는 보조 도구의 사용은 몇몇 부분에서는 효과적이지만 발표자는 청중을 충분히 이해시키는 데 효과적으로 활용하지 못하였다. 발표자는 그가 말하는 것을 청중들이 이해하도록 하기 위해 노력한다.

3. 수행 과제와 발표는 설득력 있고 세련되었다. 연구와 해석을 평가하였을 때 창의적이기는 하지만 청중을 위해서 발표의 가장 중요하고 하이라이트 부분을 명백하게 제시하지 못하였다. 수행 과제가 중요한 점들을 포함하더라도 이를 발표함에 있어서 효과적으로 끌어내지 못하였다. 발표자가 청중의 흥미를 이끌어 내기 위한 노력이 나타나지 않았다.
2. 수행 과제나 발표가 설득적이지 못하다. 발표자의 발표 방법이 세련되지 못하거나 혹은 주장이 명백하지 않으며 청중을 끌어들이고 설득하는데 비논리적인 조직을 하였다. 발표의 방법이 적절히 사용되었으나 창의력이 모자라거나 요점 착안에서 비효율적이다.
1. 수행 과제와 발표가 모두 설득적이지도 끌어내지도 못한다. 발표 과정에 계획과 연습의 과정이 있었다는 것을 알 수 없고 최종 작품이 허술해 보인다. 또한 그 방법이 단지 나열의 방식만을 사용하였거나 조원들 간의 정보 교환이 타당하지 않다. 발표에서 또한 비효율적인 것은 학생들이 수학에 대한 이해가 없었기 때문이다.

3) 사회과 루브릭

사회과 루브릭 역시 수학과 루브릭과 마찬가지로 세부적인 한 단원과 관련한 루브릭을 소개하고 다음으로 학생들의 사회성을 평가할 수 있는 협력학습에 관한 루브릭을 소개할 것이다.

(1) 국사 연표 만들기

① 개요

초등학교에서 국사에 대한 인식이 시작되는 시기는 4학년쯤으로 보고 있으나 이때에는 겨우 왕조에 대한 개략적인 이해만을 할 뿐 본격적인 국사 영역을 다루지는 않는다. 따라서 역사적인 시간 개념을 인식하는 6학년 때 본격적인 국사 영역을 다룬다고 보아진다. 6학년 1학기 1단원 '우리 민족과 국가의 발전' 단원에서는 4, 5학년 때의 기초적인 국사 학습을 바탕으로 우리 겨레의 뿌리와 생활 터전에 관심을 가지게 하며 먼 옛날부터 오늘에 이르기까지의 우리나라 역사의 흐름에서 중요한 인물들을 알아보도록 한다.

즉, 역사적 인물의 업적을 알아보는 가운데 우리 겨레와 우리나라의 형성, 발전 및 다른 민족과의 관계, 민족 문화와 사회, 경제의 발전 모습을 이해하게 함으로써 역사적 변화의 인과 관계를 파악하는 능력을 기르고 나라를 사랑하는 마음을 기르는 데 학습의 초점을 둔다. 따라서 국사 영역에 대한 지도를 할 때에는 인물 학습 형태를 취하여 인물의 이야기를 통해 흥미를 불러일으키도록 하고 전기, 연표, 역사 지도, 고고학적 유물이나 유적에 관한 여러 가지 자료를 수집, 활용하는 폭넓은 학습 활동을 전개하도록 한다. 이러한 국사 영역 루브릭이 적용되는 6학년의 관련 단원은 6학년 1학기 단원 1. '우리 민족과 국가의 발전'; 단원 2. '근대화의 노력', 단원 3. '국권회복을 위한 노력'; 6학년 2학기의 단원 1. '대한민국의 발전'이다.

② 루브릭 만들기

국사 연표 만들기 루브릭은 5개의 평가 영역으로 나누어져 있으며, 각 영역의 수준은 다음 표와 같이 3단계(으뜸 단계, 버금 단계, 노력 단계)로 설정하였다. 첫째는 지식으로 역사적 사건에 대한 충분한 사고와 수행 과제에 대한 이해, 그리고 관련 자료의 수집과 활용을 평가하는 영역이다. 둘째, 역사적 사건에 대한 자신의 생각과 느낌을 평가하는 재해석이다. 셋째는 지식의 가시화로 나타내고자 하는 부분을 연표에 알기 쉽게, 독특하게, 함축성 있게 표현하였는지를 알아보는 영역이다. 넷째는 수행 태도로 수행 과제 전반에 있어서의 성실성과 적극성 등을 평가하는 영역이고 마지막으로 청중이 이해하도록 자신의 작품을 잘 전달하였는지를 알아보는 의사소통 영역이다.

	으뜸 단계	버금 단계	노력 단계
지식	• 수행 과제에 대해 정확하게 이해하고 있다. • 시대순에 맞게 사건이 잘 나열되어 있다. • 관련된 자료를 수집하여 과제에 적절히 활용하였다. • 역사적 사건에 대한 충분한 사고가 이루어졌다.	• 수행 과제에 대한 이해도가 충분하지 않다. • 시대순으로 잘 나열하였으나 사건에 대한 지식이 부족하다. • 시대에 따른 사건을 알고 있으나 시대 배열이 바르지 않다. • 자료 수집과 활용이 미흡하다. • 역사적 사건에 대해 알고 있으나 충분한 이해가 이루어지지 않았다.	• 수행 과제에 대해 이해하지 못하였다. • 시대순에 맞게 사건이 나열되어 있지 않다. • 관련된 자료 수집 활동이 이루어지지 않았다. • 역사적 사건에 대해 제대로 이해하지 못하고 있다. • 연표의 개념에 대해 이해하지 못하고 있다.
재해석	• 역사적인 사건에 대해 자신의 생각이나 느낌을 담고 있다. • 선정 이유나 근거가 타당하다. • 남들이 생각하지 못한 것을 생각해 내었다.	• 역사적인 사건에 대해 자신만의 의미 부여 흔적이 보이나 역사적 사실의 나열이 다수를 차지한다. • 선정 이유나 근거의 타당성이 불명확하다.	• 역사적인 사건에 대해 일반적인 서술에 그치고 있다. • 선정 이유에 대한 타당한 이유나 근거가 제시되어 있지 않다.
지식의 가시화	• 선정 이유가 분명하게 드러나 있다. • 연표를 알기 쉽게 구성하였다. • 무슨 사건인지 알기 쉽게 표현하였다. • 연표 구성이 자기만의 방법으로 독특하게 표현되어 있다. • 사건을 그림이나 단어 등을 통하여 함축성 있게 나타내었다.	• 선정 이유가 불명확하다. • 연표를 알아보기가 다소 어렵다. • 무슨 사건인지 전달이 되지만 명쾌하게 표현되어 있지는 않다. • 연표 구성이 일반적인 방법을 따르고 있다. • 사건 표현이 평이하다.	• 선정 이유가 드러나 있지 않다. • 연표 구성이 복잡하여 알아보기가 어렵다. • 무슨 사건인지 부가 설명 없이는 이해하기 어렵다. • 연표 구성 형식에 맞지 않다.
수행 태도	• 자료 수집이 효율적이고 적극적으로 이루어졌다. • 연표 만들기를 성실하게 수행하였다.	• 자료 수집 활동이 이루어졌으나 성실성이 부족하다.	• 자료 수집 활동의 흔적이 보이지 않았다. • 연표 만들기가 불성실하게 이루어졌다.
의사 소통	• 청중이 이해할 수 있도록 이유를 들어가며 자신의 생각을 원활하게 전달하였다. • 적당한 목소리로 자신감 있게 말하였다.	• 자신의 생각을 전달하려고 하나 정리가 제대로 되지 않아 발표가 원활하지 못하였다. • 자신감이 약간 부족하나 최선을 다하는 모습이 엿보인다.	• 자신의 생각을 제대로 전달하지 못하고 적어 놓은 글을 그대로 읽었다. • 목소리가 작고 자신감이 결여되어 있다.

◎ 수행 과제

고조선, 삼국시대, 고려시대, 조선시대별로 사건이나 문화재를 하나 이상씩 뽑아서 자신만의 국사 연표를 만드는 것이 수행 과제이다. 크기나 형식은 상관없으며 연표의 성격만 가지고 있으면 된다. 시대별로 사건 하나 이상씩을 뽑아서 연표에 그림이나 도표 혹은 글로써 그 사건을 표현하는 것이다. 그리고 A4용지에 왜 그 사건을 연표에 넣게 되었는지 이유나 생각을 따로 적어 보는 것이다. 다음으로 만들어진 연표를 친구들에게 발표한다.

(2) 협력 루브릭

		시작 단계	발전 단계	성취 단계	모범 단계	득점
기여도	연구와 수확 정보	표제에 관련 있는 정보를 하나도 모으지 않음	표제에 약간 관련된 정보를 매우 조금 모음	표제에 상당히 관련된 기본적인 정보를 약간 모음	표제에 모두 관련된 정보를 많은 양 모음	
	정보 공유	팀 동료들에게 어떠한 정보도 공유하지 않음	표제에 약간 관련된 정보를 조금 공유함	표제에 관련된 정보를 보통 공유함	표제에 관련된 모든 정보를 공유함	
	시간 엄수	어떠한 과제들도 제출하지 않음	대부분의 과제들을 늦게 제출함	정각에 대부분의 과제물을 제출함	정각에 관련된 모든 정보를 공유함	
책임감 가지기	팀 역할의 임무 완료	부여받은 팀 역할의 어떠한 임무도 수행하지 않음	거의 임무를 수행하지 않음	거의 모든 임무를 수행함	부여받은 팀 역할의 모든 임무를 수행함	
	과학회의 참가	과학회의 동안에 이야기하지 않음	표제에 부적절한 정보를 주거나 혹은 정보를 역시 거의 주지 않음	근접한 정보를 조금 제공함	근접한 정보를 조금 제공함	
	동등하게 분배되기	다른 사람의 작업에 의존함	부여받은 작업을 드물게 함. 종종 도움이 필요함	부여받은 작업을 보통으로 함. 거의 도움이 필요하지 않음	어떠한 도움 없이 주어진 작업을 해냄	

(계속)

		시작 단계	발전 단계	성취 단계	모범 단계	득점
다른 사람들의 견해 평가	다른 팀 동료들에게 귀를 기울이기	결코 다른 이가 말하는 것을 허용하지 않음	보통 말을 많이 함-거의 다른 이가 말하는 것을 허용치 않음	경청하나 종종 너무 많이 말함	경청하며 적정한 양을 말함	
	팀 동료들에게 협력하기	팀 동료들에게 늘 논쟁을 함	종종 논쟁함	좀처럼 논쟁하지 않음	결코 팀 동료들에 대하여 논쟁하지 않음	
	공평한 결정을 하기	그들의 방법으로 실행하길 원함	모든 관점을 고려하는 대신 친구들의 관점을 고려함	모든 관점을 고려함	팀으로 하여금 정당한 결정에 이르도록 항상 도와줌	

4) 과학과 루브릭

과학과 루브릭에서는 먼저 초등학교의 전기와 관련된 단원에서 학습한 내용을 바탕으로 만들어진 '자동차 만들어 경주시키기'의 루브릭을 살펴보고, 다음으로 과학과의 핵심이라고 할 수 있는 관찰과 실험에 관련된 루브릭을 소개하고자 한다. 여기서는 과학 실험에 대한 루브릭과 과학 조사에 대한 루브릭 그리고 실험 보고서에 대한 루브릭을 소개한다.

(1) 자동차 만들어 경주시키기

① 개요

이 루브릭은 교육과정 중 과학과 4학년 단원 3. '전구에 불켜기' 단원과 5학년 '전기회로 꾸미기'에 해당하는 학습이다. 전구에 불켜기 단원에서는 직렬과 병렬로 두 개의 전지를 연결할 수 있으며, 연결 방법에 따른 불의 밝기가 어떻게 다른지를 알아보는 실험을 소개하고 있다.

② 루브릭 만들기

전지의 연결 특성을 고려한 장난감 자동차를 만들기 및 자동차 경주를 통하여 그 작동성, 제작 능력, 추리 조작 능력, 독창성 등의 성취기준에 따라 탐구와 실험 실습 능력의 종합적인 탐구 활동을 평가한다.

	3	2	1
작동성	경주에서 좋은 성적을 거두었다.	경주에서 좋은 성적을 거두지는 못하였으나 자동차가 움직였다.	자동차가 전혀 작동하지 않았다.
제작 능력	제작의 전 과정을 원활히 수행할 수 있는 능력을 보였다. • 정밀하게 전기회로도를 잘 연결하였다. • 주어진 제작시간 안에 완성할 수 있고 독자적으로 만들 수 있다. • 끊임없이 제작과정 중에 반성하고 수정할 수 있다.	제작과정을 수행하기는 하지만 정밀성을 요구하는 부분에서는 능력이 떨어진다. • 제작과정 실행에 다른 도움이 필요하다. • 반성하고 수정하는 능력이 다소 부족하다.	제작과정 수행능력이 떨어진다. • 제작시간 안에 완성하지 못한다. • 제대로 실험, 제작을 진행하지 못한다. • 실험단계를 생략하는 경우가 있다.
추리 · 조작 능력	장난감 자동차의 전기회로를 그림대로 바르게 꾸민다. • 전기회로가 직렬로 바르게 연결되어 있다. • 전선의 연결부위가 잘 이어져 있다. • 새 전지를 직렬로 연결한다.	장난감 자동차의 전기회로를 꾸미지만 고쳐야 할 부분이 있다. • 전기회로가 바르게 연결만 되어 있다. • 전선이 연결은 되어 있으나 전기가 흐르지 않게 되어 있다. • 새 전지를 사용한다.	장난감 자동차의 회로도를 해석하지 못하고 바르게 꾸미지 못한다. • 전기회로도가 직렬로 연결되어 있지 않다. • 전선이 연결되어 있지 않고 끊어져 있다. • 새 전지를 사용할 필요성을 못 느끼고 사용을 안 하였다.
독창성	조형미를 신중히 고려하여 재질, 색깔, 문양, 모양의 독창성이 엿보인다. 자동차 경주시에 경주능력 향상에 도움이 되게끔 만들어져 있다.	조형미를 고려하였으나 정밀성과 미적 감각이 떨어지며 재료가 부적절하다. 모양은 좋으나 실용성이 떨어진다.	외관을 꾸미지 않았다. 꾸미기는 하였으나 미완성이며 경주에 지장을 주는 경우가 있다.

◎ 수행 과제

학생들은 문제 인식, 실험 계획 세우기, 실험하기, 실험 결과 정리하기, 실험 결과 해석하기, 자동차 경주하기, 자기평가 및 동료평가하기, 발표하기까지의 전 과정을 차례대로 수행함으로써 과학과에서 필요한 탐구 학습이 이루어지도록 설계하였다.

이러한 과정을 통하여 관찰, 분류, 측정, 의사소통 능력, 추리, 예상 능력, 자료 수집 및 처리 능력, 실험 설계, 실험 수행 능력, 자료 해석의 학습 내용을 이해하고 알게 되었다.

(2) 과학 실험에 관한 루브릭

일반적인 과학 실험 루브릭

형식				
	뛰어나게 잘하였음 (4)	**만족스러움 (3)**	**어중간함(보통) (2)**	**만족스럽지 못함 (1)**
표지	제목과 이름, 날짜, 반, 선생님, 기간을 포함하고 있다.	제목과 이름을 제외한 1가지가 누락되었다.	제목과 이름을 제외한 2가지가 누락되었다.	2가지 항목 또는 제목, 이름이 누락되었다.
진행	문제 제기, 가설, 증거, 과정, 자료, 분석, 결론들이 논리적으로 구성되어 있다. 그리고 모든 것들이 나타나 있다.	진행과정에서 1가지 부분이 누락되거나 잘못 진행되었다.	진행 과정에서 2가지 정도의 부분이 누락되거나 잘못 진행되었다.	2가지 이상의 부분이 누락되었거나 잘못 진행되었다.
명확성	실험 보고서의 부분들은 다른 것들과 명확하게 구분된다; 올바른 문법이 사용되었다; 그림과 도표가 바르게 이름 붙여지고 분류되었다.	항목들이 명확하게 분류되었으나 각 부분들의 독립성이 없다; 문법은 대체로 바르게 사용되었다; 그림과 도표가 바르게 분류되었으나 이름이 붙여지지 않았다.	항목들이 분류되었으나 항목 간의 독립성이 없다; 문법에서 틀린 부분이 많다; 그림과 도표가 분류되었으나 구성요소, 항목들에 오류가 있다.	항목들은 분류되지 않았고, 독립성도 없다; 언어의 사용이 미숙하다; 그림과 도표에 이름이 붙여지지 않았고 분류되지도 않았다.

(계속)

상황				
	뛰어나게 잘하였음 (4)	만족스러움 (3)	어중간함(보통) (2)	만족스럽지 못함 (1)
가설, 전제	실험 목적에 대한 올바른 설명을 명시하였다; 주어진 상황에 의해 교육되었다.	얼마의 실험 계획에 따른 정확한 실험의 목적이 진술되었다.	올바른 목적이 명시되었다.	실험의 목적이 불분명하다.
구성	실험 과정의 기술이 단계별로 명시되어 있다; 도식과 장치의 그림, 실험에 상용된 기구가 분류되어 있다.	실험 과정에서 1가지 정도의 세부항목을 제외한 나머지들이 단계별로 기술되어 있다. 도식과 그림은 포함되어 있으나 분류되어 있지 않다.	2가지 정도의 세부항목을 제외한 나머지들이 단계별로 기술되어 있다; 장치, 기구에 대한 언급은 있으나 보이지는 않는다.	설명이 부족하고 2가지 이상의 세부항목들이 빠져 있다; 실험에 사용된 장치나 기구에 대한 언급이 없다.
세부항목	자료 분석에 사용된 공식, 계산 과정과 사용 방법에 대한 설명을 포함한다. 관찰한 것과 그것에 대한 느낌을 기술하였다. 모든 핵심 자료들이 포함되어 있다.	자료 분석에 사용된 공식과 계산 과정이 포함되어 있다. 관찰한 것과 그것에 대한 느낌이 어느 정도 기술되어 있다.	자료 분석에 사용된 공식이나 계산 과정이 포함되어 있다. 관찰한 것들이 어느 정도 기술되어 있다. 몇 개의 핵심 자료들이 포함되어 있다.	자료 분석에 사용된 공식이나 계산 과정을 포함하고 있지 않다. 실험한 것에 대한 언급이 없다. 핵심 자료들이 보이지 않는다.
정확성				
장치	장치들이 바르게 사용되었고 보고서에 계속적으로 일관되게 사용된다.	장치들이 보고서의 대부분에서 일관되게 사용되었다.	장치들이 단지 보고서의 몇 군데에 사용되었다.	장치들이 거의 사용되지 않았거나 일반적으로 틀린 장치였다.
자료 조작	계산 결과를 명확히 나타냈다. 차원의 분석값과 계산값이 정확하다. 도표에 모든 가변적인 정보를 정확히 나타냈다.	계산 결과인 차원의 분석값과 계산이 거의 오류를 포함시키지 않는다. 도표는 가변적인 정보를 나타내나 꼬리표가 없다.	계산의 결과적인 차원의 분석값과 계산값이 사용되지 않았으며 도표들이 자료와 틀리게 제시되었다.	
결론				

(3) 과학 조사에 관한 루브릭

기준/단체	4	3	2	1
질문/가설	질문(k~4) 또는 가설(5~12)은 전체적으로 발전되어 간다. 가설은 인정된 양쪽 다양성들을 정확하게 진술한다.	질문 또는 가설이 합리적으로 관련성 있게 충분히 발전되어 간다.	질문 또는 가설이 약간의 관련성 있게 부분적으로 발전된다.	질문 또는 가설이 제한되게 또는 전혀 관련성 없게 큰 결점들을 가지고 있다.
조사 계획	조사는 진술된 질문 또는 가설의 잘 조직된 테스트이다. 발전적으로 적당한 구성요소(물질, 조직, 절차, 안정성)의 모든 것이 정렬되어서, 조사가 묘사되는 것처럼 정확하게 모사될 수 있다.	조사는 합리적으로 세워진 텍스트이다. 구성요소들의 모든 것은 합리적으로 정렬되어 있어 조사가 모사될 수 있다.	조사는 부분적으로 조직된 테스트이다. 구성요소의 약간은 놓쳐서 이것을 모사하기에 어렵게 만든다.	테스트가 질문 또는 가설에 관련되지 않았다. 정보(설명)는 조사를 모사하는 데 충분하지 않다.
자료 수집 방법	충분한 자료가 가장 효율적이고 적절한 방법으로 수집된다. 자료는 가장 관련되어 있고 조직된 방법들을 사용하여 정확하게 기록된다.	합리적이고 많은 양의 자료가 충분한 태도에서 수집된다. 자료는 조직된 방법들을 사용하여 기록되고 나타내어진다	최소한의 양의 자료가 수집된다. 자료는 기록된 채 나타나지만 몇몇의 조직들이 부족하다.	충분하지 못하게 자료가 수집된다. 자료들은 잘 조직된 채 기록되거나 나타내어지지 못하였다.
자료 분석: 결론, 언급, 추천	조사의 정확한 진술은 질문이나 가설에 직접적으로 관련한다. 명백한 추정은 결론의 정확한 평가로부터 만들어졌다. 추천은 조사의 발견물을 가지고 명백하게 일관된다. 그리고 매우 훌륭한 근거를 제공한다.	결과의 합리적인 진술은 질문이나 가설에 훌륭한 관계를 보여 준다. 합리적인 추정이 결론으로부터 만들어진다. 추천은 조사의 발견물을 가지고 합리적으로 일관된다. 그리고 훌륭한 근거를 제공한다.	결과의 진술은 질문이나 가설에 약간의 관계성을 보여 준다. 추정은 결론에 의해 최소한적으로 보조(원조)된다. 추천은 발견과 함께 명백히 일관되지 못한다. 그리고 궁금점이 있는 근거를 제공한다.	결과의 진술이 질문이나 가설의 어떠한 관련성을 보여 주지는 못한다. 추정은 결론에 의해 보조되지 못한다. 추천은 발견물과 어떠한 관련성을 보이지 못한다. 그리고 빈약한 방어를 제공한다.

(4) 실험 보고서에 대한 루브릭

다음은 글렌브룩 남부 고등학교 과학 평가 학생 실험 보고서 루브릭이다.

① 문제 진술

학생은 실험하고자 하는 문제에 대해 배경 지식으로부터 가능한 한 정확하고 완전하게, 분명히 진술한다. 학생은 문제를 진술함에 있어서 정확하고 완전하게 하기 위해 노력한다.

② 실험 가설

학생은 단지 그들이 일어나리라 생각하는 것이 아니라 배경 지식의 해석과 적절한 경우를 기초로 하여 일어날 일을 예상한다.

③ 실험 설계

실험 설계의 설명에 다음을 포함한다.

1. 사용된 재료, 그 재료와 실험에 사용된 통제 변인, 종속 변인, 독립 변인 사이의 관계를 나타내는 목록
2. 실험 설계의 진술에 포함되는 것:
   a. 어떤 데이터를 모을 것인가?
   b. 얼마나 많은 시도를 할 것인가?
   c. 어떻게 변인들을 통제할 것인가?
   d. 수집된 데이터들로부터 어떤 그래프나 차트가 나올 것인가?
3. 각각의 사항들이 말하고 있는 모든 주의사항과 방법의 진술

④ 데이터 수집, 표현, 분석

학생은 실험에서 신중하고 체계적으로 측정하고, 데이터를 모은다. 데이터의 그래픽 진술은 적절한 분석에 의해 행해진다.

⑤ **결론**

결론의 진술은 데이터들이 나타내고 있는 결과와 그 데이터들이 가설을 증명하는지 그렇지 않은지를 포함한다. 게다가, 실험의 오류는 그 실험과 보고 결과에 미칠 수 있는 영향을 확인해야 한다. 학생은 조사 · 발견한 것들의 적용과 연장이 가능한지를 논의하고 그 실험의 결과를 지지하기 위해 행하거나, 행해질지도 모르는 다른 실험들을 지적한다.

문제 진술			
1	2	3	4
문제의 진술이 부적절하거나 잘못되었다. 제한적이거나 관련된 설명이 아니다.	부분적으로 타당성이 있으며 문제와 조금 일치한다. 제한적으로 관련된 설명이다.	문제와 거의 일치하며 조금의 타당성이 있다. 기본적으로 관련된 설명이다.	문제와 정확하게 일치한다. 정확하고 명료하며 관련된 설명이다.
실험 가설			
문제와 예상한 결과 사이에 논리적인 연관성이 없다.	문제와 예상한 결과 사이에 연관성이 있다.	문제와 예상한 결과 사이에 논리적인 연관성이 있다.	문제와 예상한 결과 사이에 연관성이 정확하고 적절하다.
실험이 조작되지 않았다.	주 변인을 조작하려고 시도하였다.	주 변인들을 조작하였다.	모든 변인들을 분명히 조작하였다.
가설이 수립되어 있는 지식에 수동적이거나 도전적이다.	가설이 수립되어 있는 지식에 약간 관련성이 있기는 하지만 지지되지 않는다.	가설이 수립되어 있는 지식과 논리적인 관련성이 있으며 이것은 일반적으로 지지된다.	반박할 수 없는 가설이거나 수립되어 있는 지식을 뒷받침하고 이는 절대적으로 지지된다.
과학적인 개념과 용어의 사용이 부족하다.	과학적인 개념과 용어가 사용되긴 하였지만 오류를 포함하고 있다.	오류를 포함하지 않고 과학적인 개념과 용어를 사용하였다.	학생이 과학적인 개념과 용어를 사용하여 유창하게 설명하고 있다.
실험 설계			
실험 설계가 가설과 관련성이 없다.	실험 설계가 가설과 막연한 관련성이 있다.	실험 설계가 가설의 시험에 적절하다.	실험 설계가 정해진 가설의 시험에 잘 맞다.
실험과 통제의 목록이 불완전하다.	재료와 통제의 목록이 거의 완전하나 적어도 하나의 중요 항목이 빠져 있다.	재료와 통제의 목록이 완전하고 조건들이 약간 설명되어 있다.	재료와 통제의 목록이 완전하고 조건들이 완전하게 설명되어 있다.

(계속)

1	2	3	4
실험 설계			
몇 가지 절차상의 구성요소들이 막연하게 기술되어 있지만 이는 반복가능하지 않다.	실험자가 약간의 추론을 한다면 그 실험이 반복되어 이루어질 수 있도록 기술되어 있다.	그 실험이 완벽하게 반복될 수 있을 것같이 기술되어 있다.	그 실험의 기술이 완벽하고 그것의 반복이 확실하다.
주의사항이 열거되어 있지 않거나 관련성이 없으며 그 실험에 적절하지 않다.	주의사항에 적어도 하나의 중요한 고려사항이 빠져 있다 — 교정하지 않으면 학생의 안전에 조금의 위험으로 끝날 수 있는 절차.	모든 주의사항이 알맞게 기술되어 있다. 안전한 실험을 하는 데 필요할 것 같은 절차의 채택 – 학생에게 있어서 불편한 사항을 가능한 최소화할 수 있도록 하는 개선사항.	주의사항이 완벽하게 기술되어 있고 그 실험의 운영에 있어 학생의 불편과 안전에 대한 위험을 없애거나 최소화하기 위한 절차가 기술되어 있다.
데이터 수집과 분석			
데이터가 부정확하다.	대부분의 데이터들이 정확하지만 그 관찰이 정확한 측정에서 행해지지 않았다.	모든 중요한 데이터들이 정확한 측정에 기초한 관찰이 약간 있었다.	모든 중요한 데이터들이 측정되었고 관찰이 정확한 측정에 기초하고 있다.
데이터가 아무렇게나 기록되어 있다.	데이터가 믿을 수 있는 방법에 의해 기록되었다.	데이터가 효과적으로 기록되었다.	데이터가 효과적이고 능률적으로 기록되었다.
데이터 표가 없다.	데이터 표가 불완전하거나 모순이 포함되어 있다.	데이터 표가 실험에 있어서 필요한 것들과 관련성이 있다.	데이터 표가 실험에 있어서 필요한 것에 맞게 아주 잘 설계되었다.
데이터 표현			
그래프의 형태가 부적절하다.	그래프의 형태가 적당하다.	그래프의 형태가 적절하며 복수의 그래프가 정당한 이유에서 사용되었다.	모든 그래프의 형태가 적절하며 복수의 그래프가 정당한 이유에서 사용되어 있다.
데이터 점들이 빠져 있거나 정확하지 않다.	모든 데이터 점들이 포함되어 있으나 약간 부적절하게 구성되어 있다.	모든 데이터의 점들이 포함되었고 적절하게 구성되어 있다.	
부적당한 라벨이 붙어 있다.	라벨이 분명하게 없다.	라벨이 분명하다.	라벨이 분명하다.
그래프의 간격이 부적당하다.	그래프의 간격이 적당하다.	그래프의 간격이 적당하다. 그래프가 보는 사람에게 쉽도록 설계되었다.	그래프의 간격이 적당하다. 그래프가 한눈에 들어오고 그 실험의 결과를 강조한다.

(계속)

결론			
1	2	3	4
결론에 이르지 못하였거나 결론이 데이터의 분석으로부터 정당하지 않다.	결론이 너무 막연하거나 데이터의 분석에서부터 너무 벗어나 있다.	결론이 정확하고, 가설과 관련이 있다.	결론이 정확하고, 그 가설을 증명하는지 그렇지 않은지와 정확하게 관련이 있다.
	그 실험의 용어를 사용한 결론이지만 원 문제와 관련된 실험의 결론을 내리지 못하였다.	그 실험에서 조작된 용어를 사용하여 내린 결론이며 그 원 문제와 관련된 결론을 이끌어 내려고 노력하였다.	그 실험에서 조작된 용어를 사용하여 내린 결론이며 원 문제와 관련성이 있는 해답을 어떻게 구하는지를 넌지시 보여 주고 있다.
		결론이 일반적인 이해나 다른 실험들과 관련이 있다.	결론이 일반적인 이해나 행해졌거나 행해질지도 모르는 다른 실험들과 관련이 있다.

5) 그 밖의 루브릭 모델

여기에서는 정보화 시대에 접어들면서 새롭게 요구되고 있는 능력과 관련한 루브릭을 소개하고자 한다.

(1) 웹 사이트 평가를 위한 루브릭

평가기준	레벨 1	레벨 2	레벨 3	레벨 4	레벨 5
개발 과정	교사에게 손으로 쓴 신청서	페이지는 간단한 워드나 HTML로 입력	첫 페이지가 웹 브라우저로부터 출력되었다. 페이지에서 문장이 부분적으로 이루어진 신청서	웹 브라우저에서 수정된 흔적이 있는 페이지; 충분히 이루어진(또는 다양하게 설명된) 신청서	개발 과정에 대한 기준이 전체적으로 반영되었고 그에 대한 설명도 완전하게 이루어졌다.

(계속)

평가기준	레벨 1	레벨 2	레벨 3	레벨 4	레벨 5
네트워크 기술	학생은 웹 브라우저속의 웹페이지로 bring up하는데 문제를 가지고 있다.	문장은 워드보다는 다른 프로그램으로 되었다. 그림은 GIF나 JPG형식이 아닌 다른 장소에서 하나나 더 많은 다른 파일의 이름으로 되어 있다.	모든 HTML파일이 단순한 HTML의 워드 수준이다. 모든 그림이 GIF나 JPG 형식으로 저장되어 있고 모든 파일이름과 Grup number가 정확하다.	동시에 워드나 HTML을 실행한다. 자주적 인터넷 프로그램을 효과적으로 사용한다.	능률적인 교정: 평가는 워드나 HTML 사이의 교환에 의해 반영된다.
사고 과정	연결이 끊기고 관련이 없는 생각; 불명확한 사고	구체적인 설명과 평가; 원인에 대한 의미와 분석이 없다.	설명, 분석, 의미, 평가; 문제와 해결책을 확인한다.	문제를 평가하는 정보의 복합자료를 통합; 개인과 의견을 비교한다.	당면한 문제뿐만 아니라 근본적인 원인을 분석하고 검사한다; 설득력있고 명확하다.
쓰기 과정	이해, 접속이 어렵고 철자도 틀리고 다른 결함을 가지고 있다.	많은 결함을 가지고 있지만 사고의 선이 구성되어 있다.	이해하기 쉽고, 완벽한 철자, 문법이나 단어의 뜻이 한두 개 정도 문제가 있다.	레벨 3과 같지만 결함이 없다.	당명한 문제뿐만 아니라 근본적인 원인을 분석하고 검사한다; 설득력 있고 명확하다.
HTML 기술	HTML 형식을 사용하지 않았다. 본문의 내용이 문단으로 구분되어 있지 않다.	본문의 내용이 문단으로 구분되어 있고 표제를 사용하지 않았다.	항목, 표제, 제목에 따르는 기술이 적합하다. 본문의 배열, 스타일, 주제문이 눈에 띄고 규칙이 있다.	레벨 3에서 그림과 링크기능이 추가되었다.	레벨 4와 같고 적어도 두 개의 목록과 링크 같은 그림, 글자색, 배경색, 배경그림이 추가되었다.
설계	구조 또는 조직을 가지고 있지 않다.	본문은 항목이나 주제별로 분리된다.	표제이름으로 창을 분할하고 만든다.	각 조직은 의미를 밀접하게 따른다. 표제와 양식이 본문 내에서 모순이 없다.	모순없이 본문의 내용을 확장한다. 계획적 구조로 다른 브라우저나 모니터의 크기에 주의한다.
항해	한 페이지	제목과 표제가 있는 한 페이지	두 페이지(또는 한 페이지로서 다른 자원으로 링크를 사용한 것)	세 페이지로 페이지 간에 명확한 문서와 표제와 항해; 모든 연결이 잘 됨	적어도 네 페이지 이상으로 다른 페이지의 확장으로서의 기본 페이지가 있다.

(계속)

평가기준	레벨 1	레벨 2	레벨 3	레벨 4	레벨 5
그림	그림 없음	그림의 페이지/본문/계획과는 관련이 없고 대부분의 그림은 인터넷의 다른 페이지로부터 반복된다. 그림이 너무 크거나 작고 화질과 색상에 문제가 있다.	그림이 본문과 밀접한 관련을 가지고 있다. 몇몇 그림은 학생이 직접 제작하였다. 적당한 크기, 색상, 화질을 가지고 있다.	레벨 3에 그림이 추가되고 3개보다 많은 자원을 사용하였다(스캔, CD-ROM, 비디오테이프 등).	레벨 4와 같고 발전된 포토샵 기능이나 삽화 기능을 사용하였다.

(2) 전자 포트폴리오 루브릭

	5점	10점	15점	17점
제목 카드 (Title Card)	설계는 부적절하다.	설계는 더 깔끔하거나 부적절할 수도 있다.	설계는 매력적이고 다채롭다.	설계는 매력적이고 다채롭고 창의성이 엿보인다.
기교	철자와 구두점의 오류로 산만하다.	철자와 구두점의 오류가 있다.	철자와 구두점의 오류는 조금 있거나 거의 없다.	철자와 구두점의 오류는 없다.
버튼 (Buttons)	학생들의 프로젝트 카드는 프로젝트를 링크하기 위한 버튼이 4개이거나 그 이하이다.	학생들의 프로젝트 카드는 프로젝트를 링크하기 위한 버튼이 5개이거나 6개이다.	학생들의 프로젝트 카드는 프로젝트를 링크하기 위한 버튼이 7개이다.	학생들의 프로젝트 카드는 프로젝트를 링크하기 위한 버튼이 8개이다.
소리	많은 소리가 부적절하거나 산만하다.	몇몇의 소리는 부적절하고 산만하다.	소리는 질적으로 높고 적절하다.	소리는 질적으로 강화된다.
프로젝트에 대한 의견의 내용	거의 의견이 포함되어 있지 않다; 사용된 프로그램과 배운 그 주된 기술들	몇몇의 의견(반영)이 포함된다; 사용된 프로그램과 배운 그 주된 기술들	모든 의견(반영)이 포함된다; 사용된 프로그램과 배운 그 주된 기술들	모든 의견(반영)이 포함된다; 사용된 프로그램과 배웠던 세부적인 많은 기술

(계속)

	5점	10점	15점	17점
프로젝트에 대한 개인적 반응	개인적 반응이 포함된 의견의 거의 없다. 반응이 애매하거나 반복적이다.	개인적인 반응이 몇 부분 있다. 반응이 애매하거나 반복적일지 모른다.	학생들의 느낌을 분명하게 반영하는 개인적인 반응들이 담긴 의견들이 있다.	묘사적이고 통찰력 있는 개인적인 반응이 모든 의견에 있다.

학생 작품에 대한 루브릭의 실제 적용 평가의 예

다음은 사회과 수업에서 사용된 루브릭과 그 루브릭을 가지고 학생들의 결과물을 평가한 예시들이다.

예시 1	인간과 지리학의 관계

다음은 5학년 사회과 "인간과 지리학의 관계"에 나오는 루브릭이다. 이 루브릭이 요구하는 것은 학생들이 인간과 지리학 사이의 관계를 인식하고 이해하며 실생활에서 그들의 지식을 적용할 수 있는지를 평가하는 것이다. 이러한 능력을 평가하기 위해 지리학자들이 6개의 지리학적 지역으로 나누어 놓은 켄터키 지역을 보여 주고 한 지역을 선택한 다음 선택한 지역의 이름을 기록하도록 하였다. 그리고 자신이 선택한 지역의 지리학적 사실을 세 가지 적도록 한 다음 그 사실들을 뒷받침할 수 있는 지리학적 특징의 예를 적어도 한 가지 이상 기술하도록 요구하였다. 이러한 요구에 의해 작성된 학생들의 답안을 다음과 같은 루브릭에 의해 평가하였다.

인간과 지리학의 관계에 대한 루브릭

단계	기준
4	• 선택한 켄터키 지역과 관련된 지리학적 사실을 적어도 세 가지 쓰고 각 사실을 뒷받침해 주는 정확한 예를 나타낸다. • 켄터키 지역의 지리학에 관해 완벽하게 이해하고 있다.
3	• 켄터키 지역과 관련된 지리학적 사실을 두 가지 쓰고 그 사실을 뒷받침하는 정확한 예를 나타낸다. • 켄터키 지역의 지리학에 대한 일반적인 수준의 이해를 가지고 있다.
2	• 켄터키 지역과 관련된 지리학적 사실을 한 가지 쓰고 그 사실을 뒷받침하는 정확한 예를 나타낸다. • 켄터키 지역의 지리학에 대해 좁은 수준의 이해를 가지고 있다.
1	• 선택한 지역과 관련된 지리학적 사실에 대한 최소한의 이해를 보인다. • 학생은 지역의 지리학에 관한 사실을 기록한다
0	• 지리학적인 사실에 관한 기록이 전혀 없다.

다음은 학생들의 답안에 제시되어야 하는 인간과 지리학의 관계에서 제시되어야 하는 요인들이다. 학생들은 아래에 제시된 요인들 중 세 가지 이상을 자신들의 답지에 제시해야 한다. 그리고 이러한 요인들의 영향을 정확하게 자세히 진술할 수 있어야 한다.

이윤에 영향을 미치는 경제적 요인들	
• 인간과 자연의 특성	• 기후와 자연 재해
• 위치	• 인간과 환경의 상호작용
• 자연적 지형(특색)	• 이주
• 날씨	• 지역적, 문화적 특색

다음은 앞서 제시한 루브릭에 의해 평가된 학생들의 답안 중 각 수준을 가장 적절하게 보여 주는 예를 제시한 것이다. 아래의 예시들은 루브릭을 사용하여 학생들의 과제나 성과물을 어떻게 평가하고 활용하는지를 보여 준다.

4수준의 평가를 받은 학생의 답안과 교사의 평가

◎ 학생의 답안

켄터키에는 6개의 지역이 있다.
나는 Eastern Coal Field 지역을 선택하였다.
이 지역에 관해서는 많은 지리학적 사실들이 있다. Eastern Coal Field는 산지이다. 애팔래치아 산맥의 일부가 이 지역으로 뻗어 있다. 이 지역의 산들 중 하나는 Black Mountain이다. 이곳은 켄터키에서 가장 높은 곳이다.

Eastern Coal Field에 관한 또 다른 지리학적 사실은 산들과 거기에는 많은 산 고개길이 있다는 것이다. 이 지역에서 가장 유명한 산 고개는 Cumberland 고개이다.
Cumberland 고개는 초기 개척자들이 켄터키로 들어올 때 사용되었다.

또 Eastern Coal Field에는 일부 암석층이 있다. 가장 유명한 것으로 NB가 있다. 가장 알아주는 것 중 하나는 Natural Bridge라 불린다. 이 암석층은 다리 형태를 하고 있기 때문에 Natural Bridge라 불린다.
Eastern Coal Field에는 많은 지리학적 사실들이 있다.

◎ 교사의 평가

이 학생은 우선 첫 번째로 Eastern Coal Field 지역에 산지가 많다는 정확한 지리학적 사실과 이 사실을 뒷받침해 주는 예로서 애팔래치아 산맥과 Black Mountain을 제시하였다. 또한 이곳이 켄터키에서 "가장 높은 곳"이라는 사실에 입각한 정보를 포함하고 있다. 다음으로 Eastern Coal Field 지역의 또 다른 지리학적 사실로서 산 고개길을 제시하고 이를 뒷받침하는 예로서 Cumberland 고개를 들었다. 또한 이 고개가 "초기의 개척자들이 켄터키로 들어올 때 사용"하였다는 지리학적 의미와 중요성에 관해서도 설명하였다. 마지막으로 학생은 이 지역에 관해 세 번째 정확한 지리학적 사실로서 암석층을 들고 그것을 뒷받침하는 예로서 Natural Bridge를 들었다. 또한 이 암석층의 이름이 암석층이 이루고 있는 형태에 의한 것이라는 자세한 사실을 정확하게 기술하였다.
전체적으로, 이 답안은 선택한 지역에 대한 3가지 정확한 지리학적인 사실을 제시하였다. 그리고 각 지리학적인 사실들을 뒷받침하기 위해 적어도 한 가지 이상 적합한 예를 제시하였을 뿐만 아니라 지리학적 사실이 지니고 있는 지역에 관한 중요한 정보를 기술하였다.

3수준의 평가를 받은 학생의 답안과 교사의 평가

◎ 학생의 답안

나는 켄터키 지역을 선택하였다. 내가 택한 것은 Bluegrass이다. 이제 나는 이 지역에 관해서 세 가지 사실들을 얘기하겠다.

한 가지 사실은 이 지역에 농장들이 많다는 것이다. 지리학적 특징으로 이 곳에 소들이 먹기 위한 신선한 풀이 많다는 것을 입증한다.

또 다른 사실은 고기가 많다는 것이다. 그 이유는 Ohio 강 때문이다.

다른 사실은 이 곳은 많은 수의 큰 도시를 가지고 있다는 것이다. 뒷받침을 위한 증거로 지도에서 켄터키의 큰 도시들을 찾으려 할 때 Bluegrass에서 Louisville을 볼 수 있다. 이 곳은 거대한 도시이다.

Bluegrass 지역은 이러한 세 가지 사실들을 포함한다.

◎ 교사의 평가

학생은 지리학적 사실을 설명하기 위해 Bluegrass 지역을 선택하였다. 그리고 이 지역에 관한 첫 번째 지리학적 사실로 "많은 농장"을 제시하고 그 예로서 소들이 먹기 위한 농장을 언급하였다. 학생은 지역에 관한 정확한 지리학적 사실("많은 농장")을 제시하고 그 예로서 소들이 먹기 위한 농장을 언급하였다. 하지만 그러한 농장이 구체적으로 어디에 있으며 그러한 농장의 이름이 무엇인지는 명확하게 쓰여져 있지 않다. 두 번째로 제시한 지리학적 사실로 "고기가 많음"을 들었다. 그리고 그 구체적인 예로 Ohio 강을 들었다. 다음으로 "많은 수의 큰 도시"를 이 지역의 세 번째 지리학적 사실로 들고 대표적인 큰 도시로 Louisville을 들었다.

전체적으로 이 답안은 특정한 지역에 대한 지리학적 특징은 세 가지를 들었다. 하지만 그러한 특징이 드러나는 구체적인 예를 첫 번째 "많은 농장"에서는 들지 못하였다. 그리고 구체적인 예를 제시한 나머지 두 가지 특징에 대해서도 단순히 지리학적 특징을 보여 주는 지역을 언급하고 있을 뿐 어떠한 지리학적 의미를 가지고 있는지 드러내지 못하였다. 학생의 대답은 특정한 지역의 지리학적 사실들을 완벽하게 이해해서 설명하기보다 일반적으로 설명하고 있다.

2수준의 평가를 받은 학생의 답안과 교사의 평가

◎ 학생의 답안

Eastern Coal Field

Eastern Coal Field에 관한 사실들
1. 그곳은 산지이다.
2. 여기에 석탄이 풍부하다.
3. 공급용의 충분한 물을 가지고 있다.

사실들을 뒷받침하기 위한 예
1. 애팔래치아 산맥이 Eastern Coal Field를 통한다.
2. 석탄은 산들에서 채굴한다.
3. 이 지역 호수들 때문에 공급용의 물이 가능하다.

◎ 교사의 평가

학생은 Eastern Coal Field에 관한 지리학적 사실로 "산들", " 석탄의 충분함", "물의 충분함" 세 가지를 정확하게 기술하였다. 그리고 이러한 지리학적 사실에 대한 예를 제시하려는 시도를 하였지만 오직 하나의 예만이 정확하고 명확할 뿐 나머지는 정확하고 명확한 예시를 들지 못하였다.

1수준의 평가를 받은 학생의 답안과 교사의 평가

◎ 학생의 답안

나는 Jackson Purchase를 선택하였다. Jackson Purchase는 강 근처이고 그 곳은 Pennyroyal에 접해 있고 그 곳은 Western Coal Field에서 그리 멀지 않다.

◎ 교사의 평가

이 답안은 Jackson Purchase 지역을 선택하였다. 그리고 이 지역의 지리적 특징으로 지역의 위치와 관련하여 "강 근처"에 위치하고 "Pennyroyal에 인접"해 있으며 "Western Coal Field에서 그리 멀지 않다"는 사실을 기술하였다. 하지만 이 지역에 관한 세 가지 사실들만을 기록하였을 뿐 그 사실들을 뒷받침하는 어떤 예도 제시하지 않았다. 또한 제시한 사례들 역시 지역에 관한 최소한의 정보만을 보여 주고 있다.

예시 2	레모네이드 가게 열기

두 번째 예는 최대의 이윤을 창출할 수 있는 레모네이드 가게를 열기 위해 고려해야 하는 경제적 요인들에 대한 이해를 묻는 수행 과제의 루브릭이다. 이 수행 과제 루브릭은 레모네이드 가게를 열기 전에 최대의 수익을 낼 수 있는 요인들에 대해 생각하도록 하고 이를 통해 이윤에 영향을 미치는 경제적 요인에 대하여 이해하고 있는지를 서술할 것을 요구하고 있다. 이러한 서술을 통해 학생들이 이윤이 물건을 판 수입과 물건을 생산하기 위해 소비하는 비용 사이의 차이라는 사실을 알고 있는지를 확인하게 된다. 또한 학생들이 이윤에 영향을 미치는 경제적 원리들을 이해하고 일상생활에서 직면하게 되는 다양한 경제적 상황에서 합리적인 결정을 내릴 수 있는지를 평가한다. 이 수행 과제는 아래의 루브릭에 의해 평가되었다.

수준	성취기준
4	• 학생은 이윤을 추구할 수 있는 레모네이드 매점이 어떠해야 하는지 결정하는 알맞은 요인을 적어도 세 가지 설명한다. • 이윤의 개념과 이윤에 영향을 미치는 다른 요인의 정확한 지식을 설명한다.
3	• 학생은 이윤을 만들 수 있는 레모네이드 매점이 어떨지를 결정하는 두 가지 알맞은 요인을 설명한다. • 이윤의 개념 그리고/또는 이윤에 영향을 미치는 다른 요인의 일반적인 지식을 설명한다.
2	• 학생은 이윤을 만들 수 있는 레모네이드 매점이 어떨지를 결정하는 알맞은 요인을 적어도 두 가지 설명한다. • 그러나 지식이 제한되어 있다.
1	• 학생은 이윤을 만들 수 있는 레모네이드 매점이 어떨지를 결정하는 요인의 최소의 이해를 보인다.
0	• 대답이 아주 부정확하거나 부적절하다. • 대답이 없다.

다음은 학생들의 답안에 제시되어야 하는 이윤에 미치는 경제적 요인들이다. 학생들은 아래에 제시된 요인들 중 세 가지 이상을 자신들의 답지에 제시해야 한다. 그리고 이러한 요인들이 수입에 미치는 영향을 정확하게 자세히 진술할 수 있어야 한다.

이윤에 영향을 미치는 경제적 요인들

- 부과한 가격
- 사업 자금
  (즉, 레모네이드, 공급, 매점)
- 대량 판매
- 공급과 수요
- 위치 선정
- 기후/시간
- 광고
- 일을 놓침
  (즉, 비가 오거나 추운 날 매점을 닫음)
- 손님 서비스
- 마케팅 전략
- 상품의 질

다음은 앞서 제시한 루브릭에 의해 평가된 학생들의 답안 중 각 수준을 가장 적절하게 보여 주는 예를 제시한 것이다. 아래의 예시들은 루브릭을 사용하여 학생들의 과제나 성과물을 어떻게 평가하고 활용하는지를 보여 준다.

4수준의 평가를 받은 학생의 답안과 교사의 평가

◎ 학생의 답안

이윤을 추구하는 데 필요한 세 가지 중 한 가지는 사람들이 그것을 사길 원하고 너무 비싸다고 생각하지 않도록 적당한 가격에 레모네이드를 파는 것이다. 또 한 가지는 레모네이드를 만드는 재료를 살 때 소비한 돈의 양보다 꼭 더 높은 값에 레모네이드를 팔아야 한다는 것이다. 만약 재료비가 50센트이고 레모네이드를 1달러에 판다고 가정해 보자. 30잔의 레모네이드를 팔았다고 하면 30달러를 벌었다. 그러나 재료를 위해 사용한 50센트를 빼야 하기 때문에 결국 25달러 50센트를 번 것이다. 마지막으로 고려해야 할 것은 시지 않고 너무 달지 않은 맛있는 레모네이드를 만들어야 한다는 것이다. 만약 레모네이드가 맛있다면, 그것은 훌륭한 상품이다. 손님이 원하지 않으면 나쁜 상품이다.

◎ 교사의 평가

이 학생은 이윤을 결정짓는 세 가지 요인을 정확히 설명하였다(재료, 가격비용, 상품의 질). 또한 각 요인가격의 필요성을 예시를 통해 구체적으로 기술하였다. 가격은 소비자가 원하는 가격을 고려하여야 함을 밝혔다. 그리고 이익의 개념을 구체적인 예를 사용하여 들고 재료의 비용보다 판매가격이 비싸야 한다는 사실을 기술하였다. 전체적으로 기본적인 경제의 원리와 가장 중요한 이익의 개념에 대하여 정확한 지식을 가지고 설명하였다. 그리고 이익을 결정짓는 세 가지 요인으로 부과된 가격, 재료비용과 상품의 질을 들었다. 그리고 이익이 상품을 생산하는 데 드는 비용과 상품을 판매하여 얻어지는 수입의 차이에 의해 생겨난다는 사실을 예를 들어 설명하였다.

3수준의 평가를 받은 학생의 답안과 교사의 평가

◎ 학생의 답안

> 우선 나는 맛있는 레모네이드를 만들 필요가 있다. 그것을 샀을 때보다 더 비싸게 그것을 팔 필요가 있다. 나는 그것과 함께 쿠키와 음료를 팔 수 있다. 또 매점은 직접 만들어 비용을 줄일 수 있다. 또 아버지의 일터로부터 약간의 못과 판자를 구하면 이것은 전혀 비용이 들지 않는다. 많은 레모네이드와 컵들이 필요한데 우리 집 앞에서 그것을 팔기 때문에 아무도 아무것도 훔칠 필요가 없다. 또 내 돈으로 자전거나 4륜차를 타기 위한 헬멧을 살 수 있을 것이다.

◎ 교사의 평가

> 학생은 이익을 결정하기 위한 세 가지 요인으로 상품의 질, 부과된 가격, 재료비용을 들었다. 그리고 학생은 생산에 드는 비용보다 높은 가격에 상품을 파는 것이 중요함을 기술하였다. 하지만 전체적으로 그 요인들이 어떠한 경제적 원리에 의해 이익에 영향을 미치는지 진술하지 못하고 있으며 구체적인 사례나 예시도 들지 못하고 있다.

2수준의 평가를 받은 학생의 답안과 교사의 평가

◎ 학생의 답안

> 이윤을 만들기 위해 생각할 세 가지 것들
> 1. 레모네이드 만드는 비용
> 2. 음료 한 잔에 대한 가격
> 3. 레모네이드 만들어 내는 각 용기마다 만들 수 있는 잔의 수

◎ 교사의 평가

> 학생은 이윤의 결정을 위해 작성해야 할 세 가지 요인들 중 부과된 가격과 사업 비용이라는 두 가지 요소만을 기록하였다. 또한 구체적인 예나 원리를 전혀 제시하지 않았다. 학생은 생산을 위한 가격보다 상품을 더 비싸게 팔아야 하는 것의 중요성을 진술하지 않았다. 전체적으로 학생은 이윤의 개념에 대한 제한된 지식만을 보였다.

1수준의 평가를 받은 학생의 답안과 교사의 평가

◎ 학생의 답안

레모네이드 재료와 새 주전자와 컵들을 구입해야 하는 양. 내가 구입해야 하는 재료와 물품들에 대한 가격 목록을 준비해야 한다. 그리고 그 비용을 지불해야 한다.

◎ 교사의 평가

학생은 이윤을 결정하기 위한 두 가지 요인 재료비용과 광고를 제시하였다. 그리고 학생은 이윤의 개념에 대한 이해를 보여 주기에 가능한 부과된 가격을 언급하지 않았다. 따라서 학생은 이윤을 결정하기 위한 요인에 대해 최소한의 이해를 보이고 있다.

제6장

국가 차원에서의 대안적 평가 모델: KIRIS

KIRIS(Kentucky Instructional Result Information System)는 켄터키 주 전체에서 교육적 책무성을 강조하며 수행을 바탕으로 실시한 학생 평가 시스템이다. KIRIS는 '책무성'을 기초로 하는 평가 프로그램으로 평가에 대한 결과에서 중요한 발전을 보인 학교에 포상을 하고, 발전을 보이는 데 실패한 학교에는 제재를 가하는 것을 목적으로 만들어졌다. 그리고 그 근본적인 취지는 전통적 평가 방법에서 벗어나 새로운 대안적 평가 방법으로 학생들을 평가하도록 하여 일선 학교의 평가 방법을 개선하고 이를 통하여 학교의 교육과정과 수업, 교수법을 변화시키기 위한 것이다. 따라서 켄터키의 모든 학교에서는 이 평가 시스템에서 높은 점수를 받기 위하여 새로운 수행평가 방법(Performance Task, Rubric, Portfolio)을 차용해야 하며 교사들의 수업 방법과 평가 방법을 변화시켜야 할 필요를 느끼게 만든다. KIRIS가 미국과 전 세계의 평가 연구 분야에서 관심을 받는 이유는 최초로 수행을 바탕으로 한 교육과정과 평가 개혁이라는 점, 그리고 한 나라에 해당하는 켄터키 주 전체를 대상으로 하여 실험 작업을 하였다는 점에 있다.

1. KIRIS의 등장 배경

1998년 6월 켄터키 주의 대법원은 국민에 대한 현재의 공교육 체제가 "위헌"이라고 판결하였다. 국민들 중 모든 아이들은 충분한 교육을 받을 공정한 기회를 제공받지 못하고 있다고 판결한 것이다. 법원은 평의회에게 더 공정한 체계를 세우고 그것이 계속 유지될 수 있도록 지속적인 감시가 가능한 체계를 세우도록 명령하였다. 그리하여 켄터키 주 교육개선안(KERA)이 탄생하게 된 것이다. KERA의 가장 중요한 요소로 Kentucky Instructional Result Information System(KIRIS)이라고 명명된 학생 평가 시스템이 등장하였다.

2. KIRIS의 특징

학교에서 실행된 과거의 평가 방법은 계속적인 교육 정책들로 인하여 학교 개선이 이루어지지 못하였고 학교 평가가 시험 자체를 위한 목적으로 변질되고, 가장 큰 문제점으로 선다형 문제와 객관식으로 된 지필평가로 이루어져 있어서 낮은 수준의 교육 내용을 평가하는 데 초점을 두었다는 비판을 받았다. 과거 채점 위주 평가들과 구별되는 KIRIS는 일상적인 교육 시스템에 충격을 주고 새로운 평가 과정 정립을 목적으로 새로운 평가 방법, 보조금(교사 훈련, 교육 자재 등 충당), 변화에 필요한 시간을 제공하는 것을 그 특징을 한다. 그리고 이러한 변화를 위하여 약 20년 동안의 계획을 근간으로 변화를 가져올 것을 계획하였다.

KIRIS의 장점

고수준 평가(high-stakes testing)	KIRIS
평가 체제 실패의 책임을 학생에게 돌림	실패의 결과가 학교로부터 나옴
평가 결과에 대해 교사에게 지나친 비난	교사를 문제 해결의 열쇠로 평가 체제의 협력자로서 인정
성적이 부진한 학생들은 평가에서 제외됨	버려지거나 제외되는 학생이 없음(포용성)

이에 KIRIS의 기준이 되는 KERA에서는 켄터키 주의 새로운 학교교육의 목표를 다음 여섯 가지로 새롭게 정립시켰다.

① 살아가면서 맞이할 상황에 필요한 기본적인 의사소통 능력과 수학적 기술
② 살아가면서 맞이할 수학, 과학, 예술, 문학, 사회 그리고 일반적인 생활에 대한 핵심 개념과 원리
③ 스스로 살아갈 수 있는 독립적인 개인으로 만들기
④ 가족, 직장, 사회에서 책임 있는 일원이 되기
⑤ 학교와 살아가면서 맞이할 다양한 상황들에 대해 생각하고 문제를 해결할 수 있는 능력
⑥ 학교를 통해 학습한 지식을 실생활에 연결하고 통합하는 능력

이러한 여섯 개의 주 수준의 교육 목표를 실현하기 위하여 학습자의 성취기준을 설정하고 이를 평가하기 위한 다각도의 3단계 평가 프로그램이 설계되었다. ① 쓰기와 수학에 관한 영역에서는 포트폴리오, ② 수학/과학/사회/예술/인문학/언어 교육과 일반 생활은 수행 측정을 하며 ③ 읽기/쓰기/수학/사회/과학/사회/예술/인문학/언어 교육과 일반 생활에서는 과도기적 시험(전통적인 시험)을 실시하는 것이다. 평가의 성취에 대한 기준은 크게 다음 네 가지(Novice, Apprentice, Proficient, Distinguished)로 구성되며, 제일 처음 실시한 결과는 학교의 기본 정보를 작성하는 데 사용되고 이후 실시한 것은 성과를 기록하고, 상을 주며, 필요하면 제재를 가하는 데 사용된다.

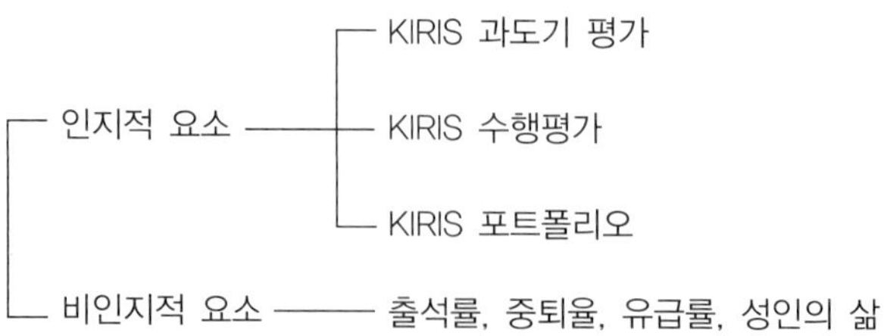

[그림 6-1] KIRIS의 구성요소

KIRIS의 구성요소

<table>
<tr><td rowspan="3">**목표 2
(인지적 요소)**</td><td>KIRIS
과도기 평가</td><td>• 평가 영역: 읽기, 수학, 과학, 사회(쓰기)
• 문제 타입: 선다형(multiple-choice)
문장구성 응답(constructed-response)
• 주어진 시간: 90분(+45분)</td></tr>
<tr><td>KIRIS
수행평가</td><td>• 평가 영역: 수학, 과학, 사회(+ 예술, 인간성, 삶, 직업상의 학문 평가)
• 특징: 교육에 억지로 대입
그룹 활동 요구</td></tr>
<tr><td>KIRIS
포트폴리오</td><td>• 종류: 종이 폴더, 비디오테이프, 컴퓨터, 기타 장비
• 매일의 성취로부터 데이터를 얻고 이것으로 평가</td></tr>
<tr><td>**목표 3, 4, 6
(비인지적
요소)**</td><td colspan="2">• 요구: 출석률을 높이고, 중퇴율을 낮추고, 보류율(유급)을 낮추고, 어른이 되어서 성공적인 변화를 만들 수 있는 학생의 수치를 높임
• 16% 정도 차지
• 출석률: 영구적으로 남아 있음
• 보류(유급)율: 가을에 수집
• 탈락률: 가을에 수집
• '성인의 삶': 9월 1일 ~ 10월 15일</td></tr>
</table>

학생들의 성취기준

Distinguished	아주 뛰어난 학생
Proficient	대표 수준 이 수준을 표준으로 다른 수준 정의
Apprentice	Novice와 Proficient의 중간 수준의 학생
Novice	Proficient로는 설명할 수 없는 학생

1) 성적 책임에 대한 보상과 제재

이러한 목표에 기초하여 켄터기 주의 모든 학교가 주어진 목표를 얼마나 달성하였는지를 평가하기 위하여 다음과 같은 지표를 만들고 주 전체의 교육 행정가, 교장과 교감, 교사들이 참고하도록 하였다.

성적 책임 요구(Accountability Requirements)

레벨	A School's Accountability Index	내용
1	목표 1% 이상 달성	보상
2	목표 1% 미만 달성	성공, 보상은 없음
3	기준치 이상 목표치 미만	성장 계획서 제출 교육 전문가의 조력(기금 사용, 상담자) 폐교
4	기준치의 5% 이하 하락	성장 계획, 교육 전문가 조력 폐교
5	기준치의 5% 이상 하락	폐교

2) 평가 과정

이러한 목표가 과연 학교에서 어떻게 실현되는지를 평가하기 위하여 켄터키 주의 모든 학교들은 다음과 같은 평가 시기와 방법을 선택하도록 하였다. 아울러 무엇을 평가할지에 대하여 기준을 마련하였다.

[참고 1] 성적 책임 지수 생성

평가와 책임제도에서 기초적인 점수(Time 1)와 개선의 목표(Time 2), 이 둘 다는 매년 2년마다 새로 책정되는데 이 둘 사이의 관계에 기초를 둔 학교의 성취 지수에서 변화로 운영된다. 개선된 목표는 모든 학교를 위한 주정부의 목표인 100과 그 점수 사이 차이의 10%를 기본점수에 더함으로써 결정된다. 그러므로 30을 기본 점수로 가진 학교의 목표 점수는 100과 30의 차이인 70에서 70의 10%인 7이 기본 점수에 더해진 37이 목표 점수가 된다. 보상의 상태에 도달하기 위해 학교는 적어도 37에서 1점은 더 넘게 받아야 한다.

성적 책임의 기본 지수 계산법은 [참고 1]에 간략하게 요약되어 있지만 성적 책임 100지수는 모든 학생들이 수행의 숙달된 단계에 올랐고 비인지적 요인들이 완벽한 단계에 이르렀음을 말해 준다(100% 출석, 0% 탈락 등). 학교를 위한 성적 책임의 기본을 만들기 위해서는 다섯 개의 인지적 요인과 하나의 비인지적 요인이 대개 평균이다. 평가 프로그램이 시작되었을 때 오직 10~15%의 켄터키 학생만이

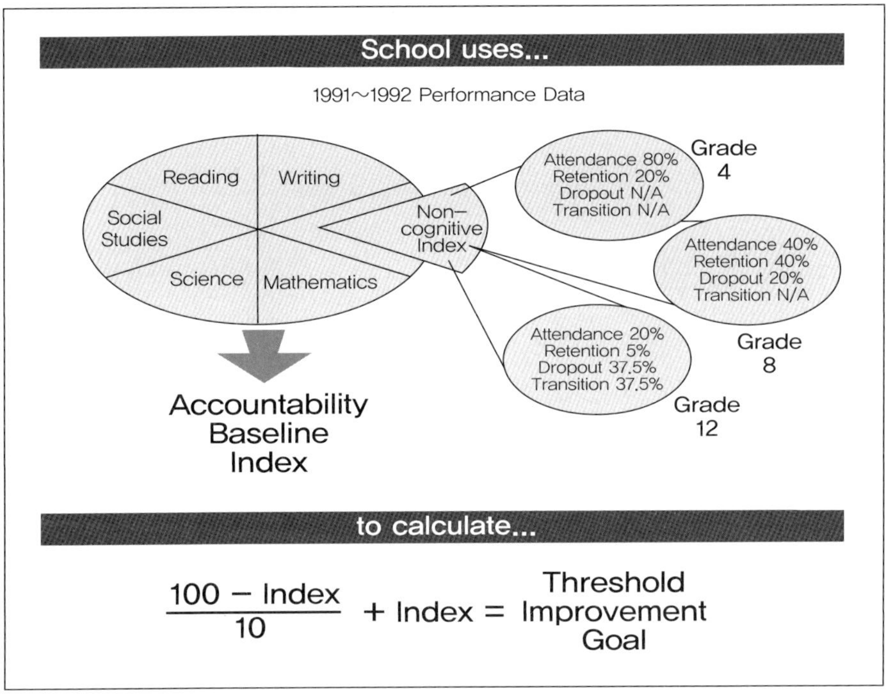

[그림 6-2] 성적 책임 지수 생성 과정

요구하는 수준에 있었다. 이 기준으로부터의 과정은 다음 20년 동안 기록된다. 이러한 방법으로 KERA는 즉각적인 정착으로 보는 것보다는 의미 있는 목표가 합당한 시간 동안 얻어지는 과정으로 보는 것이 바람직하다.

3. 평가 체제의 전체적 개요

1) 켄터기 주의 학습 목표

그림 6-3에서와 같이 성적 책임 평가(필수)에는 다음과 같은 세 가지 요소가 있다: (a) 수행 측정 (b) 포트폴리오 업무 (c) 과도기적 항목과 업무. 수행평가는 매년 한

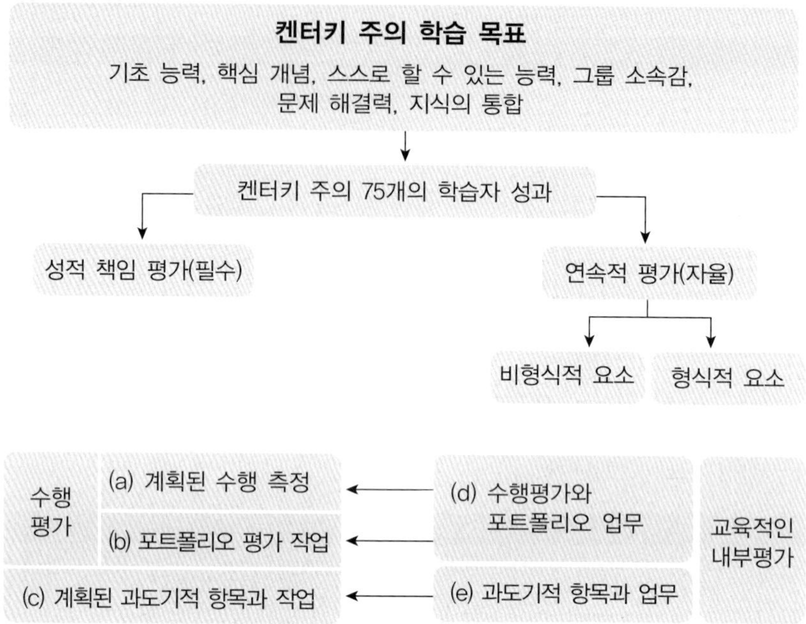

[그림 6-3] 성적과 연속적 평가기준

번씩 평가하며 성적 사정은 2년마다 수행한다. 그리고 4, 8, 12학년에 실시되며 주 정부의 계획된 시행이다.

연속적 평가(자율)의 요소는 두 개의 구성요소(형식적 요소, 비형식적 요소)를 가지고 있는데 모두 임의적이다. 먼저 형식적 요소는 4, 8, 12학년보다는 다른 학년에게 성적 요소에서 요구되는 활동 유형을 학습할 기회를 주기 위해 고안되었다. 형식적 평가에는 두 개의 요소가 있다: (d) 수행평가와 포트폴리오 업무, (e) 과도기적 항목과 업무. 이것은 학년을 마치고 실시하며 유치원~3학년, 5~7학년, 9~11학년에서 이루어지고 교사의 계획된 시행으로 실시된다. 다음으로 비형식적 요소는 학급에서 매일하는 활동과 관련된 것이다. 모든 학년의 학생과 교사는 평가 프로그램에서 요구하는 것과 유사한 것에 함께 매진해야 한다. 비형식적 요소는 교육적인 내부평가로 이루어지며 조정된 수행 기준, 교사들, 다른 요소들로부터 공급된다. 교육의 모든 학년과 부분에 걸쳐 이루어지고 역시 교사의 계획된 시행으로 실시된다.

2) 학교의 성적에 따른 보상과 제재

4, 8, 12학년 학생들의 성적을 통해 학교 측은 2년 동안(1992~1994)의 그들의 수행에 대해서 보상과 제재를 받는다. 보상과 제재의 결정은 몇 가지 요소들을 통해 평가한 성공적인 학생들의 백분율에 의한다.

TIME 1 측정 결과에서 기본 라인은 성공적인 학생들의 백분율로 이루어진다. 그 요소들은 다음과 같다: ① 성취에 대한 기대 ② 인식 목표들의 달성 ③ 출석률 ④ 퇴학과 유급률 ⑤ 학습 장애 요인들의 감소 ⑥ 성공적인 변화들. 학교 평가 결정은 아래 그림과 같이 백분위로 나타내어 결정한다.

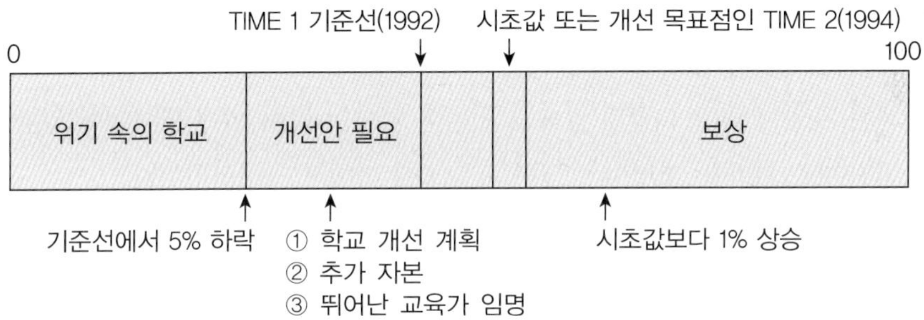

[그림 6-4] 학교 평가 결정

1992년 봄 동안에 향상된 정도를 평가하기 위한 기준선을 정립하기 위해 연방의 모든 학교는 다양한 수단으로 측정되었다. 그리고 2년 뒤 성공적인 학생들의 퍼센트 증가를 설명할 수 있는 것을 얻게 되었다. 학교 측은 2년 동안의 그들의 수행에 대해 상벌을 받았다. 4, 8, 12학년 학생들은 성적을 목적으로 이용되었다. 그러나 입법의 연속적 평가는 각 학년에 적용되었다. 위 그림은 성적 제도를 보여 준다. 성공적인 학생들의 퍼센트 구성에 도달하기 위한 6가지 학습 목표의 가중화를 위한 정형화를 개발하도록 선진 법인들은 요구받았다. 법에 의해서 5개의 다른 목표보다 인식력 부분에 보다 치중하도록 구성되었다. 1992년 봄에 측정된 성공적 학생들의 퍼센트는 학교를 위한 Time 1 기준선이었다. 각 학교에서 Time 1을, 즉 초기 상태의 기준선을 향상시켜야 한다고 생각하였다. 계약자들은 2년 성적 주기 동안 각 학교의 향상 목표를 대표하는 시초값을 구해야 하였다. 시초값은 초기 상태를 무시하고 각 학교에 공평하게 하기 위해 정의되었다. 다른 말로 성공적인 학생의 퍼센트가 높은 학교는 퍼센트가 낮은 학교만큼 향상되리라 생각되지는 않았다.

2년 주기의 끝인 1994년, 새로운 성공적인 학생의 퍼센트에 기반을 두어 성적이 결정되고 새로운 시초값이 만들어졌다. 예상보다 1% 혹은 더 뛰어넘은 학교는 재정적으로 보상을 받았다. 성공적인 학생의 퍼센트가 시초값보다 더 낮으면 학교에 제재를 가하기도 하였다. 성공적인 학생 퍼센트가 5%까지 떨어진 학교는 교육과정의 개선이 필요하였다. 그러한 학교는 향상 계획을 개발하고 추가적인 자본을 받았다. 그리고 뛰어난 교육자 그룹으로부터 도움을 받았다. 5%보다 더 떨어진 학교는 교육과정의 위기가 있었다. 학교의 위기에 대한 처벌로 학교의 운영을 주 교육부의 통제 아래에 두는 것도 있었다. 그런 수준의 규정에 대한 법적 애매함이 있어서 반드시 명시되어야만 하였다. 위에서 언급한 바와 같이 각자의 기본선을 넘은 학교는 처벌이 없고 그렇지 않으면 처벌이 있다는 것이 법에 명시되어 있다. 그리고 선진 제도 협회는 처벌이 발생하는 학교에 대해서도 정의하였다.

임시 평가(1992년 봄) ①→ 책임 평가(1994년 봄) ②→ 책임 평가(1996년 봄)

① 기준선 1(TIme 1)의 지시화살표 또는 책임에 관해 동등한 선
② 기준선 2(TIme 2)의 지시화살표 또는 책임에 관해 동등한 선

[그림 6-5] 학교 평가 결정

3) 시간에 걸친 평가의 확대

시간에 걸친 수행 유형의 상대적 중요도는 1992학년도부터 1996학년도에 걸쳐 치러진 시험 유형에 대한 분석을 통해 알 수 있다. 임시 시험(1992학년도)에서는 전통적인 평가가 대부분이었다. 첫 번째(2년 주기) 평가(1993~1994학년도)에서는 계획된 평가 결과들이 늘어났고 포트폴리오 평가 수행은 조금 확장되었다. 두 번째(2년 주기) 평가(1995~1996학년도)에서는 계획된 평가 결과와 더불어 포트폴리오 평가 수행의 확대가 두드러졌다.

시간에 걸친 켄터키 수행 평가의 평가된 결과들의 확장

1992 학년도	• 제한된 평가들이 이루어졌다. • 학습 개념 — 쓰기, 읽기, 수학, 사회과학, 과학 • 학습 목적 — 기초 능력, 핵심 개념, 문제 해결
1993~1994 학년도	• 확장된 평가들이 이루어졌다. • 학습 개념 — 쓰기, 읽기, 수학, 사회과학, 과학, 미술, 인문학, 실용학, 직업교육 • 학습 목적 — 기초 능력, 핵심 개념, 문제 해결
1995~1996 학년도	• 광범위한 평가들이 이루어졌다. • 학습 개념 — 쓰기, 읽기, 수학, 사회과학, 과학, 미술, 인문학, 실용학, 직업교육 + 스스로 할 수 있는 능력, 그룹 소속감, 문제 해결력 중 선택 • 학습 목적 — 기초 능력, 핵심 개념, 문제 해결, 스스로 할 수 있는 능력, 그룹 소속감, 해결력

임시(중간) 평가 프로그램, 확장된 기준선과 성적은 과학, 사회학, 읽기, 쓰기, 수학 이 다섯 가지의 영역을 통하여 평가가 어떻게 확대되었는지를 본다. 임시 평가는 TIME 1 기준선의 일부분이며 수행평가의 강조성이 증가하고 기준선 또는 어떤 학교가 책임이 있는지가 1992년부터 1996년까지 극적으로 확장되었다.

임시 평가는 반드시 다섯 영역 이상을 포함해야 한다. 여기서 측정의 다양한 순서는 반드시 정시에 사용되어야 하며 수행 평가는 시간 흐름의 증가를 강조하는 것을 포함해야 한다. 책임은 다섯 부분에서 측정되고 수행이 바뀐 것에 따라 인식 지시자가 화살표를 따라 연결된다. 기준선은 시간이 지나감에 따라 확장된다(인식의 범위가 넓어지는 것을 포함). 계속되는 평가 성분은 다 되어 가지만 보일 순 없다.

켄터키 주의 평가 제도는 복잡하고 획기적이다. 여기에는 비교할 수 없는 두 가지 목적이 있다. 첫째, 주 전체 학교 수준 성적 제도를 마련하는 것이다. 둘째, 공립학교의 교육방식과 과정의 획기적인 변화를 주는 것이다. 후반기에는 예시적 평가 과정은 최적의 지도에서 나온다는 전제 조건에 기본을 두었다. 평가를 가르치는 것은 높이 오르는 시험 점수를 얻을 뿐만 아니라 복구적인 제도 연습으로 이끈다고 믿는다. 지금까지 연속적 평가 요소들보다 평가 제도의 성적 비율에 더 강조를 두는 경향이 있었다. 교사들이 평가 제도를 학급에서 사용하기 위해서는 훈련을 받는 것이 중요하다. 보다 많이 증가하는 평가는 자료 수집이나 평가 업무이기 때문이다.

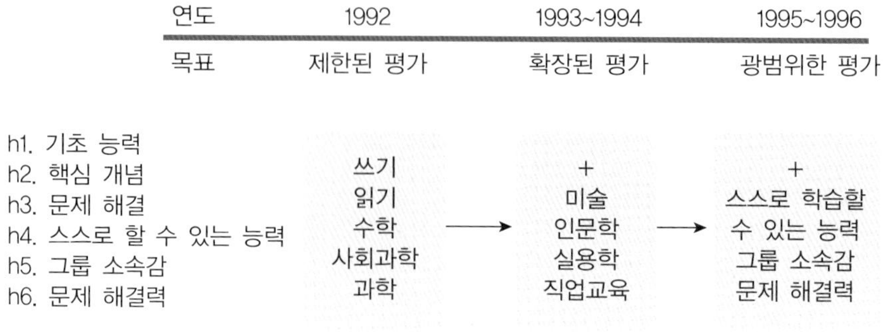

[그림 6-6] 시간에 걸친 켄터키 수행평가의 평가 결과들의 확장

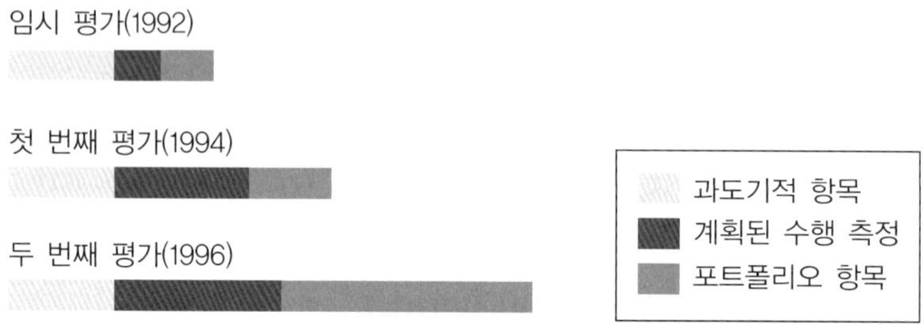

[그림 6-7] 시간에 따른 수행 유형의 상대적 중요도

1992년 봄에 첫 번째 평가 프로그램의 일부분이 행해졌다. 평가 제도가 시간에 걸쳐 진행하면서 주요 개선 노력이 의도하였던 향상을 성취하는 데 성공적이면 우리는 아마도 다각적으로 학생의 수행 평가 프로그램에 의해 큰 변화가 이는 것을 보게 될 것이다.

4. 교육을 위한 평가 과제

대안적 평가를 교육을 위한 평가로 발전시키기 위해 해결되어야 할 다음과 같은 과제들이 있다.

첫 번째 해결해야 할 과제는 평가의 목적을 명백화하는 것이다. 평가자는 무엇을, 왜 평가하는지 그 목적을 분명히 해야 한다. 이 문제를 개념화하는 한 가지 방법은 넓고 일반적인 목표에서부터 좁고 명확한 목적까지 연속으로 줄지어서 생각해 보는 것이다.

두 번째 과제는 교육 구성원들에게 명백하게 숙지시키는 것이다. 평가는 각자에게 맞는 다양한 평가 목적을 가지고 이루어져야 유용하다. 예를 들어 평가로 인해 학생들은 더욱 자기 반성적이고 자기 주도적 학습을 할 수 있어야 하며 교사들은 더욱 효과적인 지도에 관심을 기울여야 한다. 또한 교육자들은 어떤 학생들이 영재 교육 프로그램에 걸맞은지를 결정할 수 있어야 한다. 그리고 학부모들은 자신의 아이들의 발달 과정을 이해할 수 있고 행정가들은 얼마만큼의 학생들이 진보하고 향상해 나가는지 알 수 있어야 한다. 입법자들과 각 부처 대표들은 주 전체에 걸쳐 얼마만큼의 학생들이 진보하고 향상해 가는지 알 수 있어야 한다.

세 번째 과제는 평가 기술을 개발하고 과제를 선택하는 것이다. 서술적 평가 방법인 포트폴리오, 일화 모음집(anecdotal checklists), 발달 점검표(developmental checklists), 등급 매기기(rating scales), 선생님과의 면담, 학부모 상담, 교사의 서술적 평가가 들어간 성적표, 다양한 수행을 기초로 한 평가가 있다. 대안적인 평가 기술을 개발하고 선택하는 핵심 방법은 평가하려는 것의 목표를 명확히 가지고 그것을 관계자들에게 숙지시키는 것이다. 예를 들어 교사가 학생이 자기가 쓴 글을 스스로 평가하는 능력을 개발시키기로 하였다고 하자. 이 경우의 적절한 평가 방법은 자신이 쓴 글을 생각하면서 자기평가 체크리스트(checklist for self-evaluation)에 답을 하게 하는 것이다. 네 번째 과제는 수행평가의 기준을 세우는 것이다. 대안적 평가 방법의 기준을 세우는 한 방법은 수행 정도에 따른 평가기준표(루브릭)를 개발하는 것이다. 평가기준표는 학생들의 읽기, 쓰기, 수학 등 다른 영역 과목들에서의 작업을 묘사해 놓은 특별한 지침서이다. 예를 들어 KIRIS에서 사용되는 점수 기준은 다음과 같다. 이 기준의 장점은 모든 부문에 걸쳐 명백하고 지속적인 기준을 갖고 있는 것과 학생들의 발전 가능성을 강조한다는 것이다.

KIRIS에서 사용되는 평가기준표

Novice	새로운 정보나 기술에 초보적인 이해만을 보인다.
Apprentice	좀 더 나은 이해도를 보이며 과제의 주요 부분을 해낼 수 있다.
Proficient	주요 개념이나 과제의 거의 모든 부분을 할 수 있고 명백하게 설명할 수 있다.
Distinguished	주요 개념이나 진행 과정에 깊은 이해를 보이며 과제의 모든 주요 부분을 해낼 수 있고 명백하게 설명할 수도 있다. 통찰력 있는 해석과 더 나아가 생각할 수 있다(일반화, 적용, 유추).

다섯 번째 과제는 관리 방법의 확립이다. 대안적 평가를 단순히 시험을 치르는 수고를 더하는 것이 아니라 전통적 평가를 대체하는 것으로 인지하고 교사들에게 적절한 훈련을 제공해야 한다. 교사들이 포트폴리오를 유용하게 사용할 수 있기 위해선 그들은 어떻게 어린이들이 배우고 효과적인 지도 방법은 무엇인지, 포트폴리오에 있는 자료의 관리와 해석에 대한 지식을 알아야 할 필요가 있다. 그리고 학생들을 지도하며 평가하는 것이 되어야 한다. 여섯 번째 과제는 지도와 평가의 통합이다. 지도를 하면서 평가를 하기 위해선 수업 중에 무엇이 들어가는지에 대한 정확한 이해가 필요하다. KERA의 6가지 학습 목표는 특히 켄터키에서 좋은 지도 활동이란 무엇인가에 대한 기초를 제공한다. 좋은 지도 활동을 정의하고 그것을 지침으로 실행에 옮기는 것은 평가와 지도를 통합하는 첫걸음이다. 교사는 평가를 위해 지도 활동 중에 학생들의 과제물, 작품, 행동, 과정 등의 여러 자료를 수집하여 자료를 해석하고 수업에 활용해야 한다. 여기서 좋은 지도 활동은 다음과 같다.

① 학생들은 적극적인 의미의 창조자라고 가정한다.
② 모든 학생들에게 높은 가능성을 기대한다.
③ 모든 교육과정에서 글쓰기를 통합한다.
④ 모든 교육과정에서의 읽기, 쓰기, 수학의 기본적 기술에 학생들이 유창하도록 만든다.
⑤ 배운 내용을 실제 상황에 적용할 수 있는 능력을 강조한다.
⑥ 학생들이 질문과 탐구 활동을 하도록 격려한다.
⑦ 학생들이 실제로 조사하고 토론하도록 한다.

⑧ 프린트나 소프트웨어, 다른 다양한 자원을 사용한다. 학생들의 그룹은 흥미나 취미, 학습 필요, 과제의 성격 등에 따라 융통성 있게 구성된다.
⑨ 참 평가의 내용, 과정, 실행의 주요 개념이나 중요한 기술에 관심을 가진다.
⑩ 적절할 때는 관련이 있는 것끼리 통합 교과로 수업을 해도 좋다.
⑪ 학생들이 서로 협조적인 학습이 되도록 한다.

5. KIRIS의 개선점

KIRIS 또한 여러 가지 장점과 동시에 다음과 같은 개선점을 가지고 있다. 첫째, 교사들의 평가에 대한 짐이 늘어난다는 것이다. 둘째, 평가가 교육과정에 너무 큰 부담이 될 것이라는 심각한 위험성으로 지적 달성 추구가 아닌 평가 점수만을 위한 교육이 될 우려가 있다는 것이다. 따라서 KIRIS는 학생들이 실제적인 평가를 포함한 전체 평가를 준비할 수 있는 교육이 되어야 한다. 그 학습 범주는 적절하게 나타나야 한다. 즉, 평가 방법은 너무 광범위해서도, 협소해서도 안 된다. 평가 방법에서 너무 많은 변화도, 변화가 없는 상황도 지양되어야 한다.

심리학적인 면에서 수행평가에 대한 낮은 신뢰도가 문제 될 수 있다. 따라서 KIRIS에서는 학교의 수준을 높이는 결정을 엄격히 하기 위해서 더 믿을 만한 자료를 만들기 위해 많은 학생들의 수준에 대한 정보를 모으고 한 번에 2년의 데이터를 모음으로써 정보를 이중으로 수집할 필요가 있다. 그리고 기준 설정에서 나타나는 문제로 교육의 질을 높이기 위해 더 높은 기준을 만들기 위한 위원들의 보상이 있어야 하겠다. 마지막으로 세부 사항들에 대한 정보를 결합하는 데 있어서의 기술적 도전도 감안해야 할 것이다.

제7장

논술 평가 방법: 개방형 지필평가

전통적 지필평가와 수행평가의 중간에 놓인 평가 형태가 개방형 지필평가라고 볼 수 있다. 요즘 대두되고 있는 대안적 평가는 많은 시간과 비용, 노력이 필요하며 기존의 전통적 평가는 단순하고 낮은 수준의 사고를 요한다. 이를 보완하는 형식으로 새롭게 대중화되고 있는 것이 바로 개방형 지필평가이다. 최근 각광받고 있는 논술시험이 개방형 지필평가의 한 형태라고 할 수 있겠다.

전통적 지필평가 → 개방형 지필평가 → 수행평가

출처: Freeman, Open-ended Questioning: A Handbook for Educators

1. 개방형 지필평가의 개념

학생들이 가지고 있는 내용 지식을 표현하는 고등 사고 능력을 평가하기 위해서는 참평가 방법으로 평가해야 한다. 참평가의 한 형태인 개방형 지필평가는 학생들에게 다양한 글쓰기 기술을 요구함으로써 고등 사고 능력을 사용하게 하는 것이다.

개방형 지필평가는 일반적으로 두 가지 부분으로 이루어진다: 글쓰기의 길잡이(the prompt)와 방향(the directions for writing). 길잡이는 글쓰기 상황에 대한 선(先)작문 활동으로 시작되며 카툰, 지도, 그래프, 인용, 다이어그램 등으로 제시된다. 글쓰기 방향은 작가가 주제와 글 쓰는 양식에 초점을 맞추게 된다.

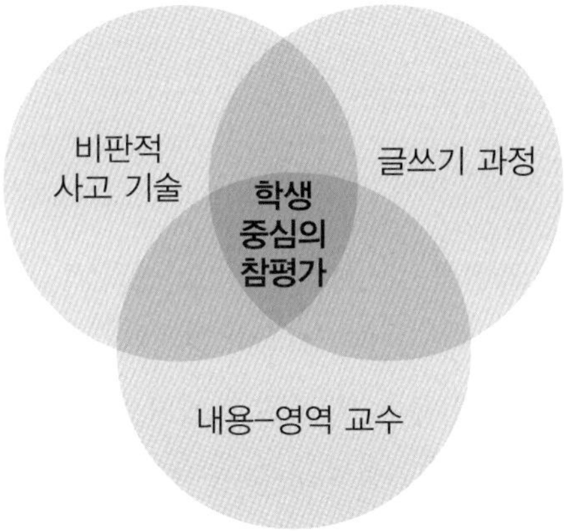

[그림 7-1] 학생-중심 참평가의 3요소

학생-중심 참평가는 비판적 사고 기술, 글쓰기 과정, 내용-영역 교수가 조합될 때 발생하며 개방형 지필평가에서 쓰이는 평가이다. 예를 들어, 미술 감상 수업에서 학생들에게 사실주의 회화 양식을 비교하는 문제를 준다. 이 문제에 관한 개방형 지필평가는 다음과 같다.

- 길잡이: 화가들과 작품들을 수집하면서 시간과 공간을 여행하고 있다고 상상을 해 보세요. 레오나르도 다빈치와 파블로 피카소를 마중하기 위해서 시간을 거슬러 올라가고 있습니다. 그리고 그들의 작품들을 살펴보기 위해서 파리의 루브르 박물관으로 가고 있습니다.

- 글쓰기 방향: 이 두 화가의 대화를 쓰고 작품들을 비교해 보세요. 여러분이 수업에서 선택한 여섯 가지 작품(각 화가의 세 가지 작품)에 관하여 대화해 봅시다. 초현실주의와 현실주의 대화를 나누어야 한다는 것을 기억하세요. 그들의 회화 양식은 어떻게 다른가요? 그리고 어떤 점에서 유사한가요? 최상의 대화 · 양식의 글쓰기를 해 보세요.

개방형 지필평가는 학생들이 자기 자신의 생각들을 표현할 수 있도록 한다. 위의 예처럼, 내용에 관한 지식만 대상으로 하는 것이 아니라 그 이상을 평가한다: 학생들이 가지고 있는 정보를 동시에 발생시킬 수 있는지를 평가한다. 개방형 지필평가에 관한 반응은 학생들의 개념, 오개념, 강점, 약점을 통찰하도록 제공해 준다.

1) 개방형 지필평가의 세 영역

(1) 개방형 문항과 사고 과정

학생들의 사고 능력을 개선하는 것은 160년 동안이나 학습의 목표가 되어 왔다. 1980년 이후로 미국의 교육자들은 목표를 구체적으로 바꾸었다. 고등 사고 능력 기술을 가르치는 교육자들은 이러한 기술을 정확하게 평가할 필요가 있다. 다양한 내용 영역에서 학생들은 많은 사고 기술을 습득하고 실행한다.

이에, 개방형 문항은 글쓰기, 개념 이해력, 사고 기술, 특히 분석, 계산, 문제를 해결하는 모습을 평가한다.

(2) 개방형 문항과 글쓰기 과정

개방형 문항에 답할 때 학생은 완성된 글을 쓴다. 그들은 네 가지의 다른 글쓰기 양식을 통하여 생각을 표현한다. 이 양식들—기계적, 교차적, 표현적, 창의적—은 다른 사고 과정으로의 확장을 유도하기 때문에 다양하게 생각할 수 있도록 자극한다. 학생들이 쓴 글을 통해 평가하게 된다.

글쓰기 양식과 이해의 분류

글쓰기 양식	예	이해의 분류
• 기계적(mechanical) • 교차적(transactional) • 표현적(expressive) • 창의적(creative)	• 받아쓰기, 베껴쓰기 • 필기하기, 요약하기, 비교하기 • 일지, 편지, 이야기 • 동화, 극본, 소설	• 지식 • 이해 • 적용 • 분석

(3) 개방형 문항과 내용-중심 교수법

개방형 문항은 종종 '전형적인' 시험 방법보다 학생들의 이해도에 대한 정보를 더 많이 제시한다. 개방형 문항은 수업 중간이나 후에 학생들의 개념 이해 를 확인하는 데 사용할 수 있으며, 사전 시험, 과제, 이해도에 관한 쪽지시험, 단원정리시험, 장기 조사의 도구로도 사용할 수도 있다.

2. 개방형 문항의 작성

개방형 문항을 작성할 때는 다음의 다섯 가지 과정을 따라야 한다.

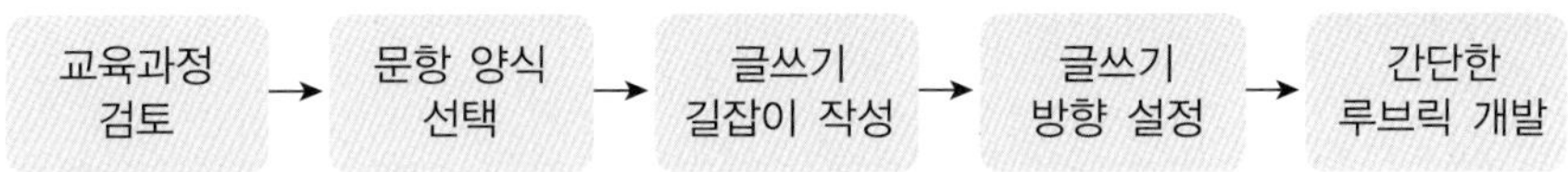

[그림 7-2] 개방형 문항 작성 단계

1) 교육과정의 검토

개방형 문항 형식을 띠게 하는 개념이나 주제를 이해해야 한다. 그리고 두세 가지의 항목을 작성한다. 다음으로 단원 중간에 선시험, 후시험, 조사, 쪽지시험, 후속활동 등과 같은 개방형 문항을 사용할 시점을 정한다.

> 예를 들어, 수업의 주제가 '쓰레기 관리'라고 가정하자. 여기서 세 가지 중요한 개념은:
> • 자연 자원을 보존하고 재활용한다.
> • 단방향의 영양소 흐름은 쓰레기 관리 시간에 다른 문제들을 발생시킨다.
> • 화석 연료의 재사용으로 오염을 발생시킨다.

2) 문항 양식의 선택

비판적 사고 기술에 기초하여 평가하고 싶다면, 한 가지 질문 양식을 선택하는 것이 좋다. 먼저 다음과 같이 자문해 보자: 학생들이 자료를 해석하는가? 선행 학습에 기초하여 결론을 내리고 있는가? 기술하고 있는가? 문제를 해결하고 있는가?

> 예를 들어, 쓰레기 관리 단원에서, 학생들의 문제 해결력을 평가하고자 한다. 문제-해결 글쓰기 형식을 '단방향의 영양소 흐름은 쓰레기 관리 시간에 다른 문제들을 발생시킨다'는 개념으로 선정하였다.

3) 글쓰기 길잡이의 작성

이때 글쓰기 길잡이의 첫 부분을 작성한다. 우선 제목을 쓰고 학생들의 동기를 유발하는 정보를 포함시킨다. 글쓰기 길잡이를 다음처럼 작성할 수 있다.

> 재활용: 어느 쓰레기장의 반복
> 쓰레기장에서 물건의 재사용이나 매립이 금지되어 있는 쓰레기장을 위한 지역 발전 협의회에 참석하였다. 쓰레기장은 유독성이 없고 방사능도 없는 쓰레기장이다.

4) 글쓰기 방향의 설정

학생들이 무엇을 써야 할지에 대하여 구체적으로 설명한다. 글쓰기 양식을 정의하고 구체적인 내용이나 쓰레기 관리에서 기술하거나 설명하기를 원하는 개념을 포함시킨다. 예를 들면, 다음과 같이 쓸 수 있을 것이다.

> 글쓰기 방향: 지역 쓰레기장에서 재활용 가능한 물건을 회복시킬 계획을 세워라. 단방향의 영양소 흐름 대신에, 생태학적인 재활용 영양소의 원리를 따라라. 여러 가지의 긍정적인 효과를 주장하고 이유를 설명하라. 계획을 개발할 때, 오염 감소, 자원 고갈, 영양소 사용과 에너지 필요성에 대하여 명심하라.

5) 간단한 루브릭의 개발

루브릭의 개발은 초점을 맞추는 과정이다. 루브릭 항목은 개념에 대한 이해, 내용 지식, 비판적 사고 과정, 대화 기술에서의 반응을 기대한다.

재활용 평가의 일반적 영역			
개념 이해	내용 지식	비판적 사고 과정	대화 기술
• 단방향으로 영양소가 이동하는 것은 쓰레기 관리에서 다양한 문제를 일으킨다.	• 영양소 순환 • 에너지 흐름 • 영양소의 보충 • 자원의 고갈	• 효과에 대한 예상 • 문제 해결하기	• 간결함 • 조직화 • 명확하고 다양한 어휘 • 효과적인 문법과 용법

3. 개방형 지필평가의 방법

전통적인 단방향 접근의 지필평가 문항에서 교사들은 학생들에게 글쓰기 길잡이(writing prompt)라고 불리는 두 가지 질문을 제시한다. 길잡이는 학생들의 관심과 글쓰기 평가의 습관을 기술하는 데 사용된다. 처음 부분은 먼저 글쓰기 정보를 주고 두 번째 부분은 글쓰기 양식에 관한 방향을 제시한다. 때때로 글쓰기 방향은 길잡이로 이어진다. 개방형 문항들은 이러한 지필평가 양식에 쉽게 맞아떨어진다.

다음 도식은 여섯 가지 개방형 지필평가의 형식에 대한 Bloom의 분류와 사고 기술의 관계를 보여 준다.

문항 유형	서술		비교	분석	문제 해결		소설	평가
Bloom 분류	지식	이해	적용	분석		종합		평가
사고 기술	회상	정보 수집	조직 하기	분석 하기	브레인 스토밍	가설 세우기	통합 하기	평가 하기

1) 개방형 문항의 유형

고등 사고 과정을 요구하는 글쓰기 길잡이는 여섯 가지 형식을 따르게 된다. 그 유형에는 서술, 비교, 분석, 문제 해결, 소설, 평가가 있다.

(1) 문항 유형: 서술

서술은 오감(五感)을 사용하여 사물을 설명하는 것이다. 글쓴이는 두 가지의 다른 형식으로 쓸 수도 있다. 관찰 글쓰기에서 글쓴이는 관찰자로서 사건이나 유기체를 객관적인 관점으로 묘사하는 것이다. 이와 같은 글은 오감에 크게 의존해서 쓰이게 된다. 그리고 글쓴이는 자료, 조사, 관찰 등을 보고서로 작성한다. 이러한 글쓰기는 의견을 표현하거나 바꾸는 대신 정보를 이동한다.

서술 글쓰기에 사용되는 사고 전략	서술 글쓰기의 예시
• 실험적 기술과 단계적 과정의 서술 글쓰기의 조합과 설명 • 광범위한 관찰에 의한 결론, 추측, 서술 글 쓰기 • 관찰을 수집하고 조직하기	• 저널 묘사와 나는 누구인가 • 편지, 연설, 인터뷰, 신문과 잡지 기사 • 결과 비교 • 방법, 방향, 절차 • 수필과 시

[예시] 서술 문항 유형

학생들은 광물 구별에 관한 단원을 방금 끝냈다. 이러한 서술 글쓰기는 조직하는 능력과 새로운 지식을 설명하도록 도와준다.

> **구함: 화성 화석군을 연구하는 광물학자**
> 여러분은 화성 화석군에 관한 채용광고를 읽고 있습니다. 광물 조사와 광물 구별을 하기 위한 광고입니다. 800번으로 전화하세요. 채용자는 '광물을 어떻게 구별하는가'에 대하여 짧은 답변을 요구할 것입니다.
>
> - 글쓰기 방향: 광물을 통한 최근의 실험을 기억하라. 화성으로 보내는 비용 때문에 과학적 장비는 제한된다. 화성에서 발견되는 광물의 정확한 구별을 위한 도구만 사용하라. 화성은 지구의 광물과 동일하다고 가정한다. 서술 글쓰기에서 다음의 질문에 답변하라: 광물을 식별하기 위하여 무슨 시험을 하겠는가? 어떤 과학 기구를 가지고 갈 것인가? 어떻게 식별 방법의 정확성을 알아낼 것인가?

(2) 문항 유형: 비교

비교는 얼마나 유사한지와 어떻게 다른지를 보여 주는 것이다. 시간에 따라서 어떻게 변화하는지를 그려 내고, 서로 어떻게 달라지는지를 보여 주거나 익숙하지 않은 것들이 서로 닮아 가는 것을 묘사하는 것이다. 왜냐하면 글쓴이는 무엇을 비교해야 할지를 알아야 하고, 비교 지필평가는 학생들의 지식을 평가하는 데 유용하기 때문이다. 능숙한 글쓴이들은 다중적인 성격을 비교할 수 있다.

비교 글쓰기에 사용되는 사고 전략	비교 글쓰기의 예시
• 다중 요인의 비교와 그룹화 • 성격의 항목들이 주어지고, 주제를 그룹화하여 특성의 항목을 새로 만든다. • 사실적인 정보를 조직한다.	• 순서, 사건, 과정, 생각의 그룹, 정렬, 일련화에 대하여 쓰는 것 • 누구와 무엇에 대한 묘사 • 전-후 사례 연구 • 논쟁, 예언, 예상 • 반응과 반박 • 결과 비교

[예시] 비교 문항 유형

학생들은 에너지에 대한 조사를 끝내고 다음의 글쓰기 과제를 받는다.

에너지 이동

에너지에 관한 단원에서, 우리는 에너지는 열, 전도, 대류, 복사 등의 형태로 이동한다는 것을 배웠다.

- 글쓰기 방향: 이러한 세 가지 이동의 방법들을 비교하라. 분자의 이동, 물체의 상태, 온도, 이동의 종류의 예시에 관한 정보를 반드시 포함하라.

(3) 문항 유형: 분석

분석은 무엇인지 기술된 것과 되지 않은 것, 되어야 할 것, 암시하고 있는 것 등을 정의 내리게 한다. 학생들은 의견을 구성하고 매일 판단을 내린다. 학생의 성숙은 다중적인 전망을 이해하고, 우연한 증거를 고려하고, 부분적인 결론에 도달하기 위해, 그럴듯한 추측을 하게 한다. 분석 지필평가는 학생들의 사고를 시각화하게 하고, 부분적으로 확인하고, 점차 설명할 수 있게 한다.

분석 글쓰기에 사용되는 사고 전략	분석 글쓰기의 예시
• 여러 가지 관점의 인지 • 논리적인 결론 내리기 • 숙고 • 그럴듯한 관계 보여 주기 • 원인과 구성요소, 관계, 규칙, 중심 사고 확인하기	• 논평, 서평, 경향 • 자료 분석 • 어떻게 일어나는지 설명하기 • 사건의 순서

[예시] 분석 문항 유형

학생들은 산성비에 관한 사회 연구와 과학을 조합한 후 아래의 질문에 대답을 하게 된다.

산성비 특별 수사대

산성비에 관한 특별 수사대에 가입을 하게 되었다. 해야 할 일은 지역 분석과 위원회에 보고할 보고서를 작성하는 것이다. 산성비 수질의 영향에 관한 실험과 광범위한 조사가 끝나면, 글을 작성하게 된다.

- 글쓰기 방향: 보고서는 도시의 자료를 사용해야 하며, 개인 실험의 결과도 포함하고, 현재의 조사의 요약도 포함한다. 위원회를 설득시키는 것이 아니라 산성비가 우리 지역에 미치는 영향에 관하여 상세한 분석 자료를 그들에게 제공하는 것이다.

(4) 문항 유형: 문제 해결

문제 해결은 분석의 특정한 유형이다. 글쓴이는 구체적인 문제, 해결 방안을 묘사하고 분석하여 독자에게 실행 가능한 해결책을 보여 주는 것이다.

내용 영역에 의존하여, 글쓴이는 문제 해결력을 보여 주기 위하여 여러 가지 전략들을 사용한다: 예를 들면, 연산 방식, 모의시험, 추측, 실험 등. 원인과 결과에 관한 추측은 편한 글쓰기에서 사용되는 문제 해결이다. 구체적인 사건이 주어지면, 글쓴이는 주어진 상황이나 실험에서 가능한 원인과 결과를 예상한다. 추측은 자료와 이전의 경험에 기초하여 과감한 추측에서 정확한 예상까지 이르게 된다.

문제 해결 글쓰기에 사용되는 사고 전략	문제 해결 글쓰기의 예시
• 다양한 출처를 이용하여 문제 인지하기 • 정보 조합 • 사안과 용어 분명히 하기 • 일반화하기	• 원인과 결과 분석 • 가설 • 지역 사안, 사설, 연설에 관한 활자들 • 추측 • 제안서 • 자료 해석

[예시] 문제 해결 문항 유형

이 과제는 논쟁 중심 과학/사회 연구의 핵심 과정으로서 공동체 실행 계획에 관한 학생들의 사전 지식을 알아보고자 사용한다.

오염: 바로 옆집

당신은 바로 이웃인 요양원과 과수원이 밭에 금지된 농약을 비축하고 있다는 것을 최근에 발견하였다. 지역 의장으로서 이 문제를 조사하려고 한다.

• 글쓰기 방향: 실행계획을 세워 보아라. 조사하는 동안 본 질문을 중심으로 한다: 무엇을 할 것인가? 오염의 범위를 어떻게 규정할 것인가? 실행계획을 설계하는 데 도움을 줄 어떤 분야의 전문가를 데려올 것인가?

(5) 문항 유형: 소설

소설 글쓰기는 상상적인 맥락에서 정보를 조합하는 능력을 말한다. 인상적인 소설을 쓰려면, 학생들은 관찰자가 되어야 하고 정보의 기록자가 되어야 한다. 학생들은 조사자가 되어 주제나 개념에 대한 이해력을 가지고 깊이 있는 좋은 글을 쓰게 된다.

소설 글쓰기에 사용되는 사고 전략	소설 글쓰기의 예시
• 정보 조합하기 • 관찰, 기록, 이야기의 정보 소통	• 연극 • 과학소설 • 이야기

[예시] 소설 문항 유형

중학교 2학년 학생들은 통합 과학 단원에서 다음의 문항을 진행 중인 과제로 생각한다.

탐험가의 삶

당신은 성간 여행으로부터 돌아오고 있다고 하자. 방문하였던 행성의 생물 군계를 설명하는 것이 의무이다.

- 글쓰기 방향: 생물군계의 활동성이 있거나 활동성이 없는 성분에 대한 정보를 포함하도록 하라. 먹이사슬, 먹이망, 고도, 강우, 토질, 위도. 다른 중요한 정보들을 메모하라. 식물계와 동물계의 그림을 첨부할 수도 있고, 우주생물학 또한 마찬가지다.

(6) 문항 유형: 평가

평가는 증거(사실, 숫자, 자료, 전문가 의견, 조사)를 제시하는 것에 초점을 맞춘다. 글쓴이는 판단을 내리기 위하여 추론과 증언을 사용한다.

평가 글쓰기에 사용되는 사고 전략	평가 글쓰기의 예시
• 의견과 추측이 아니라 사실과 숫자, 가치에 근거한 판단 • 정보를 조직하고 판단 • 문제와 관계 분명히 하기	• 추측 • 관계 짓기 • 평가 • 문제에 대한 결정

[예시] 평가 문항 유형

일반 생물학 과정에 있는 학생들은 중요한 보고서로 이 문항에 답해야 한다.

세포: 정밀 관찰

여러분이 식물과 동물 세포 사이를 자유롭게 이동하는 능력을 가지고 있다고 가정한다. 안과 밖의 식물과 동물의 세포를 확인해 보자.

> • 글쓰기 방향: 이동한 후, 동물과 식물 중 어디가 더 좋았는지 선택하자. 의견을 주장하고 추론과 증거를 제시하라. 답변에는 최소한 3가지 이상의 논리와 조사 정보가 포함되어야 한다.

2) 연습: 개방형 문항 작성

여섯 가지 문항 형식에 따라 글쓰기 연습을 반복해 보자. 다음은 개방형 문항을 작성하는 과정을 요약한 것이다.

① 지금 가르치거나 곧 가르칠 단원에서 주제나 개념을 선정하라.
② 여섯 가지 문항 유형의 서술을 보아라. 학생들이 표현하기 원하는 비판적 사고 과정을 결정하라.
③ 여섯 가지 문항 형식 중 하나를 선정하라.
④ 선정한 질문 양식의 상황을 서술하라. 수업시간에 무엇에 초점을 맞추었는지 길잡이를 작성하고, 학생들의 참고 자료와 연관을 지어라. 이것이 글쓰기 길잡이의 기본이다.
⑤ 글쓰기 방향에 대하여 서술하라. 문항 형식을 규정하라. 서술을 요하거나 설명이 필요한 구체적인 내용과 개념을 포함하라.

4. 개방형 지필평가의 채점

서술형 평가는 대체로 낮은 내적 평가 신뢰도를 갖는다. 학생이 제출한 서술형 과제에 대한 등급이 다양해지는 이유는 그것을 읽는 사람의 비일관성 때문이다. 즉, 같은 글을 읽더라도 읽는 사람에 따라 차이가 있고 같은 사람이 채점한다고 하더라도 오늘과 내일의 평가가 다를 수 있다. 이렇게 서술형 평가의 비일관성은 1900년대 초기의 평가 방법인 참/거짓 판별 문제나 오지선다형 문제들로 돌아가자는 목소리를 정당화시키는 가장 큰 요인이다. 그래서 개방형 지필평가의 신뢰도를 낮추는 부정적인 요소들을 극복하기 위해 매우 신중한 노력을 기울여야 한다. 이러한 점에 주의를 기울여야 학생의 과제를 채점하는 도중 생기는 실수의 양을 줄일 수 있기 때문이다. 또한 개방형 지필평가의 내적 평가 신뢰도와 관련된 부분을 채점 항목으로 사용하여 신뢰도를 증가시킬 수 있다. 이러한 비일관성의 문제를 극복하기 위해 모든 교사들이 같은 채점 항목을 사용해야 한다.

1) 채점을 할 때 영향을 주는 요소

(1) 주제와 자극의 변화

평가 결과를 비일관적으로 만드는 것 중의 하나는 바로 주제이다. 학생의 점수는 같은 독자가 채점하더라도 매우 광범위하게 평가될 수 있는데 이것은 주제와 자극 그리고 질문 때문이다. 이것은 심각한 문제이다. 만약 학생에 대한 평가를 한 가지 질문에 기반을 두고 한다면 다른 주제에 대한 학생의 작업을 일반적인 잣대로 평가하기 어려울 것이다. 따라서 채점을 위해 평가 계획을 세워야 하며 이때 평가 기준의 종류를 명확히 해야 한다.

(2) 후광 효과

후광 효과는 한 사람의 인격이나 그 사람에 대한 일반적인 인상이 평가에 영향을 주는 것이다. 따라서 채점자가 호감을 갖는 학생에 대한 마음이 채점을 할 때 유리하게 작용하게 된다. 즉, 잘 알고 있으므로 점수를 매기는 데 훨씬 더 너그러워질 수 있다.

후광 효과는 또 다른 방식으로도 작용한다. 채점자가 학생에 대해 좋지 않은 인상을 받았을 때 낮은 점수를 줄지도 모른다. 이러한 실수를 정정하기 위한 한 가지 방법으로는 학생의 이름을 봉한 뒤에 채점을 하는 것이다.

(3) 이월 효과

이월 효과는 문제 1번에 대한 한 학생의 답이 매우 훌륭할 경우 다음 문제인 2번을 채점할 때 일어난다. 예를 들면 한 학생이 문제 1번에 대해 아주 훌륭한 답을 썼다고 하자. 그러나 문제 2번의 답은 그저 평범한 정도이다. 이때 이월 효과는 문제 1번을 채점하고 바로 문제 2번을 채점할 때 발생한다. 채점자는 문제 2번에 대해 아주 호의적이 되는데 그것은 문제 1번에 대한 호의가 이월되었기 때문이다.

비록 여기에 제시된 방법을 따르지 않더라도 인접하지 않은 문제들보다 인접한 문제는 아주 비슷한 점수를 주게 된다. 따라서 모든 학생의 문제 1번을 모두 채점한 뒤에 문제 2번으로 돌아가고 그런 식으로 채점을 하여 이월 효과를 방지할 수 있다.

2) 채점 항목의 사용

개방형 지필평가에 대한 논의는 채점시의 객관성과 신뢰도를 높이는 데 집중되어 있다. 평가 방법으로는 두 가지 일반적인 방법이 있는데 하나는 분석적 방법이고 또 다른 하나는 전체적 방법이다.

분석적 평가 항목은 학생의 응답에 대한 특정한 특성을 요구한다. 전체적 평가 항목은 각 학생의 응답을 보고 난 뒤 전체적인 질에 대해 판단하도록 한다. 전체적 평가 항목을 사용할 때는 학생의 응답을 이루는 각각의 내용이나 구성요소에 일일이 채점하지 않는다. 그보다는 응답에 대한 전체적 인상에 대해 채점을 한다.

(1) 분석적 평가 항목

분석적 평가 항목은 이상적인 답에 대한 개요와 학생들이 답에 포함시켜야 할 주요 요소들이다. 이 방법은 오리건 주의 예시가 보여 주는 것처럼 몇 가지 특징을 보여 준다. 이것은 물론 평가 방법의 한 가지 항목일 뿐이다. 모든 6개 특징에 대한 항목은 에세이 평가를 위한 분석적 방법으로 구성되어 있다.

중심 문제에 대한 글쓰기에서 특히 서술형 평가의 질문이 집중되어 있고 제한적인 일정한 응답을 이끌어 낼 수 있을 때 분석적 채점 항목이 가장 알맞다. 이 항목을 사용할 때는 학생들이 어떠한 응답을 하였을 때 몇 점을 줄 것인지에 대한 것이 확실히 정해져 있어야 한다. 다음 예시를 살펴보자.

[예시] 분석적 평가 항목

질문: 교육적 평가를 확인할 때 여러 가지 결정 문맥을 구분하는 것이 왜 중요한지 논의하라. 당신의 결정의 선발, 배치, 분류를 비교하라. 당신의 비교를 잘 나타내기 위한 각각의 논의의 특별한 예를 제시하라.

응답을 채점하는 데 쓰이는 분석적 항목

1. 결정의 분류의 이유 4점
2. 결정의 선발: a. 기술 2점 b. 결정 선발의 예시 2점

3. 결정의 배치:	a. 기술 2점	b. 결정 배치의 예시 2점
4. 결정의 분류:	a. 기술 2점	b. 결정 분류의 예시 2점
5. 세 가지 결정 타입의 비교:	a. 같은 점 2점	b. 차이점 2점

이와 같은 예에서 결정은 수업의 중요한 내용과 교사의 가치에 기반을 둔 특정한 요소에 따라 4점에서 2점까지 받을 수 있다. 학급에서 교사가 가르치고자 하는 것 중에서 어떤 요소가 중요한지를 결정짓게 될 것이고 그것에 더 많은 점수를 주게 된다.

보통 학생들의 응답은 매우 다양한 등급으로 평가된다. A 응답은 필수적인 내용을 정확히 담고 있으므로 만점을 받게 된다. 완벽하게 틀린 답이나 내용이 누락된 답은 점수를 얻지 못한다. 그리고 부분적으로 맞는 답은 부분 점수를 받게 된다.

부분 점수를 채점할 때의 비일관성은 채점 과정에서 평가의 신뢰도를 떨어뜨리게 된다. 만약 어떤 종류의 응답에 어떠한 부분 점수를 줄 것인지를 일일이 열거해 둔 뒤 채점을 하게 되면 평가 신뢰도를 계속 유지하게 된다.

소수의 학생의 답안을 읽은 뒤 이러한 종류의 실수와 오해는 더욱 증가하게 된다. 이것을 경계하라. 그런 후에 부분 점수 채점 항목의 기술을 사용하여 모든 답안을 채점하라. 채점자가 자신만의 채점 항목을 다듬기 전까지 처음에는 몇 개의 샘플 답안을 가지고 채점을 하는 것도 좋은 방법이다.

(2) 전체적 평가 항목

전체적 평가는 학생의 능력을 종합적으로 다루고 확장된 주제에 대한 글쓰기의 평가에 더욱 적합하다. 이러한 경우에 답안에 대한 전체적인 인상이 평가에 영향을 주어야 한다. 작문이나 주제적 서술형 평가와 같은 큰 규모의 평가에는 종종 전체적 평가가 더 유용하다. 많은 양의 답안은 종종 자세한 세부사항에 대한 분석적 평가 항목의 사용을 어렵게 하기 때문이다.

전체적 평가 방법에서 확실한 평가 기준을 세우지 않는다면 분석적인 방법에 비해 덜 객관적이게 된다. 두 명의 교사는 비록 그들이 같은 평가기준에 동의를 하고 그 동일한 기준에 따라 비슷한 수준의 평가가 이루어질 수 있도록 연습을 많이 한 뒤에도 종종 같은 학생의 글을 매우 다르게 평가할 수 있다. 다음의 예시를 보면 어떤 기준이 사용되었는지를 알 수 있다. 이 항목은 학생이 의견의 선발, 배치, 분류에 대해 쓴 글을 평가하는 데 쓰이고 있다. 앞서 분석적 항목을 설명할 때 쓰인 것과 똑

같은 예시로 이것은 분석적 평가와 전체적 평가 항목을 비교하는 기회를 줄 것이다.

[예시] 전체적 평가 항목

질문: 교육적 평가를 확인할 때 여러 가지 결정 문맥을 구분하는 것이 왜 중요한지 논의하라. 당신의 결정의 선발, 배치, 분류를 비교하라. 당신의 비교를 잘 나타내기 위한 각각의 논의의 특별한 예를 제시하라.

질적 기준	점수
4수준 • 세 가지 종류의 결정을 명백히 비교함 • 다양한 논의의 차이점과 같은 점이 포함되어 있으며 각각을 지지할 근거가 설명되어 있음 • 각기 다른 결정의 예시가 잘 나타남 • 다양한 종류의 예시를 제시함	16~20
3수준 • 세 가지 종류의 결정을 명백히 비교함 • 다양한 논의의 차이점과 같은 점이 포함되어 있으며 각각을 지지할 근거가 설명되어 있음 • 소수의 예시가 제시되어 있으며 그것을 적용하기 위해 애쓰지 않음 • 각 결정 종류에 대한 연결이 미약함	11~15
2수준 • 세 가지 결정의 종류를 묘사하고 있으나 그것들의 비교가 잘 드러나지 않음 • 차이점과 같은 점에 대해 잘 나타나지 않음 • 교과서식의 단순한 내용만 열거함 • 각각의 의견 타입에 대한 비교의 예시가 연결되지 않음	6~10
1수준 • 몇 개 또는 전체의 종류를 비교하였으나 정확하지 않고 그들의 다른 점과 같은 점을 비교하지 못함 • 예시가 정확하지 못함 • 다른 종류의 결정에 대한 근거가 적절히 묘사되지 않음	0~5

전체적 채점 항목을 사용하는 것은 네 가지로 나누어 살펴볼 수 있다.

먼저 전체적 채점 항목을 사용하는 한 방법으로 학생들의 답안을 각각의 질문에 따라 분류할 수 있다. 보통 채점자는 A, B, C, D, F나 뛰어난, 익숙한, 초심자의, 무경험자의 또는 4, 3, 2, 1등의 3개에서 5개 정도의 범주를 사용하게 될 것이다. 이러한 등급의 사용에서 중요한 점은 이것이 학교 현장에서 사용하고 있는 것과 같은 등급이어야 한다는 것이다. 만약 학교에서 A부터 F까지의 등급을 사용한다면 5개의 범주를 채점할 때 사용해야 한다. 만약 3개의 범주만 사용한다면 학생의 등급은 3가지로 나뉘어야 할 것이다. 사용할 범주의 수를 정한 뒤 학생의 글(개방형 지필평가 답안)을 읽고 그것이 어떤 범주에 드는지를 결정해야 한다. 모든 서술형 평가를 다 읽고 범주화시킨 뒤에도 다시 한 번 글을 읽어 보아야 하는데 이것은 각 범주에 속한 에세이들이 같은 점수를 받을 만한 질을 갖고 있는지를 한 번 더 평가하기 위해서다. 그래서 이 결과에 따라 에세이들을 재범주화시키게 될 것이다.

두 번째로 사용되는 방법은 전체적 평가 항목을 사용하는 것이다. 다시 말하면 이 항목에서는 A답안, B답안 등에 대해 설명하고 있다. 이 항목은 채점자가 초벌 채점을 끝낸 뒤 그것을 개정하는 데 유용하게 사용한다. 초벌 채점에서 학생들에게 누락된 점수에 대해 다시 한 번 생각하게 될 것이다. 앞서 설명한 예시에서 우리는 이러한 접근 방식을 볼 수 있다. 그리고 항목이 학교에서 사용하는 등급 단계에 맞는지를 또다시 확인해야 한다.

세 번째 방법은 각 점수 범주에 맞는 견본 답안을 고르는 것이다. 견본 답안을 이용하여 앞선 학생과 뒤에 채점하는 학생이 같은 수준의 범주에 속할 만한지를 평가할 수 있다.

전체적 평가 방법의 네 번째는 답안을 하나 읽은 뒤 다음 것과 하나하나 더 나은 것 순으로 순위를 매겨 가는 것이다. 최고의 답안으로 평가된 것을 상위 범주에 놓고, 그 다음 것은 그 다음 범주에, 이런 식으로 계속 진행한다. 하지만 이러한 접근은 많은 양의 답안에서는 사용하기 어렵다.

네 가지 방법 중 앞선 세 가지 방법은 절대적인 평가기준에 의한 것이고 네 번째 방법은 상대적인 평가기준에 의한 것이다.

(3) 채점 항목의 장단점

분석적 방법과 전체적 방법은 학생의 수행 과제에 대해 서로 다른 관점을 갖고 있다. 분석적 평가 항목의 장점은 학생들에게 평가 내용에 대한 장단점을 자세히 설명할 수 있다는 것이다. 만약 이 방법을 사용한다면 교수 방법에 있어 어떤 점을 강화해야 하는지를 알게 될 것이다. 즉, 평가 후에 학생들 각각의 장단점을 파악하게 되고 이것은 직접적으로 당신의 교수 방법에 영향을 미치게 된다. 또한 당신은 학생들이 특정 부분에서 뛰어날 때 적절한 칭찬도 할 수 있다.

전체적 평가 항목의 장점은 시간을 절약할 수 있다는 것이다. 이것은 분석적 방법보다 훨씬 더 빠르다.

(4) 그 외 채점 시 권장 사항

채점 방법과 상관없이 채점을 할 때 다음과 같은 원칙들이 적용될 수 있으며, 다음의 원칙들은 특히 주제 중심 서술형 문제의 채점에 적합하다.

① 몇 가지 채점 지침을 준비하라(채점 요강, 채점 항목, 모범 답안 또는 지난 시험에서 뽑은 답안의 예).
② 한 문제에 대한 모든 답안을 채점한 후 다음 문제로 넘어가라.
③ 주기적으로 예전에 채점한 답안을 다시 채점하라.
④ 글씨체나 일반적인 외형, 철자, 미리 정해진 형식, 영어의 기술적인 측면은 주제의 정확성과 개별적으로 채점하라.
⑤ 답안을 작성한 학생의 이름을 모른 채 채점하라.
⑥ 학생들에게 자신들의 답안의 장점과 약점에 대한 피드백을 제공하라.
⑦ 등급을 매기는 것이 중요할 때는 둘 또는 그 이상의 채점관이 개별적으로 작문을 채점하라.

서술형 평가를 사용하는 중요한 이유는 학생들의 표현 능력과 사고 과정을 평가할 수 있는 기회를 주기 때문이다. 평가자는 이 영역에 대한 각 학생의 강점과 약점을 기록하고 어떻게 해서 그 점수를 주게 되었는지 설명해야 한다. 이러한 방법으로 서술형 평가는 학생들의 또 다른 학습 기회를 제공한다. 다음의 목록은 일반적인 작문 기술을 가르치는 것에 초점을 맞출 때 학생들의 작문을 평가하는 방법들을 제시한다. 그러나 이 방법들은 주제 중심 서술형 문항에도 적용할 수 있다.

① 어떠한 답안에서든 두세 가지 요소에 관해서만 평가하라.
② 그 특정 시기에 한 학생에게 있어 가장 중요한 문제들을 택하여 평가하라.

③ 그 논평을 적절한 형태로 요약하라.
④ 해당 작문을 전체적으로 신속하게 분석한 후 논평을 쓰기 시작하라.
⑤ 격려하는 어조로 논평을 써라.
⑥ 여러 편의 작문들에 같은 평을 반복해서 쓰는 것을 주저하지 마라.
⑦ 과정 중에 한 특정 학생에 대한 중요 사항들이 하나도 빠지지 않도록 쓰고 있는 논평에 집중하라.
⑧ 논평의 어조에서 그것들이 교사의 개인적인 취향이 아닌 하나의 작문 기술을 다루고 있다는 것을 분명히 하라.

피드백을 줄 수 있는 또 다른 방법은 학생들과의 컨퍼런스를 여는 것이다. 즉 각 학생을 개별적으로 만나 논평과 답안에 대해 함께 검토하는 것이다. 각 학생과의 10분에서 20분의 짧은 컨퍼런스는 더욱 개인적이고 학생에게 답안지의 여백에 글로 쓴 논평보다 훨씬 명확한 지도 사항을 제공할 수 있다. 각 학생과의 짧고 직접적인 컨퍼런스는 또한 학생의 점수를 명확히 하기 위해 많은 설명과 평을 쓰는 시간을 줄여 줄 것이다.

5. 개방형 지필평가의 루브릭

다음의 내용을 통해 분석, 비교, 서술, 문제 해결, 소설, 평가의 여섯 가지 개방형 지필평가의 루브릭을 살펴보자.

1) 분석

분석 글쓰기에서 평가되는 사고 전략들은 다음과 같다.

- 타당한 증거, 논리적인 결론 도출 그리고 타당한 관련성을 보여 주기
- 관계와 패턴 그리고 주요 아이디어라는 속성과 구성요소를 명백히 하기

일반적 분석 루브릭

<table>
<tr><th colspan="4">일반적 평가 영역</th></tr>
<tr><td colspan="2">내용 지식</td><td>비판적 사고 과정</td><td>의사소통 기술</td></tr>
<tr><th colspan="4">이해에 대한 점검 항목</th></tr>
<tr><td colspan="2">이유와 증거</td><td>관점, 명확한 증거, 논리적 결론 도출을 인식하고 그럴듯한 관계를 보여 줌</td><td>텍스트, 다이어그램, 차트</td></tr>
<tr><th></th><th>글쓰기</th><th>글쓰기</th><th>글쓰기</th></tr>
<tr><td>6</td><td>• 4~5가지의 이유와 증거 제시
• 분석의 각 영역에 맞게 4~5개의 예시를 발전시킴</td><td>• 분석의 4개 영역을 정의: 무엇인지 아닌지, 무엇을 해야 하는지, 무엇을 의미하는지
• 1개 또는 그 이상의 전략을 이용해 이해함을 보여 줌: 정의, 기술, 예시, 묘사</td><td>• 일관성 있고
• 직선적이며
• 의도적이고
• 처음부터 끝까지 완벽하고
• 통합적임</td></tr>
<tr><td>5</td><td>• 4~5가지의 이유와 증거 제시
• 적어도 3개의 영역에서 발전시킴</td><td>• 4개 영역을 모두 정의
• 1개 또는 그 이상의 전략을 이용해 이해함을 보여 줌</td><td>• 일관성 있고
• 발전적이고
• 처음부터 끝까지 꼼꼼함</td></tr>
<tr><td>4</td><td>• 4~5가지의 이유와 증거 제시
• 적어도 2개 또는 3개 영역에서 발전시킴</td><td>• 3개 영역을 정의
• 4개 영역을 나열하나, 정의하지는 못함</td><td>• 조직적이고
• 꼼꼼하나
• 마무리가 부족함</td></tr>
<tr><td>3</td><td>• 4~5가지의 이유와 증거 제시
• 적어도 1개 또는 2개 영역에서 발전시킴</td><td>• 분석을 단순히 이해하고 있음을 보여 줌
• 전혀 다른 관계를 통해 모든 영역을 구별하지 못함</td><td>• 약하게 조직적이고
• 단순하고
• 일시적인 일관성을 보임</td></tr>
<tr><td>2</td><td>• 4-5가지의 이유와 증거 제시
• 적어도 1개 영역에서 발전시킴</td><td>• 문제를 묘사함
• 명확하게 분석의 영역을 구분하지 못함</td><td>• 약하게 조직적이고
• 간결함</td></tr>
<tr><td>1</td><td>• 이유와 증거를 나열하기만 함</td><td>• 지시를 따르기만 함
• 문제에 대한 부분적인 기술만을 보임</td><td>• 불완전하게 조직되어 있고
• 간결함</td></tr>
<tr><td>0</td><td>• 노력을 보이지 않음</td><td>• 노력을 보이지 않음</td><td>• 노력을 보이지 않음</td></tr>
</table>

2) 비교

비교 글쓰기에서 평가되는 사고 전략들은 다음과 같다.

- 다양한 요소를 모으고 비교하기
- 주어진 특징을 나열하고, 집합에서 항목을 나누고 특징적인 새로운 리스트를 만들기
- 사실에 근거한 정보를 조직하기

일반적 비교 루브릭

일반적 평가 영역				
개념 이해		내용 지식	비판적 사고 과정	의사소통 기술
이해에 대한 점검 항목				
생각 통제하기		정보	유사점과 차이점	텍스트, 차트, 다이어그램
	글쓰기	**글쓰기**	**글쓰기**	**글쓰기**
6	• 생각을 통제하는 명백한 상태 • 모순이 없음	• 목적을 꼼꼼하고 정확하게 명백히 함 • 4~5개의 전략을 사용함: 사실, 세부항목, 예시, 일화, 설명, 정의	• 2개 또는 그 이상의 항목을 비교함 • 항목을 상세화함 • 비교를 보이기 위한 4~5개의 전략을 사용; 나란히, 최소에서 최대, 단순에서 복잡, 일대일, 나열 또는 특별한 속성 나열	• 잘 조직화함 • 도움이 되는 태도를 갖고 시작함 • 논리적으로 조리가 있고 명백함 • 하나의 잘 발달된 구성요소에 초점 맞춤
5	• 생각을 통제하는 명백한 상태 • 모순이 없음	• 적절한 정보를 줌 • 4~5개의 전략을 사용함	• 2개 또는 그 이상의 항목을 비교함 • 항목을 상세화함 • 4~5개의 전략을 사용하여 비교 보여 줌	• 잘 조직화됨 • 효과적으로 시작하여 마무리함
4	• 생각을 통제하는 명백한 상태 • 모순이 없음	• 일반적인 정보를 줌 • 나열하고 논리적으로 무리 지음	• 2개 또는 그 이상의 항목을 비교함 • 항목을 상세화함 • 2~3개의 전략을 사용하여 비교 보여 줌	• 잘 조직화됨 • 효과적으로 시작하나 급하게 마무리함

(계속)

3	• 과제를 수행하는 기본적인 상태 • 모순이 없음	• 4단계에서보다는 부정확한 정보를 줌 • 특징을 나열하나 그다지 정교하지 않음 • 의견을 제시함	• 2개 또는 그 이상의 항목을 비교함 • 항목을 상세화함 • 1~2개의 전략을 사용하여 비교를 보여 줌	• 조직이 약함 • 지시에 따르기만 함
2	• 과제를 수행하는 기본적인 상태 • 모순이 없음	• 거의 벌전이 없음 • 세부사항이 거의 주어지지 않음 • 간결함	• 2개 또는 그 이상의 항목을 비교함 • 적어도 1개의 전략을 사용하여 비교를 보여 줌	• 조직이 약함
1	• 과제를 수행하는 기본적인 상태 • 모순이 없음	• 거의 발전이 없음 • 세부사항이 거의 주어지지 않음 • 간결하고 너무 일반적임	• 2개 또는 그 이상의 항목을 비교함 • 적어도 1개의 전략을 사용하여 비교를 보여 줌	• 허술한 조직 • 때때로 비논리적임
0	• 노력을 보이지 않음	• 노력을 보이지 않음	• 노력을 보이지 않음	• 노력을 보이지 않음

3) 서술

서술 글쓰기에서 평가되는 사고 전략들은 다음과 같다.

- 경험적 기술의 설명과 수집(편집)
- 과정의 단계적 글쓰기
- 폭넓은 관찰을 바탕으로 한 서술과 숙고, 결론 쓰기
- 관찰의 수집과 조직

일반적 서술 루브릭

일반적 평가 영역				
개념 이해		내용(취지) 지식	비판적 사고 과정	의사소통 기술
이해에 대한 점검 항목				
아이디어의 조절		정보	정보 전략	텍스트, 도형, 차트, 그림
	글쓰기	**글쓰기**	**글쓰기**	**글쓰기**
6	• 아이디어를 잘 조절하여 진술함 • 일관성, 통일성이 있고, 초점이 맞음	• 구체적인 정보를 포함함: 사실, 세부묘사, 예시, 설명, 일화, 정의	• 여러 전략을 포함함: 개인적 일화, 시나리오 작성, 구분, 그룹, 분류, 설명	• 초점에 맞고 잘 조직되어 있음 • 구체적인 정보로 잘 발전되어 있음 • 처음과 끝을 잘 갖추고 있음
5	• 아이디어를 잘 조절하여 진술함 • 일관성 있음	• 구체적인 정보를 포함하나 6수준의 정보만큼은 아님	• 여러 전략을 포함함	• 잘 조직되어 있음 • 6수준만큼 창조하지 못함
4	• 아이디어를 잘 조절하여 진술함 • 일관성 있음	• 정보를 포함하나 막연함	• 여러 전략을 포함함	• 잘 통합하지 못함 • 시작은 인상적이나 끝부분은 약함
3	• 주제를 간단히 진술함 • 정보를 제공하기보다는 생각만 진술함	• 막연함 • 나열해 놓기만 하고 열심히 하지 않음	• 몇 가지 전략을 포함함	• 약하게 조직함 • 지시에 따르기만 함
2	• 주제를 간단히 진술함 • 정보를 제공하기보다는 생각만 진술함	• 막연함 • 약간의 묘사가 있음	• 약간의 전략을 포함함	• 간단함 • 조직력이 부족함
1	• 주제를 간단히 진술함 • 정보를 제공하기보다는 생각만 진술함	• 의견에 어떠한 정보도 없음	• 하나의 전략만 있음	• 간단함 • 조직력이 부족함
0	• 아무것도 하지 않음	• 아무것도 하지 않음	• 아무것도 하지 않음	• 아무것도 하지 않음

4) 평가

평가 글쓰기에서 평가되는 사고 전략들은 다음과 같다.

- 의견과 추측이 아닌 사실과 계산에 바탕을 둔 가치 있는 의견을 만들기
- 정보의 조직과 안정적인 의견 만들기
- 조건과 결론의 명료화

일반적 평가 루브릭

일반적 평가 영역			
개념 지식		비판적 사고 과정	의사소통 기술
이해에 대한 점검 항목			
이유와 증거		의견 만들기	표현과 문체
	글쓰기	글쓰기	글쓰기
6	• 의견을 정당화할 이유와 의견 진술을 위한 이유를 제공함 • 이유에 초점을 둠 • 증거에 의해 지지된 하나나 그 이상의 이유를 제공함	• 가치가 검토된 주제를 진술함 • 안정되고 명확한 의견을 진술함	• 명확하고 일관성 있음 • 목적과 종결 지향적임
5	• 의견 진술을 위한 이유를 제공함 • 하나나 그 이상의 이유를 제공하고, 증거가 그들을 지지함 • 6수준만큼 세부적이지 않음	• 가치가 검토된 주제를 진술함 • 안정되고 명확한 의견을 진술함	• 명확하고 일관성 있음 • 잘 쓰였음 • 다소 예언적임
4	• 하나의 이유나 의견을 뒷받침하기 위한 이유를 포함함 • 적어도 하나의 적절한 이유를 진술하나 5, 6수준만큼 세부적이지 못함	• 주제를 동일시함 • 안정된 의견을 나타냄	• 잘 쓰였음 • 다소 예언적임
3	• 의견을 나열하나 발전적이지는 못함 • 이해한 것으로 보임	• 의견을 나타냄	• 예언적임
2	• 하나의 이유를 나열함 • 가치 있는 주제를 묘사한 것 같음	• 의견을 나타냄	• 형식적임
1	• 하나의 이유를 나열한 것 같음	• 하나의 의견을 진술하나 간단한 주제를 묘사함	• 동떨어짐
0	• 아무것도 하지 않음	• 아무것도 하지 않음	• 아무것도 하지 않음

5) 소설

소설 글쓰기에서 평가되는 사고 전략들은 다음과 같다.

- 정보를 종합하기
- 관찰, 기록, 이야기 형식에 맞는 정보로 의사소통하기

일반적 분석 루브릭

	일반적 평가 영역		
	내용 지식	비판적 사고 과정	의사소통 기술
	이해에 대한 점검 항목		
	테마 또는 주제	아이디어를 종합하여 인물과 상황 발전시키기	이야기의 양상과 전략
	글쓰기	**글쓰기**	**글쓰기**
6	• 소설을 발전시킬 4~5개의 전략을 사용하여 과제의 내용을 보여 줌: 대화, 속도조절, 관점의 성립	• 이해할 수 있는 문맥에서 행동을 전개함으로써 상황을 연출함 • 주요 등장인물이 잘 드러남 • 갈등이 드러남 • 논리적인 구성 • 용의주도한 결말	• 의미 있는 세부항목으로 구성됨 • 모순 없이 서술되고, 관점이 일관적임 • 적절한 대화가 서술됨 • 사실적임 • 유창함 • 잘 조직되어 있음
5	• 소설을 발전시킬 4~5개의 전략을 사용하여 과제의 내용을 보여 줌	• 이해할 수 있는 문맥에서 행동을 전개함으로써 상황을 연출함 • 주요 등장인물이 잘 드러남 • 갈등이 드러남 • 논리적인 구성 • 명확한 결말	• 상세함 • 모순 없이 서술되고, 관점이 일관적임 • 유창함 • 페이스는 잘 나감 • 적절한 대화가 서술됨
4	• 소설을 발전시킬 2~3개의 전략을 사용하여 과제의 내용을 보여 줌	• 이해할 수 있는 문맥상에서 행동을 전개함으로 상황을 연출하나, 5단계 또는 6단계에 미치지 못함 • 주요 등장인물이 형성되어 발전해 나감 • 갈등이 드러남 • 논리적인 구성 • 서툰 결말	• 모순 없이 서술되고, 관점이 일관적임 • 유창함 • 페이스는 잘 나감 • 적절한 대화가 서술됨 • 종종 상세한 내용보다는 요약이 쓰임

(계속)

3	• 소설을 발전시킬 2~3개의 전략을 사용하여 과제의 내용을 보여 줌	• 이야기의 모든 요소를 수행하는 데 실패: 상황, 배경, 주요 등장인물, 갈등 • 부자연스러운 결말	• 다소 모순이 없이 관점이 서술됨 • 페이스는 잘 나감 • 적절하지 않은 대화가 서술됨
2	• 소설을 발전시킬 1~2개의 전략을 사용하여 과제의 내용을 보여 줌	• 쓸모없는 • 최소한의 문맥 • 주요 등장인물을 발전시키지 못함	• 좀처럼 모순이 없지 않음 • 관점이 성립되어 있음 • 적절하지 않은 대화가 서술됨 • 되풀이됨, 예를 들어 '그런 다음'이라는 문구
1	• 소설을 발전시킬 1~2개의 전략을 사용하여 과제의 내용을 보여 줌	• 문맥을 이어가지 못함 • 이야기의 요소가 부족함 • 결말 없이 끝남	• 모순적임 • 관점이 성립되지 않음 • 발전적이지 않거나 두서없음 • 상세하지 않음
0	• 노력을 보이지 않음	• 노력을 보이지 않음	• 노력을 보이지 않음

6) 문제 해결

에세이 글쓰기와 수학 시간 수학적 결론을 위한 글쓰기는 그 형식이 다르다. 에세이 글쓰기를 위한 하나의 기준은 원인과 결과의 숙고이다. 제공된 상황이나 실험에서 글쓴이가 예측 가능한 원인이나 결과는 구체적인 사건을 제공한다. 숙고는 선행된 실험과 데이터에 바탕을 둔 예언들로 흐트러진 추측들을 정리할 수 있다

문제 해결 글쓰기에서 평가되는 사고 전략들은 다음과 같다.

- 다양한 자료와 정보를 종합하여 문제 인지하기
- 용어와 논쟁점 명료화하기
- 일반화하기

일반적 문제 해결 루브릭

	일반적 평가 영역			
	개념 이해	내용(취지) 지식	비판적 사고 과정	의사소통 기술
	이해에 대한 점검 항목			
	고심한 논증	상황의 제공	원인과 결과의 논리, 적절성	일관된 진술
	글쓰기	**글쓰기**	**글쓰기**	**글쓰기**
6	• 설득력 있고 일관된 증거를 제공함 • 충분히 고심한 원인과 결과를 도출함 • 원인과 결과를 지지할 다양한 전략을 사용함: 사실, 의견, 개인적 경험, 명확한 예시	• 상황을 명확히 묘사하거나 확실시하고 정의내림 • 독자의 시각에서 인정함 • 많은 지식과 정보를 모순 없이 일관성 있게 설명함	• 원인이나 결과를 상황과 분명히 관련지어 보여 줌 • 논리적인 의견으로 독자에게 설득력 있는 논의를 제공함 • '~라면'과 같은 숙고의 전략을 제공함 • 논리적 관계와 방향을 보여 줌	• 구체적 언어로 쓰임 • 감각적 묘사가 풍부함 • 설명과 서술의 전략이 충분함 • 독자를 생각함 • 잘 조직되어 있음
5	• 설득력 있고 일관된 증거를 제공함 • 여러 원인이나 결과를 진술하나 하나만 공을 들여 상세히 설명함	• 상황을 명확히 정의함 • 독자의 시각에서 인정함 • 많은 지식과 정보를 모순 없이 일관성 있게 설명함	• 원인과 결과를 명확히 하여 보여 줌 • 설득력 있음 • 목적과 방향을 갖고 있음 • 전략을 사용하는 것 같음	• 6수준과 같음
4	• 설득력 있고 일관된 증거를 제공함 • 여러 원인이나 결과를 진술하나 하나만 공을 들여 상세히 설명함 • 부적절한 묘사가 있음	• 그런대로 상황을 정의함 • 에세이를 좌우하는 상황을 가지고 있음 • 조언에 따라 새롭게 고치는 것 같음 • 이해를 보여 줌	• 추측과 원인이나 결과 간의 관련성을 확립함 • 관련성이 지속적이지 못함	• 잘 표현함 • 독자를 인식하여 보여 줌 • 잘 조직되어 있음
3	• 편협한 증거를 제공함 • 하나의 원인이나 결과를 설명함	• 상황을 보여 주나 풍부한 이해를 보여 주지는 못함 • 조언에 따라 새롭게 고치는 것 같음	• 눈에 보이거나 피상적인 추측을 가짐 • 일련의 원인과 결과를 나열하는 것으로 보임 • 결과에 대한 하나의 원인만 발전함	• 항상 독자를 인식하지는 않음 • 조직적임 • 일관성이 부족함 • 초점이 없음

(계속)

2	• 아주 약간 고심한 정보를 보여 줌(거의 나열만 함) • 관련성 없는 묘사를 제공하고 상황을 관련짓지 못함	• 상황에 대한 최소의 이해를 보여 줌 • 조언에 따라 새롭게 고치는 것 같음	• 초점이 맞지 않고 두서없으며 간단한 추측을 보임 • 추측과 원인이나 결과 사이의 약간의 관련성을 보여 줌 • 추측과 관련 없는 원인과 결과를 제공하는 것 같음	• 독자를 인식한 것으로 보이지 않음 • 비논리적으로 조직화함
1	• 정보에 대해 약간 또는 전혀 숙고하지 않은 것 같음 • 약간 또는 전혀 추측하지 못함	• 상황을 간단히 발전시키거나 조금도 그렇지 못함	• 초점이 맞지 않고 두서없으며 간단한 추측을 보임 • 추측과 원인이나 결과와의 논리적 관련성을 보여 주지 못함	• 독자를 인식한 것으로 보이지 않음 • 조직이 빈약함 • 간단함 • 종종 모순이 있음
0	• 아무것도 하지 않음	• 아무것도 하지 않음	• 아무것도 하지 않음	• 아무것도 하지 않음

수학 시간이나 그 비슷한 수업에서 문제 해결 글쓰기는 수학 문제 해결이나 실험에 있어 가설 설정, 설계를 요구할 수 있다.

일반적 수학 루브릭

일반적 평가 영역				
개념 이해		내용(취지) 지식	비판적 사고 과정	의사소통 기술
이해에 대한 점검 항목				
아이디어의 조절		수학적 정보	문제 해결	텍스트, 도형, 차트, 그림
	글쓰기	**글쓰기**	**글쓰기**	**글쓰기**
6	• 개방형 문제, 수학적 아이디어와 과정의 이해를 보여 줌	• 뚜렷하고 쉬운 도형을 보여 줌 • 예시를 포함함	• 문제에 있어 모든 중요한 요소를 확인함 • 논쟁에 있어 강한 지지를 보여 줌	• 분명함 • 일관성 있음 • 명백함 • 설명이 완벽함

(계속)

5	• 개방형 문제, 수학적 아이디어와 과정의 이해를 보여줌	• 뚜렷하고 쉬운 도형을 보여줌 • 예시를 포함함	• 문제에 있어 최대한 중요한 요소를 확인함 • 논쟁에 있어 확실한 지지를 보여줌	• 분명함 • 일관성 있음 • 명백함 • 설명이 완벽함
4	• 개방형 문제, 수학적 아이디어와 과정의 이해를 보여줌	• 아마도 모호하고 적당하지 않은 도형을 가짐	• 문제에 있어 최대한 중요한 요소를 확인함 • 불완전한 논지를 보여줌	• 명백함 • 일관성 있음 • 명백함 • 설명이 분명하지 않음
3	• 수학적 아이디어와 과정에 충분한 이해를 보여 주는데 실패함	• 수치상의 오류를 범함 • 아마도 모호하고 적당하지 않은 도형을 가짐	• 문제에 있어 조금 중요한 요소를 확인함 • 빈약한 논지를 가짐	• 문제 해결을 위한 적당하지 않은 전략을 반영함
2	• 이해하지 못함	• 수치상의 오류를 범함 • 아마도 모호하고 적당하지 않은 도형을 가짐	• 문제에 있어 아주 약간 중요한 요소를 확인함 • 어떠한 지지도 가지지 못함	• 이해하지 못함
1	• 이해하지 못함	• 모호하고 적당하지 않은 도형을 보여줌	• 문제를 모방함	• 이해하지 못함
0	• 아무것도 하지 않음	• 아무것도 하지 않음	• 아무것도 하지 않음	• 아무것도 하지 않음

6. 평가기준이 제시된 개방형 지필평가의 예

1) 역사/사회학

서술	서부로 가기

당신은 1850년경 뉴욕에 거주하는 젊은 노동자이다. 당신 친구 몇 명이 서부로 갈 결심을 한다. 당신은 서부로 가는 것에 대한 보상과 함께 따르게 될 위험과 고초를 듣곤 한다. 당신은 친구들에게 해결책을 써 줄 것을 약속하였다.

글쓰기 방향: 서부로의 이주에 대한 당신의 조사(검토)에 대해 생각해 보시오. 당신이 갈 것인지 아닌지 결정하시오. 당신의 이유를 서술하여 친구들에게 편지를 쓰시오.

서부로 가기

평가 영역		
개념 이해	내용(취지) 지식	비판적 사고 과정
이해에 대한 점검 항목		
• 서부로의 이주에 대한 이해	• 위험에 대한 인식: 여행자나 원주민의 습격, 질병, 굶주림, 사고, 분만, 물 부족 • 고난에 대한 인식: 물자 준비, 날씨, 관계 형성, 수리 • 보상에 대한 인식: 관계, 좋은 기회, 강한 토질, 자립	• 위험, 고난, 보상에 대한 서술

2) 화학

평가	정상에서의 점심

당신의 가족은 매년 콜로라도에 있는 친척집으로 여름 여행을 가며 지금 출발했다. 평소처럼 당신은 요리사의 역할을 맡았다. 대륙의 분기점인 해발 11,000피트(5200미터) 지점에 도착하였을 때는 점심시간이었다. 모두들 달걀 샌드위치를 당신에게 부탁하였고, 당신은 높은 정상에서도 달걀을 빨리 삶을 수 있다고 말하였다.

글쓰기 방향: 정상에서 물을 끓일 수 있는 정보지를 쓰시오. 정상은 기압이 낮은가? 끓이는 것이 장소에 따라 달라지는 이유는 무엇인가? 온도는 달걀을 삶는 것과 같은 화학작용의 비율에 어떤 영향을 주는가? 당신이 점심을 준비하는 능력에 영향을 주는 화학적, 물리적 과정은 무엇인가?

정상에서의 점심

평가 영역		
개념 이해	내용(취지) 지식	비판적 사고 과정
이해에 대한 점검 항목		
• 대기의 물리적 특성이 화학적 반응에 어떤 영향을 주는지에 대한 이해	• 대기압, 열, 화학 반응, 온도에 대한 이해	• 정보를 처리하는 과정의 종합과 진술

3) 문학, 언어예술

문제 해결	또 다른 톰 소여의 고난

톰과 베키는 동굴에 있는 함정에 빠져 얼마동안 어쩔 줄 모르고 있다. 이 책의 다음 장을 읽기 전에 그들의 딜레마를 해결해 줄 것을 제안한다.

글쓰기 방향: 톰과 베키의 딜레마를 해결해 줄 방법을 쓰시오. 그들은 동굴을 어떻게 빠져나올 수 있을까? 어딘가에서 예기치 않게 인디언 조를 만나 무엇을 할까? 무엇을 먹을까? 어떻게 볼까? 밖으로 나가는 길을 어떻게 찾을 찾을까? 주인공의 성격과 행동에 대해 이미 알고 있는 것들을 바탕으로 해결책을 세우시오.

또 다른 톰 소여의 고난

평가 영역		
개념 이해	내용(취지) 지식	비판적 사고 과정
이해에 대한 점검 항목		
• 톰 소여에 대한 정보	• 소설에 대한 구체적인 묘사 • 성격의 분석과 행동의 예측	• 문제 해결 과정

4) 물리학

소설	광선처럼 나가다

자신을 태양 표면에서 생성된 에너지라고 간주하시오. 여러분은 태양의 표면을 떠나서 지구를 향해 우주 공간을 여행한다.

글쓰기 지시사항: 우주를 여행할 때, 지구의 대기에 도착하였을 때, 지구의 표면에 도착하였다면, 그리고 만약 마지막 2주에 교실에서의 실험 수업에 흡수된 하나의 존재로 되었다면 어떻게 되었을지에 대해 이야기를 쓰시오.

여러분의 여행을 서술하시오. 여러분이 마침내 최종적으로 온 곳은 어디인가 혹은 어디로 가고 있는가?

광선처럼 나가다

평가 영역		
개념 이해	내용(취지) 지식	비판적 사고 과정
이해에 대한 점검 항목		
• 태양에서 변화된 복사에너지와 파장으로서의 에너지 경로에 대해 이해할 수 있다.	• 전자기, 파장, 광선, 복사열, 전도, 열, 온도, 흡수, 반사 그리고 반응에 대해 알 수 있다.	• 각색하고 종합하여 정보를 나열할 수 있다.

5) 통합 교과

분석	에이즈와 관련된 연극(극본)

중학생 청중을 대상으로 에이즈에 관한 연극을 작성하시오. 그러나 먼저 당신의 연극을 위한 기금을 모금하기 위해 예술 위원회를 설득시켜야 한다. 3명의 극장가 친구들과 함께 작업하며, 당신이 해야 할 일에 대해 다양한 아이디어를 만들어야 한다.

글쓰기 지시사항: 동료들과 함께 다양한 아이디어를 산출한 뒤, 여러분은 자신의 독특한 제안을 해야 한다. 그 제안은 3페이지를 넘어서는 안 된다. 다음의 질문을 염두에 두시오: 에이즈에 대한 연극에서 보여 주는 사회적인 이슈는 무엇인가? 당신의 작품은 코미디, 뮤지컬 혹은 드라마 어떤 종류가 될 것인가? 질병이 퍼지는 수학적인 개념을 어떻게 이해시킬 것인가? 에이즈 이면의 과학을 드러내는 가장 좋은 방법은 무엇이 될 것인가? 학교 행정가에게 어떤 식으로 예고편을 보여 주고, 어디에서 연극을 공연할 것인가?

에이즈와 관련된 연극

평가 영역			
개념 이해	내용 지식	비판적 사고 과정	의사소통 기술
이해에 대한 점검 항목			
• 정치적, 사회적 그리고 도덕적 경계에 걸쳐 에이즈라는 질병에 대한 이해를 할 수 있다.	• 질병이 어떻게 퍼지는지에 대한 통계치와 에이즈 이면의 과학에 대해 알 수 있다. • 사회적 관련성에 관해 알 수 있다.	• 지식을 종합하고 적용하는 지식을 갖고 있다. • 의사를 결정할 수 있다.	• 설득력 있게 쓸 수 있다.

6) 통합 교과

비교	다른 시대, 다른 전염병

1600년대의 런던 부보닉 플라구와 에이즈를 비교해 보시오.

글쓰기 지시사항: 두 개의 질병에 대해 비교하는 글을 쓰시오. 정부의 대처는 어떠하였는지, 처치, 예방, 연구조사 내용 그리고 질병의 전염에 대해 어떤 대책이 있었는지를 적으시오. 사회적인 영향은 어떠하였고, 어떠할 것인가? 예를 들어 보균자에게는 어떤 처치를 하였고, 하고 있는가? 각각의 질병에 대해 어떤 종류의 교육이 있었고, 있는가? 각각의 질병의 걸렸을 때 삶의 방식에는 어떤 영향을 끼쳤

고, 끼치는가? 얼마나 많은 사람들이 죽었고, 죽어 가는가? 각각의 질병을 극복하기 위해 어떤 가능성이 있었고, 있는가?

다른 시대, 다른 전염병

평가 영역		
개념 이해	내용 지식	비판적 사고 과정
이해에 대한 점검 항목		
• 전염병을 이해하고, 관련된 사항을 알고 있다.	• 두 질병에 대한 사회적 이슈, 과학 그리고 수학적 영역에 대한 이해를 하고 있다.	• 이슈를 비교할 수 있다.

7. 개방형 지필문항의 예

1) 국어과 문항

분석	시에 대한 개인적인 분석하기

Judith Viorst의 '한나가 떠난 이후'라는 시를 읽으시오.

읽을 때에 화자가 자신의 감정을 표현하기 위해서 단어와 이미지를 어떻게 사용하였는지 주목하고, 다음 쪽에 그 시에 대한 개인적인 감상을 쓰시오. 위쪽에 있는 질문은 여러분의 생각을 체계화시키는 데 도움이 될 것이다.

이름 ______________________　　　날짜 ________________

- 아래의 시 '한나가 떠난 이후'를 읽고 개인적인 감상을 쓰시오.
- 아래에 있는 질문에 대한 답을 쓰되 그 질문에 모두 대답할 필요는 없다.
- 이 시에서 무슨 일이 일어났는가? 한나는 누구인가? 이 시를 읽을 때에 어떤 느낌을 받았는가? 화자는 이 느낌을 일으키기 위해서 어떤 이미지를 사용하였는가? 당신이 가장 좋아하는 이미지는 무엇인가? 당신은 이 시를 좋아하는가? 좋아하거나 혹은 그렇지 않다면 그 이유를 쓰시오.

한나가 떠난 이후

내 자전거의 타이어는 구멍이 난다.
하늘은 기분 나쁜 회색이다.
적어도 한나가 떠나간 이후로 확실히 그렇게 느껴진다.

초콜릿 아이스크림은 자두 맛이 난다.
12월이 머물러 있다.
그들은 5월과 6월을 되찾았다.
적어도 한나가 떠나간 이후로 확실히 그렇게 느껴진다.

꽃에서 넙치 냄새가 난다.
벨벳이 건초처럼 느껴진다.
멋진 개가 잡종 개가 된다.
적어도 한나가 떠나간 이후로 확실히 그렇게 느껴진다.

웃는 재미가 없다.
노는 재미가 없다.
그들이 나를 부르지만 난 나가지 않을 거다.
적어도 한나가 떠나간 이후로 확실히 그렇게 느껴진다.

- Judith Viorst-

비교 설명문의 내용 비교해 보기

여러분이 스케이트보드에 대한 설명문을 쓰기 위해 정보를 수집해야 한다고 가정해 보시오. 다음 쪽에 있는 질문에 답하기 위해 아래의 도서 카드식 목록, 차례, 색인을 사용하시오.

헨리 만
사람 스케이트보드에 관한 모든 것/헨리 만-뉴욕
고셈 출판, ⓒ 1988.
114p.: ill.;25cm
ISBN 0-524-10983-7
1. 스케이트보드 I. 제목

〈**내용**〉

1단원	7
좋은 스케이트보드를 사는 것에 대한 조언	24
2단원	46
초보자를 위한 기초 동작	
3단원	71
돌기, 뛰기, 그리고 묘기	93
4단원	
안전한 스케이트를 위한 조언	101
5단원	
장비 관리	
6단원	
스케이트보드 대회	

〈**색인**〉

동부 스케이트보드 협회: 103, 114
대회후원: 103
팔꿈치 보호대: 73
장비: 7-23, 93-100
추가 항목: 12
기초: 9-10
낙하 방법: 29-30
발 보호: 75
유리섬유의 스케이트보드: 20-21
핑거플립: 48-49, 52
플렉스보드: 19-97
장갑: 77
난간: 17-18

〈**단서**〉

1. 이 책의 제목은 무엇이고 작가는 누구인가?
2. 도서관에서 이 책을 어떻게 찾았는가?
3. 스케이트보드를 타기 위한 안전규칙에 대해 제시하고 있는 단원은 어느 것인가?
4. 여러분이 스케이트보드 장비를 사는 곳을 찾기 위해서는 몇 페이지를 읽어야 하는가?
5. 어떤 단원에서 여러분은 핑거플립과 다른 묘기에 대해 읽을 수 있는가?
6, 스케이트보드에서 바르게 떨어지는 방법을 배우기 위해 여러분은 몇 페이지를 읽어야 하는가?

서술	실생활의 안내문 서술하기

- 만약 여러분이 채소밭을 일구거나 또는 자전거를 고치는 방법을 알고자 한다면 무엇을 해야 하는지 도서관이나 책을 찾아보면 쉽게 알 수 있다. 자, 여러분은 가족들과 친구들 또 다른 중요한 사람들과 사이좋게 지내는 방법에 관한 몇 가지 정보들을 찾고 있다고 생각하자. 도서관에서 이런 종류의 정보를 찾는 것은 그렇게 쉽지 않다. 그러나 만약 여러분이 다른 사람들과 사이좋게 지내는 것에 관한 안내문을 쓴다면 베스트셀러 작가가 될 것이다.

- 여러분이 남동생 또는 여동생을 위한 실생활의 안내문을 쓰고자 한다고 생각해 보자. 여러분이 쓰고자 하는 실생활의 안내문에 대해 생각해 보자. 아래의 주제들 중 하나를 선택하거나 자신만의 주제를 하나 정해서 써도 좋다. 단지 그 주제는 반드시 여러분이 관계된 사람들과 사이좋게 지내는 것을 다루어야 한다는 것을 명심하시오.

- 다음 쪽에, 자기가 쓸 실생활의 안내문에 포함된 정보들에 관한 몇 가지 아이디어들을 간단히 적으시오. 그리고 각각의 종이 위에 남동생 또는 여동생을 위한 당신의 실생활의 안내문을 쓰시오. 글의 길이는 100에서 150단어 정도 되어야 하고, 최소한 다섯 가지 정보들을 나타내야 한다.

  - 좋은 형제 또는 자매가 되는 법
  - 결점이 없는 손님이 되는 법
  - 좋은 이웃이 되는 법
  - 아주 친한 최고의 친구가 되는 법
  - 좋은 스포츠맨 그리고 동료가 되는 법

실용적인 안내문
제목: 1. 2. 3. 4. 5.

평가 **광고를 만들어 보고 평가하기**

- 멜로디 음악 회사는 '숫자로 연주하기'를 발명하였다. 그것은 사람들이 악보를 볼 수 없어도 그들이 가장 좋아하는 노래를 연주하는 방법을 사람들에게 가르쳐 주는 컴퓨터화된 키보드이다. 이제 회사는 젊은 사람들이 이 새로운 생산품을 사도록 하기 위해 잡지 광고를 낼 필요가 있다.
- 멜로디 음악 회사가 '숫자로 연주하기'의 잡지 광고를 내기 위해 여러분과 여러분 모둠을 고용하였다고 생각해 보자. 광고에 포함시키기 위해 무엇이 필요한지 알기 위해 아래의 정보를 읽어 보시오. 좋은 생각을 내기 위해 조원들과 함께 활동하시오. 그러고 나서 여러분 각자 이 새로운 음악 장난감을 묘사하고 왜 젊은 사람들이 그것을 사야만 하는지를 말해 주는 광고를 만들어 보시오. 광고를 만들기 위해 뒷장을 사용하시오. 광고는 글귀뿐만 아니라 그림이나 도표를 사용해도 된다.

'숫자로 연주하기' 제품의 광고를 만들고 평가해 보세요.

소설	설화를 통한 소설 만들기

〈**지시**〉 다음 설화를 바탕으로 소설을 만들어 보시오.

지구는 큰 거북이 등 위에 있다

세상이 만들어지기 전 하늘나라 하느님의 아름다운 딸인 하늘 여인은 하늘나라에서 몇몇 사람들이 사과나무 주변을 파고 있는 것을 지켜보고 있었다. 갑자기 커다란 굉음이 들리고 사람들이 뛰어갔다. 그들이 하늘나라의 바닥을 부숴 버린 것이었다. 그 나무는 큰 구멍을 내면서 가라앉고 있었다! 그 나무가 떨어질 때 사과나무의 가지에 하늘 여인이 걸려 버렸다.

하늘을 벗어나 아래로 아래로 떨어져 그 여인은 끝없는 바다 밑에서 헤엄치고 있는 두 마리 백조의 등 위에 내려앉게 되었다. 백조들은 그 아름다운 여인을 자신들의 등 위에서 쉬게 할 수 있다는 것이 기뻤지만, 잠시 후에 백조들 중의 하나가 "하늘에서 내려온 이 여인은 자신만의 집이 필요할 거야."라고 말하였다. 그래서 그들은 물 속에 사는 모든 이들을 불러 회의를 소집하였다.

큰 거북이가 아이디어를 하나 냈다. "혹시 누군가가 하늘에서 떨어진 나무에 묻어 있는 흙을 조금 가져올 수만 있다면 우리는 물 위에 떠다니는 섬을 하나 만들 수 있을 거야."라고 제안하였다.

그러나 그 나무는 바다 속 깊은 곳으로 가라앉아 버렸다. 수달, 사향뒤쥐, 비버, 그리고 아비 모두 나무를 찾으러 잠수하였으나 실패하였다. 그 때 늙은 두꺼비가 자신이 해 보겠다고 말하였다. 늙은 두꺼비는 너무나도 작고 못생겨서 모든 이들이 비웃었다.

"조용히 하세요!"라고 큰 거북이가 말하였다. "아무도 하지 못한 것을 늙은 두꺼비가 해낼 수도 있어요."

늙은 두꺼비는 깊이 깊이 잠수하여 오랜 시간 동안 찾아다녔다. 모든 이들이 기다리고 있었다.

사향뒤쥐가 "늙은 두꺼비는 너무나도 작고 연약해요."라고 말하였다.

아비는 "늙은 두꺼비는 결코 돌아오지 못할 거예요."라며 한숨지었다.

그러나 자그마한 거품이 수면 위로 떠오르고 그 때 늙은 두꺼비가 철벅거리며 수면으로 나와서 한 입의 흙을 내뱉었는데 그것이 마침 큰 거북이의 등 위에 떨어졌다.

즉시 작은 거북이는 큰 거북이의 껍질 모든 가장자리에까지 흙을 펴 바르기 시작하였다. 작은 거북이는 "큰 거북이님, 당신은 하늘 여인을 위한 집을 만들기 위해 선택된 것 같군요."라고 말하였다. 큰 거북이는 자신감이 북받쳐 올랐으며, 흙은 점점 더 넓어지기 시작하였다. 대지가 작은 섬만한 크기가 되었을 때, 하늘 여인은 백조들을 떠나 큰 거북이의 등 위로 옮겨와 그것을 자신의 집이라고 불렀다.

대지는 오늘날의 세계만한 크기가 될 때까지 자라고 자랐다. 때때로 큰 거북이는 지구를 떠받드는 것이 피곤할 때 한 발을 움직인다. 그러면 그 때 지구는 흔들리며 "우르르" 소리가 나고, 사람들은 "지진이다!"라고 외치는 것이다.

소설 만들기	
이름 ________________	날짜 ________________

문제 해결 **뉴스 보고서 작성하기**

자신을 살고 있는 지역 TV 뉴스 프로그램의 학생 조사자라고 생각해 보자. 여러분은 자기의 학교에 대해 뉴스 보고서를 쓸 것이다. 이 보고서는 학교에서 행해졌거나 행해졌으면 하는 특별한 이벤트(연극이나 부모님의 밤 같은 것)를 말할 것이다. 이것은 새로운 학생들에게 소개를 하거나 선생님의 특별한 재능과 취미 등을 알려 줄 수 있을 것이다. 이것은 과밀 학급의 문제점이나 새로운 운동시설이 필요하다는 것 등의 특별한 문제점을 다룰 수도 있다.

먼저 보고서의 주제를 선택하라. 여러분이 보고서의 주제에 대한 생각을 구성할 수 있게 도와주는 아래의 보고서 계획을 채우고 보고서에 싣게 될 정보들을 어떻게 모을지를 생각해 보시오. 그러고 나면 신문의 나머지 부분에 여러분의 보고서에 대한 생각을 간단히 적으시오. 마지막으로 다음 쪽에 자기의 뉴스 보고서를 자세히 쓰시오. 보고서는 150자와 200자 분량으로 쓴다.

뉴스 보고서 계획

1. 자신이 정한 보고서의 주제와 중심 생각을 진술하시오

____

____

____

2. 이 보고서에 필요한 정보를 모으기 위해 필요한 질문은 무엇인가? '누가, 언제, 어디서, 어떻게, 왜' 중에서 적어도 4개의 목록을 짜고 답을 얻을 수 있게 노력하시오.

____

____

____

3. 보고서에 필요한 정보를 어떻게 얻을지에 대한 계획을 세워서 말하시오.

____

____

____

뉴스 보고서

이름 ______________ 날짜 ______________

제8장

토론 평가 방법: 소크라틱 세미나

소크라테스식 교수법은 소크라테스에 의해 개발된 기법으로서 교사가 연속적인 일련의 질문들을 하여 학생들로 하여금 교재 또는 작품에 내재되어 있는 이슈들을 보다 심층적으로 이해하도록 유도하는 방법을 말한다. 소크라틱 세미나에서는 리더와 참여자가 논리적인 해결책을 찾기 위하여 논쟁을 사용한다. 따라서 참여자들이 조심스럽게 듣고, 생각하고, 들었던 것을 평가해야 한다. 이에 단편적인 사실의 습득보다는 진정한 이해를 이끌어 내는 사고 과정을 자극함으로써 학습자들을 도와주는 방법으로 수업에 사용하기 유용한 수행평가로 볼 수 있다.

1. 소크라틱 세미나의 개념

1) 소크라틱 세미나의 의미

소크라틱 세미나는 Adler(1924) 연구 결과의 산물이다. Adler는 John Dewey의 진보주의 신념에 근거하여 동일한 교과목이 모든 학생에게 제공되어야 하며 교육은 다음 세 가지의 목적에 기초하여 이루어져야 한다고 주장하였다: 지식의 획득, 지적 기능의 발달(학습 기술), 아이디어와 가치의 이해. 이 주장에 따르면 첫 번째 목적은 교사에 의한 직접 강의, 교과서의 사용, 그리고 교과 내용을 숙달하게 함으로써 달성될 수 있다. 두 번째 목적은 읽기, 쓰기, 말하기, 듣기, 계산하기, 문제 해결하기와 같은 기술 영역에 있어서 코치, 연습, 실제의 지도를 통하여 이루어진다. 세 번째 목적은 예술적 활동에서의 관여를 통하여 그리고 소크라틱 질문하기와 적극적인 참가를 통하여 성취될 수 있다(Adler, p.23). Adler의 주장에 따르면 학교교육의 궁극적인 목적은 이 세 번째 영역에서 모든 학생들이 성공하는 것이다.

Adler는 이러한 세계의 학습과 강의의 종류는 동일한 종류의 교실에서 효과적으로 이루어질 수 없다고 지적하였고 중요한 결과에 근거하여 학교를 재구조화해야 한다고 하였다. 그에 따르면 "전통적인 교실에서는 학생들은 줄을 맞추어 앉아 있고 교사는 그 앞에 서서 50분간 설명식의 수업을 하는데 이는 전통적인 지식 전달의 목적 이상을 달성하는 데는 효과적이지 않다"고 지적하고 소크라틱 모델에 근거한 학생들의 세미나를 제도화할 것을 제안하였다.

소크라테스식 문답 교수법과 전형적 교실 토론의 비교

	소크라테스식 문답 교수법 VS. 전형적인 교실 토론
공통점	텍스트 읽기에 근거
차이점	• 텍스트로부터 의미를 만들어 내기 위한 질문의 사용 • 교사가 제기하는 질문에 대한 학생의 반응 • 소크라틱 세미나의 목적과 형식

그리고 적어도 일주일에 한 번 정도는 모든 학생들이 세미나에 참석할 것을 강조하였다. 그에 따르면 소크라틱 세미나는 교사의 질문으로 시작되고 학습 환경의 전체적인 상황이 매우 달라지게 되는 것이다.

세미나 텍스트는 일반적으로 교과서가 아니라 시, 짧은 이야기, 소설, 연설, 각본, 수필, 역사적인 문서, 과학적인 작품, 수학적인 문제, 음악의 일부분이나 예술작품과 같은 기초적인 자료이다. 축약이 필수적이거나 단어가 너무 오래되었을 때, 변형, 단축된 텍스트, 원자료로부터 발췌한 내용들이 사용된다. 세미나 자료는 시대를 통하여 변하지 않는 진리와 보편성을 내포하고 있는 고전 또는 이 시대의 작품이 선택된다. 소크라틱 세미나는 하나의 정해진 대답이 요구되지 않는 질문을 제시하는 것으로 시작된다. 훌륭한 개회 질문은 세미나가 지속될 수 있는 대화를 생성할 수 있어야 하며 처음 제시된 의견은 시간이 지남에 따라 바뀔 수 있다. 세미나가 진행되는 동안, 텍스트를 읽은 참여자들, 세미나 리더, 그리고 각자의 상호작용을 하면서 발전된다. 대화가 대개 강사에 의해 결정되는 강연이나 전형적인 그룹 토의와 달리 세미나 참여자들 사이에서의 집중적인 상호 활동은 그들로 하여금 다른 사람들의 의견을 고려하거나 되씹어 생각하게끔 동기를 유발한다.

결론적으로 세미나 기술은 전형적인 교실 토의보다는 훨씬 더 개방적이고 사색적인 것이다. 리더와 참여자들 모두가 텍스트를 더욱 깊이 이해하려고 노력하기 때문에 반드시 다루어져야 하는 미리 결정된 의제는 없다. 새로운 통찰력과 감정이 종종 일어난다. 세미나 참여를 통하여 비평적인 사고 기술이 개발되거나 개선된다.

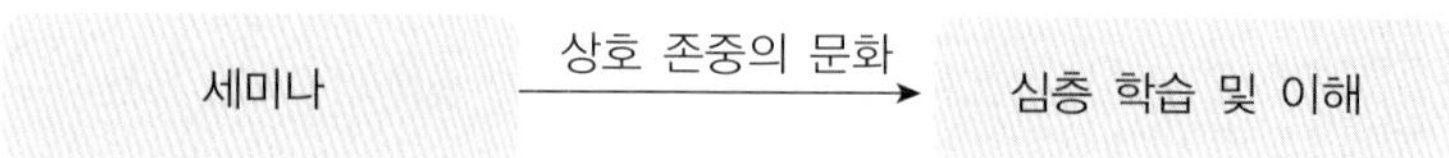

세미나는 보다 심층적인 학습과 이해에 도움이 되는 환경을 제공해 준다. 이러한 환경은 참여자들 간의 상호 존중의 문화를 통하여 달성된다. 세미나는 직접적 수업을 대체할 수 없는 반면에, 직접적 수업 방법에 대한 좋은 보충 방법이 되며 완전한 교수와 학습 과정을 풍부하게 만든다.

이 분위기를 만드는 주요한 요소 중 하나는 바로 세미나를 위한 교실의 배열이다. 책상과 의자를 큰 원이나 정사각형의 형태로 만들기 위해 안으로 향하게 할 필요가 있다. 이러한 배열은 다음 두 가지 이유 때문에 매우 중요하다. 우선 참여자들로 하여금 눈 접촉을 유지하도록 하며 각자 서로에게 직접적으로 얘기할 수 있도록 해 준다. 그리고 배열은 '교사가 참여자로서 대화 속으로 들어간다'는 사실을 비언어적으로 말해 준다.

1) 소크라틱 세미나 학습의 결과

Adler(1924)에 따르면 세미나의 주요한 목적은 독립적으로 사고할 수 있도록 참여자들의 능력을 자극시키는 것이다. 이 목표는 참여자들이 세미나 텍스트에 의하여 제기된 논쟁거리들과 아이디어들을 검증하고 명료화함으로써 달성된다. 학습은 리더와 학생 모두에 의하여 공유되는데 이는 다루어지는 자료 내용보다는 공유되는 생각을 통하여 이루어진다. 이때 세미나를 통해 이루어질 가능성이 있는 학습 결과는 아래의 세 가지 범주로 나눠질 수 있다.

- **인지적 기능:** 정보를 수집하고, 회상하고, 이해하고, 적용하고, 분석하고, 종합하고, 평가하는 정신적 조작
- **정서적 행동:** 태도, 흥미, 가치
- **성향:** 인지적이고 정서적 면들을 포함하는 정신적 습관

이러한 목적들을 통하여 나타나는 최종 학습의 결과는 개방적인, 자신감 있는, 독립적인 사유자이다. 다이언 라비치가 Paideia Bulletin의 1986년 5~6월호에서 언급한 것처럼, "이러한 교육 방법은 다른 사람들의 생각들과 언어의 규칙에 영향을 받도록 놓아 두기보다는 타인의 언어와 아이디어들을 통제할 수 있는 힘을 개발시켜 준다. 만약 모든 어린이들이 그들의 정신적인 힘들을 개발시킨다면 각각의 어린이는 평생의 만족을 획득할 것이고 그 공동체는 하나의 전체로서 번영할 것이다."

다음 표는 Bloom의 인지 기능 체계에 기초를 두고 있다.

세미나를 통해 얻을 수 있는 학습 목적

인지적 행동	정서적 행동	성질
지식 • 사실적인 정보 회상하기 • 관련된 요점을 확인하고 선택하기	• 생각과 질문을 토의에 상정하기	• 이유, 설명, 증거 찾기
이해 • 관계를 인식하고 기술하기 • 주요한 생각 확인하기 • 사실적인 정보와 추론적인 정보 해석하기	• 의미를 찾기 위해 다른 사람들과 협동하기	• 문제점 해결을 위한 제도적인 접근 수행하기
분석 • 분석적, 비평적으로 듣기 • 분석적, 비평적으로 관찰하기 • 지지해 주는 증거 선택하기 • 모순과 불일치 발견하기	• 다양한 해결책에 대한 가능성 허용하기 • 건설적인 매너를 가지고 비평주의 제의하기	• 열린 마음 유지하기 • 충동적인 반응 억제하기 • 만약 좀 더 좋은 증거나 이유들이 지지된다면 다른 사람들의 입장 채택하기
종합 • 예견, 가설, 숙고하기 • 확실한 결론 이끌어 내기	• 가상하기, 시각화하기, 개인화하기 • 시작하기, 조사하기	• 창조적으로 문제점 해결하기 • 개인적인 목표와 비전 확장하기
적용 • 새로운 상황에 개념 적용하기 • 정확하고 명료하게 말하기	• 위험 감수하기 • 생각, 감정을 나눔으로써 자신감을 보여 주기	• 지속적으로 대안책 찾기
평가 • 논쟁점 평가하기 • 대안적 해결책을 탐구하고 평가하기 • 구두, 쓰여진 진술 논의하기	• 자신의 생각보다 남의 의견을 존중하기 • 다양한 형태의 기교와 글을 가치 있게 여기기 • 학습 과정 즐기기	• 성급한 결정 억제하기 • 다른 사람들에 대한 존경 보여 주기 • 편견 없는 공평함 연습하기

인지 기능은 행동 목표를 통해 가르쳐지는 기술이다. 이러한 기능이 점점 내면화됨에 따라 태도, 흥미, 가치와 같은 정서적 기능에서 변화가 나타나고 그 결과로 학생들의 성향이나 사유 습관이 영향을 받는다. 이 표는 세미나를 통하여 나타날

수 있는 인지적, 정의적 행동 간의 상관관계와 성향을 보여 주고 있다.

2) 세미나에서 참가자의 역할

(1) 교사의 역할

교사가 질문에 대한 모든 답을 가지고 있는 것이 아니라는 것을 학생들에게 명확하게 인식시켜야 한다. 세미나의 리더는 학생들의 사고와 추리의 수준을 끌어올리는 기술과 경험을 이용하여 학생들이 해답을 발견하고 의견을 형성해 나가도록 한다. 이것은 기술적인 질문의 사용을 통해 이루어진다. 그러므로 세미나 설계에서 교사는 다른 역할을 맡게 된다. 교사의 역할은 두 가지 형태를 가지고 있다. 교사는 리더와 안내자로서뿐만 아니라 학생들과 같은 위치에서 참가자 혹은 학습자로서 역할을 수행해야 하는 것이다.

세미나는 모든 학습자들(교사를 포함하여)의 협동적인 노력으로 이루어진다. 연구를 함께하는 동지애(同志愛)로 학생과 교사의 새로운 관계가 정립된다. 왜냐하면 학생들은 서로의 생각을 나눌 수 있고 교사는 다른 구조 속에서는 발견하기 어려운 교사와 학생 사이가 동등하게 느껴지는 학생에 대해 적극적으로 이해를 하기 때문이다.

교사는 참가자와 리더라는 두 가지 역할에서 그룹 수행자의 모델을 제공해야 한다. 다른 사람의 생각과 의견을 가까이 듣고서 대안을 제공하며, 사려 깊은 반응을 보여야 한다. 그리고 새로운 생각에 열려 있는 자세를 유지하면서 학생들로부터 배우려는 자발적인 모습을 보여야 한다. 세미나 리더는 토론을 통제하는 것이 아니라 방향을 바로잡아 나갈 수 있도록 도와주는 중재자와 같은 역할을 수행하는 것이다. 리더의 주요한 책임은 세미나를 위해 잘 준비하는 것이다. 좀 더 능숙한 리더는 텍스트를 잘 이해하고 세미나가 자연스럽게 진행되도록 이끌어 간다. 또한 리더는 학생들의 관심과 흥미를 유발시키기 위한 토론에 해당되는 주제에서 흥미를 보일 수 있어야 한다.

세미나 전에 리더는 의논될 자료를 충분히 학습하고 질문을 하거나 준비해야 한다. 세미나 진행 중, 리더는 학생들의 반응을 잘 들어야 하며 적극적으로 말하는 사람을 조정하고 마지못해 말하는 사람에 대해서는 격려를 통해 참여율을 조절해 나간다. 또한 추후 질문을 하고 세미나 자료에 대해 적절한 참조로 의견을 뒷받침하도록 요구함으로써 학생들이 신뢰할 수 있도록 해야 한다. 세미나 후에 리더는 추후 쓰기 과제를 제공하고 다른 활동과 주제와 연관된 세미나로부터 나온 아이디어를 언급하여 활용할 수 있도록 한다. 물론 좀 더 능숙한 리더는 세미나의 경험이 모든 참가자를 위한 것이 되도록 한다. 시행착오를 통해 얻은 경험과 스태프(staff)의 발전을 통해 교사는 적절한 텍스트를 선택하는 기술이 향상되고 세미나에서의 텍스트에 대한 더 나은 지식을 얻게 된다. 그리고 이해를 위한 도구로 질문을 사용하게 될 것이다.

교사가 학생들이 과제를 수행하도록 장려하는 환경을 조성하는 것은 아주 중요한 일이다. 만약 학생들이 잘못될 것에 대한 두려움을 느낀다면 전혀 반응이 없거나 안전에 대한 제한된 해석을 하게 될 것이다. 좀 더 역동적이고 이해 속에 이루어지는 토론은 약간의 명확한 해석이 있을 때 더 활성화된다. 그러므로 학생들은 다양한 가능성 속에서 시험하는 자유가 있어야 한다.

교사는 마음의 문을 열고, 서로의 의견을 받아들일 수 있도록 격려하며, 심지어 극단적인 관점의 정당성을 인정하고, 학생들의 기여를 인정하며, 서로의 의견에 대해 신중히 듣는다. 비록 교사가 다양한 관점을 인정해야 하더라도 부정확하거나 근거가 부족한 의견에는 조치를 취해야 한다. 따라서 학생들은 잘못된 것에 대해 항의하지 않는 대신 문제에 대한 내용의 더 나은 이해를 증진시킬 수 있는 명확한 사고를 하게 될 것이다. 비관적인 학생을 피하기 위해 교사는 사고에서 문제를 찾아내고 명확하게 해야 한다. 만약 학생의 의견을 거칠게 정정하거나 어리석은 질문이라고 느끼게 만들면 학생은 의견을 제시하기를 주저할 것이다. 이 상황을 지켜보는 다른 학생 역시 말하기를 두려워할 것이다.

세미나 리더는 학생이 잘못되었다고 선언하듯 말하기보다 생각하는 방향에서 잘못된 부분을 스스로 찾아 나갈 수 있도록 도와주어야 한다. 비판적인 사고 기술을 발달시켜 주는 이러한 안내의 유형은 추후 질문을 통해 이루어진다. 학생 자신의 생각을 확장시키고 설명하는 이상의 질문을 하거나 텍스트에서 어떤 사실을 정립시키는 것을 돕는 좀 더 특별한 질문이다. 그러한 질문을 통해 교사가 직접 말하는 것보다 모순되고 일관성 없는 것을 학생 스스로 발견할 수 있도록 한다. 만약 학생들이 비논리적이거나 합당하지 못한 생각을 깨닫게 된다면 바르게 대처하고 잘못되었다는 것을 두려워하는 것이 아니라 기꺼이 옳다고 인정되는 아이디어를 찾을 것이다. 문제 상황을 극복하는 이 자발성은 문제를 해결하는 새로운 방법을 발견하게 하는 능력을 확장시키는 데 도움이 된다.

세미나에서 교사의 역할은 소크라테스로 가장 잘 표현될 수 있다. 플라톤의 대화 테아이테토스(Theaetetus)에서 소크라테스는 그의 가르침을 산파에 비유하였다. 단지 산파로서 노력하여 산모를 돕고 아기가 쉽게 태어날 수 있도록 돕는 것처럼 소크라틱 교사는 학생들이 자신이 이해하는 것을 성취하기 위해 노력하는 것을 돕는다. 아기는 출산의 결과이며 산파가 아닌 산모에게 속한다. 유사하게 세미나에서 학생들이 성취해 낸 이해는 교사의 생각이 아니라 학생들의 것이다. 고대의 산파는 신생아를 시험하고 잘못된 점이 없는지 확인하였다. 비슷하게 소크라틱 교사도 잘못된 사고를 고치고, 확인하기 위해 추후 질문을 하며, 다시 확인하고, 반응에 집중하고, 학생들의 말을 주의깊게 듣는다.

(2) 학생의 역할

학생도 교사와 마찬가지로 세미나에서 다른 역할을 갖게 된다. 역시 새로운 방향으로 그들 스스로 뻗어 나가는 것이다. 그들은 더 이상 수동적으로 사실을 받아들이지 않는다. 그보다 자신의 의견에 대한 이해에 책임을 지고 적극적으로 참여한다. 이것은 학생들이 자신의 배움에서 소유권을 주장함으로써 열심 히 참여하고 비판적으로 사고하는 능력을 키워 나가는 이상으로 강조된다.

대부분의 학생들이 수동적인 학습자에서 적극적인 학습자로 바뀌는 것은 점진적으로 이루어진다. 처음에 학생들은 잘못된 대답을 할 두려움을 느끼며 질문을 받는다. 학생은 자신의 대답에 책임을 느끼면서 부담을 느끼게 되고 심지어 자신의 의견이 일반적인 의견에 반하거나 확신하지 못하여 새로운 의견을 내려고 시도한다. 대체로 최선의 통찰은 이런 극단적이고 혁신적인 관점을 통해 얻게 된다.

학생의 자기 주도적 사고와 자신감이 향상됨에 따라 학습에 대한 태도뿐만 아니라 감정적, 인지적 기술의 수준도 높아진다. 기술이 향상됨으로써 학생은 세미나 참여에 적극적이고 기술 발달이 강화되는 결과를 얻게 된다. 교사와 학생 모두의 자신감과 열정을 통해 세미나는 활기차게 될 것이다.

(3) 그룹의 역할

그룹에서 개인의 역할 역시 새로운 것이다. 잘 정의된 기억에 길들여져 학업 에 있어 성공적인 학생은 세미나의 열린 성격에 상실감을 느낄 수 있다. 반면 에 적은 수의 성공적인 학생은 바른 답을 해야 한다는 속박을 당하는 것이 아니라 위험을 극복하는 데 좀 더 적극적이고 덜 권위적인 역할의 교사와 함께 할 때 편안한 느낌을 갖게 된다. 모든 학생들은 위험을 극복하고 다른 사람의 관점으로 넓히며, 자신의 대답에 근거를 들고, 세세한 부분까지 더 관심을 가지면서 다른 사람의 장점을 배우게 된다.

그룹이 역동적으로 움직이게 하기 위해서 교사는 학생들이 바로 교사에게 말하게 하기보다 학생들이 서로 이야기할 수 있도록 해야 한다. 뿐만 아니라 목소리 큰 학생이 토의를 주도하지 못하도록 관심을 가져야 한다. 소심하고 말하기를 망설이는 학생들은 따뜻하게 격려하여 참여시켜야 한다.

그룹 과정을 통해 학생들은 협동의 가치와 재미를 알게 되고 서로에게 마음을 열게 될 뿐만 아니라 교사도 학생들 중의 한 사람으로 보일 수 있게 된다. 지원 문화를 통하여 학생들은 다양한 아이디어들을 만들어 낸다. 학생은 다양한 문화와 능력을 가진 동료와 협동하여 작업하며 배움으로써 삶의 여가를 위해 사용될 기술을 익히게 된다. 사회적 기술을 향상시킬 뿐만 아니라 학생들 스스로 배우고 사고하는 능력을 발전시킬 수 있게 된다.

세미나 참여자의 역할

	교사의 역할	학생의 역할	그룹의 역할
세미나 이전	• 적절한 텍스트 선택하기 • 필요한 배경 조사하기 • 신중하게 텍스트 읽기 • 토론을 위한 텍스트 명시하기 • 열린 질문 정하기	• 텍스트 신중하게 읽기 • 논의되거나 흥미로운 부분 기록하거나 밑줄 긋기 • 세미나 동안 질문 적기 • 교사에게서 부여받은 세미나 이전 활동하기	• 개인적 수행 이상으로 그룹의 노력으로서 세미나 준비하기
세미나 도중	• 위험을 각오하는 분위기 유지하고 만들기	• 세미나 토의에 적극적으로 참여하기	• 질문에 대한 답을 협동하여 찾는 작업하기

(계속)

	교사의 역할	학생의 역할	그룹의 역할
세미나 도중	• 열린 질문하기 • 기다리는 시간 허용하기 • 학생들의 대답 잘 듣기 • 추후 질문하기 • 소극적으로 말하는 사람 격려하기 • 과도하게 말하는 사람 조정하기	• 존경과 예절을 갖추고 다른 학생의 의견 대하기 • 적절한 참여로 대답하기 • 텍스트 참조하며 의견 지지하기 • 위험을 각오하고 새롭거나 색다른 의견 나누기	
세미나 이후	• 추후 과제 내주기 • 다른 단원에서 적절한 때 세미나를 통해 나온 의견 언급하기	• 세미나를 넘어서 세미나 토론에서 나온 아이디어를 통합한 과제 완성하기 • 개인적인 삶과 마찬가지로 다른 주제로 세미나에서 논의된 개념 적용하기	• 세미나 토의 중 나온 다른 사람의 의견을 인정하는 자세 유지하기

2. 소크라틱 세미나의 방법

1) 소크라틱 세미나 설계하기

1단계	→	2단계	→	3단계
학습 목표 설정		사용할 교재 선택		질문 개발

[그림 8-1] 소크라틱 세미나의 단계

(1) 1단계

세미나를 하는 동안 혹은 끝난 후에 학생들이 알아야 하고 할 수 있어야 하는 것이 무엇인지를 유념하는 것이 설계의 첫 번째 단계이다. 수행평가로서 소크라틱 세미나를 가치롭게 만드는 것은 이 방법을 통하여 다양한 형태의 교육 결과들이 달성될 수 있다는 점이다. 따라서 이 방법은 학교 수업에서 계속적으로 사용되어야 하는 것으로 중요하다. 이 방법을 통하여 달성될 수 있는 학습 결과들은 다음과 같다.

- 비판적 사유 기술: 자료의 분석, 아이디어의 종합, 개념의 평가, 추론
- 읽기 이해 능력
- 말하기와 듣기 능력
- 글쓰기 능력: 모든 학생들은 세미나의 수준에 대하여 또는 제시된 아이디어에 대하여 글을 쓰게 된다.

(2) 2단계

세미나에서 사용할 교재를 선택하고 따라서 교육 결과를 가져올 수 있는 자료를 선택한다. 그러한 점에서 전통적인 학교교육에서 미리 결정된 '다루어져야 하는 교재'와는 성격상 매우 다르다. 따라서 내용을 모두 가르쳐야 하는 억압과 압력으로부터 교사들을 해방시켜 준다. 학교교육의 중요한 목적인 쓰기와 말하기에 있어서 효과적인 의사소통은 교사들로 하여금 모든 교과 영역에서 소크라틱 세미나를 사용하게 함으로써 고등 수준의 사고 기술과 함께 효과적인 말하기와 듣기라는 목적을 달성할 수 있다. 세미나의 중점이 심층적이기 때문에 선택되는 교재는 소설, 영화, 음악의 일부분, 그림의 일부분, 실험의 일부분, 수학 정리의 한 구절 등 전체 작품으로부터 소수의 부분만을 선택하거나 발췌하는 방식을 취한다.

(3) 3단계

최초의 질문을 개발하는 것이다. 이 최초의 질문은 한 가지의 정답이 존재할 수 없는 질문을 말한다. 좋은 질문은 세미나 동안에 대화를 창출해 내는 것이어야 한다. Denny Gray에 따르면 최초의 질문은 다음과 같은 특징을 가져야 한다.

- 리더에게 진정한 호기심을 불러일으킬 수 있는 것
- 한 가지 정답이나 정답이 없는 것
- 대화를 불러일으켜서 교재 아이디어의 이해를 심층적으로 만들어 주는 것
- 교재의 참고문헌에 대한 공부를 통하여 가장 잘 답해질 수 있는 것

2) 세미나 준비하기

세미나를 준비하면서 교사가 고려해야 하는 그것은 다음과 같다.

텍스트 고르기

↓

각 참여자에게 충분한 내용 제공하기

↓

내용에 익숙해질 만큼 충분히 선택한 것 읽기

↓

질문할 부분을 표시하고 세미나에서 더 논의될 내용 확인하기

↓

부가적 배경지식이 필요한지 결정하기

↓

적절한 추후 활동 준비하기

[그림 8-2] 세미나 준비의 고려사항

(1) 적절한 텍스트 고르기

세미나의 기본은 텍스트이기 때문에 텍스트를 선택할 때 많은 관심과 신중함이 요구된다. 텍스트로는 시, 짧은 이야기, 연설, 대본, 소설, 수필, 역사적 문서, 철학적이거나 과학적인 작품 혹은 수학적 문제가 사용될 수 있다. 텍스트는 복잡한 내용이나 인용된 것으로 구성된다. 하지만 꼭 쓰여진 작품일 필요는 없다. 음악 악보나 그림, 조각 혹은 필름이 될 수도 있는 것이다. 텍스트는 자극을 통한 것이어야 한다. 즉, 살아있는 토의를 고무시키는 기본적인 문제들이 나올 수 있는 것이어야 한다. 선택은 반성하고 비판적 사고 기술을 발전시키며 북돋울 수 있는 새로운 아이디어를 착안할 수 있도록 독자의 마음을 열어 줄 수 있어야 한다. 테스트하는 시점에서 고전 작품은 학교 도서관과 대부분의 공공장소에서, 문학 작품, 명시 선집에서 찾을 수 있는 아주 실용적인 선택이 될 것이다. 아주 잘 알려진 저자, 작곡자, 예술가와 지휘자의 작품은 역시 세미나 텍스트로 선택하기 좋다. "가장 훌륭한 세미나 토의의 이상적인 리더는 가장 좋은 책의 저자들이다. 가장 훌륭한 책에서만이

작품 세계의 가장 좋은 예를 만날 수 있기 때문이다."

좋은 읽을거리들은 하나의 대답이 있을 수 없는 좋은 질문들을 하게 한다. 세미나 텍스트의 선택에서 참고할 수 있는 텍스트의 주요 특성은 다음과 같다.

- 논쟁거리나 탐구할 거리를 가지고 있다.
- 진실을 찾는 것이다.
- 디자인과 구조의 미학을 보인다.
- 오늘날 독자에게 말할 수 있는 시간을 초월한 질문을 제기한다.
- 기본적인 아이디어와 문제를 제기한다.
- 다양한 해석을 할 수 있다.
- 토론과 비판적 읽기를 하면서 충분히 이해할 수 있다.
- 생각하고 질문할 수 있도록 자극한다.

(2) 각 참가자에게 충분한 내용 제공하기

개인적 텍스트는 세미나하는 동안 학생들이 자기에게 맞는 속도로 참고하는 내용들을 읽을 수 있도록 해 주어야 한다. 이러한 내용이 부족할 때 학생들은 텍스트를 공유하고 다른 종이에 필기할 수도 있다. 그림과 표와 같은 텍스트는 모든 학생들이 잘 볼 수 있는 위치에 제공되어야 한다.

(3) 텍스트 읽기

세미나를 하기 전에 충분히 텍스트를 읽고 또다시 읽는 것은 시작할 때 혹은 추후 질문을 하고 세미나를 하는 동안 좀 더 빠르게 중요한 내용을 볼 수 있다는 점에서 아주 중요하다. 이와 같이, 교사는 같은 방식으로 준비하는 학생들을 위해 예를 준비한다. 세미나를 하기에 앞서 교사는 학생들에게 필요한지 알 수 있도록 자료를 자세히 파악해야만 한다.

(4) 텍스트 표시하기

교사는 텍스트를 읽는 동안에 세미나를 하면서 참조할 수 있도록 단어, 어구, 단락을 찾아 적는다. 이 공간들은 설명이나 탐구를 넘어 요점을 찾아내는 곳이다. 교사는 세미나가 진행되는 동안 참조하기 위해 텍스트에 표시한다. 표시는 주요한 단어나 어구에 동그라미를 하거나 중요하게 보이는 문제나 불명확한 단락에 줄긋기, 인물의 행동과 동기에 관한 질문을 다루는 노트를 하는 것이다. 또, 교사는 저자의 의도에 관해 질문하거나 어떠한 방향에서 왜 그러한 정보가 나왔는지에 대해 명확히 할 수 있을 것이다. 동시에 교사는 이 자료와 배우거나 읽었던 다른 자료 사이에 어떤 관계가 있는지 알 수 있다.

(5) 배경지식의 필요성 결정하기

적절한 텍스트를 고르고 읽은 뒤, 교사는 어떤 배경의 조사가 학생들이 텍스트를 이해하는 데 필요한지, 개인적인 정보 또한 필요한지를 결정할 수 있다. 파이데이아(Paideia) 철학에서는 그 바탕에 잘 서 있는 것이 좋은 텍스트라고 믿었다. 하지만 텍스트가 명확한 역사적 전망의 결과물일 때 부분적으로 배경지식으로서 교사와 학생에게 유용할 것이다. 이는 두 가지 방향에서 가능하다. 첫째는 교사가 학생들이 자료를 읽기에 앞서 교훈적인 내용을 요약하여 학생들에게 제공해 주는 것이다. 만약 읽기가 학습의 특정한 단원과 관계있다면 학생들은 단원에서 부분을 조사해 볼 수 있다. 이 경우 세미나에서 읽기는 단원의 도입 단계에서, 교과 읽기 마무리 단계에서, 단원의 중간부분 혹은 단원을 끝내는 마지막 부분에서 사용될 수 있다.

(6) 추후 활동 준비하기

세미나에서 논의되는 아이디어가 교육과정의 다른 부분과 통합되는 것은 중요하다. 이것은 학생에게 세미나의 중요성을 강조하고 기술을 강화시키는 데 더욱 의미를 가진다. 추후 활동은 세미나 토의에서 나오는 에너지로 계속되고 교실 활동과 연관된 다른 것들로 이어진다. 다음 목록은 추후 활동으로 가능한 일반적인 활동이다.

- 개방형 질문에 답하는 글쓰기
- 미술 프로젝트 하기
- 읽기 자료 각색하기

- 보고서 조사 작성하기
- 이야기 속 사건에 대해 뉴스화하기
- 선행 연구된 자료와 이 텍스트를 비교하여 글쓰기
- 같은 저자에 의해 쓰여진(같은 주제 혹은 동시대의) 다른 이야기나 책 읽기
- 이야기 끝은 다르지만 같은 이름의 동화 읽기
- 다른 재료가 사용된 동시대의 예술 작품 감상하기
- 비디오나 실제 퍼포먼스 보기
- 이야기에서 가장 좋아하는 인물 묘사하기
- 새로운 시대에 이야기를 펼치거나 다른 결말 쓰기
- 읽기에서 같은 주제로 시 쓰기
- 새로운 관점에서 캠페인 만들기
- 지도 만들기
- 게임 설계하기
- 수학 문제로 만들기
- 과학 보고서나 전시회 준비하기

3) 처음인 학생에게 세미나 도입하기

세미나 토론에 앞서, 세미나의 개념이 무엇인지 학생들에게 소개하는 시간을 갖는 것이 적당하다. 이 시간은 세미나를 하기 약 일주일 전에 하는 것이 좋다. 필요한 읽을거리를 읽고 흥미로운 예감을 가지며 아이디어를 내기에 익숙해지도록 하는 시간을 학생들에게 제공해 준다.

이 도입 단계 동안 교사는 세미나를 하는 방법과 목적을 설명해 줄 필요가 있다. 이어 "세미나를 위한 학생 안내"와 "고등학교 세미나 학생의 행동"이 학생들에게 제공되어야 한다. 학생들이 이 정보를 읽고 질문을 하도록 하는 것이 좋다. 그리고 이 정보를 부모님과 함께 공유하도록 한다.

세미나는 협동적인 모험이라는 것을 학생들에게 강조해야 한다. 아이디어는 토의를 장악하기 위해 세미나에서 하나의 스타를 만들어 내는 것이 아니라 예술 작업이나 읽기를 통해 탐구를 공유하는 것이다. 협동이라는 의미에서 토의는 도움이

된다. 첫 번째 세미나를 위한 읽기 활동을 하는 것으로 끝낸다.

(1) 세미나를 위한 학생들의 안내서

소크라틱 세미나는 질문을 통해 읽을거리를 선택하는 것을 탐색하거나 예술 작 업을 하는 기술이다. '소크라틱'이라고 불리는 이유는 그리스 철학자인 소크라테스의 교수 기술에 기초하기 때문이다. 소크라테스는 제자들에게 질문을 함 으로써 가르치고 그들의 반응을 기다렸다. 제자의 반응에 따라 소크라테스는 제자들의 생각을 나누고 그들 스스로 사고하도록 고무시키기 위하여 명확하고 평가되고 숙고하는 질문을 하였다.

세미나에서 학생들의 참여는 소크라테스의 제자들만큼이나 활동적이어야 한다. 학생들은 세미나에 앞서 선정된 자료를 읽어야만 한다. 선정된 자료와 관련된 질문을 리더로부터 받게 될 것이다. 리더와 학생들은 탐구를 통해 문제를 함께 해결해 나가게 된다. 세미나에서 리더는 텍스트에서 근거를 찾아 명확하게 하도록 도울 수 있고, 모두가 의견을 제시할 수 있도록 하며, 그룹이 문제를 해결하도록 이끌어 주기 위해 질문을 계속할 것이다.

말하기 위해 기다리거나 손을 들 필요는 없다. 원할 때 언제든지 말할 수 있다. 하지만 한 번에 한 사람씩 말해야 한다. 학생들은 리더와 마찬가지로 직접적으로 다른 학생들에게 반응할 것이다. 이때 다른 사람이 말한 것에 대해 동의하거나 동의하지 않을 수 있으며 자신의 생각을 표현하고 문제와 관련된 질문을 할 수 있다. 만약 자신이 지명되었는데 그 순간 말할 것이 없으면 대답하지 않을 자유도 있다. 만약 명확하지 않거나 아이디어를 가지고 있을 때 혹은 좋은 아이디어인지 그렇지 않은지 잘 모를 때 그 생각을 말하는 것에 두려워하지 말아라. 그 의견은 토의에서 가치 있는 기여를 하게 될 것이다.

선정된 자료를 읽는 것은 중요하다. 만약 준비되지 않았다면 자신의 의견을 지지할 텍스트 증거를 제공하거나 토의에 기여할 수 없게 된다. 학생들은 주어진 자료에 대해서만 토의하게 된다. 만약 다른 읽을거리를 참조한다면 그 자료를 읽지 못한 학생들은 불리해지고 참가할 기회를 거부할 것이다. 하지만 비교의 목적에서 세미나 선정 자료에 앞서 참조하는 것은 허용된다.

세미나에서 자신의 기여는 리더를 포함한 다른 누구와 마찬가지로 가치롭다는 것을 기억하라. 절대적으로 확신하지 못한다고 해서 의견을 말하는 것에 대해 두려워하지 말아라. 말하기 전에 대답에 대해 생각해야 하지만 다른 아이디어가 토의에서 좀 더 흥미롭고 통찰력 있게 만드는 것을 도울 수 있음을 기꺼이 받아들여야 한다.

(2) 고등학교 세미나 학생들의 행동

세미나에서 학생들은 다음과 같은 행동을 하도록 기대된다.

- 무엇을 읽었는지 질문한다.
- 대답하기 전에 생각하고 기다린다.
- 의견을 제시하고 명확하게 이야기한다.
- 판단을 내리고 근거를 준비한다.
- 어떻게 문제를 해결할지 말한다.
- 해답에 어떻게 접근하는지 설명한다.
- 진술과 의견을 지지하기 위해 텍스트에서 근거를 찾는다.
- 주장을 뒷받침하는 경험에서 연관된 예를 제공한다.
- 다른 사람이 제시하는 의견에 귀 기울인다.
- 다른 사람의 의견에 대해 질문한다.
- 명확히 하기 위해 질문한다.
- 친구들이 이해하지 못할 때 도움을 준다.
- 동시에 하나 이상의 아이디어를 사용한다.
- 텍스트와 토의에서 탐구 순서를 따른다.
- 주장을 재진술하거나 재조직한다.
- 다른 의견에 마음을 연다.
- 예견하기; 무슨 일이 일어날지 계획한다.
- 관계를 찾는다.
- 강력한 이유나 더 많은 정보에 따라 의견을 바꾼다.

4) 세미나 진행하기

(1) 질문하기 전략

선정된 자료에 의미를 구축해 가면서 적극적으로 세미나에 참여하기로 약속한다. 의미는 정보를 평가하고 분석, 해석하기 위해 참가자들이 요구하는 질문을 통해 드러난다. 그룹에서 개별적으로 도달하지 못한 텍스트의 부분적 이해를 함께 할 수 있다는 믿음에 기초한다. 개방적 질문은 텍스트의 상호 탐구를 이끌어 내도록 질문한다.

① 개방형 질문

개방형 질문은 만족할 만한 대답 이상의 진실한 질문이다. 질문은 많은 반응들이 나올 수 있고 발전될 수 있는 대화를 허용하며 선택 자료를 다시 보는 동안 만나게 되는 아이디어와 문제를 되돌아보도록 학생들을 고무시키는 제한이 없는 것이어야 한다.

개방형 질문은 텍스트 그 자체에서 혹은 학생들에게서 나올 수 있다. 종종 이 질문은 무엇보다 중요한 개방형 질문을 물어보고, 학생들이 자신의 반응을 메모하며, 그런 뒤 둥근 세미나 탁자를 둘러본 뒤 학생들이 서로 대답을 주고받아 생산적인 활동이 된다. 각 학생에게서 반응을 유도해 내는 것은 다양한 결과를 제공하는 효율적인 개방적 전략이다. 첫째, 이는 학생들이 텍스트를 이해하는 일반적 평가로 세미나 리더가 제공한다. 둘째, 모든 사람이 말할 수 있는 기회를 준다. 특히 조용하고 소심한 학생들이 활동적으로 기여하는 데 도움이 된다. 셋째, 모두 말하는 것을 모으는 것은 학생들이 서로의 말에 귀 기울이고 말한 것을 기다려 주는 것을 장려한다.

개방형 질문 전략은 다음을 포함한다.

- 과정을 평가하는 데 유용하도록 학생들에게 요구하는 질문을 한다.
- 직접적인 환경과 연관된 텍스트로 학생들에게 질문한다.
- 주요 단어나 어구를 설명하고 초점을 맞추어 단락의 의미를 풀어 나가기 위해 학생들에게 안내한다.

- 각 학생은 세미나에서 할 질문을 준비하도록 질문받는다.

② 추후 질문

개방형 질문이 대화의 시작 시점에 제공되고 텍스트와 서로를 포함한 활동적인 학생은 추후 질문을 한다. 추후 질문은 학생의 아이디어에 근간하여 선택에 있어 좀 더 나은 이해로 리더에 의해 정형화되도록 안내하기 위해 대화하는 동안에 이루어진다. 추후 질문은 혼란스럽고 잘못 이해된 것을 명확히 함으로써 텍스트의 더 나은 이해를 돕도록 설계된다. 게다가 이 질문들은 아이디어의 확장과 사고의 반영을 도와준다.

추후 질문은 다음 기술을 통해 텍스트의 이해에서 참가자들을 도울 수 있다.

- 다시 방향 설정하기
- 고쳐 말하기
- 간추리기

리더는 만약 학생이 텍스트에서 너무 벗어나 논의하면 반응의 방향을 다시 설정할 것이다. 세미나에서 방향을 다시 설정하기 위해 리더는 "어떻게 이야기를 오늘의 읽을거리로 연결할 수 있을까요?" 혹은 "흥미로운 지적이군요. 하지만 이 읽을거리에서 초점을 맞추어 봅시다."와 같이 이야기할 수 있다. 추후 질문이나 진술은 참가자가 다시 텍스트로 돌아오게 한다.

잘못된 질문을 명확하기 하기 위해 리더는 무엇을 의미하는지 설명하는 것을 넘어 텍스트에서 예를 말하거나 질문을 고쳐 말할 수 있다. 리더는 학생들이 주제에서 벗어나 말하는 것을 바로잡아 줄 것이다. 그리고 리더는 읽기에서 혼란스러운 것이 있는 학생들이 있다면 읽기 자료를 간추리도록 추후 질문을 사용할 것이다. 특정한 단어나 어구의 의미는 텍스트의 이해를 강화시킬 것이 분명하다. 추후 질문은 세미나의 흐름을 안내하고 학생들이 아이디어에 재반응하도록 허락하는 것은 텍스트의 이해를 수반한다.

③ 기다리는 시간

학생들은 아주 빠르게 대답하거나 전혀 그렇지 않을 수 있다. 이러한 상황에서 기다리는 시간이 필요하다. 기다리는 시간은 학생들에게 생각을 모으고 되돌아보는 시간을 제공하기 위해 질문한 후 잠시 기다리는 것이다. 학생들은 이런 방식에서 되돌아보고 잠시 기다리기를 적극적으로 장려받는다. 잠시 쉬는 것은 짧게는 5초에서 길게는 1분 정도가 될 것이다.

기다리는 시간은 비판적 사고 활동에서 필수적이며 세미나라고 예외는 아니다. 기다리는 시간은 누군가가 대답하기 전 그들의 대답을 들을 기회를 줌으로써 마지못해 말하는 사람을 북돋운다. 대답을 기다리는 것은 좀 더 사려 깊은 발표를 위해 자신의 아이디어를 모으는 시간을 가지지 못하고 말하는 것을 방지한다. 인내와 주의깊은 듣기는 되돌아볼 시간을 자동적으로 허락할 때 강화된다. 게다가, 학생들은 전체 문장에 반응하는 경향이 있으며 수정된 단어와 묘사의 사용에서 사고를 완성한다.

세미나에서 모두 토의 탁자에 앉는 것은 의미 있는 방법으로 참여하는 것을 기대하게 한다. 그들은 다른 사람의 말을 잘 들어야 하며 텍스트에서 의미를 찾아야 한다. 기다리는 시간은 교사가 그룹에서 아이디어를 정하고 결론에 도달하는 것을 돕도록 허락한다. 교사는 더 나은 발표를 이해 · 안내하고 아이디어를 들으며 생각을 모을 수 있도록 학생들을 기다려 준다. 비판적 사고는 세미나에 참석하여 질문에 답하기 위해 몇 초를 기다림으로써 가능하다.

(2) 질문의 단계

소크라틱 세미나에서 교사의 직접적인 말하기나 지시는 어떤 역할이든 어렵게 한다. 대신 학생들이 그들이 읽은 텍스트에서 의미를 구성해 나가는 파트너로 활동할 것을 약속한다. 세미나에서 교사는 특별한 역할을 맡고 학생들의 마음을 움직일 강력한 도구로서 질문을 사용한다. 여기서 교사는 신중한 질문을 통해 학생들이 자신의 이해에 도달하도록 도울 것이다.

세미나에서 생산적인 종류의 질문을 하는 여러 가지 방법이 있다. 한 가지는 인지적 기능에서 Bloom의 체계를 고려한 것으로부터 이끌어 낸 질문을 정형화시켜 나가는 것이다.

교사는 세미나에서 Bloom의 체계표를 적용함으로써 평가, 종합, 분석의 질문을 확인하도록 질문하고 연속적으로 물음을 던지는 것을 시도한다. 만약 단지 지식(단순 사실이나 회상)이나 이해를 묻는 질문을 한다면 이것은 세미나가 아니라 단순히 일상적인 학급 토의가 되는 것이다.

[그림 8-3] Bloom의 체계표 중 적용해야 할 질문

세미나에 적절한 질문을 만드는 다른 방법은 Arthur L. Costa에 의해 개발된 지적 기능의 모델을 적용하는 것이다. Costa는 Bloom의 체계표와 혼합된 간단한 세 단계를 제시한다.

1단계: 정보를 모으고 회상하기(지식과 이해)
2단계: 모은 정보 이해하기(분석과 종합)
3단계: 정보를 적용하고 평가하기(적용과 평가)

교사는 목적, 행동, 예시 질문을 확인한 후 다른 수준으로 다양하게 쓴 자료에서 질문을 쓰는 연습을 해야 한다. 세 단계 질문은 개방적 질문에 아주 효율적이다. 1, 2단계 질문은 개방적 질문과 연관 지어 정보를 분석하고 명확히 하는 것이 요구되는 추후 질문이다. 잘 만들어진 3단계 질문은 이야기를 만들어 나갈 때 풍부하고 의미 있는 효율적인 길을 제공한다. 1단계 질문은 개방적 토론에 더 가깝게 반응을 이끌어 낼 수 있다. 세미나 리더가 2, 3단계 질문을 할 때 1단계 질문은 연속적이고 부분을 세우기 위한 선행조건으로 필요하다. 3단계 질문에 응하기 위해 종종 1단계 질문으로 도출된 전형적인 텍스트에서 세부적인 것을 발견하게 된다.

다음은 Mayflower Compact와 관련된 질문 예시이다.

① 1단계: 질문과 행동

- 1단계 질문의 목적: 단기(장기) 기억에서 회상함으로써 정보를 모으기 위해
- 1단계 질문이 유발하는 행동: 완성시키기, 동일시하기, 관찰하기, 세기, 듣기, 암송하기, 정의하기, 연결 짓기, 훑어보기, 묘사하기, 이름 짓기, 선택하기

질문의 예	행동
awesome의 정의는 무엇인가요?	정의하기
Mayflower의 항해는 무엇을 위한 것인가요?	듣기/이름 짓기

② 2단계: 질문과 행동

- 2단계 질문의 목적: 학생이 모으고 회상한 정보를 처리하기 위해
- 2단계 질문이 유발하는 행동: 분석하기, 구별하기, 계획하기, 분류하기, 그룹 짓기, 연결 짓기, 비교하기, 추론하기, 종합하기, 대조하기, 조직하기, 해석하기

질문의 예	행동
인류의 의견을 고려한 Mayflower Compact에서 작가는 무엇을 느꼈는가?	추론하기
Mayflower Compact의 어떤 부분이 왕을 위해 쓰여졌는가? 어떤 부분이 청교도 자신들을 위해 쓰여졌는가?	분류하기
식민지의 일반적 상품은 무엇을 의미하는가?	해석하기/분류하기/종합하기

③ 3단계: 질문과 행동

- 3단계 질문의 목적: 학생이 판단을 내리게 하기 위해, 학생이 가치 체계를 드러내게 하기 위해, 학생이 가설을 세우는 상황이나 소설에서 정보를 적용하고 사용하도록 하기 위해
- 3단계 질문이 유발하는 행동: 원리 적용하기, 가설 세우기, 판단하기, 평가하기, 상상하기, 예견하기, 일반화하기, 숙고하기

질문의 예	행동
이 문서가 여러분에게 어떻게 영향을 끼쳤는가?	판단하기
작가는 크리스찬의 믿음으로 나아가기 위해 그들 스스로 말한 것을 정당화시켰는가?	평가하기
그들이 Compact가 없는 것 이상으로 안전하거나 보호받을 수 있다고 본 사람은 무슨 방법이 있었을까?	숙고하기
청교도가 대영 제국에 남았다면 어떤 일들이 있었을까?	원리 적용하기
오늘날 우리의 삶과 어떤 면에서 관련이 있을까?	판단하기/평가하기

5) 문제 상황 해결 전략

문제	전략
소심하고 적극적이지 못한 학생	1. 학생을 찾아 말하기 위해 바라는 것이 무엇인지 묻기 2. 세미나 후 글쓰기나 대화 사용하기 3. 한 명씩 돌아가며 하는 둥근 탁자 사용하기
지나치게 적극적이고 주도하려는 학생	1. 다른 사람이 무엇을 말하는지 들을 수 있도록 상기시키기 2. 적어도 다른 학생 세 명이 말할 때까지 기다리기
준비하지 않는 학생	1. 학생들이 세미나 토론에서 그 이상으로 참여하지 않도록 요구하기 2. 세미나 토론에 근간한 쓰기와 관찰 작업 할당하기
잘 되지 않은 개방적 질문	1. 충분히 기다리는 시간 허용하기 2. 개방적 질문을 고쳐 말하기 3. 텍스트에서 예처럼 정보 부가하기 4. 필요하면 질문 요약하기 5. 질문의 여분 사용하기
서툴게 끝나는 세미나	1. 가능한 모든 것이 나왔을 경우 세미나 끝내기 2. 추후 활동 부여하기

3. 소크라틱 세미나를 적용한 고등학교 세미나의 예

다음은 교사와 고등학생들이 독립선언문의 내용에 대해 소크라틱 세미나를 하고 있는 장면이다. 이를 살펴보면서 소크라틱 세미나의 가치와 기능, 학습 내용 접근 방법, 참가자와 리더의 역할 등을 알 수 있다.

교사: 독립선언문을 보면, 제퍼슨과 다른 저자들이 정부에 대한 사람의 관계에 대해 그들의 기본적인 생각의 틀을 구성해 두고 있어요. 이 문서는 이윽고 나타날 혁명의 정당성을 제공하고 있죠. 글쓴이들은 자연법에 관한 이야기를 하고 있어요. 혁명은 자연적 권리인가요? 사람은 반란을 위한 자연권을 가지고 있을까요?

케빈: 물론이죠. 만약 그들에게 무언가 나쁜 일이 발생한다면, 누군가가 반란을 원한다는 것은 자연스러운 일이에요.

지나: 부정(불의)을 의미하는 거지?

케빈: 맞아. 만약 누군가가 내 권리를 가지고 달아난다면, 그것이 잘못되었다는 것을 의미하는 거야. 나는 반란을 위한 모든 권리를 가지고 있는 거지.

교사: 그렇다면, 자연법에 따라 말하자면, 사람은 반란을 위한 권리를 가진다는 것이구나.

팀: 그것이 자연의 법칙이라고 생각해요.

샤론: 저는 그들이 말하는 '자연법'의 의미를 이해하지 못하겠어요. 그들은 '자연법'과 'Nature's God'의 의미가 무엇인지 구체적으로 언급하지 않았어요.

교사: 너는 그 뜻이 무엇이라고 생각하니?

샤론: 빼앗거나 다른 누구에게 양도할 수 없는 어떤 권리를 의미하는 것 같아요.

교사: 그것보다 더 많은 것을 의미하지는 않을까? 사람에 의해 만들어진 법은 어떨까? 이것들은 옳지 않은 것일까?(권리가 아닐까?)

빌: 때때로 … 음 … 대부분 그래요. 그런데, 신의 말씀은 항상 옳은 것이라고 생각해요.

마리: 나는 우리가 자연적 권리에 대한 이야기를 계속해야 한다고 생각해요. 너희들도 그렇게 생각하지 않니?

빌: 나도 그렇게 생각해. 그러나 신을 믿지 않는 사람도 있다는 것도 고려할 필요가 있어.

교사: 조금 더 설명해 보지 않겠니? 내가 너의 주장을 따라야 할지, 아니면 그렇게 하지 않아야 할지 모르겠구나.

빌: 어떤 것은 옳고, 어떤 것은 틀릴 뿐이에요. 이건 상식적으로 누구나 할 수 있는 말이죠. 누군가 신을 믿든지 믿지 않든지, 그들은 이러한 것들을 알고 있어요. 그들이 자연적으로 알고 있는 것이죠.

교사: 자연법의 의미가 무엇인지에 대한 또 다른 해석(설명)은 없을까?

지나: 다른 설명이 생각나지 않지만, 자연법이 같은 자리에 머무르는 것은 아니라고 생각해요. 나는 예전에 이것에 관한 어떤 이야기를 읽었어요. 어쨌든, 사람이 만든 법은 바뀔 수 있다고 생각해요.

마리아: 자연법에 관해 그들이 이것보다 조금 더 설명할 수 있었다면 도움이 되었을 거예요.

교사: 아마도 그들은 그 이유를 몰랐을 거야.

학생: 왜 그렇게 많은 단어들이 대문자로 쓰여져 있죠?

교사: 이 문서가 쓰여졌을 때, 철자(쓰기)에 대한 특별한 표준화 제도가 없었단다. 강조나 중요성을 보여 주기 위해 단어를 대문자로 쓰는 경향이 있었어.

문서에 관한 토론은 계속되었다. 물론, 자연법과 성문법에 대한 보다 많은 토론이었다. 보다 많은 논쟁을 불러일으킨 주제는 다음과 같다.

- 성문법은 도덕성으로부터 끌어낸 것이다.
- 사람은 종교를 가지지 않고서도 도덕을 지킬 수 있다.
- 종교는 사람의 창조물이지만, 자연법은 성문법 이전에 형성된 것이다.
- 자연법은 상식이다.

이 토론회는 다음으로 양도할 수 없는 권리에 대한 주제를 가지고 진행되었다.

교사: 권리를 "양도할 수 없을" 때는 언제지? 대영제국에 대항하여 생긴 불평

등이 우리의 삶, 자유, 행복 추구를 어떻게 방해하였을까?

미첼: 글쎄요…. "King George는 우리의 바다를 빼앗고, 우리의 해변을 파괴하고, 우리의 마을을 불태우고, 우리 국민의 삶을 파괴하였다."라는 말이 있어요. 사람들의 생활을 가져가 버린 것이죠.

에릭: 사람들의 삶을 전쟁에 모든 시간을 보내는 데 사용하였어요.

교사: 그러나 전쟁에만 시간을 보낸 것은 아니야.

에릭: 지금은 전쟁을 하지 않아요. 그러나 지금 사람들은 항상 다른 사람을 죽이고 있어요.

교사: 그것은 사실이야. 이 모든 주제와 우리가 해야 할 어떤 것에 대해서는 나중에 토론하기로 하자. 그러나 정부는 분명히 정당한 이유가 아닌 것으로 우리를 지배하기 위해서 우리의 권리를 가지고 있는 것이 아닐까 하는 생각이 드는구나.

미첼: 아마 영국은 그것을 이유로 가졌을 거예요. 아마 식민지들이 그들이 예상한 행동, 그러니까 반란을 하지 못하도록 막았을 거예요.

마리아: 그들에게 아직은 빼앗고, 파괴할 권리를 주지 않았어요.

정부가 시민들을 다루기 위해 고려해서 행하여야 할 것과 하지 말아야 할 것에 대한 책임이 무엇인지에 관한 질문을 포함한 논쟁이 계속되었다. 정부의 목적은 무엇일까? 학생들은 만약 정부가 점검하지 않고 제안하지 않는다면, 어떤 일이 일어날 것인지에 관련한 많은 예를 제시하였다. 교사는 학생들에게 그 문서를 가져다주면서 그들에게 어떻게 하면 식민지 사람들에게 자유를 거부하게 할 수 있는지 그 예를 찾아보라고 하였다. '행복의 추구'라는 용어는 중요한 논쟁을 야기하였다.

교사: 이 문서에 제시되어 있는 것으로써, 어떻게 하면 '행복 추구'를 부정하게 할 수 있었을까?

라미나: '행복의 추구'는 사람들마다 각각 다른 의미로 그 뜻을 생각해요.

조: 첫 초안에서 그들은 '행복의 추구'라는 말을 쓰지 않았어요. 왜 그들은 그 말을 바꾸었을까요?

교사: 나는 그들이 그렇게 하였을 것이라고 믿어. 만약 그들이 그 말을 바꾸었다면 왜 너는 그것이 바뀌게 되었다고 생각하니?

라미나: '욕심 많은'이라는 단어보다 덜하고 '유물론'이라는 단어보다 그 의미가 덜하고 좋은 의미이니까요.

조: 그것은 보다 모호하고, 보다 많은 사람들이 그것과 관계 맺어져 있다는 말로 들리는데요. 선언서를 작성한 저자들이 땅 주인이거나 혹은 부유하였을 거라고 추측되어요.

교사: 대부분의 식민지 사람들은 재산을 가졌어. 그런데, 그들이 '부유'와 관련되었을 것이라고 생각하지 않지? 글쓴이들이 그것을 묘사하지는 않았을까?

캐롤린: 그럴 것이라고 생각해요. 인디언에 관한 것은 무엇일까요? 노예들에 관한 것은 무엇일까요? 만약 모든 사람들이 동등하게 창조되고, 양도할 수 없는 어떤 권리를 가진다면, 왜 이 사람들을 '행복의 추구'라는 말을 할 때 고려하지 않았을까요? 나는 노예들의 행복 추구, 자유, 특권에 대한 문제를 조금 더 생각해 보고 싶어요.

토론은 시간과 문서에 쓰여진 존재에 대한 명백한 문제 상황에 대한 것으로 계속 이어졌다. 교사는 학생들에게 "반란을 위한 자연권을 가지는가? 저자들은 혁명에 대한 정당한 주장을 하고 있는가?"라는 질문을 제시하였다. 대부분의 학생들은 그 질문의 답에 찬성을 하였으나, 몇몇은 혁명이 피할 수 없는 것이고, 필요한 것이라고 찬성한 반면에 저자들은 심각한 몇몇의 주제를 가지고 있다는 말을 하였다.

교사: 또 다른 질문은 없니?

캐롤린: 저는 이전에 이것에 관한 것을 몰랐어요. 하지만 나는 "… 그리고 지구상의 권력 중 취할 수 있는 분리되고 동등한 위치의 …"이라는 첫 문단을 다시 읽어 봤어요. 처음에는 그들이 영국과 식민지에 관해 말한 것이라고 생각하였어요. 식민지 안에서 그들이 개개 그룹에 대한 이야기를 하였을까요?

종이 울리고 토론회는 마쳤다. 이 토론회에서 질문은 논쟁이 되었고, 몇몇 가능성 있는 해결책이 제시되었다. 다른 문제와 주제는 또 다른 토론을 위해 남겨졌다.

제9장

학생 작품 평가 방법

미술을 포함한 독창적인 창의성이 요구되는 교과나 영역에서는 교사 혼자서 주관적으로 평가를 하면 논란의 소지가 많을 뿐 아니라, 다분히 구체적인 장면을 놓치거나, 교사의 관심사에 따라서 평가 결과가 좌우될 수 있다. 이때 유용한 방법이 협력을 통한 평가이다. 협력을 통한 평가는 보다 객관적이고 구체적으로 학생들을 이해할 수 있는 매개체가 될 수 있다. 결국, 이러한 관점은 학생 활동을 통해 교사들이 학생을 가르치는 데 더욱 효과적으로 반영될 수 있다. 따라서, 이 장에서는 가장 대표적인 세 가지 방법들, 즉 튜닝 프로토콜(Tuning Protocol), ATLAS, 협력 평가 회의(Collaborative Assessment Conference)를 통한 평가 방법을 제시하고자 한다.

1. 튜닝 프로토콜을 통한 작품 평가

협력을 통한 평가 방법은 학생 활동을 동료 교사들과 함께 협동적으로 관찰하고, 관찰한 것을 토대로 논의하고 평가한다는 데 역점을 두고 진행된다. 이러한 중점 사항을 가장 잘 반영하고 체계화시켜 놓은 것이 튜닝 프로토콜(Tuning Protocol)이다. 튜닝(세부조정) 프로토콜은 원래 학교의 프로젝트에 소속된 다섯 학교가 전시회, 포트폴리오 그리고 디자인 프로젝트를 포함한 학생 평가 시스템 발전을 조정하고 피드백하기 위한 수단으로 발전되었다. 새로운 평가 양식을 개발하기 위해, 프로젝트 참여자는 학생들의 협동 자료를 공유하면서 교사들에게 도움을 주기 위한 자료로 발전시켰다. 이 협동적인 과정은 교사들이 학생 평가 시스템을 보다 정교하게 설계할 수 있도록 돕고, 학생 활동의 질을 높이도록 하기 위함이다. 튜닝 프로토콜은 미국에서 1992년 시범 운영된 이래로 여러 나라의 학교에서 널리 사용되고 있다.

요약하면, 학생 활동을 바탕으로 학생, 동료 교사 그리고 교사 자신에 대해 연구하고 조정해 가는 일련의 과정인데, 궁극적으로는 학생 활동의 협동적 평가를 통해 학생들의 실질적인 능력 향상을 촉진시키는 것에 그 목적을 두고 있다. 이러한 튜닝 프로토콜의 과정, 튜닝 프로토콜 평가 방법의 지침, 학생 활동의 협동적 관찰, 학생 활동의 연구, 학생 활동 관찰의 표준에 대하여 자세히 살펴보자.

1) 튜닝 프로토콜의 과정

피아노 튜너가 피아노를 조율하듯이, 교사는 학생이나 동료 교사의 활동을 조정한다. 교사의 활동이 지향하는 목적은 바로 튜닝의 목적이다. 튜닝을 하는 동안, 교사는 자신의 목표에 학생을 접근시키는 활동에 대해 동료들로부터 피드백을 얻게 된다. 튜닝이 끝났을 때는, 활동을 개선할 근거를 갖게 됨으로써 목표에 부합되도록 튜닝할 수 있다.

튜닝 프로토콜을 진행하기 위해서, 교사는 과제 설명서나 루브릭과 같이 학생 활동을 도울 수 있는 자료를 포함하여 학생 활동의 샘플을 종이로 혹은 비디오테이프로 가져온다. 학생들은 약 8~12명으로 둥글게 앉는다. 진행자는 진행 과정에 맞추어 가이드를 제시하고 시간을 지키도록 약속한다. 발표자는 학생 활동에 대한 전후 상황을 설명한다. 교사는 '설득적 글쓰기의 이유를 알고 있느냐?'와 같이 피드백을 불러일으킬 수 있는 질문으로 시작한다. 참여자들은 학생 활동을 관찰할 시간을 갖고, 문제를 명료하게 할 수 있는 질문을 한다. 그리고 참여자는 긍정적이고 협조적인 과정(우호적)과, 비판적이고 도전적인 과정(냉소적)의 피드백을 제시한다. 이때 교사는 질문 형태로 피드백을 주기도 한다. '만약 학생들이 스스로 연구과제를 선택한다면 프로젝트는 어떻게 달라질까?'와 같은 질문을 예로 들 수 있다. 튜닝 프로토콜의 과정을 그림으로 간략하게 제시하면 아래와 같다.

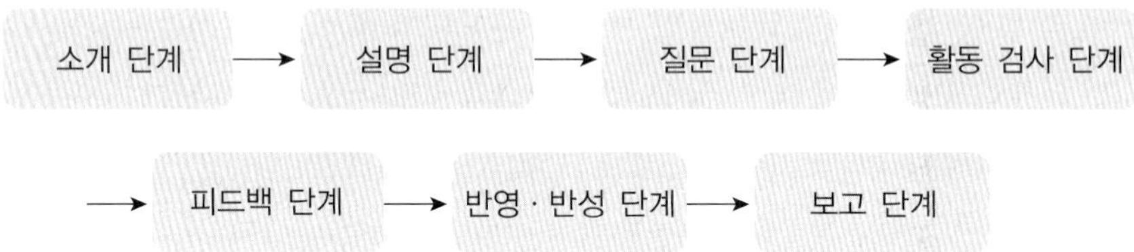

[그림 9-1] 튜닝 프로토콜의 과정

튜닝 프로토콜의 과정 중 각 단계의 구체적인 설명은 다음과 같다.

(1) 소개 단계(5분)

진행자는 간단하게 프로토콜의 목표, 규범, 과정을 소개한다. 참여자는 필요하다면 간단히 자신을 소개한다.

(2) 설명 단계(15분)

발표자가 전후 상황(학생들의 성향이 어떤지, 어느 학교를 다니는지, 연령대), 학생 활동을 만드는 연구 과제나 자극, 활동을 알리는 목표를 배우는 학생, 활동 샘플(활동 기록 자료의 복사물, 비디오클립), 평가 형태(평정척도, 시험), 피드백을 위한 질문의 주제 정하기 등을 설명한다. 그동안 참가자들은 침묵한다.

(3) 질문 단계(5분)

질문을 명확히 하는 것이 문제이다.('이 학급의 학생은 몇 명입니까?', '이 주제와 관련해서 당신은 어떤 배경지식을 가지고 있나요?') 나중을 위해 실제적 주제를 기억한다.

(4) 활동 검사 단계(5~7분)

참여자는 활동을 보고, 목적에 비추어 문제가 있는 부분이나 정정해야 하는 부분이 어딘지 필기하고, 우호적인 피드백과 냉소적인 피드백을 작성한다. 참여자는 특히 발표자의 질문에 집중한다.

(5) 피드백 단계(15분)

참여자들은 활동이 목적에 부합하는 활동인지, 단절이나 문제가 있는 활동인지에 대해서 이야기한다(이때 발표자는 방에 없는 것으로 가정한다). 참여자는 항상 긍정적인 피드백으로 시작해야 한다. 그룹은 5분의 우호적 혹은 긍정적 피드백('이것의 장점은 무엇인가?'), 5분의 냉소적 혹은 비판적 피드백('차이점은 어디에 있는가?', '여기에 문제점은 뭔가?')을 한다.

분석적 문제는 대답하는 사람을 위한 것이다. 참여자가 발표자에게 "왜 그러한가"라는 질문을 하면 발표자는 자유롭게 생각하게 된다. 그들은 대답하는 데 긴 시간을 가지고, 주로 발표자가 대답하기 전에 오래 생각하고 답하기를 원한다. 진행자는 발표자가 중점을 두는 질문을 참여자에게 상기시킬 필요가 있다. 그동안 발표자는 침묵한다.

(6) 반영 · 반성 단계(5분)

발표자는 참여자의 피드백을 통해 무엇을 배웠는지 말한다. 이 시간은 자신을 변론하는 시간이 아니라(발표자를 위한 것이고, 옹호는 필요하지 않다), 피드백 과정에서 나온 보다 흥미로운 의견들을 탐구하는 시간이다. 어느 시점에서든지 발표자는 전체 그룹과 대화할 수 있다.

(7) 보고 단계(5분)

진행자는 튜닝 경험에 대해 토론을 한다. 그룹의 일원들은 함께 회의의 특정한 부분에서 나타난 경험을 이야기한다.

2) 튜닝 프로토콜의 진행

이와 같이 전문적인 협동으로 구성되어 있는 과정에 참여할 때 사람들은 두려움이나 불안을 경험할 수 있다. 아래의 지침이나 규범은 정해진 것이 아니라 일종의 가이드라인으로 볼 수 있다. 잘 모르거나 서툰 교사들에게 도움을 주기 위하여 제시한 것이다. 어떤 경우든, 그룹은 프로토콜을 시작하기에 앞서 지침과 그 과정을 검토해야 한다. 진행자는 진행 중 어느 때이든 상관없이 참여자들이 지침과 과정을 알 수 있도록 상기시켜야 한다. 튜닝 프로토콜의 진행을 위한 지침은 다음과 같다.

① 통제가 필요하다.

만약에 부적절한 코멘트나 질문이 나왔을 때는, 진행자가 그 코멘트나 질문을 차단하고 틀어막아야 한다. 이때 발표자는 하지 않은 비난이나 비평을 받을 수도 있다.

② 적극적으로 참여한다.

분석적 질문이나 코멘트에 대한 생각을 두려워한다면, 발표자는 어떤 것도 얻지 못한다. 피상적인 칭찬을 하거나 침묵만 지키는 것은 피하고 적극적으로 대화에 참여한다.

③ 적절한 진행을 해야 한다

적절한 진행(설명, 피드백, 반응, 보고)을 고려하지 않는다면 발표자와 참여자들에게 손해만 될 것이다. 특히 약속과 시간을 지키는 진행에 대해 감사해야 한다.

④ 상대방을 배려하면서 진행한다

편파적이나 일방적인 진행을 하지 말고, 상대방을 배려하도록 진행하는 것이 좋다.

⑤ 피드백을 적극 활용한다.

일반적으로 피드백 부분을 건너뛰고 다음 단계로 넘어가고 싶어한다. 하지만 건너

뛴다면 수준이 향상되지 못할 것이고, 발표자는 유용한 피드백을 얻을 기회를 점차 상실하게 된다.

2. ATLAS—학생들의 활동에서 배우기

두 번째 방법으로 ATLAS가 있다. ATLAS는 학생의 활동을 중심으로 토론을 통하여 협력하여 평가하는 방법이다. 이러한 토론의 과정을 통하여 학생들은 자기 주도적으로 발견해 가는 성취의 기쁨을 누릴 수 있게 된다. 다음은 ATLAS의 진행 방법이다.

1) ATLAS의 진행 방법

학생 사고에 관한 증거 찾기, 동료의 생각 경청하기, 자신의 생각에 반영하기의 세 부분으로 이루어져 있는 구조는 교육개발원의 Driscoll이 고안하고, ATLAS Communities에 적용한 것이다. "양심은 각 그룹의 일원에게 달려 있다. 끊임 없는 대화는 이 세 개의 영역을 이끄는 중요한 열쇠가 된다. 각 그룹에서 논의를 이끌어 가고 전체를 보며, 책임감이 강하며, 학생 활동에서 계속적인 배움의 초점을 유지시킬 수 있는 사람을 진행자로 선정한다. 진행자는 지도자로서의 책임감이 떨어지지 않도록 해야 하고, 그룹과 책임을 공유하도록 해야 한다. 다음의 내용은 구조의 세 부분을 상세하게 기술하고, 어떻게 그룹의 초점을 유지해야 하는지에 대한 진행 방법을 제공한다.

(1) 학생 사고에 대한 증거 찾기

대부분의 교사들은 학생의 이해력에 관한 내용을 기술하고, 동일시하며, 검사하는 데 전문가가 된다. 그렇지만 학생들이 무엇을 어떻게 생각하는지에 대한 증거를 학생 활동을 통해 찾기에는 시간이 충분하지 않다. 하지만 이러한 통찰력은 교사가 그들의 학생을 가르치는 방법을 자기 생각대로 할 수 있도록 도와준다. 이러한 방법으로 학생 활동을 바라봄에 있어서 과제의 내용이나 그들이 알고 있는 것들에 대한 생각에서 벗어나는 것이 중요하다. 교사의 앞에 있는 학생들의 활동을 호기심 어린 눈으로 더 넓게 바라보고, 학생을 이해하고 그들의 생각을 알기 위한 실마리를 찾으려는 노력이 필요하다. 활동을 통해 관찰한 것을 기술하고, 가설이 아닌 실제의 증거들에 더욱 관심을 쏟아야 한다. 활동에 가까이 접근하려는 끈질긴 노력이 필요하다. 그룹의 일원들은 계속적으로 서로에게 질문을 해야 한다. "당신은 활동의 어떤 부분을 바탕으로 말하고 있는가?"

학생을 이해하고자 하는 이러한 새로운 관점으로 다른 학생들의 활동을 조사한다면 비슷한 증거를 찾을지도 모른다. 학생들에 대한 실망을 이러한 새로운 통찰력을 가지고 역사적인 분석에서 시도한다면, 교사는 역사적인 인식과 분석에 더욱 주의를 기울여 가르치는 방법을 적용할 수 있을 것이다. 학생 생각에 대한 증거를 찾을 때는 현재의 관점으로 증거에 초점을 두고 관찰한 것에 대해 경솔하게 판단을 내리는 것을 피해야 하고, 열린 마음으로 더 넓게 바라보고, 학생들이 무엇을, 어떻게 생각하는지에 관한 실마리를 제공하는 증거의 양상을 찾아보아야 한다.

(2) 동료의 생각 경청하기

교사들은 동료들과 상호작용할 때 전문적인 공유의 기회를 자주 인용한다. 이 부분에서는 교수, 학습, 과제에 대한 이해를 더욱 깊게 하기 위해 그룹에서 나타난 여러 관점들 중에서 가장 유리한 것을 선택한다. 다른 관점에 대한 이해는 교사에게 학생과 학습에 대해 생각하는 새로운 방법을 가져다준다. 즉, 교사가 가르치는 학생들이 단순히 새로운 면을 아는 것 대신, 다양한 상황에서 학생들을 관찰할 때 사용할 수 있는 새로운 관점을 얻게 되는 것이다. 동시에 자신의 의견만을 내세우고 남의 말을 듣지 않는 교사에게는 동료에 대한 더욱 깊은 이해력이 신장되도록 도움을 줄 것이다. 누군가의 관점에 대하여 듣게 되었을 때, 당신이 그것에 대해 동의하든 동의하지 않든 상관없이, 왜 사람들이 그러한 관점을 가지고 있는지에 대하여 인정할 수 있을 것이다. 이러한 이해는 학생들의 수행에 관한 규범과 같이 더 상위의 화제에 대한 합의를 해나가는 것의 기초가 된다.

다른 관점들을 이해하는 한 가지 방법이 바로 논의이다. 견해의 차이란 겉으로 드러나는 다양한 관점을 허락하는 것이다. 이 논의라는 방법은 어떻게 견해의 차이에 다가가느냐 하는 것을 나타낸다. 성공적인 논의는 모든 해석이 합리적이라는 가정을 가지고 시작되는데, 그룹의 임무는 그들이 가지고 있던 생각이 아닌 다른 이유를 이해하는 것이다. 실제로 이러한 방법은 사람들이 그렇게 생각한 이유에 대한 어떠한 판단이나 질문 없이, 단지 듣는 것을 의미한다. 때때로 질문과 진술은 빙산과 같다. 질문이나 진술은 사람들 생각의 작은 부분만을 드러내고 관점의 나머지 부분을 숨겨 둔다. 질에 대한 판단이 일반적인 빙산의 모형과 같다. 예를 들어, "이것은 내가 본 6학년 학생의 작품 중 최고의 것 중 하나이다."라는 진술은 글쓰기나 창조적인 생각 또는 최근 6학년 학생에 대한 가정이나 정보가 될 수 있다. 다른 누군가의 생각을 조사하는 것은 때때로 의문 투성이로 느껴질 수 있다. 이러한 함정을 피하는 한 가지 방법은 모든 그룹의 구성원들이 그들의 생각을 벗어난 생각을 하려고 노력하는 것이다. 이러한 정보를 제공하는 것은 다른 사람이 당신의 관점이 무엇인지 더욱 확실하게 볼 수 있도록 도와주고, 당신의 관점에 대해 더욱 많이 알기를 원하도록 만드는 이유가 된다. 그것은 그들을 평가하기보다 각자의 관점을 이해하기 위한 것이다. 따라서 동료의 생각을 경청할 때에는 판단하지 말고, 관점의 차이를 인정하고, 서로의 관점과 생각을 탐구하고 이해하기 위해 노력해야 한다. 그리고 서로 다른 해석이 어디서부터 나왔는지를 이해하는 데 초점을 맞추고, 타인에 대한 당신의 생각을 투명하게 만들어 참을성 있게 듣도록 한다.

(3) 자신의 생각 반영하기

가르치는 일은 거의 끊임없는 활동을 필요로 한다. 수업 계획하기, 과제 구상하기, 등급별 기록하기, 엄청난 양의 정보에 대하여 설명하기, 현기증이 날 정도로 교실에 있는 동안 많은 수의 문제 결정하기. 일반적으로 교사들은 뒤돌아서서, 자신들이 한 일에 대하여 생각해 볼 시간이 없다. 대부분의 교사들은 그들이 하는 많은 일에 대해 안내해 줄 수 있는 전문적인 직관력을 개발시킨다. 이러한 직관력은 교사의 대단한 자질 중 하나가 되기도 하지만, 이러한 직관력의 사용이 학생 활동이 왜 그렇게 되었는지에 대하여 추적하는 것을 어렵게 만들기도 한다. 동료와 함께 학생 활동을 관찰하는 것은 교사에게 직관을 안내하는 어떠한 생각의 인식을 더욱 명확하게 하는 기회를 제공한다.

자신의 생각을 반영하는 것은 동료의 생각을 묻는 것과 유사하다. 학생들의 활동을 검사할 때, 스스로에게 왜 자신의 방법으로 그것들을 보고 있는지 물어보고, 특별히 좋거나 나쁘게 보는 활동이 어떤 양상을 띠고 있는지 생각해 본다. 활동의 좋고 나쁨이 왜 나눠졌는지를 정확하게 확인하려고 노력해야 한다. 자신의 생각의 패턴을 느껴 본다. 예를 들어, 학생들의 활동을 검사할 때 문제 해결의 증거를 본 적이 있거나, 학생들이 그들의 생각을 조직하는 것을 주의깊게 살펴본 적이 있었는가? 이러한 관찰의 결과는 학생들의 활동을 더욱 가치 있게 만드는 것이 무엇인지에 대한 실마리를 제공해 줄 수 있다. 자신의 생각을 반영할 때는 스스로에게 '왜 내가 학생들의 활동을 이러한 방식으로 보는가? 무엇이 나에게 중요한 것인가를 말하여 주는가?' 질문을 한다. 그리고 스스로의 생각 패턴을 관찰해 보고, 학생 활동과 동료들의 평가가 나에게 불러일으킨 질문을 들어 보고, 자신이 한 일을 포함하여 자신이 본 것과 학생 활동에서 느낀 것을 비교해 본다.

ATLAS의 진행 과정을 그림으로 나타내면 아래와 같다.

시작 단계 → 관찰 단계 → 해석 단계 → 연계 단계 → 반성 단계

[그림 9-2] ATLAS의 과정

다음은 ATLAS의 각 단계의 구체적인 내용들이다.

① 시작 단계(2분)

토론 진행 요원은 그룹에 무결점, 협동, 합의의 규범을 상기시키고 과징의 각 부분마다 시간 제한을 두게 한다. 그리고 학생 활동을 제공하는 교사는 연구 과제를 아주 간단하게 표현해서 전달한다. 교사는 학생이 받은 질문에 대해서만 설명하고 그가 알기 원하는 것을 설명하는 것은 가급적 피하도록 한다. 과제를 제시한 교사는 학생이나 학생의 과제에 대한 어떤 배경지식도 함께 제시해서는 안 된다. 특히, 교사는 이 학생이 강한지 약한지 혹은 이 학생의 과제가 훌륭한지 형편없는지에 대해서 어떠한 언급도 해서는 안 된다.

※ 참고: 학생 활동을 보는 이 과정에서 스터디 그룹과 좀 더 친해지게 되면, 교사가 기대하는 바를 듣는 것도 유용하다. 기대하는 바는 학생들 과제에서 실

제로 나타나기보다 연구 과제, 지시사항 그리고 평가 계획에서 드러난다.

② 학생 활동 관찰 단계(10분)

이 시간 동안에 그룹은 학생 활동에서 가능한 얻을 수 있는 정보를 최대한 다 모은다. 그룹 멤버들은 학생들이 수행한 결과물에 대한 판단이나 견해는 피하면서 학생들의 활동 과정에서 본 것을 설명한다. 만약 수행 결과물에 대한 판단이나 견해가 나오면, 그러한 판단이나 해석에 대한 증거를 함께 제시하도록 한다. 차트 용지에 그룹이 관찰한 것을 목록으로 작성하는 것이 유용하다. 만약 자신의 견해가 떠오르면, 나중의 토론에 대비해 다른 기고란에 목록을 작성해도 된다.

③ 학생 활동 해석 단계(10분)

이 시간 동안에 그룹은 학생이 무엇을 왜 하였는지를 이해하도록 노력해야 한다. 그룹은 최대한 다양한 견해를 찾도록 노력해야 하고, 동정심이나 친분관계는 피해서 그들을 객관적으로 평가해야 한다. 앞의 과정에서 모은 증거를 가지고 추론하도록 노력해야 한다. 학생들이 무엇을 생각하는지, 왜 그런지, 학생들이 이해를 하는지 못하는지, 학생이 무엇을 가장 흥미로워하는지, 학생들은 연구 과제를 어떻게 해석하는지를 추론해 보아야 한다. 폭넓고 창의적으로 생각해야 한다. 일이 혼란스럽거나 이상야릇해도 당연한 것이라 생각하고 학생들을 이해하도록 해야 한다. 이러한 일들이 학생들의 눈으로 보는 것을 의미한다. 서로의 견해를 들으면서 그 견해에 대하여 의문이 생기는 점은 질문을 한다.

④ 학급에서 수행과의 연계 단계(10분)

그룹 멤버들의 관찰과 견해를 바탕으로, 이 작업과 관련하여 학급에서 가르침과 평가에 관계되는 것이라면 무엇이든 토론한다. 이 학생들에게 교사가 다음으로 갖춰야 할 조치방법은 무엇인가? 어떤 교수 전략이 가장 효과적인가? 학생 활동 중에 다른 어떤 정보가 가장 보고 싶은가? 어떤 종류의 연구 과제나 평가가 이 정보를 제공할 수 있을까? 이 대화가 당신 자신의 수행에 관해 무엇을 생각해 보게 하였는가?

⑤ 반성 단계(10분)

당신이 배운 학생들에 대한 것, 동료들에 대한 것, 당신 자신에 대한 것을 그룹 멤버들과 공유하라. 이때 반성적 질문을 활용한다. 어떻게 과정이 잘 진행됐는지, 무엇이 잘 됐는지, 뭐가 개선되어야 하는지 반성한다. 만약 그룹에서 진행 과정을 관찰하도록 지정된 사람이 있다면, 그 사람은 그의 관찰을 보고해야 한다.

3) ATLAS의 진행상 유의점

ATLAS를 진행할 때는 먼저 함께 할 학생 활동을 선택한다. 학생 활동은 그룹 토론의 가장 중요한 부분이다. 아래의 내용은 흥미롭고 생산적인 그룹 토론으로 학생 활동을 도와줄 것이다.

① 학생들 스스로 생각할 수 있고 학생들이 과제에 접근하는 방법과 활동에 어느 정도 자유를 줄 수 있는 연구 과제를 선택한다. 단순한 해석을 통해 얻을 수 있는 정답이 있거나 응용하는 데 있어 명확한 절차가 있는 과제는 피하도록 하라. 때로는 같은 연구 과제를 두고 여러 가지 접근을 할 수 있도록 학생 활동을 나누는 것도 유용하다.

② 분명하지 않고 당황하게 하는 과제는 토론을 하는 데 있어 훌륭한 자극제가 된다. 그런 과제는 예상과 쉽게 맞아떨어지지 않기 때문에 세심한 주의를 요하고 상세한 설명을 유도하며 다양한 해석을 하게 한다. 만약 이 과정이 곤란할 경우는 그룹 내에서 수집하거나 다른 출처에서 모은 학생 활동의 익명 샘플들을 조사하면서 시작하는 것이 유용하다.

③ 학생 활동 선택을 위한 또 하나의 접근 방법으로, 그룹을 정하고 학급 활동을 연대적으로 계획해서 독립적으로 가르치게 되면 학생 활동이 토론하는 그룹으로 다시 돌아오게 된다. 이 접근 방법은 학생 활동을 보면서 그룹이 배운 것을 기초로 하여 가르치거나 평가 수행 조사를 시작할 때 사용할 수 있는 좋은 방법이다.

아래는 학생들의 행동을 관찰할 때의 유의점이다.

① 학업에 참가하고 토론을 한다. 이따금 학업 토론이 교사들 자신이나 학생들을 곤경에 빠뜨리거나 난처하게 한다고 느낀다. 잘 짜여진 대화 형식은 토론을 잘 꾸려나가고 화재를 지속적으로 이끌어 갈 수 있도록 효과적인 방법을 제공한다. 짜여진 대화 형식은 누가 언제 무엇에 대해 말해야 할지가 규정되어 있기에 그룹 대화를 체계화하는 하나의 방법이 된다. 처음에는 짜여진 대화가 융통성 없고 부자연스럽게 보이지만, 명백히 잘 정의된 구조는 무엇이 제일 중요한지 집중하는 데 노력할 수 있도록 그룹에게 여유를 준다. 짜여진 대화 형식은 학생 활동을 다양한 관점으로 토론하기 위해 그룹에게 일일이 시간을 열거해 지정해 준다. 한 학생의 활동이 그룹에서 조용하고 활동이 없다고 평가된다는 생각을 해 보자. 그것이 사실이면, 그 학생이 다른 멤버들에게 성실하게 행동하고 최선을 다해서 그의 힘을 발휘하게 된다(짜여진 대화로 토론을 할 경우).

② 과정에 대해 곰곰이 생각해 보고 반성해 본다. 학생 활동을 보는 과정을 반성해 봄으로써 진행 과정에서 그룹의 문제점을 찾을 수 있고 필수 요소인 신뢰를 쌓을 수 있다. 이때 반성적인 활동을 위한 질문을 할 수 있다.

반성적 질문

학생 사고에 대한 증거 찾기

- 학생 활동에서 당신은 어떤 흥미롭고 놀라운 사실을 발견하였는가?
- 이 학생이 생각하고 배우는 법에서 무엇을 알았는가?
- 그 과정에서 당신이 보고 배우는 것을 도와준 것은 무엇인가?

동료의 생각 경청하기

- 동료에게서 들은 것 중 흥미롭거나 놀라운 것은 무엇인가?
- 동료가 새롭게 제시한 견해는 무엇인가?
- 당신은 동료의 관점을 어떻게 활용할 것인가?

자신의 생각 반영하기

- 가르침과 평가에 대한 질문에서 어떤 질문이 학생 활동을 활발하게 만들었다고 보는가?
- 당신은 어떻게 이 질문들을 한층 더 잘 수행할 수 있을까?
- 학생 활동을 본 결과, 당신의 학급에서 시도해 볼 만한가?

3. 협력 평가 회의

학생들의 활동을 관찰할 수 있는 세 번째 방법으로 협력 평가 회의가 있다. 아래에 협력 평가 회의에 대하여 구체적으로 제시하였다.

1) 협력 평가 회의의 개념

협력 평가 회의는 교사들이 우선 활동을 보기 위해 모여서 학생에 대한 것, 학생이 관심 있어 하는 주제가 무엇인지 결정하고, 학생들이 흥미와 관심을 두는 주제와 교사의 목표를 어떻게 연계시킬지 생각해 본 다음 대화의 마지막 부분(학급 수행의 토론)에서 관찰을 바탕으로 평가를 하게 되는 일련의 과정을 말한다.

이러한 학생의 활동은 교육과정의 목표 달성의 준거가 될 뿐만 아니라 학생의 지적 흥미, 능력, 노력 등 학생 자신에 대한 수많은 정보도 함께 나타낸다. 협력 평가 회의는 교사들에게 조직적인 방법을 제공한다. 이것은 1988년 Steve Seidel과 그의 동료들이 Zero 프로젝트에서 이 과정을 발전시킨 이래로, 다양한 방면에 영향을 미쳤다. 교사들이 학생 활동에 친밀하게 접근하고 해석할 수 있는 능력을 연마할 수 있는 기회를 가지게 된 점, 특정한 아이의 장점과 요구를 조사한 점, 학생 포트폴리오에 누적되어 있는 과제물에 대해 반성한 점, 학생들이 하고 있는 과제의 종류와 교사가 어떻게 과제를 도울지에 관해 교사 사이에 대화를 강화 · 육성시킨 점 등을 말한다.

협력 평가 회의에서 발표하는 교사는 5~10명의 동료들과 공유할 학생 활동을 가져온다. 발표하는 교사는 참여자들에게 자료를 보여 주면서 혹은 복사물을 나눠 주면서 회의를 시작한다. 회의의 초반에 발표하는 교사는 아무것도 말하지 않고, 학생 연구 과제 혹은 학생 활동의 전후 상황에 대해서는 어떠한 정보도 주지 않는다. 토론 진행자가 계속 질문을 던지면, 참여자들은 상세한 설명, 문제나 화제를 제안할 수 있는 단서 혹은 학생들이 참여한 활동의 관점을 찾아서 그 자료를 이해하려고 노력한다. 참여자들은 과제의 질이나 그 과제가 그들 개인의 취향에 맞는지에 대해서는 판단을 배제해야 한다.

회의의 구조를 세 가지 핵심 요소로 끌어내면 다음과 같다. 우선 학생들은 자유롭게 생각하고 대답할 수 있는 연구 과제를 활용해서 개인적으로 흥미로워하였던 중요한 문제들을 다룬다. 때때로 그 문제들은 선생님이 내준 문제가 될 수도 있고 아닐 수도 있다. 둘째로 우리가 신중히 생각하고 바라는 것에 비해서 실제 활동은 어떤지 면밀히 알기 위해 판단을 오랫동안 유보하게 되면(섣불리 판단하지 않는다면), 우리는 학생들이 수행하는 신중한 활동을 보고 이해할 수 있는 초석을 다질 수 있게 된다. 셋째로 우리가 미처 간파하지 못한 학생과 학생 활동의 관점을 파악하고, 이를 우리 일상생활에서 어떻게 활용할지에 대한 다른 사람들의 견해가 필요하다. 특히, 학생들에 대해 설정해 놓은 우리의 목표에 관심이 적은 사람들의 견해가 필요하다.

협력 평가 회의의 특징

일반적으로 사용하는 목적	일반적으로 구상하는 과제의 종류	일반적으로 사용하는 학교
학생들의 목표에 대해 더 연구하기 위해. 연구 과제의 전후 상황에 초점을 맞춰서 그들이 선택한 문제와 이슈들 학급 수행 개선을 목표로 생각을 모으고 반성하기 위해	일반적으로 포트폴리오에서 끌어낼 수 있는 한두 가지의 학생 활동; 예를 들어 미술 작품이나 일일숙제 같은 샘플, 자유롭게 해서 가장 잘할 수 있는 연구 과제들(특별한 지시를 기술한 연습문제와 대조된다)	고등학교에서 사용하기 위해 발달되어 왔지만, 초 · 중등학교에서도 사용해 오고 있다.

2) 협력 평가 회의의 과정

이러한 협력 평가 회의의 구조화된 단계를 소개하면 다음과 같다. 과제에 따라서 각 단계에 필요한 시간이 다양하므로, 회의의 각 단계에 할당되는 시간은 정해져 있지 않다. 각 단계에서 토론 진행자는 언제 다음 단계로 넘어가야 할지를 자신의 판단으로 참여자들에게 정해 줘야 한다. 일반적으로 협력 평가 회의는 45~75분 정도 소요된다. 아래의 그림은 협력 평가 회의의 구조화된 과정을 나타낸다.

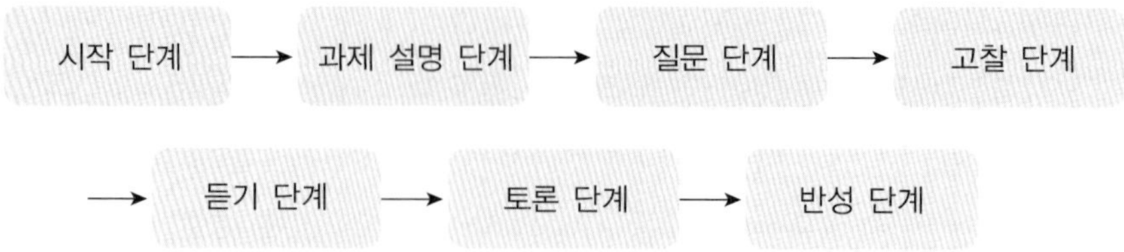

[그림 9-3] 협력 평가 회의의 과정

각 단계에 대한 구체적인 설명은 다음과 같다.

(1) 시작 단계

참여자들은 각 단계에 지정된 특정 주제에서 토론이 벗어나지 않도록 제어 역할을 하는 토론 진행자를 선별한다. 발표하는 교사는 다른 참여자를 위해 모두가 볼 수 있는 지정된 곳에 복사물을 놓아 둔다. 발표하는 교사는 과제에 대해서 만들어진 전후 상황 혹은 학생에 대해서 5단계 전까지 아무 말을 하지 않는다. 참여자는 관찰하거나 조용히 과제를 읽고, 그들이 발견한 특별한 점이 있으면 간단히 메모를 한다.

(2) 과제 설명 단계

토론 진행자는 참여자들에게 묻는다. '무엇을 알았는가?' 참여자들은 과제의 질에 대한 판단이나 그들의 견해 등은 배제하고 대답을 한다. 만약 개인적인 견해가 있다면, 토론 진행자는 그 판단이 무엇을 근거로 하는지에 대한 증거를 설명하도록 요구한다.

(3) 과제에 대한 질문 단계

토론 진행자는 참여자들에게 묻는다. '어떤 질문이 이 과제에 문제를 제기하게 합니까?' 참여자들은 일, 학생, 연구 과제, 일이 이루어진 환경 등에 대한 질문을 한다. 발표하는 교사는 이들 질문에 대해 메모를 한다(아직 답은 하지 않는다).

(4) 학생은 무엇을 하고 있는가에 대해 고찰해 보는 단계

토론 진행자는 참여자들에게 질문한다. '학생들이 무엇을 하고 있다고 생각하나요?' 참여자는 과제에서 읽은 것과 학생 활동에서 관찰한 것을 바탕으로, 학생들이 연구 과제를 수행하기 위해 중점을 두고 있는 문제나 이슈에 대해 제안한다.

(5) 교사의 발표 듣기 단계

토론 진행자는 발표할 교사를 모신다. 발표하는 교사는 아는 것을 설명하고, 제기하는 질문에 답하고, 참여자와 공유해야 한다고 생각하는 중요한 정보를 추가해 가면서 학생 활동에 대한 자신의 견해를 밝힌다. 발표하는 교사는 또한 설명, 질문, 고찰 단계(2, 3, 4단계)에서 들은 놀랍고 예상치 못한 것들을 언급한다.

(6) 교수 · 학습과 연관해서 토론하는 단계

토론 진행자는 자신의 교수, 학생의 학습 또는 특정 학생을 도울 수 있는 방법 등의 생각을 나눌 모든 사람(참여자와 발표하는 교사)을 모신다.

(7) 협력 평가 회의를 반성하는 단계

참여자들은 회의 전체 혹은 일부분에 대한 경험이나 반응을 같이 반성해 본다.

요약하면, 토론 진행자는 이 과정에서 참여자들이 필연적으로 놓치게 되는 사항을 지적하면서 증거를 찾아낼 수 있도록 질문을 던져 준다(예를 들어 누군가가 일이 매우 창의적으로 보인다고 언급한다면, 토론 진행자는 그 사람이 그렇게 말을 꺼내게 된 이유를 상세히 말할 수 있도록 질문을 던진다).

회의의 두 번째 단계에서는 화제가 넓어진다. 자료 자체에 집중하면서, 발표하는 교사와 함께 대화하는 참여자들은 이제 교수 · 학습과 연관된 보다 넓은 문제뿐만 아니라 활동이 이루어지는 조건을 생각해 본다. 우선, 발표하는 교사는 학생 활동의 전후관계에 적합하다고 생각되는 모든 정보를 제공한다. 이 과정은 연구 과제 설명, 토론에 답하기, 질문에 답하기(회의 첫 부분에서처럼 발표하는 교사가 모든 질문에 대답할 필요는 없다), 다른 학생의 활동 설명하기, 자신의 견해 혹은 관찰 결과를 다른 참여자들과 비교하기 등을 수반한다.

끝으로, 토론 진행자는 발표자를 포함한 모든 참여자들에게 토론 중에 나온 의견들을 다시 생각해 보도록 한다. 이 과정은 참여자들이 자신의 학급에서 어떻게 할지에 대한 생각 혹은 일반적인 교수 · 학습 과정에 대한 생각에서, 좀 더 명확한 다음 단계로 가기 위한 반성이다. 끝으로 모든 참여자들이 회의 자체를 반성한다.

제10장

졸업 인증 평가 방법

현재 우리나라에서는 대체로 초등학교 6년, 중학교 3년, 고등학교 3년의 과정을 거치고 졸업을 하게 된다. 한 해가 지나면 특별한 경우를 제외하고 거의 모든 학생이 다음 학년으로 진급하게 되고 이수해야 할 교육과정을 거치면 졸업을 하게 되는 것이다. 이와 다르게 미국에서는 졸업 성취기준에 도달하였는지의 여부에 따라 진급이 결정된다. 이는 최근 미국에서 졸업을 결정하는 새로운 평가 방법으로 떠오르고 있다. 그리고 그 평가 방법을 '졸업 수행평가'라고 한다. 미국의 졸업 수행평가의 예로 제시한 학교 중 Parker School, Irvington School, Oceana School은 전시회와 포트폴리오와 같은 과제로 졸업 수행평가를 실시하고 있다. 이를 통해 학생들이 성취해야 할 기준에 달성하였는지 확인하고 졸업 여부를 결정한다.

1. 졸업 수행평가의 개념

졸업 수행평가는 이름이 의미하는 것처럼 초등학교 6학년, 중학교 3학년, 고등학교 3학년이 가지고 있는 학습의 수준을 평가하는 모델이다. 미국의 경우, 초등학교 5학년, 중학교 4학년, 고등학교 4학년에서 일반화되고 있는 최신 수행평가 모델이다. Sill-Brigel, Fisk와 Dunlop(1997)은 그들의 논문 'Graduation by Exhibition'에서 졸업 수행평가의 의미와 모델을 설명하였는데 고등학교에서 지필평가의 새로운 대안으로서 미국 고등학교 학생들의 졸업 자격을 결정하는 새로운 평가 모델이라고 소개하고 있다. 이에 미국의 많은 학교들에서 졸업 수행평가 모델이 개발되기 시작하였는데 그 대표적인 모델로는 South Brunswick High School Freshman Project, South Brunswick Elementary School Graduation Portfolio, Boston의 English High School의 Position Paper, Baltimore Walbrook High School의 The Multi-Media Exhibition을 들 수 있다(McDonald, 1993).

2. 미국의 졸업 수행평가 모델

졸업 수행평가가 어떻게 이루어지고 있는지 보여 주는 다음의 학교들은 미국에서도 졸업 수행평가가 아주 잘 시행되고 있는 곳이다. 이 모델들을 통해 졸업 수행평가에 대해 알아보도록 하자.

1) Parker School의 Gateway 졸업 수행평가 모델

미국의 매사추세츠 근교에 위치한 Parker School은 7~12학년의 학생이 다니는 공립 중·고등학교로서 학생들의 학년을 나누지 않는다. 그 대신 학생은 세 가지 'Division'을 통해 Division Ⅰ, Ⅱ, Ⅲ을 규칙적으로 수행하였다는 것과 졸업을 위해 필요한 조건을 완료하였다는 것을 증명하였을 때 고등학교를 졸업하게 된다. 이러한 매사추세츠의 첫 번째 헌장학교 중 하나인 Parker School의 특징과 수행평가에 관한 내용을 살펴봄으로써 시사점을 분석하고 우리나라의 학교 평가에 접목시킬 수 있는 부분이 무엇인지 살펴보자.

(1) Parker School의 특징

Parker School의 큰 특징 중 하나는 바로 학생들의 학년을 나누지 않는다는 것이다. 대신에 학생들은 세 가지 'Division'을 통해 Division Ⅰ, Ⅱ, Ⅲ을 규칙적으로 수행하고 있다는 것이 확인되고 졸업을 위해 필요한 조건을 완료하였다는 것을 증명하였을 때 고등학교 프로그램을 졸업할 수 있게 된다. 모든 학생들은 「읽고 쓰고 구두의 프레젠테이션, 듣기, 예술적 표현, 스페인어, 수학 문제 풀기, 과학적인 조사, 사고의 틀」에 있어서 Division Ⅰ과 Ⅱ의 성취기준, 졸업하기 위한 Division Ⅲ의 성취기준을 수행하게 된다. 여기에서 학생 개개인의 능력을 증명해 보이는 데 있어 무엇보다 중요한 것은 바로 '필요성과 흥미'이다. Parker School에서 수행해야 할 필수 기술은 읽기, 쓰기, 구술 발표, 듣기, 예술적 표현, 조사, 스페인어, 수학 문제 해결 능력, 수학 의사소통, 과학 조사, 사고 체계와 수학적 모델링이다.

(2) Parker School의 평가 방법

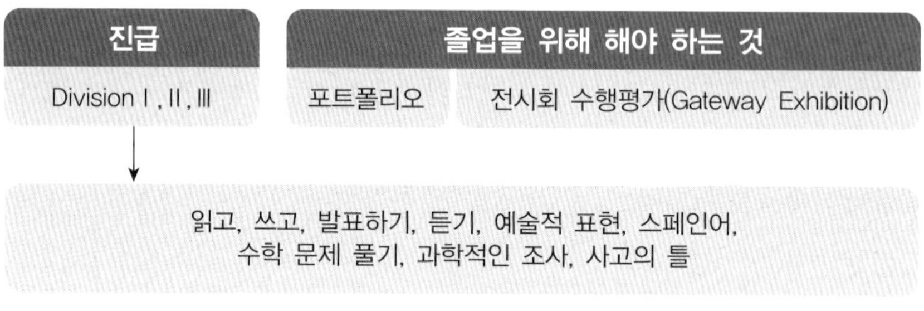

[그림 10-1] Parker School의 Gateway 졸업 수행평가 과정

Parker School에서의 연말평가는 학년 말에 이루어지는 지필평가가 아닌 포트폴리오를 완성하고 그것의 공개적인 전시를 통한 전시회 수행평가(Gateway Exhibitions)로 이루어진다. 여기서 Gateway는 Parker School의 졸업 수행평가를 지칭하는 용어이다. 즉, 학생들은 교육과정, 주요 연구 과제, 공개적인 전시를 통하여 학습한 것을 보여 주게 된다. 교육과정은 적절한 평가기준(루브릭)이 있을 뿐만 아

니라 이야기 형식의 평가를 사용하여 교사와 학생 스스로 평가한다. 교실에서 동료와 교사들이 연구 과제를 제시하면 각자 자율적으로 평가 과제를 선택하고 프로젝트를 해결한다. 또한 교사와 동료와의 계속적인 피드백 과정을 통하여 자신의 수행 과제를 수정하고 좀 더 발전적 과제로 만들어 갈 수 있는 것이다. 마지막에는 각자 과제를 하면서 궁금한 것을 질문하고 답하는 공공전시회에 부모님과 지역주민들을 초대하여 교사와 학부모 등에게 평가를 받게 된다.

Parker School의 지침

- 중등 수준에서 통합된 교육과정을 학문적으로 자극
- 소집단 중심의 학생 지도와 훈육 지양적인 교사 철학
- 학생의 수준을 높여 줄 수 있는 교육과정과 실행 과제
- 적극적인 학습을 유발하는 방법 사용
- 학생과 관련된 일을 하는 것에 융통성 있게 시간 계획
- 교사가 학생을 잘 이해하고 학문적 · 개인적인 조언을 해 줄 수 있는 시스템
- 선 · 후배 사이, 친구 사이에 조언을 해 준 것을 교사의 'daily schedule'에 적어 두어 차별화된 교수진 형성
- 학생은 지원자로 학교와 사회에 공헌하면서 배우는 봉사적 요소
- 공정한 지역사회를 그 모델로 한 학생의 능력을 조절하는 시스템

학생의 연말평가 각각의 영역에는 Parker 교육과정이 들어 있다. 그리고 그 영역을 맡은 교사가 써준 학생의 교육과정에 대한 이야기식의 평가가 수반된다. 평가 결과를 통해 각 영역에서 중요한 기술과 만족스러운 영역을 보고 학생이 학습 목표에 도달하기 위해 시도를 하였는지, 학습 목표에 도달하였는지를 알 수 있다. 즉, 각각의 영역에서 학생이 기준에 도달하였는지 아닌지를 알려 준다.

(3) 학생의 성취 목표

모든 학생들은 읽고 쓰고 발표, 듣기, 예술적 표현, 스페인어, 수학 문제 풀기, 과학적인 조사, 사고의 틀에 있어서 Division Ⅰ과 Ⅱ의 성취기준, 졸업하기 위한 Division Ⅲ의 성취기준을 수행한다. 이런 기준들은 꼭 필요한 기술과 심적인 습관을 명료하게 표현하게 한다. 학생이 수행한 것을 증명해 보이기 위해 필요한 것은 자신에게 맞는 '필요성과 흥미'이다. 교육과정은 모든 학생들이 핵심 기술을 숙달할 것이

라는 목표로 짜여졌다. 학생의 평가와 지도는 평가기준에 의해 이루어질 것이다. 모든 학생들은 이런 성취기준과 연관되어 평가될 것이다.

Parker School은 매년 이런 기준들에 가까이 접근하는 학생의 수를 기록한다. 개개인의 학습 계획은 매해의 학생의 목표를 진보시켜 줄 것이다. Division Ⅰ의 기준을 성취한 학생은 Division Ⅱ로 넘어가고 Division Ⅱ의 기준을 성취한 학생은 Division Ⅲ으로 넘어간다. 학생들은 포트폴리오를 완성하면 졸업하게 된다.

Parker School 평가의 특징

1. A/B/C/D/F 등급을 매기지 않는다.
2. 전통적인 통지표를 제작하지 않는다.
3. 학문적 발전을 나타내기 위해 전통적인 과목 분야를 사용하지 않는다.
4. 학생은 단지 9월부터 6월까지 학교에 나왔다는 이유만으로 다음 학년으로 올라가지 않는다. 사실상 학생들은 학년에 의해 더 이상 조직되지 않는다.
   Parker School은 2가지 통합된 영역으로 강의를 조직한다. 그 통합된 2개의 영역에는 모든 전통적인 과목 분야가 있다.
5. 예술과 인간다움(AH)은 역사, 철학, 사회과학, 문학, 그리고 표정이 풍부한 예술을 포함한다. 스페인어는 예술과 인간다움의 부분으로 간주하나 따로 평가된다.
6. 수학, 과학, 기술(MST)은 수학, 과학, 기술을 포함한다.
7. 스페인어는 2가지 방식으로 가르친다. 예술과 인간다움의 통합된 부분으로, 스페인어 반을 중점으로 따로 분리한 것으로서, 이러한 영역 각각에서 어느 누구도 다 마스터한 적이 없기 때문에 Parker 교육과정은 대신에 좀 더 깊이를 탐구하기 위한 몇몇의 내용영역을 선택하였다.

(4) 진급 준비 판단의 기준

각 영역에서 매해 말 모든 학생은 포트폴리오를 모아 전시한다. 학생들은 자신의 한 해 작업을 되돌아본다. 그들 부모와 함께, 가능하다면 어디든지, 그들이 각 분야에서 행한 기술에 대해 생각한다. 학생들은 교사의 논평과 평가를 보고, 그들 스스로 부서의 기대치에 충족하는지 되돌아본다. 교사와 부모의 도움으로 학생들은 많은 수의 작업 자료들을 수집한다. 그 자료들을 종합하여 특별하면서 의미 있는 포트폴리오를 제출한다. 그 포트폴리오는 학습의 영원한 기록이 될 것이다. 학생이 특별한 영역에서 평가된 모든 기술 분야에서 기대치를 충족하면 때 더 큰 도전으로 이동한다.

대체로 2년 간격으로 진급하며, 이는 교육과정 승급의 3개 영역을 6년 동안 거치게 되는 이유가 된다.

- Division Ⅰ (대략 7, 8학년)
- Division Ⅱ (대략 9, 10학년)
- Division Ⅲ (고등학교 졸업 전 마지막 학년)

학생들은 교육과정의 도전보다 더 높은 수준으로 올라갈 준비가 되었을 때 한 해 말 포트폴리오를 준비함으로써 특별한 Gateway 포트폴리오를 만들어 증명한다. 표지에서 포트폴리오 끝까지 Gateway 학생들은 2년을 넘어서 자신의 발전을 기술하고 반영한다. 포트폴리오의 내용이 보여 준 대로 공동전시회에 Gateway 포트폴리오를 제출한다. 청중은 평가단으로 구성되기 전에 교사, 부모, 다른 학생들, 지역공동체 학생들로 이루어진다. 청중은 포트폴리오의 내용에 대해 질문한다. 학생 자신의 학습에서 무엇이 가장 중요하였는지 묻는다. 학교 안팎에서 Gateway 포트폴리오 전시회는 Parker School의 축하하는 순간이다. 우리는 비디오테이프로 이 순간을 간직하고 현재를 영광으로 생각하며, 축하의식을 영광스럽게 생각한다.

2) Irvington School의 졸업 수행평가 모델

미국의 캘리포니아 주의 Fremont에 위치한 Irvington School은 3년제 학교로 미국에서 졸업 수행평가가 잘 시행되고 있는 곳 중의 하나이다. 이 곳의 졸업 수행평가는 QUEST라는 이름으로 실행되고 있다. QUEST는 (question, understand, experience, service, testimony)의 첫 자만을 딴 용어이다.

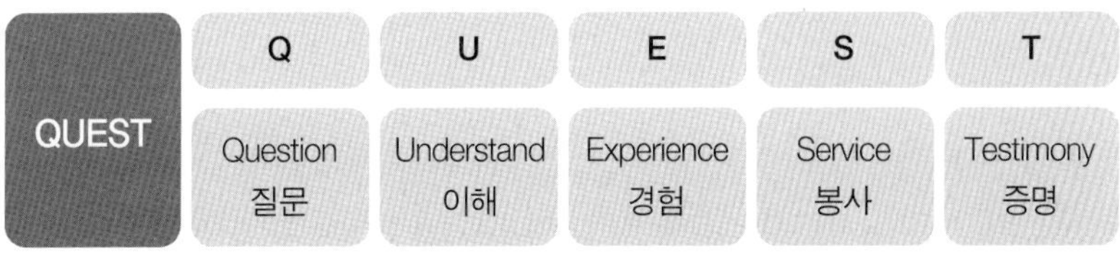

[그림 10-2] Quest의 단계

(1) Quest의 단계

① 질문(Question)

QUEST는 학생이 관심분야를 발견하기 위한 기회이다. 교사와 동료, 학부모는 학생을 도와줄 수는 있으나 최종적으로 성공을 결정짓는 것은 학생 각자의 선택, 프로젝트에 대한 책임(의무), 그리고 새로운 과제에 도전하고 배우고자 하는 자발적이고 적극적인 태도이다. 질문에 대한 답을 통해서 학생들은 평생 학습자가 될 수 있다는 것을 깨우칠 기회를 갖게 될 것이다. 개개인의 학생들은 교사와 동료들에 의해 피드백을 받게 된다. 교사는 개별 지도 시기에 학생들을 도와주고 격려해 준다. 또한 학생들과 토론 주제를 놓고 토론을 하기도 하고 능력별로 적절한 피드백을 통해 학생들이 과제 수행 능력을 높일 수 있도록 돕는다. 학생은 자신의 관심분야나 주제를 선택하게 된다. 이때 염두에 두어야 할 몇 가지 기준을 제시하면 다음과 같다.

- 그것은 나의 개인적인 관심사에 부합되는 것인가?
- 나는 내 관심사에 대한 더 나은 이해를 위해 실제 활동과 조사를 하고 내 질문에 스스로 대답할 수 있는가?
- 나는 나의 의견(지식)을 교사와 동료들에게 증명(설명)할 수 있는가?
- 그것은 나의 능력을 반영하고 발전시킬 수 있는 것인가?

② 이해(Understand)

학생들은 자신의 학습 활동을 반성하고 분석하게 된다. 부족한 부분이나 보완해야 할 부분이 있으면 교사나 동료들에게 질문을 해서 도움을 받을 수 있다. 프로젝트의 해결 과정에서 학생은 자신의 학습에 관한 성찰을 계속적으로 해나가고 그것을 글로 기술해야 한다.

③ 경험(Experience)

이 단계에서의 초점은 실제의 조사이다. 이 경험을 통해 학생은 자신의 활동에 관한 전문가가 될 수 있다. 즉 질문에서 요구되는 기술을 배우기 위해 실제 현장에서 경험해 보는 기회를 가짐으로써 실제적인 기술과 능력을 함양할 수 있는 것이다. 여기서는 다른 활동과 독립적인 15시간의 참가 활동 시간을 준수해야 한다. 이러한 예를 몇 가지 제시하면 다음과 같다.

- 만일 자신의 질문이 수의사 보조자의 일 의무와 자격을 배우는 것을 포함하면, 수의의 사무실에서 일을 하거나 또는 지원자를 할 수 있다.
- 만일 자신의 질문이 초상 포토그래픽 기술을 배우는 것을 포함하면, 전문 초상 포토그래픽 매뉴얼로부터 가이드라인에 이르기까지 일련의 기술을 배울 수 있다.
- 만일 자신의 질문이 지방의 커뮤니티를 개선하는 것을 포함하면, 변화를 위한 제안을 전개할 수 있고, 변화를 제안하기 위한 지방 정부의 단계를 조사할 수 있고, 그 다음 단계를 통하여 제안을 이용할 수 있다.

④ 봉사(Service)

이 단계는 서비스 학습처럼 학생이 자신의 지식을 사회에 환원하여 자신의 지식으로 만들 수 있는 기회를 포함한다. 몇 가지 예를 제시하면 다음과 같다.

- 만일 자신의 경험이 객실 승무원이 되는 것에 관한 것이었다면, 서비스 활동은 초등학교 학급에서 비행기 승무원의 경험과 책임에 대한 수업을 가르치는 활동을 포함할 것이다
- 만일 자신의 경험이 여성 대피소에서 시간을 보내는 것을 포함하면, 서비스 활동은 방과후 그들의 어린이를 위해 프로그램을 설립하는 것을 포함할 수 있다.
- 만일 자신의 경험이 운동선수 트레이너로 일을 하는 것을 포함하면, 서비스 활동은 상처를 찜질하면서 발목을 테이프로 붙이는 것 같은 스포츠 경기를 도와주는 활동을 포함할 수 있다.
- 만일 자신의 경험이 벽화 그리는 기술을 배우는 것이라면, 서비스 활동은 사회 편의를 위한 벽화를 디자인하는 것을 포함할 수 있다.

⑤ 증명(Testimony) — 발표 / 포트폴리오 전시

증명은 Quest의 마지막 부분으로서 종합적인 단계이다. 이 과정은 두 부분으로 나누어지는데 첫째는 교사, 행정관, 부모, 동료와 지역사회 주민들로 이루어지는 패널에서 10~15분 구두의 프레젠테이션을 하는 것이고 둘째는 학생이 일 년 동안의 과제를 포트폴리오(참고서 목록, reflective essay, 반성(숙고, 심사), 분석)로 작성하여 전시하는 것이다. 이는 Quest 동안 배운 모든 것을 보여 줄 수 있는 기회가 된다.

이 단계에서 이루어지는 본질적인 질문들에는 어떤 것이 있는지에 대한 예를 제시하면 다음과 같다. 아래의 예시는 필수적인 질문이 추구할 만한 가치 있는 질문이 되기 위해 보여야 하는 특징들이다.

높은 수준

- 비판적 사고를 보여 준다.
  - 평가, 분석, 그리고/또는 종합적인 것을 통한 질적 반응을 요구한다.
  - 반성 숙고하는 구성요소를 가진다.
  - 의미의 명쾌함을 보여 준다.
- 다른 분야와 또는 사람들 사이에서 관계를 지지한다.
- 합성한다: 하나의 분야보다 더 많은 토론을 통해.
- 뒤따르는 질문을 좋게 증진시킨다.
- 의미를 찾는다.
- 청중이 호기심을 갖게 한다.
- 대화를 촉진하다.
- 감정적 측면이나 개인적 측면 또는 강한 자기 주장은 억제한다.

낮은 수준

- 아무런 비판적 사고를 요구하지 않는 것(참고서에서 바로 찾을 수 있는것)
- 모호한 의도
- 명확성의 부족
- 요소의 리스트만으로 대답될 수 있는 것
- 주제 외의 것과 어떤 관련도 포함하지 않는 것
- 피상적인 접근(너무 넓은 또는 깊이가 없는 것)

컨설턴트 인터뷰

- 인터뷰 전
  - 인터뷰를 준비하기 전에, 30개의 타이핑된 질문 목록을 만드는 것이 필요하다. 그 질문은 개방적 질문이다(예/아니요 또는 간단한 문장으로 답할 수 없다.)

  인터뷰 안에 자신의 생각을 넣어야 하기 때문에 인터뷰 자체가 부드럽게 진행되도록 주의해야 한다.

- 인터뷰 동안
  - 본질적인 30개의 질문 중 적어도 5가지는 물어보아야 한다. 모두 합쳐 15개의 질문을 물어볼 수 있다. 인터뷰를 진행할 때 사람들의 반응에 의해 이루어진 새로운 질문을 물어보길 원해도 좋다. 반성란에 사본을 붙일 필요가 있을 것인지에 따라 반드시 테이프에 기록하거나 인터뷰 동안 광범위한 노트를 취한다.
- 인터뷰 이후
  - 회의의 일반 총체적인 느낌에 관해 감각, 인상과 생각을 적어 놓아야만 한다. 이 노트는 반성과 분석을 쓸 때 도움이 될 것이다.

3) Oceana High School의 졸업 포트폴리오 모델

태평양 연안 남부 샌프란시스코에 위치한 Oceana High School은 JEFFERSON HIGH SCHOOL 지역에 있는 다섯 개 고등학교 중 하나이다. Oceana High School의 교육 목표는 학생의 개인 수준을 고려하여 오늘날 변화하는 사회에 적합하고 책임감 있는 사람으로 살아가도록 도와주는 것이다. Oceana High School의 특징과 전시회 수행평가에 대해 알아보자.

(1) Oceana High School의 소개

Oceana High School은 학생들의 개개인의 수준을 받아들여서 오늘날 변화하는 사회에 적합하고 책임감 있는 사람으로 살아가도록 도와주는 것을 목표로 한다. 학교 프로그램은 학생의 욕구에 상응하도록 창조성 및 지식을 겸비하도록 디자인되어 있고 교수 학습은 개별화되어 있다. 학교 프로그램에서 지식과 기술이 뛰어난 학생들에게 상이 수여되는데 이것은 학생들이 중요한 교육 목표를 성취하였음을 보여 주기 위함이다. 교사들은 충고 조언회, 상급생 전시회, 기술, 졸업생 포트폴리오 학생의 학습 등 학교 발전 및 조정에 있어 가족의 일원으로 최소한 한 가지 이상 직책을 맡게 된다.

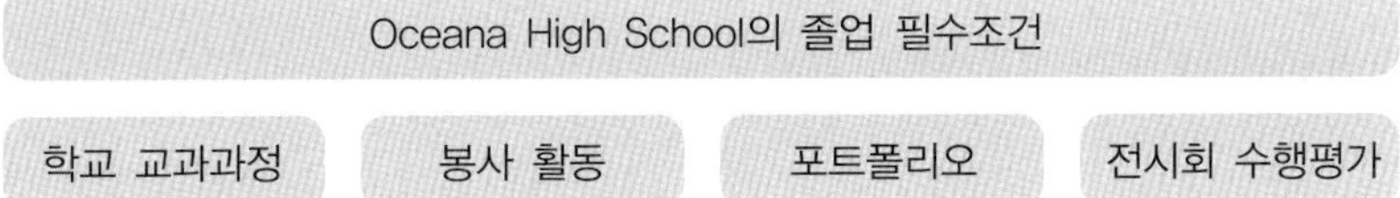

[그림 10-3] Oceana High School의 졸업 필수조건

① Oceana Schedule 성공 이유

일반 고등학교에서는 하루에 6~8교시로 수업 시간이 50분이지만 이것은 학생들의 학습 능력을 향상시키는 데 도움을 주지 못한다. 마치 학교가 공장처럼 여겨지고 학생들의 생산물 생산방식이 교사를 따라서 움직이도록 되어 있는 것 같다. 각 교사는 자신이 가진 지식, 기술, 역사, 생물학, 영어, 수학 등을 학생들에게 전달하기 때문에 그 결과물은 수업이 끝난 후에 나타나기 마련이다. 이것은 올바른 학습 방법이 아니다. 학생 스스로가 이해할 수 있도록 해야 하는데 이는 50분 수업 안에 달성되기 어렵다. 학생이 생각하고 토론하고 쓰고 실험하는 프로젝트를 수행하는 데는 적어도 110분 정도가 소요된다. 교사는 학생 개개인에게 많은 시간을 제공할 수 있으며 학생에게 할당되는 수업이 하루에 2~3개 정도면 학생들은 연관되지 않은 과목에 힘쓰지 않아도 되며 해야 할 숙제도 적어지게 된다. 또한 새로운 교사에 대해 적응해야 할 시간이 필요하지 않으며 이 교실 저 교실로 옮겨 다닐 필요도 없다. Oceana High School은 수업 과목이 많지 않고 지나치게 형식화되거나 전문화된 과정을 제공하지 않을뿐더러 학습의 본질적인 기술에 초점을 맞추고 있다.

② 가르치는 방식

교사는 학생 스스로가 학습 능력에 책임을 지도록 하기 위해 단지 코치 역할만 한다. Oceana High School은 일반 고등학교에서 보이는 교과서, 참고 자료를 사용하지 않고 설교나 훈계도 없다. 사람들은 설교나 훈계 교과 자료가 학습 활동에 많은 도움을 주리라 생각하지만 실제로는 이롭지 못하다. 그래서 Oceana 학생들은 많은 정보를 획득하고 활동하도록 되어 있나. 예를 들어 다양하게 선택할 수 있는 교재가 마련되어 있지 않으므로 수필을 작성하거나 프로그램을 실행하고, 복잡한 과제를 해내며 주변에서 일어나는 일에 대해 자기 생각을 설명하는 방법을 택한다. 이러한 방법들이 좀 더 무언가를 학습하는 데 훨씬 많은 도움을 준다. 또한 생활하면서 발생하는 모든 일이 다양한 관점으로 해석되고 연구되어야 함을 알고 있다. 그래서 서로 관련이 없는 일을 실천하는 대신에 과목들 사이의 연관관계를 형성시키도록 노력한다. 예를 들어 수학 시간에는 과학 시간에 배웠던 사실을 연관 지어 풀어 보기도 하고, 과학 시간에는 지리, 생물, 화학, 물리 등 모든 지식을 동원하여 생각하기도 한다. 사회 시간에는 사회학과 영어를 조합하기도 하고 하나의 주제를 다른 문화, 역사적 사건을 적용하여 이해를 넓히거나 수업 시간에는 모든 학생들이 포트폴리오에 동참하도록 한다.

③ Oceana 학생이 성공할 수 있었던 요인

학생 스스로 자신의 학업에 책임을 진다. 이는 학습 방법을 알고 있으며, 스스로가 학습의 주인공임을 인식하기 때문이다. 졸업에 필요한 지식, 기술 습득 방법을 신중히 고려한다. 스스로 필요한 일을 행하며 교사는 학생들을 위한 모든 일을 하지는 않는다. 그리고 숙제보다 더 중요한 일은 어떻게 공부하고 무엇을 배워야 할지 교사와 토론하고 그룹 수업에 참여하는 일이다.

④ 학생들이 사회 봉사 활동을 하는 이유

Oceana의 프로그램 목표 중 하나는 민주 시민으로 사회 봉사에 공헌하는 것이다. 봉사 활동을 통해 교실 밖의 진정한 세계에 대해 터득하고 가치 있는 것을 배울 수 있기 때문이다. 다른 사람과 협동하는 방법, 인간관계 접촉, 미래의 직업 사회에 필요한 기술 또는 직업과 관련된 새로운 것에 흥미를 느끼면서 폭넓게 배울 수 있는 점이다. 특히 다른 사람을 도와줄 수 있다는 자신감을 형성시킨다. 학생에게는 봉사 활동이나 다른 활동을 할 수 있게 시간을 주는 기회가 되고 교사에게는 학교 체제가 변화할 수 있도록 많은 업무를 수행하거나 학교에 잘 적응하도록 시간을 제공하기 위한 것이다. 교사는 종종 팀을 형성하는 수업 내용을 계획하므로 여분의 시간이 필요하다. 그래서 수요일에는 일찍 퇴교한다.

(2) 졸업을 위한 필수조건(수업을 통과하거나 봉사 활동 외)

첫째, 4학년 동안 중요하게 성취해야 할 프로젝트는 전시회를 훌륭하게 성공적으로 수행하는 것이다. 4학년 상급생 학생은 각자 관심 있는 주제를 선택하여 그것을 읽고, 사람들과 토론하여 작성한 뒤, 청중에게 프레젠테이션을 실시해야 한다. Oceana High School에서 상급생 담임선생님은 4년 동안 전시회에 필요한 지식, 기술을 습득하는 데 도움을 준다. 둘째, 학생들의 최상의 작품을 수집하여 졸업 작품을 만드는 데 함께 동참하여 폭넓은 학교 활동 결과물을 보여 주는 것이다. 이는 졸업 준비가 되어 있음을 증명해 주는 방법이 될 수 있다. 이것은 4년 동안 성장, 진보, 발달된 점을 표현하는 계기가 되고 Oceana 교육과정 수행을 완수하였음을 보여 주는 것이다.

> Oceana High School의 졸업 성취기준
>
> 총 이수학점: 225학점
> 인문학: 지리 세계사, 미국 역사, 정치 경제학: 40학점
> 수학: 20학점(sat-9)
> 30학점(sat-9 성취하지 못하였을 경우)
> 과학: 20학점
> 체육: 20학점 healthy 학점은 없지만 advisory learning areas를 통해 배워야 할 것
> 미술 및 외국어: 10학점
> 실용예술: 10학점
>
> 봉사 활동: 100시간(1년에 25시간)
>
> 졸업 전시회 졸업 포트폴리오 작성

① 포트폴리오

포트폴리오는 학생들의 성취 결과를 나타낼 수 있는 문서이다. 이는 학생이 재료, 자료를 수집하여 체계화하는 데 필요한 프로그램이다. 개개의 수업에서 학생과 교사는 수업 내용의 중요한 포트폴리오를 함께 작성하는데 이것이 실행 결과물의 증거인 셈이다. 학생들은 수업 내용에 맞는 포트폴리오를 작성하기 위해서 각각의 내용에 대해 교사들에게 자문을 구할 수 있다. 또한 학생들은 포트폴리오를 작성하는 동안 수업 외의 중요한 사항, 교육 내용, 학생에게 도전이 될 만한 문제제기를 해서 의미 있는 회고록을 작성한다. 학기가 끝나갈 무렵 학급별로 가장 중요한 포트폴리오를 학생 조언 시간에 제출한다. 학생 조언자와 함께 가장 우수한 작품을 선택하고 학생은 교육 계획, 이력서 작성, 자서전, 졸업 계획에 관여하는 일을 한다. 또한 과업 성취나 교과 활동에 관한 TEST를 작성하기도 한다. 포트폴리오 작성은 Oceana High School을 졸업할 수 있는 자격이 갖춰졌음을 증명하는 결과물로 자아 인식 및 자각에 도움을 준다.

② 전시회 수행평가

4학년 상급생은 졸업하기 위해 필요사항인 프레젠테이션을 작성하고 기록해야 한다. 학생들이 자신만의 주제를 선택하면 교사는 조언, 권고로 학생을 보조하고 안내해 준다. 여기에는 프레젠테이션에 발표한 본질적인 질문이 포함되어 있어야 한다. 전시회를 위해 필요한 기술은 1학년에서부터 배우기 시작한다. 전시회는 학생들의 능력을 증명하는 방법이 되며 정보의 조직화와 의사소통 기술, 증거에 기초한 합리적 결론 도출 등 많은 문제 해결 능력을 포함한다. 또한 매 단계마다 반성하고 자기 스스로 작품을 평가하는 과정을 필수적으로 거치게 된다.

③ 전시회 수행평가 추진 일정(2001년)

Oceana School의 전시회 수행평가의 일정표를 제시하면 다음과 같다.

전시회 수행평가 일정표(2001년)

순	실시일	세부 실시 내용	담당자
1	2000년 9월 5~8일	• 전시회 소개	교사
2	9월 12~15일	• 일반적 주제 범위 결정	교사
3	9월 27일	• 조언자 모임	교사
4	9월 25~29일	• "Find a Mentor Week" mentor in place	교사
5	10월 2~3일	• Double up 모임	교사
6	10월 18일	• staff 모임	교사
7	10월 20일	• EQ 쓰기 지도	교사
8	10월 16~27일	• Library Research	교사, 학생
9	11월 6~7일	• Double up 모임	교사
10	11월 9일	• 마지막 EQ 시험에 최소 8개 자원 필요 • 전시회 계획 및 전시회에 관한 견해 제시	교사, 학생
11	11월 15일	• staff meeting writing	교사
12	11월 17일	• 조사 계속함 • EQ 마지막 처리 • 소개문 작성	학생

(계속)

순	실시일	세부 실시 내용	담당자
13	11월 20일	• EQ 발전에 보조 및 도움 • 도입 부문 가르침 • 인터뷰 기술 가르침	교사
14	11월 25일	• 학생과 EQ 마지막 처리 • 조사과정 체크하기	학생, 교사
15	11월 27일	• 도입 완성	학생
16	11월 30일	• 최초 경험장 완성	학생
17	12월 4~5일	• Double up 모임	교사
18	12월 15일	• 초안 작성 실행	학생
19	12월 18일	• 도입 부문 다시 검토 • 초안 작성 보조 역할 • 진보 발달 여부 체크	교사
20	12월 18~29일	• 겨울방학	
21	2001년 1월 15일	• 최종 초안 작성	학생
22	1월 15~30일	• 보고서 작성 보조 및 격려	교사
23	2월 2일	• 최종 초안 제출	학생
24	2월 3~5일	• 최종 초안 검토 • 보고서 읽고 가치 평가	교사
25	2월 5~6일	• Double up 모임	교사
26	2월 28일	• 반환된 초안 평가 및 3월 Double day에 토론	교사, 학생
27	3월 1일	• 1-search 조사 시각 예술구성 시작	학생
28	3월 2~5일	• 시각 예술 도입 • 1-search 조사에 학생 지도	교사
29	3월 5~6일	• Double up 모임 기록 반환 및 토론	교사, 학생
30	3월 30일	• 시각예술 구성 완성	학생
31	4월 2~3	• Double up 모임	교사
32	4월 5일	• 1-search 최종 조사 구두 프레젠테이션 작업	학생
33	4월 6~10일	• 구두 프레젠테이션 기술 가르침 • 최종 조사 보조	교사

(계속)

순	실시일	세부 실시 내용	담당자
34	4월 20일	• 1-search 마침. 구두 프레젠테이션 준비	학생
35	4월 21일	• 최종 프레젠테이션 보조	교사
36	5월 1일	• 1-search 최종 복사 제2의 평가자에게 제출	학생
37	5월 18일	• 전시회 날	학생, 교사, 학부모 참여

Oceana High School의 교육 목표는 학생들의 개개인의 수준을 받아들여서 오늘날 변화하는 사회에 적합하고 책임감 있는 사람으로 살아가도록 도와준다. 그리고 현재 학생들의 모습을 보여 주는 전시회나 포트폴리오를 통하여 Oceana High School을 졸업한 학생들이 책임감 있고 건강한 사회인으로 고등 교육을 갖춘 훌륭한 일꾼임을 증명한다. 졸업 증서는 졸업할 만큼 숙달된 능력을 가진 이들을 배출한다는 의미에서 전시회를 하고 이를 완벽하게 실행한 뒤 수여된다. 이러한 전시회 수행평가를 통하여 학생들은 스스로 일할 수 있는 능력, 계획적이고, 민주적인 가치를 소중히 여길 줄 아는 책임감 있는 시민으로 성장해 가게 된다.

4) 사우스 브런즈윅 학교들의 졸업 수행평가 프로젝트

미국 뉴저지 주의 사우스 브런즈윅에 소재해 있는 이 학교는 Grant Wiggins 박사가 이끄는 연구소가 있는 관계로 수행평가 연구 초기부터 대중적인 관심을 받았던 학교 모델이다. 읽기 쓰기 포트폴리오, 다양한 루브릭 개발 그리고 졸업 수행평가 모델 등이 그 예이다. 다음은 사우스 브런즈윅의 공립학교들이 실행하고 있는 졸업 5학년 학생들에게 요구하는 졸업 수행평가의 지침을 소개한 내용이다. 이 학교들에서는 초등학교 졸업 학생들을 평가하는 가장 대표적인 탐구 기술로 연구 기술을 선정하고 졸업하는 학생들이 이 연구 기술을 얼마나 잘 숙련적으로 적용하는지를 평가하는 방법을 통하여 졸업생들의 졸업 능력을 평가하고자 하였다.

사우스 브런즈윅 공립 학교들의 6학년 탐구 수행 평가

과제 설명

목적: 수행평가의 목적은 우리 학생들이 독립적으로 탐구하고 정보를 발표할 수 있는 능력을 측정하는 것이다. 평가는 학생들에게 그들의 활동에 대한 정보를 제공하고, 그들의 능력을 향상시키는 방법을 배우는 데 도움을 준다. 우리는 학생들이 높은 수준의 탐구 활동 기준을 이해하고, 그 기준에 어떻게 도달하는지 보여 주기를 원한다.

원리: 탐구 기술은 학교나 사회에서 성공하는 데 가장 필수적인 기술이 되는 것을 보여 준다. 사우스 브런즈윅의 어린이들은 당신의 자료에 포함되어 있는 학습 평가(전체적인 진술)에서 재능의 향상이 기대된다.

준비: 평가 몇 주 전에 6학년 학생들은 그들이 탐구하고 싶은 미국인 경험에 관한 두 가지 질문을 쓴다. 교사는 그들이 조사를 확실하고 자유롭게 할 수 있도록 그 질문 쓰기를 지도해 줄 것이다. 학생들은 그들의 주제에 대해서 깊이 생각하도록 격려를 받고, 그들이 흥미 있고 중요하다고 생각하는 두 가지 질문을 적는다. 도서관 사서나 교사들은 그 탐구가 학교에서 행해질 수 있다고 생각되는 하나의 질문을 택할 것이다.

임무: 평가 도중, 학생들은 탐구를 위한 하나 혹은 두 가지의 질문을 받을 것이다. 학생들은 아래의 활동을 위해 약 8시간을 소비할 것이다.

- 다양한 자료(백과사전, 책, 사람들, 컴퓨터, CD ROM)를 이용하여 주제를 탐구한다.
- 저자의 알파벳 순으로 자료 목록을 준비한다.
- 보고서를 준비한다.
- 저학년 학생들에게 발표할 수 있도록 최소한 하나 이상의 관련 시각 자료를 가지고, 3분에서 5분 동안 발표를 할 수 있도록 준비한다.
  (메모나 수행 과정 동안 집에서 찾은 어떠한 탐구 자료도 가져올 수 없다.)

수행평가: 학생들의 노력은 탐구 전략, 보고서, 말하기 발표, 읽기 발표의 범주에서 평가될 것이다. 5가지 평가 기준은 다음 장에 기술된 기준에 따라 각 범주에 적용될 것이다. 총 점수가 17~20점이면 '아주 우수', 13~16점이면 '우수', 12점이면 '보통', 5~11점이면 '노력 요망', 1~4점이면 '부족함'으로 생각할 수 있다. 평가자들은 교사나 평가 지식을 가진 개인, 훈련된 자원 봉사자 등이 될 것이다.

반성: 평가가 끝나면 학생들은 개인적인 이야기를 두 가지 쓸 것이다. 하나는 그들 자신의 경험이고, 다른 하나는 평가의 방법이다. 두 가지 이야기 모두 바꾸어야 할 점에 관한 것이다.

6학년 평가를 위한 사전 계획서 초안 2

이름:
날짜:

주제	읽기 전의 의문점	자료	읽은 후의 의문점
당신이 흥미롭게 여기는 주제를 몇 개 나열해 보시오.	당신이 조사를 시작하기 전에 주제에 대해 가진 의문은 무엇인가?	주제에 관해 당신이 찾을 자료 목록을 작성하시오.	당신이 자료를 읽거나 훑어본 후에 새로 알게 된 것 중에서 생긴 의문점은 무엇인가?

5) 사우스 브런즈윅 고등학교의 신입생 수행평가 모델

다음 내용은 졸업 수행평가가 가장 잘 이루어지고 있는 남부 브런즈윅 고등학교의 신입생 1학년의 연구 과제 평가기준을 제시한 것이다.

사우스 브런즈윅 고등학교

1998~1999 1학년생 연구 과제 평가기준:

학생 이름 ____________ 교사 ____________

사건 주제 ____________ 구역 ____________

평가자 #1 ____________ 평가자 #2 ____________

제출된 연구일지 ____________ 제출되지 않은 연구일지 ____________

제출된 문서 보고서 ____________ 제출되지 않은 문서 보고서 ____________

학생은 아래의 사항을 포함하여 사건에 관한 지식을 증명하고 적용한다. • 자신의 주제가 사건의 정의에 어떻게 적합한지 확인하고 설명하기 • 자신의 주제가 세기의 사건인 이유 세 가지 조사하여 제안하기 • 자신의 조사에서 그 주제가 세기의 사건인 가장 중요한 이유, 증거를 선택하여 사용하기				
1 초보자 기준을 능가한다. 그러나 많은 사항에서 실패한다.	2	3 능력자 기준에 도달하려고 노력한다.	4	5 숙련자 만족스럽게 모든 기준에 도달한다. 확실히 깨닫고 있다.
비평				점수

학생은 아래의 사항을 포함하여 완전한 연구 과제 조사를 계획하고 조직한다. • 다양하고 유용한 자료 사용하기 • 최소한 하나의 전자 자료 사용하기 • 자신 작업에 대한 자기평가인 '독자편지'를 두 부 포함하기 • 독자가 이해할 수 있는 완전하고 조직된 '연구일지'를 포함하기 • 연구일지를 통해 교사로부터의 피드백이 수정을 위해 사용되었다는 것을 증명하기 • 모든 계획서와 세기의 사건 하나를 표로 조직하여 완성하기				
1 초보자 기준을 능가한다 그러나 많은 사항에서 실패한다.	2	3 능력자 기준에 도달하려고 노력한다.	4	5 숙련자 만족스럽게 모든 기준에 도달한다. 확실히 깨닫고 있다.
비평				점수

<table>
<tr><td colspan="5">학생은 아래의 사항을 갖추어 효과적으로 말로 소개할 수 있다는 것을 증명한다.
• 명확하고 흥미로운 소개와 분명한 결론
• 명확하게, 들을 수 있게 그리고 변화 있는 목소리로 말하기
• 청중과 눈을 맞추며 계속하기</td></tr>
<tr><td>1
초보자
기준을 능가한다.
그러나 많은 사항에서
실패한다.</td><td>2</td><td>3
능력자
기준에 도달하려고
노력한다.</td><td>4</td><td>5
숙련자
만족스럽게 모든
기준에 도달한다.
확실히 깨닫고 있다.</td></tr>
<tr><td colspan="2">비평</td><td></td><td colspan="2">점수</td></tr>
</table>

<table>
<tr><td colspan="5">학생은 아래 사항에서 청중에게 영향을 준다.
• 청중의 흥미를 지속시킨다.
• 자신이 선택한 사건이 세기의 사건인 이유를 제시하고 확신시킨다.
• 청중의 주의를 끄는 전략을 다양하게 사용하여 활력 있게 계속한다.</td></tr>
<tr><td>1
초보자
기준을 능가한다.
그러나 많은 사항에서
실패한다.</td><td>2</td><td>3
능력자
기준에 도달하려고
노력한다.</td><td>4</td><td>5
숙련자
만족스럽게 모든
기준에 도달한다.
확실히 깨닫고 있다.</td></tr>
<tr><td colspan="2">비평</td><td></td><td colspan="2">점수</td></tr>
</table>

뒷면의 사우스 브런즈윅 고등학교 1학년 연구 과제의 자료와 집필의 주의사항을 보시오.

학생은 아래의 사항을 포함하여 효과적인 자료 제시의 기술을 증명한다.
아래의 사우스 브런즈윅 고등학교 1학년생 연구 과제 자료의 주의사항을 볼 것.

요소	1	2	3	4
자료 선택	선택에 주의를 기울인 흔적이 전혀 없다.	자료를 적절히 선택한 흔적이 거의 없다.	자료를 적절히 선택한 흔적이 약간 있다.	자료를 주의깊게 선택한 분명한 흔적이 있다.
과정	예비계획이나 기술의 흔적이 부족하다.	예비계획과 기술의 흔적이 극히 적다.	자료가 참조과정에서 약간의 예비계획과 기술을 보인다.	자료가 참조과정에서 예비계획과 효과적인 기술을 보인다.
질	세부적인 것에 전혀 주의하지 않고 질이 떨어진다.	세부적인 것에 거의 주의하지 않고 필요지식의 부분이 거의 없고 종합된 수준이 극히 낮다.	세부적인 것에 약간 주의하고 필요지식의 부분이 조금 있고 적절한 수준으로 종합되어 있다.	세부적인 것에 주의를 기울이고 모두 필요한 지식이고 구성요소가 높은 수준으로 종합되어 있다.
주제와의 관련	자료가 주제 문제와 관련 없이 부적절하다.	주제 문제와 거의 관련 없다.	주제 문제와 약간 관련이 있다.	선택된 자료가 학생이 주제에 관한 지식을 가지는 것을 명확히 돕는다.
영향	자료가 보는 사람의 주의를 끌지 못하여 영향을 주지 못한다.	자료가 보는 이의 주의를 끌려는 시도는 하나 보는 이에게 거의 영향을 주지 못한다.	자료가 참신하여 보는 이가 만족스러워한다.	자료가 자극적이고 참신하여 충분히 보는 이의 주의를 끈다.

1	2	3	4	5
초보자		능력자		숙련자
점수의 대부분이 1 또는 2이다.		모든 점수가 3 또는 4이다.		모든 점수가 4이다.

비평	점수

학생은 아래의 사항으로 효과적인 문서로 제시하는 기술을 증명한다.
아래의 사우스 브런즈윅 고등학교 1학년생 연구 과제 자료의 주의사항을 볼 것.

요소	1	2	3	4
목적과 논제 진술	초점이 불확실하고 논제가 명확하지 않거나 빠져 있다.	초점이 흔들리나 논제가 조사문제와 다소 관계있다.	하나의 초점이 확립되어 있고 제목을 붙이려고 노력한다. 논제가 시작단락에 있고 조사문제에 기초한다.	하나의 초점이 확립되어 계속되고 제목을 붙인다. 논제가 분명하게 시작단락에 있고 조사문제를 강조한다.
지지와 내용	세부적인 것이 주관적이다. 정성이 없고 조사의 증거가 거의 없다.	세부적인 내용이 약간 있으나 효과적이지 못하고 정성이 거의 없다.	논점을 지지하는 세부적인 내용이 있다. 조사는 목적을 달성하고 내용을 제시한다.	논점을 효과적으로 지지하는 명백한 세부내용이 있다. 조사는 세부내용의 제시를 돕는다.
구성	소개가 없고 생각들이 산만하게 연결되어 있고 변화가 약하고 결론이 없다.	소개를 시도하나 생각들의 진전이 불규칙적이고, 변화가 약간 있으나 결론이 약하다.	흥미 있게 소개하고 논리적으로 생각을 진행하고 결론이 적절하다.	독특하고 흥미 있는 소개를 하고 생각들이 변화 있고 논리적으로 진행되고 결론이 독특하다.
문장 구조	문장 구조와 길이가 거의 변화가 없고 실수가 많다.	문장 구조와 길이가 약간 다양하고 실수가 약간 있다.	문장 구조와 길이가 다양하고 실수가 거의 없다.	문장 구조와 길이가 매우 다양하고 실수가 전혀 없다.
용어	거의 다양성이 없고 단어 선택이 제한되어 있다.	약간 다양하나 단어 선택이 거의 효과적이지 못하다.	효과적이고 풍부한 어휘가 적절하게 사용되었다.	의미 있는 단어 선택으로 효과적이고 풍부하고 다양한 어휘가 사용되었다.
집필 기술	실수가 빈번하고 자주 눈에 띈다. 실수의 형태가 명백하다.	실수가 거의 눈에 띄지 않고 실수의 양식이 없다.	실수가 눈에 띄지 않고 철자법, 대문자사용, 구두법이 기술적으로 정확하다.	실수가 전혀 없고 모든 세부적인 것에 있어서 기술적으로 정확하다.
조사 기술 (MLA)	예시가 없고, 증거를 삽입하려고 하거나 MLA형식을 갖추려는 노력이 없다.	예시를 포함하고 증거를 삽입하며 MLA 형식을 갖추려고 노력한다.	예시와 삽입된 증거 또는 MLA형식에서 실수가 눈에 띄지 않는다.	MLA체제에서 전혀 실수가 없다. 예시와 삽입된 증거가 정확한 MLA형식을 갖춘다.

1	2	3	4	5
초보자		능력자		숙련자
점수의 대부분이 1 또는 2이다.		모든 점수가 3 또는 4이다.		모든 점수가 4이다.

비평		점수

평가자 주의사항:

학생들을 위한 피드백으로 각각의 기준을 점수화하시오. 또한 평가에 꼭 필요한 부분으로 학생들이 수행을 개선하는 데 도움을 줄 특별한 비평을 하시오.

신입생 교육안 설명(1998~1999)

성공적인 대학 생활의 여부는 학생의 의사 표현 능력과 어려운 지적 과제에 대한 내성에 달려 있다.

구체적인 과제 내용

모든 1학년은 학년 수료까지 다음 목표에 맞는 능력을 갖춘다.

- 수업 중 배운 각 과목 내용들 간에 관련을 지을 수 있다.
- 배운 내용 범위에서 중요한 개념들을 이해하고 사용할 수 있다.
  (이번 해 주제: '세기의 대사건')
- 적절한 학구적인 탐구 자세를 갖춘다.
- 다양한 자료들 중에서 정보를 인지하고 찾아내어 조직해서 질문들에 답할 수 있다.
- 정확하고, 흥미롭고, 논리적인 연구를 말로, 시각적으로, 글로 제시할 수 있다.
- 자신이 좋아하는 표현 매체를 선택하고 보다 능숙하게 사용한다.
- 학생들의 작업을 개선하기 위하여 피드백 사이클을 이용한다.

학생들은 위의 과제들을 완수함으로써 이 목표들을 성취할 수 있는 능력을 증명할 수 있을 것이다. 신입생들의 수업을 맡은 선생들은 **세기의 대사건**의 개념을 중점적으로 다루게 될 것이다.(워크시트 Ⅱ의 **EVENT**의 설명을 참고할 것.) 교사와 조언자의 도움으로 학생들은 흥미있는 사건을 고르고, 왜 그 사건이 중요한지에 대한 이유, 그 사건에 대한 조사, 중요한 정보를 청중에게 발표하는 등의 활동을 할 수 있다. 이 활동은 분석 자료 보고서와 매체를 통한 발표를 포함한다.

FRESHMAN SCHOOL

예정일시: 10월 22일
이　　름: ________________
지도교사: ________________
교　　실: ________________ 구　　역: ________________

PALANNING SHEET Ⅰ
도와줄 선생님 고르기

도와주신 분(이름): ________________________________

전공이나 관심분야: ____
____

도와줄 사람으로 선택한 이유: ____
____
____

이 분에게 도움받을 내용: ____
____
____

만날 시간: ____
____
____

__________　　　　　　　　__________
학생 서명　　　　　　　　**선생님 서명**

(서명을 하는 것은 조언자 역할을 허락함을 의미합니다.)

부모 서명
____

"처음으로 도와줄 선생님으로 선택한 분에게 허락을 받지 못하면 다른 지원 양식을 작성해 주시기 바랍니다."

본 양식의 뒷면에 계획을 적어 주시기 바랍니다.

FRESHMAN SCHOOL

예정일시: 10월 22일
이　름: ______________
지도교사: ______________
교　실: ______________ 구　역: ______________

PALANNING SHEET II
세기의 대사건

'사건'의 주요 구성요소는 무엇인가?

'사건'은 우연히 일어나거나 어떤 다른 것의 결과로 나타난 것을 말한다. 어느 공간의 한 장소에서 또는 시간의 한 지점에서 발생한 것이다.

유래-라틴어 EVENT-

EVENT를 선택하는 데 다음의 세 가지 기준을 고려해야 한다.

1. 위의 정의에 기초하여 중요한 사건을 고른다.
2. 사건이 언제 일어났는지, 이 사건이 누구에 의해 일어났는지에 대한 배경을 포함시킨다. (조사에 필히 적용할 것.)
3. 왜 이 사건이 중요하게 생각되는지에 대한 정당한 세 가지 이유를 제시한다.

주제에 대한 연구를 훌륭히 다루기 위해서 선택한 사건이 '세기의 대사건'에 적합한지를 명확히 설명하고 설득시킬 수 있어야 한다. 이것은 이 사건이 세대에 걸쳐 사람들에게, 나라에, 이론이나 사상들에게 중대한 영향을 끼쳐 왔음을 의미한다.

1. EVENT란 무엇인가?

2. 이 사건이 중요하다고 생각되는 정당한 이유를 세 가지 드시오. 이 이유들은 조사에 의한 것이어야 한다.

   A)

   B)

   C)

PALANNING SHEET III
'세기의 대사건'의 도식화
1998년 12월 14일 예정

이　름: ________________　반: ____________________
지도교사: ________________　구　역: ________________

다음 '세기의 대사건'의 관계도를 완성하시오. Mrs. Dougherty의 컴퓨터 실험실에서의 수련기간 동안 제시되었던 분류 방법을 사용하시오.

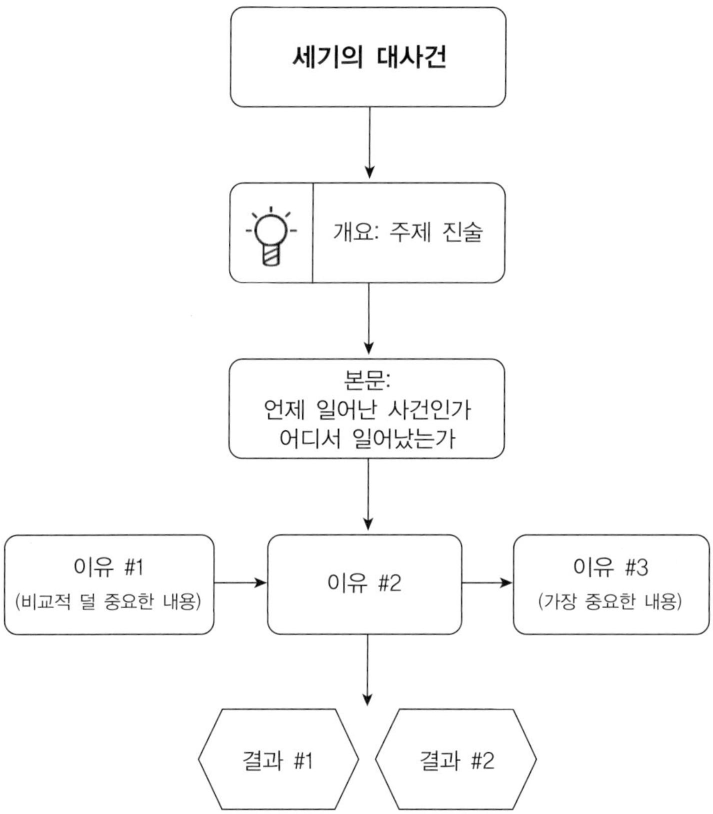

FRESHMAN SCHOOL

예정일시: 1999년 1월 6일
이 름: ______________
지도교사: ______________
교 실: ______________ 구 역: ______________

PALANNING SHEET Ⅳ
주제 진술과 의문점 찾기

1. 조사할 만한 가치가 있는 질문은 무엇인가?

2. 진술한 주제를 증명하시오.

______________ ______________
영어교사 약식서명 날짜

3. 이유들을 중요한 순서대로 나열하고 설명하시오.

A

B

C

4. 가장 중요한 이유를 지지하는 조사 결과는 무엇이고 왜 그런지 설명하시오.

학생들은 자신의 과제를 실행하고 작업 계획서를 짜고 일지를 적어 나갈 때 도와줄 성인 조언자를 선택하고 연구 과정을 조정하는 데 도움을 받을 수 있다. 훌륭한 작업을 위한 기준은 작업 시작 때 도움이 될 것이고 학생들은 그 표준들을 작업 진행을 관찰할 때 사용하는 법을 배우게 될 것이다.

과제 수행에 필요한 요목들:

조언자 팀

학생들마다 조언자로 구성된 팀을 선택해야 한다. 그 팀은 적어도 두 명 이상의 구성원으로 이루어져야 한다. 팀원 중 한 명은 상담교사나 학급담임 중 한 사람이 되며 보조자는 학생들이 임무를 완수하는 것을 돕고자 하는 어른이 되어야 한다.

6) 개인 졸업 계획(Individual Graduation Plan, 남부 켄터키)

IGP는 남부 켄터키에서 개발한 모델로 켄터키 상담 단체와 켄터키 교육부로부터 허가되었다.

학생을 위하여

개인 졸업 계획(IGP)은 학교생활을 하는 동안 여러분을 발전시킬 수 있는 가장 중요한 요소 중 하나가 될 것입니다.

IGP의 목적은 여러분의 전반적인 삶에 영향을 주는 개인적, 교육적, 직업 결정을 위해 사용할 수 있는 자신에 대한 정보를 모을 수 있도록 돕는 것입니다.

IGP는 여러분 자신의 개인을 위하여 고안되었습니다. 여러분이 이것을 사용함으로써 미래에 대해 자부심과 낙관을 할 수 있도록 여러분의 삶에서 중요한 부분이 될 것입니다. 여러분은 IGP를 사용함으로써 자신의 목표에 대해 상담자, 조언자, 선생님, 부모님, 고용자 그리고 다른 후원자와 함께 이야기 나눌 수 있도록 해 줄 것입니다.

여러분이 IGP안에서 구할 수 있는 정보는 자신에 대해 다른 사람이 알기를 원하는 정보도 포함합니다. 더 중요한 것은 여러분이 졸업할 때 나오는 직업 개발 기록들입니다. 여러분은 자신의 삶을 가장 중요하게 만들기 위해 책임감을 가져야 합니다. 자신이 누구이고 자신의 미래를 위해 원하는 것을 발견함으로써 놀라운 탐험의 여정을 즐기게 될 것입니다.

"학생들을 위하여"

ASCA와 NOICC에 의해 개발된 "삶의 포트폴리오를 가지는 것"부터 맞추어 봅시다.

복습하고 나가기

개인 졸업 계획을 위한 요구사항

__________ 포함할 특별한 대학 과정(4년의 계획)

<table>
<tr><td colspan="3">2002학년도 고등학교 졸업을 위한 새로운 최소 요구사항
(1997년 7월 2일 승인)</td></tr>
<tr><td colspan="3">개인 졸업 계획: 학생들은 계획 경력을 강조하고 학생이 취해야 할 과정을 이행함으로써 성공적으로 일정을 마쳤다. 학생이나 학부모에 의해 변경 가능하다. 직업적으로 조직화된 학생들/진로 계발.</td></tr>
<tr><th>일정 영역</th><th></th><th>이수 증명 자료</th></tr>
<tr><td>국어</td><td>4</td><td>영어 Ⅰ, Ⅱ, Ⅲ, Ⅳ</td></tr>
<tr><td>사회</td><td>3</td><td>미국역사, 경제, 정치, 세계 지리, 세계 문명의 통합 증명자료</td></tr>
<tr><td>수학</td><td>3</td><td>대수학Ⅰ, 기하학, 선택과목 하나(혹은 그에 대등한 과목)</td></tr>
<tr><td>과학</td><td>3</td><td>생활과학, 물리과학, 지구/우주과학의 통합 증명자료</td></tr>
<tr><td>건강</td><td>1/2</td><td rowspan="2"></td></tr>
<tr><td>체육교육</td><td>1/2</td></tr>
<tr><td>시각, 공연예술의 역사와 감상</td><td>1</td><td>시각, 공연예술이나 춤, 연극, 예술, 음악, 인간애와 같은 내용을 통합하는 다른 예술 과정의 역사와 감상</td></tr>
<tr><td colspan="3">합계: 15개의 요구된 증명자료와 7개의 선택자료(총 22개의 증명자료)</td></tr>
<tr><td colspan="3">교육의 지역적 부분이 만약 대안적인 방법의 진로가 정확한 내용과 대학의 기대주인 703 KAR4:060의 구성으로 적용할 수 있는 연설을 제공한다면 요구된 과정을 위해 통합, 적용되고 둘 이상의 분야에 걸치거나 더 높은 수준의 과정을 대신할 것이다. 만약 대안이 만들어졌다면 근본적 원리와 과정의 서술적 묘사는 교육부에 의해 문서화될 것이다.</td></tr>
</table>

나는 이로써 복습하고 나가기(E.R.)를 위한 모든 요구사항들이 완료되었음을 증명한다.

__________ 학생 서명

__________ 지정된 학교 공무원 서명

복습하고 나가기 체크리스트

고등학교 졸업 구성요소는 결정 위원회에 기반을 둔 학교의 공무원의 서명에 의해 증명될 것이다.

예외: 학교 위원회/지구는 학생을 바꾸거나 다른 특별한 결핍을 가진 학생을 위한 독특한 졸업 계획의 정책과 진행을 해나갈 것이다.

꿈을 향해 나아가자

만약 여러분이 무엇을 할지 모른다면 어떻게 자신의 미래가 진실이 될 수 있겠습니까? 좋은 질문이다! 비록 미래를 예측할 수는 없지만, 그것이 어떤 결과가 되느냐에 따라 직접적인 영향을 받는다. 가장 성공적인 사람은 자신의 꿈을 성취할 수 있도록 도와줄 수 있는 계획의 중요성을 이해한다. 불행히도, 대다수의 사람은 계획 없이 하루하루를 살아간다. 이런 사람을 위해 삶의 "시간을 표시하는 것"을 만들었다.

미래를 위한 계획은 계획 없이는 항상 임시적이고 다가오는 진실한 꿈의 기회를 거의 가질 수 없다. 비록 높은 기대를 충족시키기는 힘들어도 자신의 미래를 가치 있게 계획하는 것은 중요하다. 만약 여러분이 높은 목표를 세우지 않는다면, 자신의 훌륭한 삶의 기회를 잃어 버리게 될 것이다.

개인 졸업 계획(IGP)은 여러분의 꿈을 향해 나아가게 한다. 자신이 원하는 주요 단계를 만족시키고, 그 단계를 여러분이 수행해 나감으로써 진로 발견 전략을 찾을 수 있다.

행운을 빕니다

"미래는 그들 꿈의 아름다움을 믿은 사람이 가질 수 있다."

-엘레나 루즈벨트

* 이 개인 졸업 계획(IGP)은 켄터키 교육부의 개인 진로와 나아갈 방향에 대한 계획, 켄터키 주 아래의 고등학교 개편의 마지막 추천을 합한 것이다. 이 프로젝트는 켄터키 상담기관과 지도력 발전을 위한 계획에 기초되었다.

7) 진주교대 부설 초등학교 6학년 졸업 수행평가 모델

앞에 나왔던 외국의 다양한 졸업 수행평가에 바탕을 두어 한국의 상황에 맞게 적용하고 그 효과와 효과적인 접목 방안을 규명하기 위하여 진주교육대학교 부설 초등학교 6학년 학생들에게 졸업 수행평가를 적용하였다. 이 연구의 목적은 초등학교 6학년으로서 갖추어야 하는 중요한 학구적 능력 중에서 연구 기술을 가장 중요한 학구적 능력으로 간주하고서 이러한 연구 기술에 대한 초등학교 학생들의 성취도를 규명하기 위하여 졸업 수행평가 모델을 개발하고 적용하여 초등학교 6학년이 졸업 수행평가에서 요구하는 학업 기술을 성공적으로 적용하여 작업 과제를 만들어 낼 수 있는지를 실행 연구를 통하여 밝히는 것이다. 다양한 학구적 능력 중에서 연구 기술을 선정한 이유는 연구 기술이 문제 해결력이나 지식의 통합력 그리고 고차원적인 탐구 기술의 소유 정도를 드러내 줄 수 있는 전형적인 영역이기 때문이다.

(1) 졸업 수행평가 프로젝트의 적용

진주교육대학교 부설 초등학교에서 개발된 졸업 수행평가의 주제와 개발 과정, 평가 도구에 대해 살펴보자.

① 졸업 수행평가 주제(performance task)

1999년의 경우 '한국의 역사'라는 주제로 6학년 학생들을 대상으로 우리나라 최초로 실행하였고 2000년에는 '여행 안내서 만들기'를 실행하였다. 여행 안내서 만들기를 선정한 이유는 여행 안내서를 만들기 위하여 초등학교 6학년 학생들은 초등학교 6년 동안 배운 다양한 학습 능력들(미적 디자인 능력, 설득적인 문장 구성 능력, 인터넷을 활용한 자료 수집 능력 등과 다른 나라에 대한 문화적 이해)을 통합하고 과제 작업에 적용해야 하기 때문이었다. 이에 학생들은 자신이 가장 마음에 드는 나라를 선택하고 이 나라를 소개하는 여행 안내서를 만들어야 한다.

② 졸업 수행평가 개발 과정

일정	내용
2000. 3. 28	평가 프로젝트 계획 발표, 평가 프로젝트 계획 이해를 위해 학부모께 보내는 편지 발송
2000. 4. 2	졸업 수행평가 안내서(아동용) 배부
2000. 4. 4	'세계 여행 안내서 만들기'에 대한 개인 주제 선정
2000. 4. 5~4. 13	수행평가 프로젝트 주제 해결 계획서 작성
2000. 4. 14~5. 15	주제 내용에 대한 조사 계획서 작성
2000. 5. 17~11. 4	프로젝트 해결 과정 학습일지 쓰기
2000. 5. 18~5. 31	프로젝트 해결을 위한 인터넷 교육
2000. 6. 1~6. 14	프로젝트 해결을 위한 글쓰기 교육
2000. 6. 15~6. 30	프로젝트 해결을 위한 만들기 · 꾸미기 교육
2000. 6. 21~7. 5	졸업 수행평가 프로젝트 루브릭 제1차 개발
2000. 7. 6	졸업 수행평가 프로젝트 루브릭 수정 회의
2000. 7. 15	졸업 수행평가 프로젝트 루브릭 제3차 개발(학부모, 지역 인사, 전문가)
2000. 9. 18~10. 13	프로젝트 해결을 위한 글쓰기 교육, 프로젝트 해결을 위한 디자인 교육, 프로젝트 해결을 위한 인터넷 교육
2000. 10. 11	프로젝트 해결을 위한 문화 교육
2000. 10. 23~10. 28.	프로젝트 연구 보고서 작성
2000. 10. 30~11. 4	여행 안내서 완성
2000. 11. 10.	졸업 수행평가 발표 및 전시

③ 졸업 수행평가 프로젝트 안내서(학부모용)

존경하는 학부모님께!

우리 진주교육대학교 부속초등학교에서는 1999년도부터 우리나라 최초로 6학년을 대상으로 졸업 수행평가를 실시하고 있습니다. 1999년도에는 '한국의 역사'라는 주제로 실행하여 대단한 호평을 받았습니다. 2000년에는 '세계 여러 곳의 여행 안내서 꾸미기'라는 주제를 통하여 학생들의 다양한 능력을 평가하는 방법을 연구하고자 합니다. 이에 진주교육대학교 김영천 교수와 진주교육대학교 부속초등학교 6학년 교사들의 협의하에 연구를 실행하고자 하오니 학부모님들께서는 많이 협조해 주시기 바랍니다.

졸업 수행평가는 초등학교의 전 과정을 마침에 필요한 최소한의 능력을 검증하는 단계입니다. 주어진 주제에 대하여 자신이 갖고 있는 모든 지식과 창의적인 생각을 동원하여 가장 효과적으로 문제를 해결하는 수개월간의 장기 과정을 통하여 부족한 부분은 더 배우고 익혀 능력을 계발하며, 자주적인 문제 해결 능력을 발전시켜 나가는 계기로 활용할 수 있습니다.

초등학교 과정을 모두 마치는 6학년 학생들은 자신의 의견을 효과적으로 전달할 수 있는 문장 표현 능력과 목적에 알맞은 형식의 글을 쓸 수 있어야 하며, 생활 속의 정보를 수집하고 분석, 종합하는 지식 · 정보 사회인으로서의 기본 자질을 갖추어야 합니다. 이러한 능력들을 종합적으로 평가하기란 결코 쉬운 일이 아닙니다. 지난해에 이어 금년에는 '세계 여러 곳의 여행 안내서 꾸미기'를 졸업 수행평가의 주제로 정하고 각자 알맞은 활동 내용을 설정하여 자신의 능력을 종합적으로 나타낼 수 있도록 과제를 추진합니다.

본 과제를 추진함에 있어 학생 스스로 과제 해결 능력을 기르도록 해야 합니다. 학교에서도 관련 교과 지도를 통하여 과제 해결에 필요한 인터넷 활용, 글짓기 교육, 안내서 양식 디자인 교육 등을 하고 있습니다만 가정에서도 이러한 기능들을 잘 익혀 능숙하게 활용할 수 있도록 계속적인 보충활동이 이루어져야 하겠으며 다음 몇 가지 사항을 안내하고자 합니다.

1. 연구 주제: 각 나라의 여행 안내서 만들기
2. 연구 기간: 2000년 3월 28일~2000년 11월 10일
3. 선생님의 사전 지도: 1차 지도 4. 4 , 2차 지도 4. 6
4. 여행 안내서 만들기: 2000년 10월 31일~11월 6일
5. 보고서 발표일: 2000년 11월 10일
6. 학부모님 유의 사항
   1) 아동이 자료를 찾는 데 안내자의 역할만 할 수 있습니다.
   2) 관련 자료를 아동과 함께 요약, 정리하는 것을 금합니다.
   3) 아동에게 인터넷의 사용 및 글쓰기 지도를 권장합니다.
   4) 이 수행평가는 자녀의 수행 능력 측정에 목적이 있으며 성적에 반영되지 않습니다.
   5) 이 평가를 실시하기 위하여 학교에서는 인터넷 교육(6시간) 및 글쓰기 교육(2시간), 디자인 교육을 실시합니다.

* 기타 자세한 사항은 아동용 졸업 수행평가 프로젝트를 참조하시고 자녀의 수행평가 준비 과정에 많은 협조 있으시길 바랍니다.

진주교육대학교 부속초등학교장

④ 졸업 수행평가 프로젝트 안내서(아동용)

진주교육대학교 부속초등학교 6학년

▶ 목적

졸업을 앞둔 6학년은 어느 정도의 자기 주도적 학습 능력 및 학구적 능력을 가져야만 할까요? 여러분이 초등학교 6년 동안 학습한 수행 능력이 어떤 수준인지를 알아보기 위하여 여러분에게 주어진 수행평가 프로젝트를 실제로 해결해 보게 함으로써 여러분이 교과서에서 배운 여러 가지 지식들을 종합하고 응용하는 실제 적용력을 평가하기 위함입니다.

▶ 세부실시 계획

1) 연구 기간: 2000년 3월 28일~2000년 11월 10일
2) 주제: 각 나라의 여행 안내서 만들기
3) 선생님의 사전 지도: 1차 지도 4. 4~2차 지도 4. 6
4) 여행 안내서 만들기: 2000년 10월 31일~11월 6일
5) 보고서 발표일: 2000년 11월 10일
6) 평가 준비 요령
   (1) '각 나라의 여행 안내서 만들기'에서 자기가 관심을 가지고 있는 몇 가지 주제를 선정해 봅니다.
   (2) 연구를 시작하기 전에 주제와 관련하여 내가 생각해 낼 수 있는 질문이 몇 개인지 알아봅니다.
   (3) 주제와 관련된 여러 가지 자료를 찾고 목록을 정리합니다.(CD, 백과사전, 도서관, 전문가 등)
   (4) 자료를 읽고 난 후 새롭게 알게 된 사실에 비추어 주제를 보완하고 선생님의 도움을 받아 연구합니다.
7) 보고서 작성 발표 및 발표 요령
   (1) 준비한 자료를 토대로 하여 여행 안내서를 제작합니다.
   (2) 다양한 정보와 아이디어를 바탕으로 종합적으로 자기의 생각을 잘 나타냅니다.
   (3) 안내서 작성 시에는 메모나 정리된 자료를 사용할 수 없습니다.
   (4) 발표는 3분 이내이며 컴퓨터, 실물 화상기 등을 이용할 수 있습니다.
   (5) 1인 1연구이며 친구와 협동할 수 없습니다.
   (6) 컴퓨터 워드로 안내서 제작시에는 그림 파일을 미리 받아 올 수 있습니다.
8) 평가 내용
   (1) 주제에 대한 연구 계획을 얼마나 잘 세웠는가?
   (2) 안내서의 양식은 창의적인가?
   (3) 안내서의 내용은 주제와 얼마나 잘 관련 있게 나타내었는가?
   (4) 얼마나 다른 사람의 흥미를 끌 수 있는 발표를 하는가?
   (5) 다양한 시청각 자료를 사용하여 발표하는가?

진주교육대학교 부속초등학교장

(2) 졸업 수행평가에 요구되는 능력

여기서는 '세계 여행 안내서 만들기'와 관련하여 초등학교 학생들이 자신의 과제를 성공적으로 수행하기 위하여 요구되는 다양한 탐구 기술들이 무엇인지를 설명하였다. 이 탐구 기술은 국어과에서의 글쓰기, 사회과에서의 문화의 이해, 미술과에서의 디자인 구성 능력, 실과에서의 인터넷 활용 능력으로 구성되어 있다. 아울러 학생들의 수행 수준과 작품 수준을 높이기 위하여 요구되는 수업 활동과 선행 지식을 제공해 주기 위하여 각 영역별로 학생들이 알아야 하는/할 수 있어야 하는 각 영역의 탐구 기술과 학습 내용을 선정하여 제시하였다.

제11장

포트폴리오 평가 방법

포트폴리오는 최종 결과물을 만드는 과정에서 발생하는 다양한 영역에서 학생들의 노력, 성장이나 진보 또는 성과를 보여 주려는 특별한 목적을 위해서 모아진 학생들의 수집물이다. 이러한 포트폴리오는 학생의 기술을 담은 자료 창고이며 학교를 다니는 동안 학생의 발전 자화상이라고 볼 수 있다. 표준화된 시험 점수는 단지 특정한 날에 찍은 학생의 '스냅사진' 같지만 포트폴리오는 시간을 걸쳐 학생들의 작품이 어떻게 이루어졌는지 보여 준다. 북서 평가 협의회(일곱 개 주의 교사 단체)는 포트폴리오에 대하여 다음과 같이 정의 내렸다. "포트폴리오는 학생의 하나 혹은 그 이상의 영역에서의 성취와 진보, 노력을 보여 주는 학생의 작품을 모아 놓은 목적이 있는 모음집이다. 그 모음집은 선택된 내용, 선택을 할 수 있는 영역, 장점을 판단할 수 있는 영역과 학생 스스로 반성하는 증거물에 참여하는 것을 포함한다."(Paulson, & Meyer, 1991)

이러한 포트폴리오 평가는 학습 활동의 결과와 과정을 체계적인 작품을 통해 지속적으로 평가함으로써 학습자들의 수행 능력 변화 과정을 효과적으로 판단하도록 지원해 줄 뿐 아니라 학습자들에게 수행 능력을 다양한 방법을 통해 표현할 수 있는 기회를 제공해 줄 수 있다 (Danielson & Abrutyn, 1997).

1. 포트폴리오의 개념

포트폴리오는 본래 창작 활동을 통해 만들어 낸 작품들을 조직적으로 모아 놓은 작품집을 의미하는 것으로 미술, 건축, 사진, 문학 등 예술을 중심으로 한 여러 분야에서 이미 오래전부터 사용되고 있는 용어이다. 예를 들어 예술가들은 자신이 만들어 낸 작품들 중 최고의 작품들을 선정하여 포트폴리오로 만들고 이를 여러 장소에 전시하여 보여 줌으로써 자신의 예술가로서의 자질과 능력을 드러내고자 한다. 이와 같은 일반적 포트폴리오 개념이 교육 분야에 도입되어 적용되기 시작한 것은 1990년대 들어서면서이다(Linn & Gronlund, 2000). Arter(1990)는 포트폴리오를 "학습자들의 노력 발전 또는 성취를 나타내 줄 수 있는 학습자의 의도적 작품집"(p. 27)으로 정의하여 포트폴리오가 학습 과정 및 결과에 대한 다양한 작품들로 구성되어야 하며, 작품을 구성하는 데는 학습자의 특정한 의도나 목표가 반영되어야 한다는 점을 강조하였다.

교육 분야에서 사용되는 포트폴리오의 개념은 포트폴리오에 대한 일반적 개념과는 상당한 차이가 있다. 교육을 목적으로 하는 포트폴리오는 학습자들의 특정 영역과 관련된 지식이나 수행 능력의 상태와 함께 지식 수준과 수행 능력의 발전과 변화 과정까지를 종합적으로 보여 주며, 특히 왜 그리고 어떤 과정을 통해 포트폴리오가 만들어지고 선택되었는지에 대한 학습자의 자기성찰이 반영되고 평가된다는 측면에서 단순한 작품 모음집과는 구별되어야 한다(Barrett, 2001).

관찰 체크리스트	비디오 자료	과제 수행물	프로젝트	협동 작업
동료 평가	참평가 도구로서의 포트폴리오			면담
컴퓨터 프로그램				모의 시험
자기평가				예술 작품
음악 악보	신문		기록물	그래픽 조직자

[그림 11-1] 참평가 도구로서의 포트폴리오

화가들이 팔레트 위에 있는 다양한 색깔들을 사용하여 하나의 작품을 완성하듯이 포트폴리오 역시 다양한 형태의 결과물을 가지고 학생의 학습의 결과를 평가하게 된다. 그림 11-1에서 알 수 있듯이, 포트폴리오는 참평가를 위한 도구로서 학생들의 다양한 결과물을 제공하는 팔레트와 같은 역할을 한다는 것을 알 수 있다. 이처럼 포트폴리오는 단지 학생의 단편적이고 따로 떨어진 작품을 말하는 것이 아니라 모든 학생의 그림을 그려 내는 끝나지 않은 작업이다. 그래서 Vavrus(990, p.48)는 "포트폴리오는 물건으로 가득 찬 창고 그 이상이다. 교사와 학생이 특별한 주제 분야에서 학생의 지식, 기능과 태도의 성장을 관찰할 수 있는 체계적으로 잘 조직된 모음이다."라고 이야기하였다.

학생들은 포트폴리오를 제작함으로써 학습 활동에 참여할 수 있고 학습에 대하여 책임감을 갖는다. 그리고 학생들은 자신의 지식을 구성하는 데 능동적으로 참여할 수 있게 된다. 학생들은 자신의 강점과 약점을 정확하게 파악하게 함으로써 자시의 진보, 성과를 확인할 수 있다. 학생들은 그들 작품의 역사를 얻을 수 있는 것이다. 또한 학생의 학습 수행 사례를 학부모에게 제공할 수 있다. 학부모는 자녀가 현재 어느 정도의 위치에 있으며 어떠한 도움이 필요한지 알 수 있다. 또한 학생들이 평가를 위하여 광범위하고 다양한 항목을 활용할 수 있도록 허용해 준다.

반면에 포트폴리오에는 다음과 같은 단점도 있다. 학생들이 과제를 선정하도록 돕고 과제 수행을 지원하며 과제를 평가하는 데 많은 시간이 소요된다. 많은 포트폴리오를 전시하고 보관하는 일은 어려운 일이다. 그리고 포트폴리오가 학생들의 작품을 그들의 부모, 교사, 동료로부터 받는 지원만큼 제대로 나타내지 못할 수도 있다. 포트폴리오에 대한 평가에 대한 일치도가 낮다. 실제 포트폴리오 평가의 신뢰도에 관해서는 별로 알려진 점이 없다.

2. 포트폴리오의 다섯 가지 특징

포트폴리오의 특징은 다음과 같은 다섯 가지로 정리할 수 있다. 먼저, 내용 선정에 있어서 교사와 학생의 의견과 학생의 목표 설정이 포함된다. 포트폴리오에 포함시킬 정보의 수집에 학생들이 참여하는 것은 성취와 능력을 정확히 진술하는 데 있어 핵심 자질 중의 하나이다. 둘째, 증거 자료에는 학생의 반성적 진술이 포함된다. 포트폴리오에 포함된 다른 구성요소는 학생들의 학습 진전과 포트폴리오 내용 등에 대한 자기평가이다. 포트폴리오는 학생들의 수집품인 체크리스트, 도서목록, 에세이, 초안, 목표 설정, 학습 내용 등에 대한 학생들의 자기평가를 기술한 것을 포함한다. 또한 학생들은 왜 그들의 포트폴리오에 각 항목을 배열해 놓았는지를 반성하고 설명할 필요가 있다. 셋째, 대표적이고 지속적으로 개선해 갈 수 있는 내용을 선택하여 수집한다. 즉, 학생들은 자신들이 만든 최상의 표본들을 수집한다. 자신이 완성한 작품에 대해 스스로 평가하고 그 중 최상의 작품을 결과물로 제시한다는 것이다. 넷째, 학생의 성취에 관하여 타인과 의사소통하는 것을 촉진한다. 완성된 포트폴리오는 다른 사람들과의 상호 평가의 과정을 거치게 되는데, 이러한 과정은 자신의 포트폴리오를 평가하는 중요한 핵심 요소가 된다. 다섯째, 학생의 약점보다는 장점을 파악할 수 있게 해 준다. 포트폴리오는 하나의 결과물을 가지고 학생을 평가하는 것이 아니라 다양한 결과물로 평가하기 때문에 그 학생이 가지고 있는 장점을 파악하는 데 용이하다.

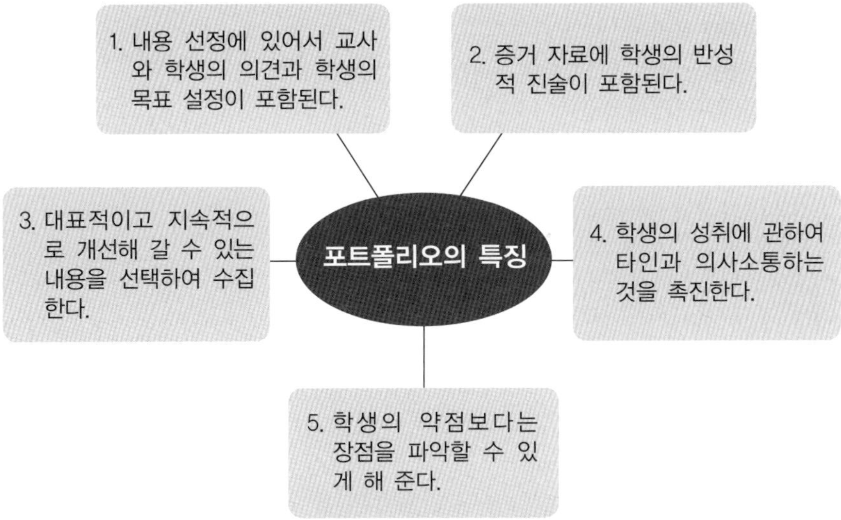

[그림 11-2] 포트폴리오의 다섯 가지 특징

3. 포트폴리오의 구성요소

포트폴리오의 핵심 구성요소는 목표 목록, 작품 표본, ID slip 세 가지이다.

1) 목표 목록

목표 목록의 개발은 작품 표본을 선정하고 평가하기 위한 개념 틀을 제공한다. 학생이 성취하고자 하는 행동을 명세화하고 포트폴리오를 통해 기록해야 할 기능을 암시한다. 또한 포트폴리오에 대한 교사 평가와 학생 평가를 안내하고 수행 목표보다 광범위하고 일반적으로 진술하여 하나의 수업 목표는 여러 개의 수행 목표를 포함한다. 또한 학생의 목표 성취를 평가하는 데 있어 추리가 요구되고 좀 더 융통성이 있는 반면, 주관적이고 측정 오차가 크다. 이러한 목표 목록은 포트폴리오에서 눈에 잘 띄는 곳에 배치하는데 대개 포트폴리오의 앞부분에 배치한다. 관련 목표 다음에 포함된 작품 표본을 기록하기 위한 공간을 마련한다.

[예시] 초등학교 3학년 쓰기 영역의 목표 목록

초등학교 3학년 쓰기

- 자신의 주제를 선택하고 그 주제에 초점을 맞출 수 있는가?
  - 자기 고유의 주제를 만든다.
  - 주제와 관련된 생각을 써야 할 내용으로 선정한다.
  - 주제를 개발하고 확장하는 다양한 전략을 사용한다.
  - 다양한 주제에 관해 글을 쓴다.
  - 여러 가지 양식/형식으로 글을 쓴다.
- 의미를 분명하게 나타내는가?
- 글을 쓸 때 수정 전략을 사용하는가?
- 편집 기술을 사용하는가?
- 쓰기 학습에 활동적으로 참여하는가?
- 철자법에 맞게 쓰는가?

2) 작품 표본

작품 표본은 평가의 기초가 되는 원 자료로 대개 교사의 지도하에 학생이 선정하고 학생이 특정 수업 목표를 얼마나 성취하였는지의 근거로 평가의 본질(타당도, 신뢰도/대표성, 공정성)에 충실한지 확인한다. 그리고 공통된 작업 표본을 포함한다. 교사가 공통된 작업 표본의 하위 집합을 확인하고 학생들 간의 비교를 용이하게 한다. 포트폴리오의 채점을 위한 공통된 기반을 제공하고 논문이나 보고서, 수학 문제, 과학 실험, 기타 과제로도 이용된다.

3) ID slip

ID slip은 작품 표본에 대한 평가 또는 논평으로 학생이 포트폴리오에 '왜 이 작품을 넣었는지', '왜 특정 영역에 그 포트폴리오를 넣었는지'와 같은 사항들을 설명한다. 이러한 ID slip은 포트폴리오 안에서 나중에 쉽게 참조할 수 있도록 일정한 곳에 함께 배열하는데, 각 목표에 대한 논평 공간을 마련하고 일반적인 논평을 위한 부가적인 공간을 마련한다.

[예시] ID slip

7학년 포트폴리오 ID slip

날짜: ____________________________

과제 수행자, 선택자: 학생 선생님

이 부분(과제)은 그것이 ___________를 보여 주기 때문에 선택되었다.

과목: 수학 과학 사회 국어 체육 선택 과목 ______________________

단원(편성 단위)

이 부분(과제)에서 설명되는 개념

이 부분(과제)에서 설명되는 기술

정당성(사유):

이 부분은 학습 성과(결과)를 설명한다. 왜냐하면 ______________________________________

재고(반성):

나는 이 부분을 포트폴리오에 첨부하였다. 왜냐하면 __________________________________

이 부분을 완성하기에 가장 어려웠던 부분은 ______________________________________

이 부분을 개선하기 위해 다른 기회가 주어진다면 나는 ________________________________

4. 성공적인 포트폴리오를 만드는 여섯 가지 방법

포트폴리오가 무엇인지, 그 특징이 무엇인지 완벽하게 안다 해도 실제 학교 교실의 현장에서 사용하지 않는다면 아무런 의미가 없다. 이 장에서 포트폴리오를 소개하는 궁극적인 목적은 많은 현장 교사들이 포트폴리오에 대하여 정확히 이해하고 이것을 교실에서 적절하게 활용할 수 있도록 만드는 데 있다. 그래서 여기서는 포트폴리오를 의미 있게 만드는 방법에 대하여 살펴보고자 한다.

포트폴리오를 의미 있게 만드는 방법은 일반적으로 크게 여섯 가지가 있다. ① 학생들과 함께 포트폴리오의 목적 설정하기, ② 포트폴리오 항목을 선택하고 결정하기, ③ 포트폴리오에 대한 자기반성, ④ 동료들과의 상호평가, ⑤ 정기적으로 부모와 포트폴리오 공유하기, ⑥ 충분한 시간을 가지고 포트폴리오 완성하기. 여기서는 각 방법에 대한 간단한 설명과 함께 이것을 현장에서 바로 적용하는 데 참고할 수 있는 예를 제시하였다. 이러한 모범 예들은 실제 학교 현장에서 포트폴리오를 실제적이고 실용적으로 실행하는 데 큰 도움이 될 것이다.

[그림 11-3] 성공적인 포트폴리오를 만드는 여섯 가지 방법

1) 포트폴리오의 목적 설정하기

포트폴리오를 의미 있게 만들기 위한 첫 번째 단계는 포트폴리오의 목적을 설정하

는 것이다. 모든 일에 있어 방향을 잡지 못하고 표류하지 않기 위해 목적이나 목표의 설정이 무엇보다 중요하듯이 포트폴리오를 만드는 데 있어서도 그 목표를 설정하는 것은 중요한 일이다.

이러한 포트폴리오의 목적을 설정하는 작업에서 유의해야 할 점으로는 크게 두 가지가 있다. 첫째, 포트폴리오의 목적은 이러한 포트폴리오가 표준화 검사처럼 단순히 습득해야 하는 지식적 사실에 초점을 맞추어야 하는 것이 아니라 한 학기나 혹은 전 교육과정을 통해 이루어지는 학습의 과정과 발전을 보여 줄 수 있는 것이어야 한다는 것이다. 이것은 포트폴리오가 단순한 결과물의 수집이 아니라 학생의 발달 과정이며 목표를 달성하기 위한 과정으로서 의미를 지니기 때문이다. 둘째, 교사뿐만이 아니라 학생 자신과 학부모가 참여해야 한다는 점이다. 학생과 학부모는 이러한 목표를 설정하는 과정을 통해 학생들이 지금 할 수 있는 일이 무엇이며 자신의 위치가 어디인지를 알게 된다. 또한 자신이 무엇을 할 수 있으며 한 학기 동안 자신이 이루고자 하는 목표에 대해 정확하게 알게 된다.

다음은 한 학기를 시작하며 목표를 설정하기 위해 학생들에게 나누어 준 미니 포트폴리오이다.

[예시] 목표 설정 미니 포트폴리오(학생용)

새 학기를 시작할 때, 당신은 학기 동안 스스로 두 가지 목표를 세웠다. 첫 번째 목표는 개인적인 목표였고, 또 다른 목표는 학구적인 목표였다. 목표에 대해 스스로 다시 점검해 보아라. 당신의 성공을 평가하라. 당신은 목표를 성취하였는가? 당신은 목표에 대해 얻은 바가 있는가? 당신에게 있어 목표가 중요하였거나 무언가 적어 볼 필요가 있다는 생각이 드는가? 진지하고 성실히 생각해 보아라.

목표:
평가:
목표:
평가:

이 미니 포트폴리오는 학생들에게 스스로 개인적 목표와 학구적인 목표를 세우게 하고 그 목표에 대해 진지하게 생각해 볼 수 있는 공간을 제시하였다.

다음에 제시된 질문지는 목적을 설정하는 데 있어 현재 자신의 능력과 위치에 대한 진지한 반성과 고찰을 할 수 있도록 질문의 형태로 만들어진 포트폴리오이다.

[예시] 개인적 목표에 대한 개인 질문지

당신은 당신이 가고자 하는 곳이 어디인지를 아는가? 당신은 그곳에서 무엇을 얻어야 하는지를 아는가?

개인적 목표에 대한 질문지

인간 사회 속에서 우리는 읽고, 쓰고, 말하고 듣는 기술을 연마하게 된다. 나는 당신의 생각(당신의 경험, 당신의 성공, 당신이 기술을 배우면서 겪었던 좌절)에 대해 알고 싶다. 나의 금년 목표는 모든 학생들이 성장과 성공을 경험하게 하는 것이다. 당신의 진지한 답변이 나에게 큰 도움이 될 것이다. 당신의 학습에 대한 반성은 당신과 당신 자신에게 도움이 될 것이다. 아래 질문에 대한 답변을 부탁한다.

1. 학교 생활은 당신이 성공하는 것에 대해 얼마만큼 중요한 것인가?
2. 학교 생활에서 당신이 성공적인 것을 어떻게 아는가?
3. 학교에서 언제 당신이 최고로 성공적인 것으로 느끼는가?
4. 당신이 작년에 학교에서 행하였던 과제를 생각해 보아라. 그것은 무엇이었는가?(과제가 무엇이었는가?) 이 과제에서 당신이 특별히 좋았던 점은 무엇이었는가?
5. 학교에서 당신의 수행 중에서 가장 나쁘게 생각하였던 점은 무엇이고, 이유는 무엇인가?
6. 당신은 학교에서의 배움이 꼭 필요하다고 생각하는가? 당신이 학교를 졸업할 때까지 꼭 배워야 할 능력은 무엇이라 생각하는가?
7. 당신이 학교에서 성공하기 위해서 필요한 것은 무엇이라 생각하는가?
8. 학교 생활에서 부모님께서 당신에게 도움을 줄 수 있는 점은 무엇이라 생각하는가?
9. 교사로서 내가 당신에게 학교에서 도움을 줄 수 있는 점은 무엇인가?
10. 금년에 당신이 학교 생활을 하는 데 세운 목표는 무엇인가? 읽기, 쓰기, 말하기, 듣기 영역 중에서 한두 가지 목표를 생각해 보아라.(예를 들어, 읽기라면 당신은 금년에 25페이지를 읽기를 원할 수도 있고, 특정 작가의 작품을 모두 읽어 볼 수도 있고, 논픽션을 읽어 볼 수도 있다. 또한 쓰기라면 당신은 당신의 경험을 시로써 표현하기를 원할 수도 있다. 말하기 영역이라면 대화의 수위를 조절하는 방법을 배우거나 학급에서 발표할 기회를 원할 수도 있다.) 당신이 성취하고자 하는 바를 생각해 보거나, 과거에는 하지 못하였던 것에 대해 하고 싶은 바를 생각해 보아라.

학생들은 이 포트폴리오의 질문에 답하면서 자기 자신에 대해 깊이 있게 생각해 보게 되며, 이번 학기 동안 자신이 원하는 것이 무엇이며, 자신이 왜 그러한 목표를 세웠는지, 자신이 세운 목표를 달성하기 위해서는 무엇을 해야 하는지를 자연스럽게 알게 된다. 그뿐만 아니라 자기를 둘러싼 학습 환경에 대해서도 알게 된다. 이러한 학습 환경에 대한 이해 역시 자신이 무엇을 할 수 있는지에 큰 영향을 미치기에 중요하다고 할 수 있다.

다음의 미니 포트폴리오 역시 앞의 질문지와 마찬가지로 목표를 설정하는 데 있어 자신의 위치와 능력을 찾기 위한 것이다. 하지만 보다 구체적으로 자신의 위치와 능력을 알 수 있도록 체크리스트를 이용한 것이 특징이다. 그리고 구체적으로 한 학기가 끝난 뒤에 자기 자신과 동료들과 학부모들이 이 포트폴리오를 어떻게 공유할 것인지를 제시하고 이를 바탕으로 한 학기 동안 달성해야 할 목표에 대한 계획을 구체적으로 세우도록 구성되어 있다.

[예시] 목표 설정 미니 포트폴리오

이름: 날짜:

당신은 점검표를 당신의 포트폴리오에 동봉하는데, 깔끔하고 명백하고 진지하게 작성하라. 꼭 정직하고 성실히 기입하라.

***첫째 영역: 서술**

1. 일반적으로 내가 가장 자신 있다고 생각하는 것에 대해 서술하라.
2. 내가 가장 성장할 수 있다고 생각하는 분야가 무엇인지에 대해 서술하라.
3. 성장을 위해 필요한 특정 능력과 영역(둘 다 고려하라)
   A. 성격
   B. 학습 습관
   C. 인문과학
4. 내가 생각하는 나의 장점(능력)과 취약점이 무엇인지 서술하라.

***둘째 영역**

1. 개인적
2. 학습 습관
3. 그룹 활동
   A. 읽기
   B. 쓰기

***셋째 영역: 목표**

	많이 부족함	조금 부족함	보통	좋음	매우 좋음
a. 정중함					
b. 친절함					
c. 도움					
d. 협동심					
e. 자신감					
f. 친교					

당신은 당신이 성장하는 데 필요한 당신의 능력과 위치를 점검해 보았다. 이를 토대로 금년에 당신이 세울 목표는 무엇인가? 우리가 제시한 영역을 모두 고려하라.

***넷째 영역: 계획 세우기**

	많이 부족함	조금 부족함	보통	좋음	매우 좋음
a. 조직					
b. 공부 습관					
c. 노력					
d. 철저함					
e. 신중함					
f. 사전 조사(준비)					
g. 학습 태도					
h. 과제 능력					
i. 토론					
j. 노트 필기					
k. 시간 엄수					
l. 협동심					
m. 바른 청취 습관					

당신의 목표를 달성하기 위해, 당신 자신과 동료, 부모님, 선생님에게서 당신이 필요한 바는 무엇인가?

또 다른 의견이나 고려할 점은 없는가?

미니 포트폴리오 내용

이 미니 포트폴리오는 금년 학기에서 당신이 성취한 것을 당신의 부모님과 공유할 기회를 줄 것이다. 이를 이용해 당신의 협의를 준비하라. 당신의 발표는 8~10분 동안 이루어져야 한다. 나머지 시간에는 당신의 부모님이 질문할 기회나 당신의 수행에 대한 정보를 나와 공유하게 될 것이다. 아래 과제를 체크하여 완성하라.

- 표지
- 수행에 대한 다른 예들. 최소한 둘
- 학업 성취도
- 목표
- 성적
- 포트폴리오 모음
- 소개
- ○○씨, 저는 당신에게 ~에 대해 소개하겠습니다.
- 발표에 대한 소개
- 부모님, 이 포트폴리오는 ~에 대한 것입니다.
- 시간: 8~10분

2) 수집할 표본과 항목의 선정

포트폴리오를 의미 있게 만들기 위한 두 번째 방법은 목표를 달성하기에 적합한 항목을 결정하고 선택하는 단계이다. 이 단계는 목표가 설정되었다면 그 목표를 달성하기 위한 구체적인 방법을 선택하는 단계로 학생들은 이 단계를 통해 한 학기 동안 수행하게 될 결과물들을 선택하게 된다. 이 단계를 보다 효과적으로 만들기 위해 우리는 앞서 포트폴리오의 구성요소 중의 하나인 ID slip을 사용하여 학생들이 '왜 그러한 목표를 설정하였는지' 그리고 '왜 그러한 항목을 선택하였는지'를 기록해 두도록 한다.

먼저 목표를 달성하는 데 적합한 항목을 선택하기 전에 한 학기 동안 이루어질 학습의 평가 항목을 선정한다. 이러한 학습 평가 항목을 먼저 선정하는 이유는 평가의 방향이 학생들이 수행해야 할 항목을 선택하는 기준이 되기 때문이다. 교사와 학생은 학습 평가 항목을 보고 그들이 목표를 달성하기 위해 수행해야 할 과제가 무엇인지 보다 명확하게 알 수 있다. 그리고 목표 설정과 마찬가지로 포트폴리오에 포함할 항목의 선정은 교사와 학생, 학부모의 참여를 통해 이루어져야 한다. 교사는 학생들에게 항목을 선택하는 기준과 방향을 제시해 주고 학생들은 항목을 직접 선정함으로써 능동적으로 포트폴리오를 수행하게 된다.

아래의 표는 항목을 선택하고 결정하는 데 앞서 학생들의 포트폴리오를 평가하기 위한 체크리스트의 예시이다. 아래의 예시에서 알 수 있듯이 학습에 대한 평가는 학습의 주제와 성격에 따라 한 가지 방법이 아니라 다양한 방법으로 이루어져야 한다. 이러한 다양한 방법의 평가를 통해 학생들이 목표에 도달할 수 있는 충분한 기회와 시간을 주어 최상의 결과물을 만들어 낼 수 있도록 해야 한다.

[예시] 포트폴리오 체크리스트

포트폴리오 협의회를 위해 요구되는 몇 가지 항목

단원	포트폴리오 리스트
지각 변동	- 퀴즈 - 기말시험 - 자기평가
측정 변화	- 한 번의 시험 - 실험실 도구 실험 - 조별 실험
자기 변화	- 자기 변화 평가 시트
세계화 시대	- 기말 과제 - 지도 조사표 - 한 번의 퀴즈
관찰 변화	- 미니 실험 보고서 - 퀴즈 #3(측정) - 주개념 조사표(사실, 이론, 법칙)

공동 연구회-선택
RAM 독해 과제 ______
RAM 수학 과제 ______
RAM 독해시험 ______
RAM 수학시험 ______

선택 _____
목표 도달 시트 _____
성적표-학생 자기평가 _____
중간 학기 목표 조절 시트 _____
자기평가 회의 _____
점수 _____
* 만일 이번 학기에 완료하였다면 이 과제를 기술하라. _____

아래는 실제 중학교 국어 수업에 쓰인 포트폴리오 항목의 예시이다. 아래 예시에서 알 수 있듯이 한 학기 동안 학생들이 제출해야 할 포트폴리오가 구체적으로 제시되어 있으며 학생뿐만 아니라 교사와 학생이 함께 포트폴리오를 구성하고 있음을 알 수 있다.

[예시] 포트폴리오 항목

중학교 국어 수업으로부터

1. 개인 목표의 서술(9월에 학생에 의해 서술)
2. 가을에 하나, 겨울에 하나, 봄에 하나를 포함하여 세 부분(발달을 보여 주기 위해 학생이 선택)
3. 두 개의 부분(기준에 따라 진보를 보여 주기 위해 선생님이 선택한 것)
4. 학기 중 읽은 모든 책의 목록(수업에 의해 읽은 것인지 학생의 선택이었는지를 표시하기 위해 주석을 단다.)
5. 가을에 하나, 겨울에 하나, 봄에 하나를 포함하여 독서 반응 잡지에서의 세 가지 인용문(학생의 선택)
6. 왜 이 부분을 선택하였는지에 대한 짧은 설명(선생님 또는 학생 선택)
7. 목표와 관계된 학교 생활의 마지막 반성(학생에 의해 쓰여진 것)

아래에는 목표를 달성하기 위해 자신이 선택한 과제들에 대한 설명을 기록해 두는 ID silp의 예시를 제시하였다. ID silp을 기록하여 포트폴리오에 넣어 두면 왜 자신이 그러한 과제를 선정하였는지를 쉽게 알아볼 수 있으며 자료와 과제를 정리하는 데 매우 편리하다.

[예시] 포트폴리오 ID slip

이름: ________________ 날짜: ____________
과목
수학 국어 사회 과학 체육 선택 과목 _______
과제 수행자, 선택자: 학생 선생님

이 부분(과제)이 무엇에 관한 것인지 간략하게 설명하라.
왜 이 부분(과제)을 선택하였는가?
어떻게 이 부분(과제)을 개선하였는가?

3) 포트폴리오 자기반성

포트폴리오를 보다 의미 있게 만들기 위한 또 하나의 방법은 스스로 반성하는 법을 가르치는 것이다. 포트폴리오가 수행과 반성의 연속된 과정에서 하나의 최종 결과물을 만들어 내는 것이라는 측면에서 자신의 포트폴리오를 반성하는 법을 가르치는 것은 포트폴리오를 만드는 데 있어 핵심적인 요소라고 할 수 있다. 학생들은 자신의 포트폴리오를 반성하는 과정을 통해 다음의 과제 수행에서는 자신의 잘못된 점을 개선하기 위하여 구성요소들을 재조직하고 재구성하게 된다. 그리고 이러한 과정은 자연스럽게 학생들이 달성하고자 하는 목표에 도달할 수 있게 도우며 질이 높은 결과물을 만들 수 있도록 해 준다. 포트폴리오를 규칙적으로 재고하고 반성하면 수행 과정을 구분하고 통찰력을 가지게 되는 것이다.

그리고 이러한 반성은 각 작품에 대한 반성과 같이 단순한 반성에서부터 시작하여 자신과의 관계와 의미를 성찰할 수 있는 전체적인 과정에 대한 반성이 이루어질 수 있도록 해야 한다. 다음에는 보다 깊이 있고 체계적인 반성이 이루어질 수 있도록 3단계에 걸쳐 학생들이 자신의 포트폴리오를 반성할 수 있는 방향을 제시할 것이다. 그리고 각 단계별로 학생들이 자신의 포트폴리오를 스스로 반성할 수 있도록 자극하고 도울 수 있는 질문지를 제시하였다. 아무런 방향도 없이 단순히 자신의 작품을 반성하게 한다면 학생들은 자신의 작품의 겉만을 반성하는 수준에 그칠 것이다. 따라서 수준 높은 반성을 이끌어 내기 위해 교사는 학생들에게 질문지를 만들어 답해 보게 한다.

1단계: 작품 반성하기

2단계: 완성된 포트폴리오 반성하기

3단계: 평생학습 포트폴리오 반성하기

[그림 11-4] 포트폴리오 반성 단계

질문지의 첫 번째 형식은 목표를 달성하기 위해 학생들이 만들어 내는 각각의 작품에 대한 반성을 기록할 수 있는 질문지이다. 학생들은 한 학기 동안 학습 목표에 도달하기 위하여 다양한 작품들을 만들게 되는 데 수행을 하는 동안 만들어지는 다양한 결과물들에 대한 기록을 남겨 두는 것이다. 각 작품에 대한 반성은 최종적으로 만들어진 포트폴리오를 반성하는 데 중요한 역할을 하게 된다. 학생들은 이 질문지들을 가지고 최종적으로 자신의 포트폴리오를 다시 종합하여 반성하게 될 것이다.

그리고 이 질문지는 각 작품이 완성될 때마다 작성하도록 하는 것이 가장 좋다. 만약 일정한 시간이 흐른 후에 작품을 반성하게 되면 자신이 작품을 만들 때 가졌던 의미가 소멸될 수도 있기 때문이다. 따라서 각 작품에 대한 의미와 기억이 생생하게 살아 있을 때 반성할 수 있도록 결과물이 완성될 때마다 이 질문지를 작성하여 첨부하도록 하는 것이 좋다. 여기에 반하는 생각을 가진 학자들도 있다. 어떤 사물이나 현상은 일정한 시간이 지난 후에 바라보아야 보다 객관적으로 바라볼 수 있다고 주장하기도 한다. 하지만 두 번째 형식의 반성 질문지를 보면 알 수 있겠지만 학생들은 포트폴리오가 완성된 후 최종적으로 다시 한 번 자신이 수행하였던 과제들을 반성하는 시간을 가지게 된다. 이 과정에서 학생들은 자신의 결과물들을 객관적인 시각에서 바라볼 기회를 가지게 된다. 따라서 각 작품이 완성된 후 이 질문지를 나누어 주는 이유는 마지막에 최종적으로 자신의 작품을 객관적이고 통찰력 있는 반성으로 이끌 수 있도록 최대한 자신의 기억을 글로 남겨 두어야 하기 때문이다. 아무런 정보도 없이 반성을 한다는 것은 불가능하기 때문이다. 이러한 시각에서 본다면 첫 번째 반성지는 반성이라기보다는 각 작품에 대한 기억을 기록하고 저장하기 위한 목적을 가졌다고도 볼 수 있다.

[예시] 1단계 반성지—각 작품 반성하기

작품에 관한 설명

여기 당신이 포트폴리오에 들어갈 각 부분을 선택하고 작성하는 것을 도와줄 몇 가지 질문들이 있다.

- 이 부분을 만드는 동안 내가 지났던 과정은 무엇인가?
- 이 부분을 만드는 데 누가 또는 무엇이 영향을 주었는가?
- 내가 처한 어려움은 무엇인가?
- 내가 얻은 새로운 지식은 무엇인가?
- 왜 이 연구를 하였는가? 내가 배운 것은 무엇인가?
- 나는 왜 나의 포트폴리오를 위해 이 부분을 선택하였는가?
- 나는 이 부분에 대해 어떤 의문이 있는가?
- 만약 내가 다시 이 부분을 한다면 나는 무엇을 달리할 것인가?

※ 원한다면 이 페이지를 당신의 포트폴리오에 첨부해도 좋다.

포트폴리오 선택에 대한 설명

과제물 No. ________

1. 자신이 선택한 부분을 기술하라. (그것을 하게 된 배경을 말하라.)
2. 어떤 기술, 지식, 그리고 사고력이 이 부분에서 설명되는가? 이 부분의 평가기준을 사용해서 그리고 구체적인 예를 참조하면서 가능한 한 구체적으로 밝혀라.
3. 왜 이 부분을 선택하였는가? 왜 다른 것보다 우선적으로 선택하였는가?
4. 만일 이것이 쓰고 있는 부분이라면 당신의 재고할 패널과 공유할 단락을 선택하라. 그리고 그것을 종이 위에 간단히 표시하라.

두 번째 형식은 작품이 완성된 후 자신의 포트폴리오를 반성할 수 있도록 돕는 질문지이다. 첫 번째 형식의 질문지가 미시적 관점에서의 반성이었다면 두 번째 형식의 질문지는 거시적 관점에서의 반성이다. 이러한 거시적 관점의 반성은 학생들로 하여금 많은 부분을 알 수 있도록 도와준다. 우선 자신이 만든 최종 결과물을 반성해 봄으로써 시작할 때와 달라진 점이 무엇인지를 알게 된다. 다시 말해 처음에 비하여 자신이 어떠한 변화를 하였고 성장하였는지 알게 된다. 그리고 자신의 장점과 단점을 알게 된다. 즉, 자신의 포트폴리오를 돌아보며 자신의 강점과 취약점을 알게 된다. 그리고 이러한 반성은 더 나아가 자신이 앞으로 배워 나가야 할 부분이 무엇인지 그리고 그러한 것들을 배우기 위해서는 어떠한 것들이 필요한지에 대한 통찰력을 가질 수 있도록 도와준다.

[예시] 2단계 반성지 — 포트폴리오 반성하기

이제 당신은 왜 이런 과제물을 선택하였는지 설명하였다. 이제 포트폴리오에 관한 마지막 설명서를 작성해야 한다. 포트폴리오를 준비하는 것은 당신에게 생각할 기회를 주고 당신을 학습자로서 인식시켜 준다. 당신의 포트폴리오를 읽는 사람으로 하여금 당신의 이번 학기에 성장한 모습을 알고 남아 있는 올해 당신의 목표를 가늠할 수 있도록 설명서를 써라.

지침

1. 당신의 포트폴리오를 주의깊게 읽고 올해 우리가 하였던 모든 것을 회상해 봐라.
2. 질문을 사용하라. 각 부분은 각 단락의 초점을 맞추는 역할을 해 주고 당신의 마지막 초안은 최소한 여섯 단락이 되어야 한다. 당신의 설명서는 오른쪽 상단에 날짜를 적어야 하고 읽는 사람을 기입하고 당신의 사인이 들어가야 한다.

포트폴리오 설명서 초안

1 소개:
   A. 당신의 마지막 작성 이후 우리가 하였던 것은 무엇인가?

2. 읽기
   A. 진행
      1) 올해 얼마나 많은 책을 읽었나?
      2) 당신이 세운 목표에 도달하였는가?
      3) 매주 독서에 얼마나 많은 시간을 할애하였는가?
   B. 이번 학기에 가장 좋아하였던 책은 무엇이며, 그 이유는 무엇인가?
   C. 당신의 응답지에 어떻게 응하였는가(모든 사항을 작성하였는가? 신중히 기입하였는가? 정시에 작성하였는가? 그것들을 확실하게 이해하였는가?) 당신의 RJ 엔트리를 어떻게 향상시킬 수가 있었나?
   D. 독서 클럽에 잘 참여하였는가? 당신의 읽기에 이런 토론들이 어떻게 도움이 되었는가?
   E. 목표: 당신의 독서 능력 향상을 위하여 다음 학기에 당신이 계획하는 것은 무엇인가?

3. 쓰기
   A. 진행
      1) 올해 당신이 시도한 쓰기 종류에는 어떤 것이 있나?
      2) 당신이 가장 즐겨 쓰는 종류는 무엇이고 이유는 무엇인가?
      3) 당신이 발견한 가장 매력적인 종류는 무엇이고 이유는 무엇인가?
   B. 개정
      1) 정정된 당신의 능력은 어떻게 향상되었는가. 당신의 초안은 변화하였는가?
      2) 이 과정에서 가장 어렵고 가장 뿌듯하였던 것은 무엇인가?

C. 문법과 기교
1) 기교는 어떠하였는가?
2) 당신의 기술은 향상되었는가?
3) 일일 정정에 초점을 맞추었는가? 그것이 효과적이었는가?
4) 수정하고 있는가? 당신의 작업들을 교정하고 있는가?
D. 목표
1) 다음 학기에는 당신의 쓰기 능력을 어떻게 향상 시킬 것인가?

4. 사회과: 무엇이 미국을 만들어 내는가? 아메리칸 드림이란 무엇인가? 그들의 진정한 꿈은 무엇인가?
A. 당신이 배우고 생각한 것 중 가장 중요한 것은 무엇이었나?
B. 이민에 대해 배운 것은 어떤 것인가?
C. 활동, 수업, 독서 중 가장 흥미로운 것은 무엇인가? 이유는?
D. 사회 연구에서 당신에게 가장 어려웠던 점은?
E. 당신의 목표는 무엇인가?

5. 자기 반성과 포트폴리오 돌아보기
A. 이번 학기에 가장 자랑스러운 작업은 무엇이며 이유는 무엇인가?
B. 구월에 당신이 세웠던 계획에 도달하였는가?
C. 과제 완성
1) 정시에 당신의 숙제를 하였는가? 깊이 사고하였는가? 그것은 적절하였는가?
2) 막약 그렇지 못하였다면 당신을 어렵게 한 것은 무엇인가?
3) 당신의 숙제를 향상시킬 만한 당신의 계획은 무엇인가?
D. 당신의 학급 활동은 어떻게 이루어졌는가? 집중하고 듣고 참여하고 다른 사람을 존경하였는가?

[예시] 3단계 반성지 — 한 학기 동안의 수행 반성하기

마지막 생각 전체적으로 인성이 어떻게 되었고 다음 학기 동안 당신의 꿈은 무엇인가?

쓰기에 관한 자체 평가

1. 이번 학기에 당신이 읽은 책들을 포트폴리오 안에 기입한다.
여름에 읽은 것은 포함하지 않는다. 구월 이후에 읽은 책은 다 기입한다.

2. 당신의 응답지를 통하고 기입한 것 중 가장 잘된 것에 표시하라.

3. 이번 학기에 읽은 것에 대해 생각하라. 질문을 사용하여 이번 학기에 당신의 향상된 점을 에세이 형식으로 서술하라. 간단히 짧게 질문에 응답하지 마라. 이런 질문들은 당신의 사고에 상당한 도움을 준다.
a. 올해 얼마나 많은 책을 읽었는가?

b. 책들 중에서 가장 마음에 든 것은 무엇이고 이유는 무엇인가?
c. 학과 외에 읽은 책들은 얼마나 되고 어떤 분야의 책들인가?
d. 응답지를 어떻게 기입하였는가?
e. 당신의 과제를 공개하는 것이 괜찮은가 또는 어떤 특정한 것에 관련한 언급은 어떠한가?
f. 독서 클럽에서 잘 활동하였는가?
g. 당신이 채택한 샘플은 왜 선택하였는가? 이런 엔트리는 당신의 독서에 관하여 당신의 진정한 생각을 보여 주는가?
h. 다음 학기에 당신의 독서 능력 향상을 위해 계획한 건 무엇인가?
I. 올해 얼마나 많은 책을 읽을 계획인가?

이 자체 평가는 간결하고 주의깊게 써야 한다. 이것을 포트폴리오 안에 포함시켜야 한다.

쓰기에 관한 자체평가

1. 전체를 읽고 당신의 쓰기 폴더를 작성하라. 당신의 내용 구성표에 이 초안을 기재하라. 당신의 초안은 날짜 순서로 정렬시켜라(가장 처음의 것이 제일 밑에, 그 다음 것이 그 위에 오도록 한다. 가장 최근의 것이 가장 위에 있도록 하라.)

2. 그 중(구월에 쓴 단편 리뷰, 창의적인 글, 나의 시론)에서 올해 가장 잘된 당신의 작성물을 하나 선택하라.

3. 이번 학기에 수행한 당신의 쓰기 작업을 생각하라. 글쓰기 능력은 성장하였는가? 이 질문을 사용하여 당신의 글쓰기 능력 향상을 되돌아보고 에세이 형식으로 글을 작성하라.
   a. 올해 당신이 도전한 글쓰기 종류를 생각해 보자. 무엇이 가장 당신에게 잘 맞는 거 같은가? 가장 어려웠던 종류는? 이유는?
   b. 올해 좋은 글쓰기에 대해 배운 것은 무엇인가? 좋은 글쓰기에 필요한 기초들을 생각해 보자. 이런 기초들 중 당신이 초점을 맞춘 것은 무엇인가? 구월부터 당신의 쓰기 능력이 어떻게 향상되었는가?
   c. 글쓰기 기술은 어떠한가?
   d. 당신이 선택한 샘플들을 기술하라.
      1) 그것의 제목은 무엇이고 무엇에 관한 것인가?
      2) 당신이 그것에 대해 쓸 생각은 어디서 나왔는가?
      3) 얼마나 많은 초안을 작성을 하였는가?
      4) 첫 초안과 마지막 초안 사이에 얼마나 향상되었는가?
      5) 당신의 가장 잘된 글은 어떤 것인가?
   e. 다음 학기에 글쓰기를 할 때 어떤 점에 초점을 맞추고 싶은가?

세 번째 형식의 질문지는 한 학기, 한 주제에 대한 포트폴리오가 아니라 전 학기, 전 과목에 걸쳐 자신이 학습한 모든 교과목을 통합적으로 반성하는 질문지이다. 교육은 평생학습이라는 관점에서 두 번째 형식의 질문지를 통해 얻은 반성을 다시 한 번 종합적으로 반성할 수 있는 기회를 마련해 주어야 한다. 이러한 반성 기회는 학생들에게 자신이 어떠한 과정을 통해 성장하였으며 얼마나 성장하였고 무엇을 성취하였는지를 되돌아보게 한다. 이것은 학생들이 학교를 졸업한 후에도 하나의 인격체로 사회에 살아가며 자신을 되돌아보고 자신이 누구인지 찾도록 만들어 줄 것이다.

그러나 이러한 반성 질문지가 전 과정을 통합적으로 고찰하기 위한 것이라고 해서 꼭 학교 정규과정의 끝인 졸업 전에 나누어 주어야 하는 것은 아니다. 이러한 질문지는 학생들이 자신의 성장을 중간 중간 되돌아볼 수 있도록 학년의 중간에도 나누어 줄 수 있으며 한 학년이 끝날 때마다 나누어 줄 수도 있다.

[예시] 교사의 편지글

학교에서 9년이란 많은 시간을 보냈다. 이제 이곳에서 1년 또는 2년만 보내면 된다. 그러나 이것 모두는 너의 삶 속에서 중요한 변천이 된다. 그러나 이런 흥분되고 조금은 걱정되는 이 시간 동안 우리는 너에게 한 사람이자 한 학습자로서 네가 얼마나 성장하였는지 또는 무엇을 성취하였는지를 되돌아볼 시간을 요구한다.

너는 수학, 과학, 인문학에서 포트폴리오를 작성해야 한다. 이 포트폴리오를 자세히 보아라. 그것들은 너의 연대기가 된다. 그것들이 각각 대표하는 작업을 생각해 보아라. 중학교를 입학하면서 가졌던 희망과 두려움을 떠올려 봐라. 네가 배우고자 한 것은 무엇이었고 달성하고자 하였던 것은 무엇이었는가. 네가 예상치 않게 배웠던 것을 생각해 보아라. 네가 만났던 난관과 네가 처하였던 위기와 뛰어넘었던 크고 작은 장애물을 생각해 보아라.

또한 네가 기피하였던 것과 선택하지 않았던 위기, 깨뜨리거나 깨뜨릴 수 없었던 장애물에 대하여 생각해 보아라. 어떤 것들이 있었나. 아무도 완벽할 수 없고 실수를 하지 않는 사람은 없다. 우리 학교의 목표는 평생학습자를 만드는 것이다.

너는 우리에게 설명서를 제출해야 한다. 너는 이곳에서 하였던 것들에 대해 생각할 수 있고 너는 우리가 하였던 세부적인 계획에 대해서 생각할 수 있어야 한다. 너의 가장 중요한 배움의 순간들은 중학교 입학 전이나 배우기 전의 것을 바꿀 수가 있다. 또한 너의 생각들을 변혁하는 방법과 다른 학생들과 같이 협동 작업하는 법, 관용이란 무엇인가. 너와 다른 사람들과 함께하는 법, 학습자로서 너 자신에 대해 네가 배우는 것 등을 생각해 볼 수가 있다.

> 우리는 네가 이런 작업들을 진실되고 신중하게 할 것을 요구한다. 너는 2000 시간을 넘게 이 학교에서 지냈다. 기억해라. 너의 마지막 설명서는 타이핑되어야 하고 교정되어 있어야 한다.

4) 동료평가 시간 가지기

포트폴리오를 의미 있게 만들기 위한 또 하나의 방법은 자신들이 만든 포트폴리오를 동료들과 평가하는 시간을 가지는 것이다. 많은 연구에서 밝혀졌듯이 같은 또래의 비슷한 수준의 학생은 가장 좋은 교사가 될 수 있다. 그리고 실제로 학생들은 다른 학생의 작품과 자신의 작품을 비교하면서 발달의 기준을 정하게 된다. 그리고 다른 사람의 작품의 차이를 느끼고 자신의 작품에 다른 사람이 사용한 방법을 적용하기도 한다. 또한 이것은 스스로 자신의 작품을 변화시키고자 하는 배움의 동기가 된다. 이처럼 학생들은 다른 학생의 작품과 자신의 작품을 비교, 관찰함으로써 자신을 성장시켜 나간다.

다른 동료들과 평가 시간을 가질 때 유의해야 할 점은 이러한 평가의 시간이 수업의 연장선이 되어야 한다는 점이다. 즉, 이러한 동료들과의 평가 시간이 단순히 평가를 위한 시간이 아니라 자신의 포트폴리오를 만들어 나가는 과정으로서의 수업이 되어야 한다는 것이다. 학생들이 시간을 평가 시간으로 인식하는 것이 아니라 다른 학생과의 작품을 비교하고 자신의 포트폴리오를 개발하기 위한 시간으로 여길 수 있도록 해야 한다는 것이다.

5) 학부모와 함께 포트폴리오 공유하기

학부모와 포트폴리오를 공유하는 것은 포트폴리오를 만드는 데 있어 핵심적인 요소 중의 하나이다. 실제 과거에는 학습 결과의 통지 방법이나 공부는 학교에서 하는 일이라는 식의 잘못된 인식 때문에 학교에서 이루어지는 학습이 부모들에게 제대로 전달되지도 않았으며 부모의 관심 밖의 일이었다. 실제 학부모들은 자녀들을 학교에 보내기만 하면 그것이 공부의 전부라는 인식이 사회 전반에 만연하였다.

하지만 학습의 내면화는 개인 내부의 의사소통뿐만 아니라 외부의 요소(부모, 지도교사, 사회, 문화)들과의 복잡한 대화 속에서 일어난다. 따라서 학부모는 학생들이 무엇을 학습하고 있으며 학습 목표에 따라 어떠한 과제를 수행하고 있는지 그리고 그 과제 수행의 수준이 어느 정도인지 알아야 한다. 학부모가 이러한 요인들을 정확하게 알고 있을 때 그들은 가정에서도 학생들에게 적절한 피드백을 제공하여 학생들이 보다 높은 수준의 학습 목표에 도달할 수 있도록 도울 것이다. 따라서 포트폴리오를 학부모들과 공유하는 것은 의미 있는 일이다.

다음은 포트폴리오의 목적을 설정하기 위해 학부모에게 보낸 미니 포트폴리오 통신문의 예시이다. 여기에서 포트폴리오 구성요소에 대한 간단한 소개를 통해 미니 포트폴리오가 필요한 이유와 목표 설정에 어떻게 사용되는지를 밝히고 있다.

[예시] 목표 설정 미니 포트폴리오(학부모용)

1994년 9월 20일

친애하는 부모님들께:
우리가 부모님께 보통 과제 할당을 부탁드리지 않은 것은 알지만, 중요한 질문에 대해 생각할 얼마간의 시간을 부탁드리고 싶어요. 자녀들에게 오늘밤 미니 포트폴리오를 완성하게 해 주세요. 우리는 성격 특성, 공부 습관, 인간적인 학생으로서의(인간적 유대) 그들의 관점, 연간 목표, Howard Gardner의 이론에 근거한 지적 능력 등의 다양한 범주의 내용을 포함한 자료에 대해 분석할 것입니다.

올해 자녀에 대한 희망이나 기대를 적어 주신다면 많은 도움이 될 것입니다.

1. 당신 자녀의 지적 능력에 대해 어떻게 생각하시나요?
2. 올해 당신의 자녀가 무엇을 성취하기를 바라나요?
3. 올해 어떤 염려가 있으신가요?

위의 질문에 대해 생각해 보셨다면 아마도 부모님께서 바라는 '고려해야 할 것들'에 대해 리스트를 작성하실 수 있을 것입니다. 자녀들은 공책에 복사본을 가지고 있어야 합니다. 최대한 구체적으로 적어 주세요. 이것은 짧은 약술이면 됩니다(물론 시간이 허락된다면 더 이상도 가능합니다). 이것은 9월 26일 월요일까지 보내

> 주시기를 부탁합니다. 성함과 날짜를 적어 주시길 부탁합니다. 우리는 이것을 자녀의 포트폴리오에 같이 동봉할 것입니다.
>
> 이 연구의 조언자는 Junior Open House에서 9월 22일 오후 7시부터 8시 30분까지 Junior high team이 우리의 목표와 계획에 대해 같이 할 것입니다.
>
> 정말 감사드리고, 협조를 부탁드립니다.
>
> 진심을 담아 … Kathy Greeley

6) 충분한 시간을 두고 포트폴리오 완성하기

학습의 결과는 공장에서 찍어내는 제품처럼 그 결과가 바로 나타나는 것이 아니라는 점에서 학생들에게 포트폴리오를 만들 수 있는 충분한 시간을 주는 것은 중요하다. 앞서 언급하였듯이 포트폴리오는 가장 최상의 결과물만을 선택한다는 특징을 가지고 있다. 이러한 최상의 결과물은 학습의 과정을 통해 끊임없는 자기반성과 적절한 피드백을 통해서 이루어진다는 점에서 작품을 완성하는 데 충분한 시간을 주어야 한다. 하지만 충분한 시간이 주어진다고 해서 좋은 작품이 만들어지는 것은 아니다. 교사는 반드시 최상의 결과물을 만들어 낼 수 있도록 학생들에게 적절한 피드백을 제공해야 한다. 예를 들어 최종 구성물을 만들기 위한 요소들을 만들도록 한 후에 최종적으로 그 요소들을 결합하여 하나의 결과물을 만들게 하는 것도 좋은 방법이라고 할 수 있다.

5. 켄터키 고등학교의 졸업 포트폴리오

켄터키 고등학교의 졸업 포트폴리오는 평생학습 포트폴리오로서 졸업할 때까지 개인이 지향하는 목표에 도달하기 위해서 무엇을 해야 하는지 설정할 수 있도록 만들어졌다. 학생들은 이 졸업 포트폴리오를 작성하면서 그들이 학교를 다니는 전 기간 동안 무엇을 해야 하는지 구체적으로 알게 되며 자신이 목표를 설정하고 수행해야 할 적절한 표본과 항목을 선택하게 된다. 이처럼 고등학교 전 과정 동안 학생들이 갖추어야 할 기준을 제시하고 있는 켄터키 주 고등학교 졸업 포트폴리오의 궁극적인 목적은 평생학습 성취기준과 밀접한 관련을 맺고 있다. 이 포트폴리오의 목적은 졸업 후 사회에서 학생들이 배운 지식을 사회와 직업 사회에서 활용할 수 있도록 만드는 데 있다. 여기서는 켄터키 고등학교에서 사용하는 포트폴리오를 그대로 보여 주기 위하여 여백을 채우지 않았다.

[예시] 졸업 포트폴리오 안내장

학생들을 위하여

개인 졸업 계획(IGP)은 학교 생활 동안 당신을 발전시킬 수 있는 가장 중요한 원천 중의 하나이다.

IGP의 목적은 당신의 전반적인 삶에 영향을 주는 개인적, 교육적, 그리고 직업 결정을 위해 당신이 사용할 수 있는 자신에 대한 정보를 모을 수 있게 당신을 돕는 것이다.

IGP는 당신 자신의 개인적인 사용을 위해 고안된다. 당신이 그것을 사용함으로써 미래에 대해서 자부심과 낙관성을 느끼는 당신의 삶의 중요한 부분이 될 것이다. 당신이 IGP를 사용함으로써, 당신의 목표와 야망에 대해서 상담자, 조언자, 선생님, 부모님, 고용자 그리고 다른 후원자와 함께 이야기를 할 수 있게 된다.

당신의 IGP 안에서 구할 수 있는 정보는 당신이 당신에 대해서 다른 사람이 알기를 원하는 정보를 포함한다. 더 중요한 것은 당신이 졸업할 때 나오는 직업 개발 기록들이다. 당신은 당신의 삶을 가장 중요하게 만들기 위해 책임감을 가져야 할 사람이다. 당신이 누구이고 당신의 미래를 위해 원하는 것을 발견함으로써 놀라운 탐험의 여정을 즐겨라.

"학생들을 위하여"
ASCA과 NOICC에 의해서 개발된 "인생 포트폴리오를 가지는 것"부터 맞추어라.

복습하고 나가기

개인 졸업 계획을 위한 요구사항

__________ 포함할 특별한 대학 과정(4년의 계획)

2002학년도 고등학교 졸업을 위한 새로운 최소 요구사항 (1997년 7월 2일 승인)		
개인 졸업 계획: 학생들은 계획 경력을 강조하고 학생이 취해야 할 과정을 이행함으로써 성공적으로 일정을 마쳤다. 학생이나 학부모에 의해 변경 가능하다. 직업적으로 조직화된 학생들/진로 계발.		
일정 영역		이수 증명 자료
국어	4	영어 Ⅰ, Ⅱ, Ⅲ, Ⅳ *
사회	3	미국역사, 경제, 정치, 세계 지리, 세계 문명의 통합 증명자료 *
수학	3	대수학 Ⅰ, 기하학, 선택과목 하나(혹은 그에 대등한 과목) *
과학	3	생활과학, 물리과학, 지구/우주과학의 통합 증명자료 *
건강	1/2	
체육교육	1/2	
시각, 공연예술의 역사와 감상	1	시각, 공연예술이나 춤, 연극, 예술, 음악, 인간애와 같은 내용을 통합하는 다른 예술 과정의 역사와 감상 *
합계: 15개의 요구된 증명자료와 7개의 선택자료(총 22개의 증명자료)		
* 교육의 지역적 부분이 만약 대안적인 방법의 진로가 정확한 내용과 대학의 기대주인 703 KAR4:060의 구성으로 적용할 수 있는 연설을 제공한다면 요구된 과정을 위해 통합, 적용되고 둘 이상의 분야에 걸치거나 더 높은 수준의 과정을 대신할 것이다. 만약 대안이 만들어졌다면 근본적 원리와 과정의 서술적 묘사는 교육부에 의해 문서화될 것이다.		

나는 이로써 복습하고 나가기(E.R.)를 위한 모든 요구사항들이 완료되었음을 증명한다.

__________ 학생 서명   __________ 지정된 학교 공무원 서명

복습하고 나가기 체크리스트

고등학교 졸업 구성요소는 결정 위원회에 기반을 둔 학교의 공무원의 서명에 의해 증명될 것이다.

예외: 학교 위원회/지구는 학생을 바꾸거나 다른 특별한 결핍을 가진 학생을 위한 독특한 졸업 계획의 정책과 진행을 해나갈 것이다.

꿈을 향해 나아가자

만약 여러분이 무엇을 할지 모른다면 어떻게 자신의 미래가 진실이 될 수 있겠습니까? 좋은 질문이다! 비록 미래를 예측할 수는 없지만, 그것이 어떤 결과가 되느냐에 따라 직접적인 영향을 받는다. 가장 성공적인 사람은 자신의 꿈을 성취할 수 있도록 도와줄 수 있는 계획의 중요성을 이해한다. 불행히도, 대다수의 사람은 계획 없이 하루하루를 살아간다. 이런 사람을 위해 삶의 "시간을 표시하는 것"을 만들었다.

미래를 위한 계획은 계획 없이는 항상 임시적이고 다가오는 진실한 꿈의 기회를 거의 가질 수 없다. 비록 높은 기대를 충족시키기는 힘들어도 자신의 미래를 가치 있게 계획하는 것은 중요하다. 만약 여러분이 높은 목표를 세우지 않는다면, 자신의 훌륭한 삶의 기회를 잃어 버리게 될 것이다.

개인 졸업 계획(IGP)은 여러분의 꿈을 향해 나아가게 한다. 자신이 원하는 주요 단계를 만족시키고, 그 단계를 여러분이 수행해 나감으로써 진로 발견 전략을 찾을 수 있다.

행운을 빕니다

"미래는 그들 꿈의 아름다움을 믿은 사람이 가질 수 있다."

-엘레나 루즈벨트

* 이 개인 졸업 계획(IGP)은 켄터키 교육부의 개인 진로와 나아갈 방향에 대한 계획, 켄터키 주 아래의 고등학교 개편의 마지막 추천을 합한 것이다. 이 프로젝트는 켄터키 상담기관과 지도력 발전을 위한 계획에 기초되었다.

켄터키 졸업 포트폴리오

개인 졸업 계획

개인 정보

1. 이름: 이름 ______________________ 성: ____________________________

2. 사회보장번호: ___________________ 3. 전화번호: (___) ______________

4. 집 주소: ____

5. 생년월일: ______________________ 6. 성별: 남 여

7. 인종코드: 아프리카계 미국 흑인( ) 미국 인디언( ) 아시아계 미국인( )
 라틴 아메리카( ) 일본인( ) 백인( ) 기타( )

8. 부모님 또는 보호자: ______________ 9. 전화번호: ____________________

10. 주소(4번과 다른 주소): ____

계획 과정에 참여한 사람(이름은 부가적으로)

* 코드 A: 미팅참가자 B: 정보제공자(글이나 말로써) C: 무응답자

만난 날짜

	8번째	9번째	10번째	11번째	12번째
1. 학생					
2. 부모님/보호자					
3. 선생님					
4. 교육적 감독자/교장					
5. 직업 교육 대표자					
6. 지도 상담자					
7. 사회 사업가					
8. 단과 대학 연합/대학 대표자					
9. 직업적/기술적 학교 대표자					
10. 고용/사회 봉사자					
11. 기타					

계획 이행에 있어서 필요시되는 부분을 위한 활동 계획

필요시되는 영역을 나타냄	8번째	9번째	10번째	11번째	12번째	고교과정 이후	사람들의 응답
a. 부가적인 직업적 평가 …………							
b. 진로 상담과 지도 …………………							
c. 고용할 수 있는 기술 …………							
d. 직업 교육(예비 도제살이) …..							
e. 자급자족 기술 교육 ……………							
f. 사회적 기술 ………………………							
g. 공동체 기술 ………………………							
h. 지속적인 교육 유지 ……………							
l. 고등학교 교육 이후의 대표자							
j. 단과 대학 연합/대학 …………							
l. 고용 서비스 ………………………							
m. 대체 직업 ………………………							
n. 진행 중인 직업 유지 …………							
o. 기타 ………………………………							

고등학교에서 요구된—4년의 계획
(704 KAR 3:305)

학생 이름: ______________________________

진로 초점: ______________________________

개인 졸업 계획을 위한 점검지

9학년	10학년	11학년	12학년
재검토자:	재검토자:	재검토자:	재검토자:
학생	학생	학생	학생
조언자	조언자	조언자	조언자
부모님/보호자	부모님/보호자	부모님/보호자	부모님/보호자
날짜	날짜	날짜	날짜

학생 평가 결과

전공 적성

(ASVAB, OASIS, DAT, CAPS, ect.- 적성판별검사)

기구명	학년	날짜

성취 결과

(계획, 진학 적성 예비 시험, 미국 대학 입학 학력 테스트, 학습 능력 적성 시험)

계획표　　　　　　　　　진학 적성 예비 시험, 학습 능력 적성 시험표

미국 대학 입학 학력 테스트 표

기구 유형 학습 유형 (학생들이 가장 잘 습득하는 방법 리스트)	학생 평가 결과	전공 흥미도 검사 (가장 높은 것 3개의 리스트)

성취도 테스트/적성 테스트/능력 테스트

진로에 대한 자각, 탐구, 준비

진로 목표

8번째 ______

9번째 ______

10번째 ______

11번째 ______

12번째 ______

목표에 도달하기 위해 필요한 훈련의 단계

8번째	9번째	10번째	11번째	12번째	
☐	☐	☐	☐	☐	직업, 기술대학
☐	☐	☐	☐	☐	2년제 대학
☐	☐	☐	☐	☐	4년제 대학/대학교
☐	☐	☐	☐	☐	군대
☐	☐	☐	☐	☐	취직

학교에서 진로 활동들(부가적인 것)

노트: 만약 학교에서 진로를 받는다면 당신이 포함되어 있는 활동들을 아래를 보고 표시하시오.

- _____ 부모님 또는 조언자와 대화하기
- _____ 요구되는 IGP를 발전시키기
- _____ 수습기간에 등록하기
- _____ 연합/무역 단체에 대해서 배우기
- _____ 직업 연습 프로그램 계획하기
- _____ 진로 센터에서 진로 정보 찾기
- _____ 직업상의/기술 반에 들어가기
- _____ Tech Prep
- _____ 팀/그룹과 일하기
- _____ 협동 교육
- _____ 자격증 따기
- _____ 직업과 관련된 분야 연수에 참여하기
- _____ 직업의 주요 자격증 따기
- _____ 가상 인터뷰에 참여하기
- _____ 진로 탐색과 상담
- _____ 비평가를 위해 프로젝트에 나타내기
- _____ 강점/약점 평가하기
- _____ 직업의 날/대학 일에 참여하기
- _____ Vo-Tech 학교에 참여하기
- _____ 파트타임 또는 여름 직업에 참여하기
- _____ 컴퓨터 반에 가입하기
- _____ 연설 듣기
- _____ 산업체 방문하기
- _____ 일하는 사람과 인터뷰하기
- _____ 작업장에서 완성 배우기
- _____ 일하는 사람 관찰하기
- _____ 작업장에서 스승 찾기
- _____ 원서 쓰기
- _____ 자기 소개서 쓰기
- _____ 직업 정보 쓰기
- _____ 이력서 작성하기
- _____ 학교의 기본적인 계획
- _____ 참고 문헌 선택하기
- _____ 직업 학회들

참고사항

____

____

____

____

※ 학문과 밀착해서 일어나는 결과와 진로 전공과 관계된 기술적인 과정, 진로와 관계된 최후의 프로젝트, 그리고 진로 전공과 관련된 200시간의 직업 학습

고등학교 이후의 계획

나는 고등학교 이후의 교육과 훈련을 위한 다양한 선택을 조사하였다. 나는________ (날짜)에 _______와 함께 이러한 선택에 대해 토론하였다. 나는 역시 이런 중요한 결정을 _______(날짜)에 나의 가족과 상의하였다.

나의 진로 목표를 논의하고, 할 수 있는 직업 정보를 조사하고, 고등학교 졸업 후 나의 임시 계획을 따를 것이다. (1위, 2위, 3위 선택):

___일을 하다

___단과대학을 4년 동안 다니다

___기술, 직업대학에 다니다

___군대에 들어가다, 어떤 군대?

___견습과정이나 직업훈련과정을 시작하다

___단과대학에 2년 동안 다니다

___그 외 (기술하시오)

아래의 박스에서 하나 또는 그 이상을 고르고 고등학교 졸업 후 진로 발전 과정에서 그 다음 단계로의 변천을 위한 당신의 계획을 약술하시오.

직업을 가짐	군대	고등학교 이후의 고등교육	대안적인 계획

직업을 위한 학교의 변천

유의점: 직업학교 자금을 받는다면 요구되는 ____________________

배움에 기초하는 초등학교(최소 30시간 요구됨)

날짜	기본이 되는 경험의 유형	일/단체	교사/통제자	#시간

배움에 기초하는 중학교(최소 30시간 요구됨)

날짜	기본이 되는 경험의 유형	일/단체	교사/통제자	#시간

배움에 기초하는 고등학교(최소 200시간 요구됨)

날짜	기본이 되는 경험의 유형	일/단체	교사/통제자	#시간

학교의 후원과 승인된 활동들

9~12학년 동안 특별히 기억에 남는 학생 활동을 적고 행해졌던 학년에 'X' 표시하시오.

	학년					학년			
	9	10	11	12		9	10	11	12
예시: 학생회의	X	X	X	X	부반장			X	
					반장				

후원된 학교와 승인된 활동들

그 몇 년 동안 학생은 고등학교에 등록하였고, 그(그녀)는 다음의 행동들에 적극적으로 참여하였을 것이다.

______ **도움되는 학습** — 사회에 이익이 되는 의미 있는 활동들(간단하게 묘사된 활동들을 완수해라. 완수한 시간을 적으시오.)

____

____

나는 이로써 위에 구성하고 있는 모든 요구사항들이 완수되었음을 입증한다.

____
학생의 서명

____
지도 교사의 서명

______ **학교의 도움** — 학교, 학교의 개개인들, 그리고/또는 다른 학습자들에게 이익이 되는 의미 있는 활동들(간단하게 묘사된 활동들을 완수해라. 완수한 시간을 적으시오.)

____

____

나는 이로써 위에 구성하고 있는 모든 요구사항들이 완수되었음을 입증한다.

____
학생의 서명

____
지도 교사의 서명

______ **일에 기초된 학습**—일 프로그램, 인턴의 지위 또는 미리 정해진 학습 목표 체험하기, 승인된 고용의 장소와 청소년 고용법에 적절하게 해야 된다.

____

____

나는 이로써 위에 구성하고 있는 모든 요구사항들이 완수되었음을 입증한다.

____
학생의 서명

____
지도 교사의 서명

______ **학생에게 풍부하게 하는 비법을 전하라**—학생의 졸업 계획을 개인적으로 풍부하게 하는 활동들 또는 경험(간단하게 묘사된 활동들을 완수해라. 완수한 시간을 적으시오.)

____

____

나는 이로써 위에 구성하고 있는 모든 요구사항들이 완수되었음을 입증한다.

____
학생의 서명

____
지도 교사의 서명

학생의 정점에 다다르기 시작한 프로젝트와 심사원단의 구두 발표(상급자 프로젝트)

이 마지막 프로젝트는 연구의 연구 조사 서류와 구두 발표를 포함한다. 이 프로젝트의 주제는 학생과 학생의 조언자의 도움과 함께 ____학년의 마지막에 선택된 것으로 설계될 것이다.

선택된 계획의 간단한 기술:

____

____

____

____

____

____

학생의 서명

나는 이로써 위의 프로젝트를 승인한다: ______________________

지도 교사 서명

심사원단	직위
____________________	____________________
____________________	____________________
____________________	____________________
____________________	____________________
____________________	____________________
____________________	____________________

나는 이로써 이 학생이 그(그녀)의 정점에 다른 프로젝트와 전문가 집단의 수여식을 위해 성공적으로 모든 주와 지방의 요구사항을 성공적으로 완료하였음을 증명한다.

____

지도 교사의 서명

취미와 여가 활동 사항

____

____

____

____

____

____

____

____

____

- 남부 켄터키에 의한 모델로써 개발된 켄터키 상담 단체와 켄터키 교육부로부터 허가된 것을 통해서 그룹을 재구성한다.
- 패트리시아 헐트, 모델 실험 학교, 리치몬드, KY 40475에 의해서 고안되었다.
- 존다 가바드, 매디슨-남부 고등학교, 비버리지 홀브룩. 맥크레이 센트럴 고등학교, 그리고 카롤 휫트, 웨니 카운티 고등학교.
- 패트리샤 호트, 고문가, 1999년 6월 켄터키 교육부에 의해서 수정되었다.

제12장

자기평가 방법

자기평가(self-assessment)는 학생 자신이 자신의 학습 과정과 결과에 대하여 평가하는 것을 말한다. 이에 '자기평가', 'self-rating', 'self-assessment', 'self-appraisal', 'self-control' 등의 용어들이 자기평가와 관련하여 다양하게 쓰이고 있다(Oskarsson, 1978). 자기평가는 대안적인 평가 패러다임의 대두와 함께 최근 미국의 학교 현장에서 일반적으로 이용되고 있다. 이렇게 학습자 평가에 자기평가 방법이 일반화되기 시작한 이유로는 자기평가가 갖는 여러 가지 교육 효과들이 인지심리학 연구와 수업 연구들을 통하여 밝혀졌기 때문인데, 이에 자기평가의 교육 효과를 입증해 주는 실증 연구들이 계속적으로 제시되고 있다(Carl J. Waluconis, 1992: 2; Kusnic, E, 1989; Kusnic. E & Finlely. M. L, 1989: 4; Marie Eaton, 1990).

자기평가의 효과를 언급한 문헌들을 정리해 보면 자기평가는 여러 가지 면에서 학교교육이 의도하는 학습자가 갖추어야 하는 자질을 길러 주는 것으로 보고되고 있다. 예를 들면 다음과 같다(리익노, 1992; 이종범, 1989; 장인혜, 1999; 한화적, 2001; Burke, 1999; Kusnic & Finley, 1989; Lee and Wathen, 1995; MacGregor, 1993). 첫째, 학생이 자기 주도적 학습자로 성장하는 데 상당한 기여를 한다. 제3자가 아닌 자기 자신이 수업에서 경험한 여러 가지 문제점과 해결 전략, 학습 태도를 객관적으로 평가함으로써 학습에서의 자신의 문제 해결 과정과 전략의 특징, 개선해야 할 내용을 스스로 규명하게 된다. 둘째, 학습자로 하여금 학습 동기의 유발을 촉진시키고 셋째, 학습자를 학습 과정에 적극적으로 참여시키는 역할을 한다. 넷째, 교사 중심의 수업에서 탈피하여 교수와 학습의 과정에 학습자의 참여를 고취시킴으로써 교사와 학생의 상호작용 기회를 증진시키고, 다섯째, 교사는 자기평가를 통하여 나타난 학생들의 학습에 대한 여러 가지 정보를 수집함으로써 자신의 교수 행위를 향상시킬 수 있는 직접적인 자료를 제공받을 수 있다. 즉, 교사에게도 자신의 수업이 의도한 수업 목표를 달성하였는지, 학생들이 무엇을 학습하고 경험하였는지, 그리고 어떻게 변화하였는지를 제3자를 통하여 이해할 수 있는 훌륭한 평가 기회가 된다.

1. 자기평가의 개념

자기평가는 학습자 스스로가 하는 평가로 이명기(1987)는 "학습자 스스로 자기의 학업, 성격, 태도, 행동 등을 평가하고 거기서 얻은 정보로 자신을 확인하며, 자기의 후속 학습과 행동을 개선하고 조정하는 일련의 과정"이라고 하였다. 즉, 학생들이 그들이 배운 것에 관한 생각을 써 나가면서 스스로 평가하는 과정으로 학습의 과정과 결과에 반성적으로 참여하는 활동을 말한다. 아울러 김재은(1988)은 "학습하는 동안 기억으로부터 항목들을 재산출하는 일을 스스로 평가하고 확인하게 하여 학습을 마치게 하는 것"이라고 하며, Nisbet와 Shucksmith(1989)는 "과제 해결 결과와 능력 모두를 최종적으로 자체 평가하는 것"이라고 하였다.

이런 모든 면을 종합해 볼 때 자기평가는 학습자가 학습 준비에서부터 학습 결과 평가에 이르는 전 과정에 걸쳐 자신의 학습 상황이나 행동에 적극적으로 참여하여 자신의 학습 결과를 평가하여 바람직한 결과가 유지되고 발전될 수 있도록 학습 방법을 개선하고 조정하는 일련의 과정이라고 정의할 수 있다. 따라서 자기평가는 학생들의 자기반성 능력을 발달시키고 학생들이 공부하는 내용에 대하여 좀 더 적극적이고 의미 있는 관계를 형성할 수 있게 해 주는 한 가지 전략이라고까지 비유된다(Kusnic, E, 1989). 나아가 이 과정을 통하여 학생들이 자신에 관한 정보들을 노출시킴으로써 교사는 학생들이 과거에 배운 것을 내면화하였는지 아닌지에 관한 정보뿐만 아니라 교사 평가로서 찾기 힘든 학생의 학습 결과에 대한 다양한 정보를 제공받는다는 점에서 교수-학습의 개선과 학습의 개별화에 기여할 수 있는 대안적인 평가 방법이라고 할 수 있다(Kusnic. E. & Finlely. M. L, 1989).

2. 자기평가의 교육 효과

자기평가가 갖는 수업과 평가에서의 효과와 기여점은 최근의 인지심리학 연구 분야와 수행평가의 연구 분야에서 계속적으로 논의되고 있다. 자기평가의 교육 효과를 다음 세 가지로 정리할 수 있다: 초인지, 적극적 학습, 피드백.

1) 초인지

대안적 평가 방법으로서 자기평가가 왜 그렇게 강조되는지를 이해하기 위해서는 우선 인지심리학의 최근의 화두인 초인지에 관한 논의를 소개하는 것이 필요하다. 이들의 연구에 따르면 초인지는 학습 결과를 증진시키는 데 있어서 학습자가 소유해야 하는 중요한 사고의 특징인데 바로 자기평가가 이 초인지 능력을 길러 준다고 강조하고 있기 때문이다. Scardamalia(1980)에 따르면 자기평가는 초인지 반성을 길러 주고 확대시켜 주는 효과적인 훈련 방법이자 평가 방법으로서 학습자가 자신의 과제를 계속적으로 반성하게 함으로써 자신의 생각과 성취 수행을 모니터해 보고 개선시키는 데 숙달하게 한다고 하였다. 그리하여 초인지를 강화하는 방법으로서 자기평가를 수업 과정에서 실행하게 되면 초인지 능력이 증진됨으로써 학생의 학습 결과가 향상한다는 것이다. 이에 최근의 수업과 평가 연구자들은 자기평가와 초인지의 관계에 대하여 상당한 연구를 해오고 있다.

먼저 초인지에 대하여 살펴보면, Swarts와 Perkins(1985)는 초인지를 학습자가 스스로의 생각을 적당한 시기에 맞추면서 통제하기 위해 진행시켜 나가는 사고 활동이라고 하였다. 따라서 초인지적 반성은 학습자가 자신의 사고 전략을 관리하고 평가하는 것을 말하는 것으로서 학습 태도, 일의 성격, 목표 달성 등에 관한 개인적 책임에 대한 모니터와 통제력에 영향을 미친다.

'왜 우리는 초인지적 반성을 사용해야 하는가'라는 물음에서 Perkins, Salomon, Fogarty, Barell(1992)은 모두 초인지와 전이 사이에 중요한 관계가 있음을 설명하고 있다. 전이란 어떤 하나의 상황에서 무엇인가를 배우고 다른 것에 그것을 적용하는 것인데(Fogarty, Perkins, Barell, 1992), 전이는 학생이 초인지적 전략에 대해 인식하고 있을 때 그리고 적용할 수 있을 때 효과적으로 일어난다고 하였다. 즉, 학생들은 종종 그들이 국어 수업 시간에 배운 것을 사회 연구 수업에서까지 연결시키지 못하고 수학 시간에 배운 것을 작업 현장 또는 일상 생활에서 부딪히는 수학적인 문제로까진 연관시키지 못하는데 그러한 이유 중의 하나는 바로 지식을 전이시킬 수 있는 능력이 없기 때문이다. 바로 이때 일지, 사고를 기르게 하는 질문, 목표 설정, 문제의식에 바탕을 둔 학습, 자기평가를 통하여 학생들은 그들의 사고 과정을 더 잘 인식하게 되고, 결과적으로 그런 전략들을 실생활에 더 잘 전이시킬 수 있게 된다.

이에 Barell(1985)은 학생들에게 그들 자신의 생각에 대해 사고해 보도록 하는 초인지의 중요성에 대하여 이야기하고 있다. 그에 따르면 학생들에게 자신이 어떤 문제를 어떻게 해결하게 되었는지를 말하도록 요구하는 것은 학생이 자신의 문제 해결 과정에 어떻게 접근하였는지에 대한 개인적 자각을 야기시키는 과정이고 이를 통하여 학생은 자신의 사고 과정의 특징을 이해하고 문제 해결에 필요한 전략을 개선할 수 있게 된다. 자기 자신의 인지 체계에 대한 지식으로서 효과적인 초인지는 기억, 이해, 주의, 의사소통 및 문제 해결에 중요한 역할을 한다.

학습과 관련하여 학습자가 자신의 초인지 능력을 기르기 위하여 고려해야 하는 이슈들은 다음과 같다: 첫째, 이 주제에 대해서 나는 무엇을 알고 있는가, 둘째, 이 주제를 배우기 위하여 나는 얼마간의 시간이 필요한가, 셋째, 이 문제를 풀기 위하여 나는 어떻게 계획을 세우는 것이 좋을 것인가, 넷째, 이 과제의 결과가 어떻게 나타날 것인가에 대하여 나는 어떻게 예측 또는 짐작할 수 있는가, 다섯째, 내가 이 문제를 해결하는 절차를 어떻게 바꿀 것인가, 여섯째, 만약 내가 어떤 과오를 범한다면 나는 어떻게 그 과오를 찾아낼 것인가.

학습자가 이와 같은 여섯 가지 질문에 대하여 스스로 판단할 수 있는 응답을 내릴 수 있다면 초인지가 형성되었다고 할 수 있다. 만약 이러한 초인지가 없다면 학습자는 초인지 능력을 증진시키기 위하여 주요 아이디어를 어떻게 설명하고, 정보를 분류하며, 내용에 대한 문제를 예측하고, 분명치 않은 것을 분명히 하고, 자신의 문제를 어떻게 해결할 것인지를 반성하는 능력을 길러야 한다(김종석, 1987: 30).

2) 적극적 학습

자기평가의 두 번째 효과는 적극적 학습이다. 즉, 학생들에게 학습의 초기 과정부터 자기평가의 중요성을 인식시키고, 자신들의 학습 결과와 과정에 객관적으로 평가할 수 있는 기회를 부여하고 도와준다면 자기평가는 효율적인 학습 방법으로 학습자를 수업에 적극적으로 참여시킬 수 있다는 것이다. Wagner(1992)는 대부분의 학생들이 그들의 강점과 약점, 목표나 성취에 대해 제한된 관점을 가지고 있으며 자신을 부정적으로 보는 경향이 있음을 밝히고 있는데 이러한 경향은 학생들이 스스로 학습 과정과 결과를 평가하는 경험과 훈련이 되어 있지 않고 그러한 기회가 주어지지도 않았기 때문이라고 지적하면서 적극적 학습이 자기평가와 상호 관련이 있음을 강조하였다.

자기 주도적 학습자가 되려면 스스로 선택하고 학습 활동을 선정하며 어떻게 그들의 시간과 자원을 이용할 것인지에 대한 계획을 세워야 한다. 자기 주도적 학생은 자기의 학습을 스스로 통제할 수 있기 때문에 교실 안에서 또는 밖에서 이용 가능한 자원을 어떻게 사용하는지를 결정할 수 있다. 또한 그들은 다른 학생들과 생각을 교환하고 필요할 때 도움을 청할 수 있으며 필요할 땐 도와줄 수도 있다. 자기 주도적 학생은 또한 자신의 수행을 감시하고 발전과 성취를 평가할 수 있다(한화정, 2001: 36).

자기평가가 학습자로 하여금 적극적인 학습 태도를 불러일으킨다는 이러한 연구 결과들은 여러 연구에서 찾을 수 있다. Kusnic과 Finley(1989)는 자기평가는 학생들을 좀 더 교육과정에 끌어들이고, 그들이 공부하는 내용에 좀 더 적극적이고 의미 있는 관계를 형성할 수 있도록 고취시키는 한 가지 전략이라고 주장하였다. 특히 자기평가를 통하여 학습자가 평가에서 주체가 되므로, 학습자들을 학습에 적극적으로 참여하도록 유도하게 된다(O'malley & Pierce, 1996). Dickinson(1987)은 자기평가를 권하는 이유로 자기평가는 자기 주도적 학습의 필수적인 부분이라고 강조하였다. 이는 학습자로 하여금 학습에서뿐만 아니라 평가에서도 단지 수동적인 대상이 아니라 능동적으로 참여함으로써 주도적인 학습자가 되게 한다는 점에서 의의를 찾을 수 있다. 학습자가 자기평가 활동을 하게 되면 교사는 학습자에게 지식의 결과물이 아니라 배우는 방식을 가르쳐 주게 되는데, 이를 통해서 학습자의 자기 주도적 학습이 가능해지고, 스스로 책임감과 학습 동기를 갖게 된다(Detaramani et al., 1999; Brown & Hudson, 1998). 결과적으로 이러한 연습은 학습자가 스스로 자신의 학습 방법이나 전략을 반성해 볼 수 있게 하고, 나아가 새로운 방법이나 전략을 받아들일 수 있는 좋은 기회가 되기도 한다(윤소영, 1999).

Harris(1997)와 Oscarson(1989)도 자기평가의 장점을 적극적 학습과 관련하여 설명하였다. 학습자들은 자신의 학습 목표를 세움으로써 장점, 학습 욕구, 교수 욕구를 맞출 수 있고, 대부분의 수동적인 학습자와 달리 자기평가를 하는 학습자는 좀 더 능동적이고, 학습에 있어서 무엇을 할 필요가 있는지 생각하게 되고, 그 결과로 학습이 촉진되며 학습자가 개인적 관점에서 자신의 학습을 보는 것이 가능하게 된다.

3) 피드백

자기평가가 갖는 세 번째 교육 효과는 피드백이다. 학생들에게 자기평가는 단순히 배우는 과정에 대한 기록이 될 수도 있고 그들이 책임진 부분, 즉 배움에 대해서 생각을 해서 적어 보는 것이 될 수도 있겠지만, 무엇보다도 그들이 자기평가지에 최선을 다해 쓴다면 그것은 자기 자신을 발견할 수 있는 하나의 과정이 된다(Carl J. Waluconis, 1992: 2). 특히 학습자가 반성적 자기평가 문항에 진솔하게 응답함으로써 학생 입장에서는 자신이 학습하고 경험한 바를 스스로 정리하고 확인하는 기회를 갖게 되고 교사의 입장에서는 학습자의 학습 목표 달성 정도를 확인, 점검할 수 있다. 전통적인 교사 평가로는 알 수 없는, 학생이 자신의 진보에 대해 어떻게 느끼고 있는지에 관한 정보를 얻을 수 있다.

Jeon(1998)은 학습 과정상의 목표가 분명하게 설정되어 있다면 자기평가는 학습자에게 계속적이고 의미 있는 피드백 역할을 한다고 하였다. 자기평가를 통해 학습에 대한 강한 통제력을 가질 수 있게 되고, 스스로 해야 한다는 것을 깨닫고, 현재의 진행 과정을 진단할 수 있으며, 더 발전시킬 필요가 있는 것을 자각하게 된다. 이러한 과정에서 학습자는 자신감, 자아 존중감, 동기를 증가시킬 수 있다.

피드백의 역할로서 자기평가는 학업에 대한 학생들의, 학생과 교사 간, 학생과 상담 교사 간, 그리고 심지어는 학생과 더 큰 교육기관 간의 대화를 이끌어 낸다. 우리는 학생들의 자기평가를 통해 무엇이 학생들에게 동기를 부여하고, 학생들이 흥미를 느끼고 참여하도록 하는지 알 수 있으며, 그들이 중요한 학습으로 무엇을 경험하는지 알게 된다(Finley, M. L. 1989: 3). 더욱이 학생 자기평가는 학생들의 성과에 대한 평가를 위한 아주 유용한 자료를 제공한다.

그러나 무엇보다 자기평가가 피드백으로서 갖는 효과는 학습자에게 자기 조절 학습 능력을 길러 주는 데 있다. 자기 조절 학습은 여러 가지 학습 환경 속에서 부딪히는 문제들을 효과적으로 해결하기 위해 스스로 목표를 조정하거나 진행 과정에 창의적인 기술을 채택하고 고안하는 전략으로서 깊은 사고를 요하는 판단적이며 적응적인 과정이다(Corno, 1993; Zimmerman, 1990). 바로 이러한 자기 조절 학습은 피드백이 학습자에게 적절하게 주어질 때 일어나게 된다. Kulik와 Morgan(1991)은 외부적인 피드백이 주어질 때 학습자는 보다 효율적인 학습에 참여한다고 밝히고 있다. 즉, 자기평가를 통하여 과제와 과제 수행에 해당되는 기본 요소가 무엇인지를 규명하게 되고 나아가 목표 달성에 요구되는 기술과 전략이 어떤 것인지를 규명하게 된다. 그리고 그러한 규명 작업은 다음에 해야 할 과제가 무엇이며 어떻게 효과적으로 수행해야 하는지를 제시해 준다(Butler, 1995: 15).

자기평가가 이루어지고 학습자가 자신의 수행에 관한 기록을 갖게 되면 그들은 정기적으로 자신의 학습 과정을 되돌아보고 수정할 수 있게 된다. 또한 학생들이 자신의 능력에 대한 이해를 통해 학습 요구를 증진시키며 이어질 학습 목표를 설정하는 데 도움을 줌으로써 학습을 촉진시킨다. 자기평가의 발달은 학습자의 책임감을 길러 주며 체계적인 자기평가 과정을 통하여 제공되는 정보는 교사뿐만 아니라 자신에게도 중요한 가치를 가진다(Bailey, 1998). 자기평가가 계속해서 학습자에게 그들이 할 수 있는 것과 할 수 없는 것에 대한 피드백을 주면 교사와 학습자는 공동의 결정을 내릴 수 있게 된다.

3. 자기평가의 방법

자기평가의 방법에는 학습일지(learning log) 쓰기, 편지 쓰기, 그림 목록, 목록, 구조화된 체크리스트(structured checklist), 비구조화된 체크리스트(unstructured checklist), 복식일지, 포트폴리오와 포트폴리오의 밤(portfolio night) 등이 있다. 여기서는 자기평가와 관련되어 미국의 학교 현장에서 사용되고 있는 몇 가지 사례들을 소개하고자 한다. 이러한 양식에 대한 소개는 자기평가를 우리나라 초등학교의 각 교과에 적용하는 데 적합한 아이디어와 통찰력을 얻는 데 도움을 줄 것이다.

[예시] Illinois Thompson Middle School의 국어과 학기말 자기평가

1/2/3/4학기 자기평가

▶ **학생 자기평가**

이번 학기 국어에서의 나의 목표는 ______________________________ 이었다.

이번 학기 이 수업에서 내가 가장 노력한 부분은 ______________________ 이었다.

내가 잘하는 것은 ______________________________________ 이라고 생각한다.

나는 ______________________ 을 개선할 수 있다.(다음 학기의 목표)

해당 내용에 동그라미 치세요. (M = 기대를 만족시킴, G = 개선을 요함)

M G 제 시간에 과제를 제출함
M G 조직적으로 행동하였음
M G 과제의 수준
M G 개인적인 노력
M G 그룹에서의 참여
M G 수업에서의 참여
M G 타인에 대한 나의 협동과 태도
M G 준비물을 충실히 준비해옴

▶ **교사 평가**

이름: 선생님:

학습일지에서 학생들에게 제공해야 할 자기평가 항목

분석 • ~을 비유하라 ~을 견주어 보라 • 가장 좋은 부분은 • 긍정적인 측면에서는 • 흥미 있는 부분은 • ~와 같은 작은 부분을 생각해 보라 • 부정적인 측면에서는 • 유사하게 • ~와 대조하여	**적용** • ~을 회고해 보면 • ~하는 방법은 • 나는 ~하기를 바란다 • 관련된 아이디어는 • 이 영화는 나로 하여금 ~가 생각나게 한다. 왜냐하면 • 만약 이것이 책이었다면, 내가 제목을 부여한다면 • 나는 이것이 ~하는 데 적용된다고 생각한다 • 이것은 ~을 의미하는가?
종합 • ~을 가정하라 • ~을 결합하라 • 가능하게 • ~을 상상하라 • ~을 거꾸로 생각하라 • ~이라면 어찌되는가? • 나는 예견한다 • ~는 어떠한가? • ~인지 궁금하다	**문제 해결** • 나는 ~에 막혔다 • 이것에 대해 생각나는 최선의 방법은 • 나는 ~을 결론짓는다 • ~한 생각에 빠져 있다 • 이해한다. 그러나 ~ • 나는 ~에 대해 걱정이다 • 나의 문제는~ • 내가 가진 문제는~
평가 • 어떻게 하였는가? • 왜 하였는가? • 그것은 메모하기에 중요한 것 같다 • 최선의 것은 • 최악의 것은 • 만약 ~이면	**결정** • ~에 동의하지 않는다. 왜냐하면, • 나는 ~를 더 선호한다 • 만약 내가 선택한다면 ~ • 나는 ~를 믿는다 • 나의 목표는 ~ • 나는 ~를 싫어한다 • 하나의 비판은 • 만약 ~하면 나는 결정할 수 없다

글의 요약에 대한 자기평가 목록

글의 요약

이름 ____________________ 날짜____________________

좋은 요약문의 요소	학생 자기평가	교사 평가
• 명확한 중심 생각을 넣었다.		
• 중심 생각을 뒷받침하는 중요한 생각을 넣었다.		
• 중요 개념 사이의 관계를 이해하였다는 것을 요약문이 보여 준다.		
• 다른 문서의 단어를 베끼기보다는 나만의 단어를 사용하였다.		

▶ 글쓰기 요약에서 잘한 점에 대한 교사의 의견

____

____

▶ 향상의 가능성에 대한 교사의 의견

____

____

자기평가 계획

자기평가 계획

• 이 계획에 대해 어떤 점이 좋았는가?

• 이 계획을 좀 더 낫게 만들기 위해 어떻게 하였는가?

• 가장 자랑스러운 점이 무엇인가?

• 이 연구 과제에 의해 작업을 하는 것이 얼마나 어려웠는가?

• 이 연구 과제에 대한 것 중 어떤 것이 어려웠는가?

• 이전에 몰랐던 것을 알게 된 것은 어떤 것인가?

• 이 계획에서 자신의 그룹은 어떤 점수를 받았다고 느끼는가?

▶ 대답에 충분한 근거를 제시하시오.

읽기 평가를 위한 자기평가 목록

읽기 평가

이름 ____________________

날짜 ____________________

1. 모르는 단어를 알기 위해 어떤 단계를 사용하였는가?
2. 소설책을 읽기 시작하기 전에 어떤 단계를 사용하였는가?
3. 정보를 주는 책을 읽기 전에 어떤 단계를 사용하였는가?
4. 이해를 하기 위해 중간 점검을 하였는가? 만약 문제점이 있다면 어떤 단계를 사용하였는가?
5. 지난 몇 주 동안 읽기가 향상되었는가?
6. 다음주의 읽기 목표는 무엇인가?

책임감 점검에 대한 자기평가 목록

이름 ____________________ 날짜____________________

책임감의 점검

얼마나 자주?	없음	보통	항상
다른 학생의 말을 주의깊게 듣는다.			
시간 내에 작업을 완성한다.			
방향에 어긋나지 않는다.			
필요시 도움을 요청한다.			
다른 사람들을 위한 좋은 예시를 만든다.			
책상과 사물함을 깨끗이 한다.			

데이터 목록에 대한 학급 평가 목록(초등학교)

T: 잘함 O: 보통 W: 노력 요함

1. 서두
   T: 이름과 날짜를 썼다.
   O: 이름이나 날짜를 넣지 않았다.
   W: 이름과 날짜를 넣지 않았다.

2. 제목
   T: 제목은 그 데이터가 무엇에 관한 것인지 정확히 말해 준다.
   O: 제목은 그 데이터가 무엇에 관한 것인지에 대한 생각을 준다.
   W: 제목이 없거나 데이터가 무엇에 관한 것인지 제목이 제대로 말해 주지 못한다.

3. 데이터의 조직
   T: 데이터가 가로와 세로로 매우 산뜻하게 조직되었다.
   O: 데이터가 어느 정도 조직되었다.
   W: 데이터를 더 좋게 조직해야 할 필요가 있다.

4. 데이터 지정
   T: 가로와 세로는 제목을 가지고 모든 데이터가 단원을 가진다.
   O: 가로와 세로는 제목을 가지고 몇몇의 데이터는 단원을 가진다.
   W: 가로와 세로에 제목을 주는 것이 필요하고 데이터에 단원을 주는 것이 필요하다.

최고의 작업을 하였나요?

아주 좋음 좋음 노력 요함

데이터와 목록에 대한 자기평가 그림 목록(초등학교)

1. 생각한 것을 그렸나요?	아주 좋음	좋음	노력 요함
2. 그린 것을 잘 조직하였나요?	아주 좋음	좋음	노력 요함
3. 그림 옆에 글자를 썼나요?	아주 좋음	좋음	노력 요함
4. 무엇을 그렸는지 말하였나요?	아주 좋음	좋음	노력 요함
5. 작품이 산뜻한가요?	아주 좋음	좋음	노력 요함

데이터 목록에 대한 학급 평가 목록(중 · 고등학교)

구성요소	평가 점수 가능한 점수	본인	교사
1. 알맞은 데이터로 데이터 목록이 구성되어 있다.	______	______	______
2. 데이터 목록의 제목이 적절하다.	______	______	______
3. 데이터 목록란에 대한 정보는 알맞게 조직되고 분류되었다.	______	______	______
4. 모든 변수에 대한 측정 단위가 명확하게 지시되어 있다.	______	______	______
5. 독립변수와 종속변수에 관한 데이터가 정확히 나타나 있다.	______	______	______
6. 데이터는 유효숫자 중 적당한 숫자가 사용되었다.	______	______	______
7. 데이터의 정밀도는 사용된 측정 장비나 측정 도구에 적합하다.	______	______	______
8. 다양한 실험에 의해 얻어진 데이터는 각각의 독립변인을 명확하게 나타낸다.	______	______	______
9. 데이터 목록은 깔끔하고 보기에 좋다.	______	______	______
합계	______	______	______

4. 진주교육대학교 부설 초등학교의 자기평가 모델

진주교육대학교 부설 초등학교 5학년을 대상으로 지난 8개월(2001. 3~2001. 11)에 걸쳐서 실행된 자기평가의 적용 과정에 대하여 경험한 실제적 연구 과정과 이를 통하여 얻게 된 시사점에 대하여 논의하고자 한다. 초등학교 5학년을 대상으로 국어과와 수학과에 실행된 '학습일지 쓰기에 의한 자기평가' 그리고 '자기평가지 쓰기를 통한 자기평가' 방법이 초등학교 5학년의 수업과 학생의 학습에 어떻게 적용되었는지를 실행 연구(action research)의 방법을 사용하여 기술하고자 한다. 이를 통하여 한국 교실과 수업 상황에서 자기평가가 새로운 평가 방법으로 접목될 수 있는 아이디어들은 무엇인지, 자기평가가 학습자에게 어떠한 교육 변화를 불러일으켰는지, 그리고 실제 적용 과정에서 초등학교 교사들이 겪었던 어려움과 문제점은 무엇인지를 구체적으로 제시함으로써 우리나라 초등학교 수업과 평가의 실제에 자기평가를 적용할 수 있는 실제적 방법과 절차를 규명하고자 한다.

이 연구는 교사들이 연구자가 되어 자기평가의 방법을 5학년의 교실 수업에 장기간에 걸쳐서 적용하면서 나타난 문제점과 개선 전략을 점진적으로 규명하고 보다 나은 방법과 절차를 탐색하려고 하였다는 점에서 기존의 연구가 갖는 단점과 문제점을 보완하리라고 생각한다. 기존의 연구들이 대부분 석사학위 논문을 통하여 단기간에 이루어진 것과 달리 이 연구에서는 장기간의 적용 과정을 거쳐 실행 연구에서 사용되는 여러 가지 현장 연구 방법인 관찰, 면담, 내용 분석을 통하여 자기평가의 적용 과정과 그 절차 개발에 주력하였다는 점이 의미 있다고 하겠다. 아울러 현장 실제 개선의 가장 효과적인 방법으로 간주되는 실행을 통한 반성과 교정의 과정이 연구 교사 간의 협동 그리고 대학 연구자와 연구 교사 간의 협동을 계속적으로 거침으로써 우리 현장에 보다 적절한 자기평가 도구를 개발하려고 하였다는 점이 중요하다고 하겠다.

따라서 여기서는 자기평가의 이론을 한국 상황에 접목시키기 위하여 필자와 진주교육대학교 부설 초등학교 교사들이 참여한 '자기평가의 도구 개발과 적용'의 과정에 대하여 소개하고자 한다. 이에 논의 내용으로는 연구 절차와 개발된 자기평가 도구 모델에 대하여 설명한다.

1) 학습일지 쓰기를 통한 자기평가

소단원 학습이 끝나면 그 단원의 학습의 특징과 문제점을 스스로 규명해 보기 위하여 작성하는 학습일지는 저학년(1학년의 수학 교과 학습일지, 2학년의 정보통신 기술활용교육) 학습일지, 고학년(5학년의 국어 교과 학습일지) 학습일지 양식으로 구성되어 있다. 다음 두 개의 표와 같다.

[예시] 1학년 수학 교과 학습일지

진주교육대학교 부설 초등학교	제(1)학년 (　　)반 (　　)번 이름(　　　　　　)
공부한 날	2001년 (　　)월 (　　)일 (　　)교시
단원 및 제재	
♠ 수업 시간에 공부한 내용을 잘 생각하여 그림이나 글로 답해 봅시다.	
1. 공부 시간에 필요한 학습 준비는 잘 하였나요?	① ☺(　　) ② ☻(　　)
2. 배운 내용을 잘 알 수 있었나요?	① ☺(　　) ② ☻(　　)
3. 어려운 점이 있다면 무엇인지 글 또는 그림으로 나타내 보세요.	
4. 선생님께 하고 싶은 질문이 있다면 써 보세요.	
5. 공부를 마치고 느낀 점이나 생각한 것이 있다면 그림이나 글로 나타내 보세요.	
6. 수업 시간에 공부를 좀 더 잘 하려면 어떻게 해야 할까요?	

[예시] 5학년 국어 교과 학습일지

<table>
<tr><td colspan="3">진주교육대학교 부설 초등학교 제5학년 ( )반 ( )번 이름 ( )</td></tr>
<tr><td rowspan="2">2001년 ( )월 ( )일 ( )교시</td><td>단 원 명</td><td></td></tr>
<tr><td>학습 주제</td><td></td></tr>
<tr><td colspan="3"></td></tr>
<tr><td colspan="3"></td></tr>
<tr><td colspan="3"></td></tr>
<tr><td colspan="3"></td></tr>
<tr><td colspan="3"></td></tr>
<tr><td colspan="3"></td></tr>
<tr><td colspan="3"></td></tr>
<tr><td colspan="3"></td></tr>
<tr><td colspan="3"></td></tr>
<tr><td colspan="3"></td></tr>
<tr><td colspan="3"></td></tr>
<tr><td colspan="3"></td></tr>
<tr><td colspan="3"></td></tr>
<tr><td colspan="3"></td></tr>
<tr><td>항목(예)</td><td colspan="2">1. 무엇을 배웠는가?
2. 가장 재미있었던 것은?
3. 어려웠거나 혼돈스러워서 질문하고 싶은 것은?
4. 더 알고 싶은 것은?
5. 공부를 끝내고 난 느낌과 생각이 어떠한가?</td></tr>
</table>

2) 체크리스트를 통한 자기평가

[예시] 1학년 수학 교과 자기평가지

<table>
<tr><td colspan="3">진주교육대학교 부설 초등학교 제1학년 ( )반 ( )번 이름 ( )</td></tr>
<tr><td>단원</td><td colspan="2">3. 여러 가지 모양</td></tr>
<tr><td colspan="3">♣ 공부한 내용을 잘 생각하여 답해 보세요.</td></tr>
<tr><td colspan="3">1. 여러 가지 모양에 대한 공부를 하기 위하여 내가 준비한 내용은 무엇인가요?</td></tr>
<tr><td colspan="3"></td></tr>
<tr><td colspan="2">2. 수업 시간에 선생님의 설명은 잘 이해되었나요?</td><td>① ☺( ) ② ☻( )</td></tr>
<tr><td colspan="3">3. 여러 가지 모양을 공부하면서 이해가 되지 않을 때에는 어떻게 하였나요?
① 선생님께 질문을 한다.( ) ② 과외 선생님께 물어본다.( )
③ 부모님의 도움을 받아 해결한다.( ) ④ 그냥 모르는 채 넘어간다.( )</td></tr>
<tr><td colspan="3">4. 예습 과제는 어떻게 해결하였나요?
① 참고서를 보고 해결한다.( ) ② 과외 선생님께 물어본다.( )
③ 부모님의 도움을 받아 해결한다.( ) ④ 혼자 해결한다.( )</td></tr>
<tr><td colspan="3">5. 여러 가지 모양을 공부하고 나서 궁금한 점이 있다면 써 보세요.</td></tr>
<tr><td colspan="3">6. 여러 가지 모양에서 공부한 내용을 생활에서 찾는다면 어떤 것이 있을까요?
</td></tr>
<tr><td colspan="3">♣ 선생님 의견:</td></tr>
</table>

[예시] 5학년 수학 교과 자기평가지

진주교육대학교 부설 초등학교		제5학년 ( )반 ( )번 이름 ( )	
단원명	2. 분수의 나눗셈	평가일	2001년 ( )월 ( )일

1. 이 단원을 학습하기 전에 분수의 나눗셈에 대해 궁금하였던 점이나 알고 있었던 점을 말해 봅시다.

2. 단원이 끝난 뒤, 자신의 학습 태도가 어떠하였는지 생각해 봅시다. (예: 수업에 집중, 모르는 것 질문)

3. 분수의 나눗셈을 공부하면서 기억에 남는 부분을 말해 주세요.
   (예: 이 부분은 계산 방법이 어려워서 기억에 남는다. 이 부분은 선생님께서 자세히 알려 주셔서 기억에 남는다. 이 부분은 내가 잘 풀었기 때문에 기억이 잘 난다.)

4. 분수의 나눗셈을 공부하면서 어려웠던 점이나 이해하기 힘든 부분은 무엇이었습니까?

5. 어려웠거나 이해하기 힘든 부분은 앞으로 어떻게 해결할 생각인가요?

6. 아래 항목에 대해 스스로 평가해 봅시다. (얼굴 그림에 동그라미 치세요.)

번호	예	아니요	질문 항목
①	☺	☻	(자연수)÷(자연수)의 계산을 이해하며 할 수 있다.
②	☺	☻	(분수)÷(자연수)의 계산을 이해하며 할 수 있다.
③	☺	☻	(대분수)÷(자연수)의 계산을 이해하며 할 수 있다.
④	☺	☻	(분수)와 (자연수)의 혼합계산을 이해하며 할 수 있다.
⑤	☺	☻	예습 과제와 학습 준비물을 잘 준비하였다.
⑥	☺	☻	이번 단원을 학습하면서 풀이 방법을 완전하게 이해하였다.
⑦	☺	☻	혼자 과제를 해야 할 때 집중해서 하였다.
⑧	☺	☻	모둠 활동에 열심히 참여해서 문제를 해결하였다.
⑨	☺	☻	분수의 나눗셈 단원에 흥미를 가지고 학습에 임하였다.
⑩	☺	☻	자신이 모르는 문제를 해결할 수 있는 방법을 생각해 보았다.
⑪	☺	☻	궁금하거나 모르는 부분은 도움을 요청해서 해결하였다.
⑫	☺	☻	새로 알게 된 부분이나 모르던 부분을 다시 한 번 공부해 보았다.(복습)
⑬	☺	☻	분수의 나눗셈은 자신 있게 해결할 수 있다.
⑭	☺	☻	수학적 원리의 발견과 이해에 관심을 두고 학습하였다.
⑮	☺	☻	정해진 시간 안에 자신에게 주어진 과제를 완성하였다.
합계	'예'가 11~15개이면 '잘하였음'	'예'가 6~10개이면 '만족스러움'	'예'가 0~5개이면 '노력을 요함'

7. 선생님의 말씀(선생님께서 학생에게 해 주고 싶으신 말씀)

3) 체크리스트와 서술식의 혼합용 학기말 자기평가

학기말 자기평가는 1학기의 모든 평가가 종료된 후에 적용되는 평가 도구로서 그 내용은 다음과 같다.

[예시] 1학년 학기말 자기평가

<table>
<tr><td colspan="5">진주교육대학교 부설 초등학교 제(1)학년 ( )반 ( )번 이름 ( )</td></tr>
<tr><td colspan="5">1. 이번 학기에 내가 최선을 다한 과목과 주제를 써 봅시다.</td></tr>
<tr><td>과목</td><td>주제</td><td colspan="3">이유</td></tr>
<tr><td></td><td></td><td colspan="3"></td></tr>
<tr><td></td><td></td><td colspan="3"></td></tr>
<tr><td colspan="5">2. 나는 다음 사항들에 대해 잘하였다고 생각한다.</td></tr>
<tr><td>과목</td><td>주제</td><td colspan="3">이유</td></tr>
<tr><td></td><td></td><td colspan="3"></td></tr>
<tr><td></td><td></td><td colspan="3"></td></tr>
<tr><td></td><td></td><td colspan="3"></td></tr>
<tr><td colspan="5">3. 나는 다음 사항들에 대해 노력해야겠다.</td></tr>
<tr><td>과목</td><td>주제</td><td colspan="3">이유</td></tr>
<tr><td></td><td></td><td colspan="3"></td></tr>
<tr><td></td><td></td><td colspan="3"></td></tr>
<tr><td></td><td></td><td colspan="3"></td></tr>
<tr><td colspan="5">4. 아래 항목에 대해 스스로 평가해 봅시다.(해당 항목에 ○ 표 하세요.)</td></tr>
<tr><td>①</td><td>정해진 시간 내에 과제를 제출하였다.</td><td>매우 잘했음</td><td>만족스러움</td><td>노력을 요함</td></tr>
<tr><td>②</td><td>내가 해결한 과제의 수준은 훌륭하였다.</td><td>매우 잘했음</td><td>만족스러움</td><td>노력을 요함</td></tr>
<tr><td>③</td><td>과제 해결을 위해 나는 최선을 다하였다.</td><td>매우 잘했음</td><td>만족스러움</td><td>노력을 요함</td></tr>
<tr><td>④</td><td>친구들과의 학습에 있어 적극적으로 참여하였다.</td><td>매우 잘했음</td><td>만족스러움</td><td>노력을 요함</td></tr>
<tr><td>⑤</td><td>과제(문제)에 대해 고민하였다. (창의적, 새로운 생각)</td><td>매우 잘했음</td><td>만족스러움</td><td>노력을 요함</td></tr>
<tr><td>⑥</td><td>자기 반성을 하려고 노력하였다.</td><td>매우 잘했음</td><td>만족스러움</td><td>노력을 요함</td></tr>
<tr><td>⑦</td><td>부족한 것을 보충하려고 나름대로 노력하였다.</td><td>매우 잘했음</td><td>만족스러움</td><td>노력을 요함</td></tr>
<tr><td colspan="5">5. 이번 학기를 마치면서</td></tr>
<tr><td colspan="5"></td></tr>
<tr><td colspan="5"></td></tr>
<tr><td colspan="5"></td></tr>
</table>

[예시] 5학년 학기말 자기평가

진주교육대학교 부설 초등학교 제(5)학년 ( )반 ( )번 이름 ( )

1. 이번 학기에 내가 최선을 다한 과목과 주제를 써 봅시다.

과목	주제	이유

2. 나는 다음 사항들에 대해 잘하였다고 생각한다.

과목	주제	이유

3. 내가 부족한 과목과 부분을 쓰고 어떻게 하면 잘 할 수 있을지 방법을 써 봅시다.

과목	부족하였던 부분	방법

4. 아래 항목에 대해 스스로 평가해 봅시다. (해당 항목에 O표하세요.)

번호	항목	O	X
①	정해진 시간에 과제를 제출하였나요?		
②	수업 시간에 준비물을 잘 가져왔나요?		
③	자기 과제의 수준은 훌륭하였나요?		
④	과제 해결을 위해 최선을 다하였나요?		
⑤	수업 시간에 선생님 말씀을 잘 들었나요?		
⑥	친구들과의 학습에 적극적으로 참여하였나요?		
⑦	수업 시간에 발표를 많이 하나요?		
⑧	조별 과제에 적극적으로 참여하였나요?		
⑨	협동 과제에서 많이 도움을 주나요?		
⑩	친구들과 협동하였나요?		
⑪	과제에 대해 고민하였나요?(창의적 사고, 새로운 생각)		
⑫	평소에 책을 많이 읽나요?		
⑬	글짓기를 할 때 생각을 많이 하나요?		
⑭	남들과 다른 좋은 생각을 하나요?		
⑮	창의적 사고를 하나요?		
⑯	부족한 부분을 보충하려고 노력하였나요?		
⑰	자기 반성을 하려고 노력하였나요?		
⑱	자기가 부족한 부분을 생각해 봤나요?		
⑲	수업 시간에 잘못된 것을 고치려고 노력하였나요?		
⑳	친구들과의 관계에서 자신의 부족한 점을 발견하였나요?		

5. 이번 학기를 마치면서

제13장

컨퍼런스

우리나라의 학교에서는 학생의 가정에 평가 결과를 알려 주는 방법으로 한 장의 통지표를 집으로 보내거나 학생이 조금 특별한 — 성적이 매우 우수하여 영재의 특성을 보이거나 너무 부족한 능력 수준이어서 가정의 도움이 필요하다고 생각되는 — 경우에는 교사가 직접 집으로 전화를 하거나, 학부모를 학교로 모셔 상담을 하는 경우가 전부라고 할 수 있다. 이 모든 경우는 평가를 할 때 학생을 배제한 경우로서, 학생 중심의 수행평가라고 말할 수 없다. 이러한 세심한 문제를 보완한 것이 컨퍼런스(conference)라고 말할 수 있다.

1. 컨퍼런스의 개념

'삼자 개입 컨퍼런스(three-way conference)'는 이름이 함축하듯이, 교사가 중심이 되는 학습자 평가 방법이 아니라 학습 당사자들인 교사, 학생, 학부모가 함께 모여서 학생의 진보를 이해하고 평가하는 대안적 평가 방법이다. 즉 학교가 정한 컨퍼런스 날에 학생들이 자신들의 준비된 자료를 가지고서 학부모와 교사들에게 자신들의 진보한 내용을 발표하는 수행평가 방법인 것이다. 따라서 학생이 직접 컨퍼런스를 진행하며 학부모들은 자녀들의 발달 정도에 대해 보고 듣기 위해 참석하는 것이 컨퍼런스이다. 이때 교사는 컨퍼런스에서 리더, 참여자가 되기도 하며 컨퍼런스가 잘 진행될 수 있도록 역할을 수행한다.

그리고 이러한 컨퍼런스에서는 교실 내에 마련되어 있는 다양한 활동 영역을 활용하여 학부모들에게 다양한 이론과 사회 과목, 체육 활동, 예술 분야 등에서 무엇을 배워 왔는지를 설명하고 보여 준다. 학생들은 학급 전체 프로젝트와 개별 프로젝트를 둘 다 보여 주고 그것에 대해 토론한다. 학생들은 체육관에서 향상된 기술을 시범 보일 수도 있고, 까다로운 수학 문제를 풀 수 있는 방법이나 요령을 부모님께 보여 줄 수도 있다. 학생들은 자신들이 쓴 작품을 주제로 토론하고, 그들이 좋아해서 즐겨 읽어 온 책들을 읽는다. 학생들은 만들거나 그린 미술 작품을 전시하기도 한다. 또한 학생들이 다음 학기 동안 배우고 싶은 분야들에 대해 토론한다. 학부모들과 학생들은 어떤 목표를 설정하기 위해 함께 토론할 수도 있을 것이다.

여기서 학부모들이 볼 수 있는 것은 자녀들의 정확한 성장 수준과 발달 정도이다. 학생들과 함께 하는 학부모들의 직접적인 경험은 담임 교사가 말하거나 쓸 수 있는 어떤 단어들보다도 더 피부에 와 닿는다. 이런 컨퍼런스는 전통적인 기록부 작성 시간에 할 수도 있고, 일 년 중에서 다른 어떤 시간을 계획해서 할 수도 있다. 학생들과 학부모들이 컨퍼런스를 완성하는 이런 형식은 한 학기 동안의 기록부 중 일부가 될 수도 있고, 사진으로 남겨서 학생들의 발달 정도의 추가 증거물로 집으로 보내질 수도 있다.

2. 컨퍼런스의 종류

컨퍼런스는 활동의 주도권을 누가 가지고 있느냐에 따라 교사 주도의 컨퍼런스와 이와 반대되는 협동적 컨퍼런스, 학생 중심의 컨퍼런스로 크게 나눌 수 있다. 협동적 컨퍼런스는 교사가 학생들이 글을 쓰는 동안 지켜보기도 하고 직접 조언하기도 하고, 질문을 하기도 하고, 평가를 하기도 하고, 탐색적인 대화를 하기도 하는 등 교사와 학생이 같이 활동하고 유대감을 가지고 활동하는 것이다. 학생 중심의 컨퍼런스는 학생이 모든 것을 결정하고 교사는 듣고 질문을 하는 형식의 컨퍼런스이다. 교사 주도의 컨퍼런스는 무의식적으로 교사가 모든 활동을 통제하고 학생으로부터 어떻게 참여하고 진행해야 하는지에 대한 능동적 참여의 기회를 빼앗기 때문에 학생이 컨퍼런스에 수동적이고 최소한으로 참여하고 노력하게 만들어 버린다. 그 결과 학생들은 그냥 의자에 앉아서 자기 주도권을 잃고 더 나은 단계로 도약하거나 자신의 주제를 소개하는 등의 활동에 흥미를 잃고 진척이 없게 된다. 이런 컨퍼런스의 유형 중에서 진단 전문가로서의 교사의 역할을 수행하기 위해서는 교사 주도보다는 협동적, 학생 중심의 컨퍼런스가 이루어져야 할 것이다.

3. 컨퍼런스의 교육적 이점

컨퍼런스는 교육적 측면에서 매우 많은 이점을 가진 수행평가 방법이다. 그 이점을 학부모, 교사, 학생의 측면에서 각각 살펴보면 다음과 같다.

1) 학부모의 이점

학생들이 이끄는 컨퍼런스는 자신들과, 그 학교와 교사에 대해서 더 많이 알 수 있는 환경을 제공해 준다. 하루 저녁 한 시간에 다른 여덟 가족들과 함께 교실에 있는 것은 일상적인 학교에서 한 시간 있는 것과는 다르다. 다양한 센터들에 있는 활동들에 참여함으로써 얻을 수 있는 경험은 학부모들에게 학급에 자녀들과 함께 있을 수 있는 기회를 제공해 주고, 학생들이 완성한 작품들을 볼 수 있게 해 주며, 가르치는 기술들 중 어떤 것을 배울 수도 있고, 그들의 아이들이 교사와 학급 친구들과 상호작용하는 모습도 볼 수 있게 해 준다.

학부모들은 그들이 학교에 있을 때보다 좀 더 스스럼없고, 즐거운 분위기를 보는 것에 행복해할 수도 있다. 학부모들은 자녀들이 복잡한 수학 문제를 적절하게 풀기 위해서 손을 사용하는 것을 볼 수도 있고, 그들이 쓴 글이나 읽기 능력의 발달 정도, 그들의 사회적 발달, 과학적 지식, 신체적 성장에 대해 자신감을 가지고 이야기하는 것을 듣는 것에 기쁨을 느낄 것이다. 또한 학생들은 교사가 가능할 것이라고 믿어 왔던 것보다 훨씬 더 잘 이해하고는 서로 상호작용을 하며, 또 그들 스스로의 행동에 대해 생각을 한다.

많은 학부모들은 학생들이 이끄는 컨퍼런스에서 한 학생이 홀로 그 시간을 보내는 것이 가치 있는 것이라고 여겼다. 물론, 학생들은 그런 배려를 좋아하였고, 학부모들은 새로운 방식으로 학생들을 평가하기 위해 기꺼이 참석했다. 그들은 일상적인 바쁜 생활을 피해서 여유로운 시간에 대화 시간을 가졌다. 학부모들은 종종 학생들 때문에 깜짝 놀라게 되는 컨퍼런스에 강한 인상을 가졌다. 학생들은 부모들이 생각하였던 것보다 더 많은 것들을 할 수 있을 뿐만 아니라, 스스로 자신의 성장 정도를 분명하게 말할 수 있었다. 종종 학생들은 학부모들이 전에는 자녀들에게서 볼 수 없던 것들을 보게 됨으로써 깜짝 놀라게 할 수 있다는 확신을 가지고 컨퍼런스에서 그것을 해야 한다는 '책임'을 가지게 된다.

학부모들은 자녀들의 학습과 성장에 대한 자신감을 보게 되며, 자녀들의 학습에 대한 관심과 흥미도 느낄 수 있게 된다. 많은 학부모들이 자녀들이 과제들 중 하나를 수행하는 동안 좌절감이나 걱정을 하는 모습을 보아 왔다. 학부모들이 이런 컨퍼런스 시간을 통해 보는 것은 모두가 확실한, 실제의 것이다. 그들은 학생들이 교실 내의 다양한 학습 분야에서 어떤 일련의 활동들을 하는 것을 실제로 보게 된다. 학생들은 학습과 평가 과정의 중심에 놓여 있는 것이다.

우리는 교육이 학교와 가정에 의해서 공유되는 공동의 책임이라는 것을 알고 있다. 학부모들에게, 기록부의 일부가 될지도 모르는 특별한 형식의 내용에 그들의 의견을 적을 수 있고 학생들이 목표를 설정하는 데 영향을 줄 수도 있는 컨퍼런스에 참석하라고 요청하는 것 등의 행동을 취함으로써 우리는 현실적인 방법 내에서 이런 믿음을 인정하고 있다. 우리 교사들만으로는 아무리 노력해도 학생들의 모든 잠재성을 성취하기 위해 필요한 만큼의 개인적인 시간과 노력을 학생 개개인에게 줄 수 없다.

학생들이 이끄는 컨퍼런스와 같은 활동에서 학부모들을 포함시킴으로써, 교사는 아이들의 요구나 필요를 더 잘 인식할 수 있게 된다. 또한 학부모가 자신의 아이들과 집에서 할 수 있는 과제들을 하는 방법들을 제안해 줄 수 있고, 그들에게 즐겁고, 생산적인 활동들을 제안하는 등의 다양한 분야에서 그들이 아이들에게 도움을 줄 수 있는 방법들을 가르쳐 준다. 그 컨퍼런스는 또한 가족들에게 그들의 아이들을 위해 학습 자료들이나 책을 추천하거나 빌리는 등의 이상적인 시간을 제공해 줄 수 있다.

2) 학생들의 이점

컨퍼런스를 하기 몇 주 전에, 학생들은 교사들과 함께 컨퍼런스 준비를 위해 열심히 노력하고 그 결과 학생들은 자신들의 학습 스타일과 발전 정도와 자신이 잘하고 못하는 과목 등을 보다 잘 알게 된다. 교사는 학생들이 특정 과목을 향상시키기 위해 해온 것이 무엇인지를 상기시켜 줄 수 있고, 학부모들이 그들에게 하게 될 많은 질문들에 대응해서 무엇을 말할 것인지를 연습하기 위해 그들에게 '가장 잘된 과제' 샘플을 선택하라고 말한다. 반성—그리고 그들 스스로의 컨퍼런스—은 학생들이 스스로 학습에 동기를 부여할 수 있는 학습자가 되도록 도와주고, 자신들의 학습 목표를 설정하고, 어떤 문제점을 개선하기 위해서 해야 하는 일이 무엇인지를 결정하도록 판단하는 것을 도와준다. 무엇보다 자기 조절 학습과 자기 주도적 학습이 이 방법을 통하여 강화된다.

3) 교사의 이점

학생들이 이끄는 컨퍼런스에서 교사가 갖는 이점은 기록부를 작성하는 시간마다 학부모-교사의 계속되는 인터뷰가 필요 없다는 것이다. 그리고 또 다른 이점은 이런 컨퍼런스가 학생들을 또 다른 시각으로 볼 수 있는 기회를 제공한다는 점이다.

학부모와 학생들 사이에서 하는 대화를 들음으로써, 그리고 그들의 상호작용을 관찰함으로써, 교사는 학생들이 자기 목표를 분명하게 인식하고, 스스로 성취정도를 확실하게 설명할 수 있는지 알게 된다. 만약 교사가 그렇게 할 수 있다면, 그 학급의 프로그램은 잘 준비되었다고 할 수 있다. 만약 그들이 어떤 문제를 가진다면, 교사는 자신이 해야 하는 일을 알게 된다.

교사는 학생이 부모님과 이야기하는 모습을 봄으로써 보다 개인적인 면들을 알게 된다. 우리는 컨퍼런스가 끝난 다음에 우리 반에 대해서 더 많은 것들을 이해할 수 있게 되고, 때때로 가족들의 요청에 의해서 개인적인 만남을 가질 수 있도록 프로그램을 조정할 수도 있다. 학부모들이 학교나 자녀들, 그리고 그들의 발달 정도에 대해 긍정적인 태도나 비평적인 태도를 가지는 것을 알게 되는 것은 교사에게는 흥미로운 일이다. 교사는 학부모가 학교의 프로그램을 이해하고 있는지 혹은 그것을 더 많은 학부모들에게 이해시키도록 교육해야 할 필요가 있는지를 알게 해준다. 학생들의 가족과 함께 교실 내에 있음으로써 교사는 학부모들과 강한 연대감을 형성할 수 있다. 아이들의 학교교육이 가능한 한 생산적이고 긍정적인 방향으로 나아가도록 학부모, 학생과 함께 일하고 대화할 수 있다면 교육의 미래는 더욱 밝아질 것이다.

컨퍼런스를 위한 활동들을 고안하는 것과 학부모들이 할 수 있는 질문들에는 어떤 것들이 있는지 생각하고 그것을 결정하는 것은 교사 자신의 수업과 프로그램 중에서 어디에 초점을 두어야 하는지를 생각하는 데 도움을 준다. 정말로 중요한 것이 무엇인가? 우리가 학급에서 무엇을 하였는지 실제로 학부모들에게 보여 주어 그들에게 도움이 될 수 있는 것들 중에서, 교사가 선택할 수 있는 활동에는 무엇이 있는가? 자녀들에 대해서 더 많은 것들을 알 수 있도록 도움을 주는 질문들 중에서 교사는 어떤 질문을 학부모들이 자녀에게 묻도록 제시할 수 있는가?

4. 컨퍼런스의 실행 방법

이 책을 집필할 당시 우리나라에서 컨퍼런스에 관한 책이 출간되거나 실제 수업에 적용된 사례를 찾을 수 없어 미국의 한 초등학교에서 컨퍼런스를 시행한 교사의 기록을 살펴보며 학생들이 이끄는 컨퍼런스의 준비 과정을 살펴보도록 한다.

Marg Reinhard와 그녀의 동료는 올해의 첫 번째 학부모-교사 인터뷰를 위한 준비를 하고 있었다. 비록 그들이 학부모들을 존경하고 있고 아이들에 관한 토론을 즐기지만, 한편으로 이런 전통적인 컨퍼런스가 지루한 이유는 이야기를 하는 가족 수, 즉 한 가족이 끝나고 나면 다음 가족과 이야기해야 하는 등의 체제로 이야기를 해야 하는 가족의 수가 너무 많다는 것이었다. 그들은 학생들을 좀 더 많이 포함할 수 있는 체제를 원하였다. 그래서 그들은 교실 밖이 아니라, 각각의 센터에서 학생들을 위한 교육의 일부분으로 흥미 있는 컨퍼런스를 만들어 나가기로 하였다.

교실 내에서, 교사는 학생들이 그들 자신의 생각, 즉 그들의 소신을 따르도록 많은 시간을 주며, 그들 자신의 학습과 발전 정도를 보다 많이 인식하도록 도움을 주었다. 또한 그들은 그 교육과정—작가라는 범위에서, 개별적인 대화를 하는 동안, 읽기 시간에, 수학 시간에, 체육 수업이 끝난 뒤—의 다양한 과목들에서 그들 자신의 성장 정도에 대해 스스로 이야기할 수 있다는 사실을 발견하였다. 그렇다면 이제까지 왜 이러한 지식을 그들의 학부모들에게 보여 주지 않았는가? 왜 학부모들에게 자녀들의 학습 활동에 참가해서 우선적으로 볼 수 있는 기회를 제공하는 그런 컨퍼런스를 고안하지 않았는가?

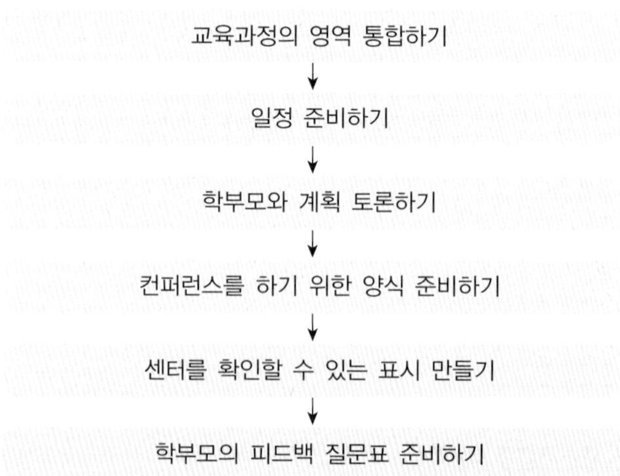

[그림 13-1] 컨퍼런스 실행을 위한 준비 과정

이런 생각에 크게 동의하는 학교 교장의 지원을 받아 Marg와 그녀의 동료는 그들의 계획을 진행하였다. 그리고 학교의 상황에 적합하다고 생각되는 계획을 세웠다.

1) 컨퍼런스 준비 과정

(1) 교육과정의 모든 영역 통합하기

학생들은 그들의 성과를 보여 주고, 전통적인 과목들—읽기, 쓰기, 수학—에서 그들이 얼마나 진보하였는지에 대해서 의논한다. 그러나 학교에는 그것보다 더 많은 과목들이 존재한다는 것을 알고 있다. 교사들은 다른 과목들, 예를 들어, 음악, 연극, 미술, 체육, 과학과 같은 여러 분야들에서 학생들의 능력을 발달시키고 다양한 경험을 제공해 줄 것이다. 또한 학생들의 사회적인 기술 능력을 발달시키기 위해 도와주며, 그들의 정서적 발전을 확인할 것이다.

Marg Reinhard와 그녀의 동료가 첫 번째 컨퍼런스를 위해 선택한 각 센터에서는 다음에 초점을 두었다.

- 지적 발달: 읽기, 쓰기, 수학, 과학
- 심미적이고 예술적 발달: 미술, 음악
- 신체적 발달: 체육
- 정서적/사회적 발달: 간단한 교사/학부모/학생 토론

교사는 학생들이 자기 발달 수준과 관계없이 성공적으로 완성할 수 있는 활동들을 찾게 하려고 노력하였다. 이것은 학생들이 최소한으로 할 수 있는 것을 모으는 것이 아니라, 그 학생들이 선택할 수 있는 것이 다양하다는 것을 설명하며 혹은 어떠한 제한도 없는 활동들을 모으는 것을 의미한다. 그들은 학부모들에게 학생들이 자신의 성장과 발전에 대한 지식을 가지고 있다는 것을 증명해 보이기를 원하였기 때문이다.

교사가 학생들이 선택하기를 원하였던 활동

- 재미있는 것
- 그들의 아이들이 지금 어느 정도의 위치에 와 있는지를 보여 주는 것
- 학생들의 교실에서의 학습에 대한 인식 변화의 정도를 설명해 줄 수 있는 것

(2) 일정 준비하기

교사는 학부모들에게 다른 반에서 전통적인 학부모-교사 컨퍼런스를 가지는 시기쯤에 한 시간 반 정도의 컨퍼런스 세 개 중 한 개를 선택하도록 요청하였다. 교사는 가족들이 개별적으로 일정을 잡는 것보다 한 시간에 여덟 가족이 함께 컨퍼런스를 하는 것이 더 좋다고 설명하였다. 이렇게 하면 시간도 덜 걸리고, 교실 내에서의 일상적인 대화에서도 더 좋은 결과를 얻을 것이라 생각하였기 때문이다. 게다가 많은 가족들이 함께 있다면 모든 사람들이 편안함을 느끼게 된다. 그리고 교사와 개별적으로 이야기하길 원하는 학부모들의 편의를 도모하기 위해, 한 블록은 자유롭게 남겨 두었다.

학부모-교사 컨퍼런스 일정표

화요일 4시~5시 30분		1	2	3 ....
4	5	6	7	8 ....
수요일 1시~2시 30분		1	2	3 ....
4	5	6	7	8 ....
목요일 6시 30분~8시		1	2	3 ....
4	5	6	7	8 ....

수요일 2시 30분~4시: 교사와 개별적인 상담을 하길 원하는 학부모들의 시간

(3) 학부모와 계획 토론하기

격월을 기본 구성으로 해서, 교사들은 개별 학생의 집에서 학부모들과 함께 하는 가족 미팅 시간을 가졌다. 이것은 좋은 대화 환경을 불러일으킬 수 있도록 교사가 할 수 있는 것 중에서 최고의 것이라고 생각되는데, 이런 미팅 시간은 다가오는 컨퍼런스에서 토론할 것들을 정하기 위한 좋은 비평을 제공해 주기도 한다.

10월 미팅에서 교사는 각 학부모에게 새로운 체제인 컨퍼런스의 이점에 대해서 설명하였고, 그들의 후원을 요청하였다. 그러고 나서 그들은 다음 기록부 작성 기간에 무엇을 해야 하는지를 결정할 수 있었다. 학부모 중 대부분은 그맘때쯤 교사들을 돕기도 하고 관찰하기도 하고, 심지어 가르치는 일을 하느라 교실에서 많은 시간을 보내게 된다. 교사의 격월 미팅 덕분에 학부모들은 교사들이 학생들을 가르치는 방법과 교사들의 가능성에 대해 긍정적인 시각을 가지게 되었다. 또한 그들은 자신의 아이들이 다른 반 아이들과 비교하여 어떻게 발전하고 있는지를 알 수 있었다. 이러한 과정을 통해 이 학급은 학부모-교사-학생이 함께 하는 학급 문화를 만들게 되었다.

(4) 컨퍼런스를 위한 양식 준비하기

학부모들과 학생들이 컨퍼런스를 준비하는 과정 속에서, 학부모들은 그들의 의견을 기록할 수 있는 공간을 제공해 달라고 교사에게 요청해서 학습 결과물을 기록으로 유지하고, 컨퍼런스의 안내 책자로서 유용하게 사용할 수 있는 어떤 특별한 양식 체제를 만든다.

(5) 각 센터를 확인할 수 있는 표시 만들기

각각의 센터를 쉽게 확인할 수 있도록 접을 수 있는 표를 만들었다. 교사가 각 센터들의 이름을 적은 뒤에 학생들이 어떤 표시를 꾸미고 장식한 설명서를 거기에 덧붙이고, 그런 다음 그것을 테이블 위에 세운다.

(6) 학부모의 피드백 질문표 준비하기

컨퍼런스가 끝난 뒤, 교사들은 자신과 다른 교사, 학교의 교장으로부터의 피드백을 원한다. 또한 학부모들이 컨퍼런스를 본 뒤 자신의 관점을 적은 내용을 남겼을 때,

그것은 교사에게 유용한 정보를 제공해 준다. 이런 이유로 제작된 피드백 질문표는 다음에 있을 컨퍼런스를 개선하기 위한 방향으로 설정할 수 있을 것이다.

(7) 컨퍼런스를 위한 학생들 준비하기

컨퍼런스를 위한 예습 과제들 중 대다수를 일상적인 수업 시간의 과정 중에 끝낸다. 이런 과정에서 일어날 수 있는 인터뷰를 연습할 때 학생들이 해야 하는 주된 일은 학부모들에게 각 과목에서 그들이 무엇을 배웠는지와, 그들이 얼마나 성장하였는지와, 그들이 계속적으로 해온 것이 무엇인지에 관해 설명하는 것이다. 이러한 인터뷰 연습을 위해 학생들과 함께 그들의 과제에 대해 이야기할 때마다 그런 방식으로 학생들과 대화한다. 그리고 컨퍼런스가 다가오면, 교사는 학생들과 함께 그 프로그램들을 사전 연습하고, 학생들이 각 센터에서 해야 하는 일을 의논한다.

지금까지는 컨퍼런스를 진행하기 전 준비 단계에서의 세세한 절차들을 자세히 설명하였다. 그렇다면 학생들이 실제 컨퍼런스를 시행할 때 각각의 센터에서 어떤 활동을 할까? 그리고 또 학부모들과 학생 사이에는 어떤 대화가 이루어질까?

2) 컨퍼런스 센터들에서 하는 일

제삼자 중심 컨퍼런스(three-way conference)에서는 아래에 나오는 것처럼 이름이 붙여진 센터들이 있다. 이 센터들은 미국의 학교에서 직접 시행된 컨퍼런스에서 사용된 것이며, 여기서는 각 센터에서의 활동과 그 센터에서 일어난 학부모와 학생의 대화를 간단하게 제시하여, 어떤 일들이 주로 이루어지는지 알아본다.

〈 읽기 센터 〉

책을 함께 보세요.

여러분이 배운 것을 보여 주세요.

[컨퍼런스 중의 대화]

엄마: 전에는 읽을 수 없었던 것 중에서 지금은 읽을 수 있는 것은 무엇이니?

존: 음 … 나는 아직도 책을 그렇게 잘 읽지는 못해요. 나는 내 친구의 이름 중에서 몇 개는 읽을 수 있어요. 나는 곧 내가 책을 읽을 수 있다는 것에 기쁨을 느껴요.

아빠: 네가 지금 읽고 있는 책은 뭐니?

사라: 나는 지금 여러 장으로 나뉜 책처럼, 어려운 책을 읽을 수 있어요. 책들이 전부 어려운 것은 아니지만 몇 개는 어려워요. 나는 「샬롯의 거미줄」에 있는 어려운 단어들을 대부분 읽을 수 있어요.

엄마: 너는 네가 읽지 못하는 단어가 나왔을 때, 어떻게 하니?

프랭크: 알고 있는 단어는 큰 소리로 읽고, 모르는 단어가 나오면 그림을 봐요. 때때로 모르는 부분은 빼고 읽기도 해요. 그리고 나중에 제가 그 글자가 무엇인지를 알게 되었을 때 그것을 넣어 읽어요.

〈 수학 센터 〉

All-Day 학생들 — 건포도 씨 그래프를 만드세요.

Half-Day 학생들 — 동물 크래커 그래프를 만드세요.

모든 학생들 — 부모님들께 수학 활동을 하는 동안 어떤 수학 자료를 사용하는지 보여 주세요.

여기에는 수학 센터에 덧붙여진 지시사항이 있다.

건포도 씨 그래프

1. 건포도 씨의 세 브랜드에서 각각 씨리얼 한 스푼(100ml)을 떠라. 그것을 종이 타올 위에 얹어 놓아라.
2. 각각의 더미에 있는 건포도 개수를 세어라.
3. 세 가지 다른 색을 사용하여 그래프를 완성하여라.
4. 부모님이 해야 할 질문들:
   - 가장 많은 건포도를 포함하고 있는 것은 어느 브랜드인가?
   - 어느 브랜드가 가장 적게 포함하고 있는가?

- 각기 다른 종류의 건포도 씨리얼을 봤을 때 네가 생각한 차이점과 공통점은 무엇인가? (색, 프레이크의 크기 등 4가지)

5. 각 씨리얼 브랜드에 맞는 상자에 씨리얼을 다시 주의해서 넣어라.
6. 다음에 준비하는 학생들을 위해서 테이블을 깨끗하게 해놓아라.

동물 크래커 그래프

1. 그래프 테이블 위에 놓인 각기 분리된 세로줄에 각 종류의 동물들을 놓아라.
2. 부모님과 함께 그 결과에 대해 이야기하라.
   - 어느 동물이 가장 많이 나왔는가?
   - 기린은 몇 마리가 있는가?
   - 고릴라보다 양이 얼마나 더 많은가?
   - 가장 적은 동물을 가진 세로줄 기둥은 어느 것인가?
3. 다음 학생을 위한 준비로, 접시에 다시 원상태로 그 크래커들을 올려 놓아라.

[컨퍼런스 중의 대화]

엄마: 수학 시간에 이런 육면체를 어떻게 사용하였니?

데이브: 린다 선생님이 우리에게 몇 개를 줘서 우리는 그것을 우리가 문제 풀 때, 예를 들어 잡아먹은 돼지와 도망 간 돼지 몇 마리와, 다시 돌아온 돼지 몇 마리 등의 계산을 할 때 숫자 세는 것에 그것들을 사용하였어요.

아빠: 이 그래프가 나타내는 것은 뭐니?

마리: 이것은 다른 어떤 것보다 포스트 씨리얼에서 건포도가 많이 포함되어 있다는 것을 보여 주는 그래프에요. 보여요? 포스트 씨리얼의 선은 23까지 올라가 있는 반면, 다른 것은 13개, 그리고 또 다른 것은 단지 6개만 있어요.

엄마: 동물 크래커에서 가장 많이 나온 동물은 뭐니?

레이첼: 양이에요. 봐요, 그것이 제일 꼭대기에 있잖아요. 그것은 10마리에요. 다음으로는 기린인데 그것은 5개가 있어요. 양보다 2개가 더 많지요. 나는 기린이 제일 좋아요.

〈 미술 센터 〉

교실에 전시되었던 여러분의 작품들을 보여 주고 그것에 대해 토론하세요.

[컨퍼런스 중의 대화]

아빠: 이 그림들 중에서 네가 가장 좋아하는 그림은 어떤 거니?

스티븐: 저는 그 옥수수나무 그림을 가장 좋아해요. 먼저 밑그림을 그리고 그 위에 색을 칠하는 그런 방법이 좋아요.

엄마: 너의 그림에 대해서 말해 보렴.

메그: 그것은 폭풍우를 그린 거예요. 저는 린다 선생님이 읽어 준 몇 편의 시를 듣고 그것을 그렸어요. 실제로 바람이 부는 것처럼 보이게끔 그리는 형식이 좋아요.

엄마: 응, 너는 그림속의 나무들이 구부러진 모습을 하고 있게 밑그림을 그리고, 그 다음 그림물감으로 마치 비가 내리는 것처럼 물감을 칠하였구나. 저 그림은 정말로 진짜 미술가가 그린 것처럼 보이는구나.

메그: 저는 예술가예요.

〈 체육 센터 〉

부모님께, 체육 시간에 여러분이 가장 좋아하는 게임을 하는 방법을 설명해 주거나 여러분이 가장 좋아하는 활동을 시범 보여 주세요.

[컨퍼런스 중의 대화]

아빠: 네가 체육 시간에 가장 좋아하는 활동은 무엇이니?

렌: 저는 공을 가지고 노는 것을 좋아해요. 지난해보다도 드리블을 잘해요. 그리고 가끔 농구를 하면 득점을 하기도 해요.

아빠: 네가 정말로 좋아하는 것 같구나. 좋아. 그럼 체육 활동 중에서 네가 잘하고 싶은 것은 뭐니?

렌: 줄넘기를 잘하지 못해요. 하키를 더 잘하고 싶어요.

엄마: 네가 가장 좋아하는 게임을 말해 보렴.

아만다: 전 공기오자미 게임을 가장 좋아해요. 모든 아이들이 머리에 공기오자미를 얹어놓고 주변을 돌아다니는데, 그것이 떨어지면 그 자리에 서야 되고, 어떤 사람이 따라와서 저를 위해 그것을 집어 줘야만 해요. 그리고 저는 낙하산을 가지고 노는 것도 좋아해요. 하지만 진짜 게임은 아니에요.

교사가 이 표시를 각 가족과 의논할 장소의 테이블 위에 올려 놓았다.

〈 컨퍼런스 테이블 〉

여기에서 각자 교사와 이야기를 나누세요.

이 컨퍼런스 테이블에서 학부모, 학생들과 미팅을 하는 것은, 담임 교사에게 학생들의 어떤 특별한 행동에 관한 의견을 말하거나 학생들에 관한 몇 가지 목표를 설정하거나 학생들이 가진 어떤 문제를 해결하는 것을 도와주는 일을 하기 위해 학생들에 관한 몇 가지 긍정적인 것들을 말할 수 있는 기회를 제공해 준다. 이때 교사는 노트를 준비하여 학부모에게 할 질문들이나 교사가 어떤 학생을 도와주기로 약속하였던 것, 예를 들어 아이의 언어 치료를 위해서 언어치료 교사를 학교에 모셔 오거나 혹은 어떤 아이의 자리를 바꾸는 등의 것들을 잊지 않을 수 있다.

그러나 이런 식의 대화가 약간 어색할 수밖에 없다는 사실을 곧 발견할 수 있다. 왜냐하면 몇몇 학부모들은 실제로 그들이 무엇을 요구하였는지를 알지 못하고, 몇몇 아이들은 그런 것들 때문에 마음을 놓지 못하고 있는 것처럼 보이기 때문이다. 반면에 교사와 함께 상담하기 위해서 자신의 차례를 참을성 있게 기다리던 가족들은 점점 시간이 지체됨에 따라 지쳐 가기도 한다. 그렇다면 학년 초에 학부모들과 어떤 이유로 인해—학생의 엉뚱한 행동, 혹은 학업의 문제—개인적인 만남을 통해서 이야기를 나누기도 하였는데 굳이 이 컨퍼런스 테이블 센터가 필요한 것인지 의문이 들 수 있다.

컨퍼런스 테이블 센터는 반드시 필요한 것은 아니지만, 컨퍼런스를 진행하는 동안 가족들이 각각의 센터에 있을 때 교사가 여기저기 둘러보면서, 각기 다른 그룹을 데리고 소규모 수업에 참가하기도 하고, 어떤 학생이 완성시켜 놓은 성과물을 지적하기도 하고, 집에서 학부모들이 그들의 아이들을 도와줄 수 있는 방법들을 제안하거나 설명할 수도 있을 것이다. 그리고 만약 교사가 그 센터를 돌아다니는 동안 어떤 가족이 문제를 해결하는 데 있어서 약간 어려움에 처해 있는 모습을 보면, 교사는 조용히 그들 곁에 다가가서 다시 그 문제를 설정해 줄 수도 있다. 교사가 컨퍼런스 테이블을 사용하든지 아니면 자유롭게 돌아다니든지 간에, 교사는 해야 하는 일 중에서 무엇이든지 그때의 상황에 맞게 하지 않은 일을 바꾸거나 교사가 가르치는 스타일에 가장 잘 어울리는 것을 허용할 수 있어야 할 것이다.

[컨퍼런스 중의 대화]

학부모: 과학 센터에는 아무도 없구나. 지금 거기에 가자구나.

학생: 아뇨, 저는 순서대로 하고 싶어요. 다음은 수학이에요.

교사: 몰리, 부모님께서 지금 과학 실험을 보고 싶어 하는 것 같구나. 지금 거기에 가 보는 것이 어떨까, 그 다음에 수학 센터에 가렴.

학생: 네.

학부모: 브렌다, 저 단어가 뭐지? 그것을 소리 내어 읽어 보렴. 아냐, 틀렸어. 그것은 이미 읽었잖아. 거기에 'n'이 없는 것이 보이지 않니? 계속해 봐. 다음에 나오는 단어는 뭐지?

교사: 죄송하지만, 부모님과 브렌다가 함께 책을 읽을 수 있는 여러 방법들 중에서 보다 재미있을 수 있는 방법들을 설명해 드려도 될까요?

[일제히 소리 내어 읽거나, 브렌다가 교재 내에서 채워 넣을 수 있는 단어들을 가끔 빼먹고 읽는 등의 방법을 설명해 줌]

학부모: 알겠어요. 저도 선생님처럼 그렇게 유창하게 할 수 있게 되었으면 좋겠어요.

교사: 네, 재미있고 행복한 시간만을 가지세요. 학교에서 발음 중심의 어학 교수법을 사용하고 있는데 거기에는 아동들이 책 읽기를 배우는 다양한 방법들이 있어요. 브렌다는 모두가 함께 책을 읽어 준다면 읽기를 잘 시작할 수 있을 거예요. 집에서도 책 읽는 것을 즐기세요.

〈 다과 테이블 〉

모든 것을 다 끝냈다면, 부모님께 주스와 쿠키를 드리고, 여러분도 함께 먹으세요.

다과 테이블에서는 모든 컨퍼런스를 마친 후, 교사, 학생, 학부모가 한 자리에 앉아 컨퍼런스의 활동에 관해 다시 한 번 얘기를 나누거나 학생의 특기사항에 대해 교사와 상담을 하는 식으로 시간을 보내게 될 것이다. 함께 나눠 먹는 쿠키도 컨퍼런스 이전에 학교에서 학생들이 직접 만든 쿠키를 내놓는다면, 오히려 분위기를 자연스럽고 부드럽게 만들 수 있을 것이다.

5. 컨퍼런스에서 교사의 역할

지금까지 컨퍼런스를 살펴보면서 학생의 사고를 끌어내고 좀 더 원만한 쓰기 수업을 위한 교사와 학생의 역할을 조금이나마 부분적으로 설명하였는데, 교사의 역할을 조금 더 간단 명료하게 정리해 보려고 한다. 이렇게 컨퍼런스에서의 교사 역할을 정리하는 이유는, 교사에게도 익숙하지 않은 이 평가 방식이 학생들에게 거리낌 없이 자연스럽게 다가갈 확률이 극히 낮을 것이라 생각되며, 따라서 컨퍼런스를 진행할 때 교사가 자신의 역할을 올바르게 해 나가고 그 역할을 쉽게 인지하도록 하기 위함이다.

① 코치로서의 교사의 역할

교사는 선수가 아니라 운동장 한쪽에서 선수를 지켜보고 선수가 어떤 문제에 직면하였을 때 경기를 도와주는 코치와 같이 학생들이 글을 쓰는 것을 독립적으로 할 수 있도록 옆에서 도와주고 설명해 주어야 한다. 이에 대해서는 앞에서(컨퍼런스의 목적) 설명하였는데, 교사는 학생들이 어려움을 만났을 때, 앞으로 어떻게 해야 하는지, 어떤 방향으로 글을 써야 하는지, 얼마만큼을 써야 하는지 등에 관해 직접적으로 알려 주고 일방적으로 말해 주는 입장에 있기보다는, 학생들의 생각을 이끌어 주어 스스로 글을 쓸 수 있도록 옆에서 도와주는 안내자, 협력자의 위치에 있어야 한다.

② 중계자로서의 교사의 역할

스포츠 중계에서 중계자의 역할처럼 교사는 학생들이 하고 있는 것에 대해서 전체적인 전망을 제시해야 한다. 정형화되지 않은 컨퍼런스에서 그들이 알고 있는 것은 두 명이 토론을 하고 있다는 것과 그들은 전체적인 흐름을 잃기가 쉽다는 것이다. 교사는 중계자처럼 학생들이 어떻게 어떤 토론을 이끌고, 전체적인 흐름에 연결되고, 그들의 글쓰기 기술의 성장과 연결되어 있는지를 학생들에게 보여 주고 설명할 필요가 있다.

③ 상담자로서의 교사의 역할

다른 상담자처럼, 컨퍼런스에서 교사는 글과 학생을 전체적으로 보아야지 글의 한 조각이나 장황하고 잘못된 글의 일부분만 보아서는 안된다. 글쓰기에서 보여 준 문장의 오류를 넘어서서 쓰고자 하는 것을 정확하게 구성하기 위해서 어떠한 경험을 하였고, 어떠한 배경 지식을 가지고 있으며, 처리 과정을 구성함에 있어서 어떠한 자세를 가지고 있는지를 묻는 것이 필요하다. 이때 타일러가 말하는 의역이나 학생이 말한 것을 다시 말하는 상담 기술을 사용하여 문제를 일으키는 원인을 심도 있게 조사할 수 있다. 학생들이 글쓰기를 함에 있어 무엇 때문에 그들의 노력이 헛되이 되는지(어떤 오류를 범하게 되는지)는 학생에게 질문하고 그들의 대답을 듣고 나서야 알 수 있다. 그리고 상담자로서 동기 부여의 문제(예를 들어 컴퓨터로 글을 쓰면 컴퓨터가 철자 교정을 다 해 주는데 난 왜 철자 공부를 해야 할까?), 학교에서 선정한 글쓰기 주제의 난이도, 주목받지 않은 장애 요소나 다른 여러 요인들이 학생의 글쓰기 발전에 있어 장애가 될 수 있음을 숙지해야 한다.

④ 청자로서의 교사의 역할

글쓰기 전의 컨퍼런스에서 교사는 학생의 생활과 그들의 배경 지식에 대하여 묻는다. 이때 교사는 다정한 청자이며 각 학생의 이야기에 큰 관심을 가지고 귀 기울여 듣는다. 학생들이 초안을 짜고 그것을 더 발전시키는 단계에서 교사는 그들의 글쓰기의 어려움을 공유하는 동료 글쓴이가 된다. 마침내 글쓰기가 완성되면 교사는 그들의 언어로 된 글에 관심이 있는 독자가 된다. 이 단계에서 교사는 그들의 글을 매우 유의하여 읽는다. 이러한 단계를 통해서 학생이 필요로 하고 알고 싶어하는 것을 알 수 있게 된다.

⑤ 진단 전문가로서의 교사의 역할

여기서 말하고자 하는 교사의 역할은 컨퍼런스를 통해 학생들의 특징을 정의하는 것이다. 학생들과의 대화나 많은 작품, 초안을 읽고 세부적인 수정 방안을 지시해 주는 행위는 이런 형태의 컨퍼런스를 특징짓는다. 교사는 전문가이며, 문법 규칙을 전달해 주는 사람, 평가자, 자신의 글에 흥미 있어 하는 독자이며, 글쓰기의 파트너이다.

제14장

관찰 평가

실제적으로 현장에서 가장 많이 쓰이는 평가 방법은 관찰을 통한 평가일 것이다. 따라서 이 장에서는 Kay Burke의 관찰 체크리스트를 활용한 대안적인 평가 방법을 알아보고자 한다.

1. 관찰 체크리스트의 개념과 의미

관찰 체크리스트는 교실에서 일어나는 학생의 모든 활동 및 수행에 대한 계획으로서 어떤 학생이 목표 기술을 달성하였고, 누가 도움을 필요로 하는지에 대해서 교사들이 기록하여 활용하고 모니터하기 위해서 필요한 일종의 기록 장치이다. 그렇다면 관찰 체크리스트는 우리에게 어떤 의미를 주는지에 대하여 자세히 알아보자. 체크리스트의 효과는 다음과 같다.

첫째, 체크리스트는 학기말 시험이나 형성평가에 앞서 많은 기술, 표준과 행동을 관찰하고 기록하는 빠르고 쉬운 방법이다. 또한 교사들이 학습이 부진하거나 발달이 늦은 학생들에게 도움을 주기 위하여 필요한 부분들을 사전에 준비하도록 해 준다. 둘째, 학생들의 학습에 대한 평가 및 과정에 대한 방향을 제공하고, 교사들의 모니터링을 도와준다. 즉, 대부분의 학생들이 목표를 달성하지 못한다면 '학생들이 교정할 수 있는' 기회를 제공한다. 셋째, 체크리스트 항목들은 점검하는 데 사용되는 도구이거나, 학생들의 기술이나 속성을 평가하는 근거가 될 수 있다. 넷째, 학생들을 관찰해서 기록 카드, 관찰 체크리스트, 밀착 기록이나 포트폴리오상에 나타난 학생들의 과정을 정리함으로써, 교사들은 학생들의 학습 스타일, 학습 요구, 태도, 독창력, 좋아하는 것, 싫어하는 것, 도움의 필요 등에 대해서 알 수 있다. 다섯째, 구체적인 기술이나 평가에 초점을 맞춤으로써 교사와 학생들은 필요한 부분을 세밀하게 모니터할 수 있다. 이상에서 살펴본 바와 같이 관찰 체크리스트는 여러 가지 의미와 시사점을 주고 있다. 다음으로, 관찰 체크리스트의 다양한 유형을 알아보고자 한다.

2. 관찰 체크리스트의 유형

우선 관찰 체크리스트를 만드는 과정을 알아보고 여러 가지 실제적인 유형을 알아보자. 체크리스트가 사용 가능한 다양한 유형으로는 첫째, 교사가 효과적인 행동, 사고, 사회적 기술, 쓰기 기술, 말하기 기술 혹은 기술에 초점을 맞추어 형성평가를 하기 위하여 관찰 체크리스트를 사용할 수 있다. 둘째, 동료 학생들이 다른 학생을 평가하기 위해 체크리스트를 사용할 수 있다. 셋째, 협력 집단의 구성원들은 전체 집단의 과정을 모니터하는 데 사용할 수 있다. 넷째, 집단 구성원들의 토론 및 논의를 통하여 도움을 필요로 하는 구성원들에게 정보를 제공할 수 있다. 다섯째, 수행 과정 평가의 기록을 위한 목록으로 사용할 수 있다. 이러한 목록은 특정한 주제나 수행, 가끔은 중요한 가치를 지향하기 위한 규준을 포함하기도 한다. 이제 아래와 같이 다양한 체크리스트 유형의 예시를 제시하고자 한다.

〈관찰 체크리스트 종합 양식〉은 가장 전형적인 관찰 체크리스트 양식으로, 거의 모든 상황에 사용 가능한 양식이다. 〈조사 보고서 체크리스트 학생 양식〉은 특정한 주제나 교과, 예를 들면 사회과나 과학과의 탐구 학습에 적용 가능하다. 〈조사 보고서 체크리스트 교사 양식〉은 이러한 학생들의 결과물을 교사가 종합하는 데 사용하기 위한 양식이다. 〈체크리스트 반성 양식〉은 교수학습 과정이 모두 끝나고 난 후 본 양식을 통하여 미흡하거나 부족한 부분을 보완하거나 개선하기 위하여 반성하기 위한 양식이다. 〈개별 체크리스트 양식〉은 특정 주제에 대한 학생 개개인의 흥미와 관심사를 알아보기 위한 간단한 양식이다. 〈유치원 기술 체크리스트 양식〉은 유치원생들을 위한 양식으로, 아직 생활이나 모든 면에서 미숙한 유치원생들은 간단한 일상의 활동을 통하여 교사가 관찰 가능하기 때문에 이를 요약하여 결과물로 기록하면 객관적이고 기초적인 정보를 제공하는 양식이 될 수 있다.

관찰 체크리스트 종합 양식

방법: 여러분이 관찰하기를 원하는 기술을 선택하고 5개의 칸에 그 기술들을 적어 넣어라.

관찰 체크리스트

교사: ____________________ 학급: ____________________ 날짜: ____________________

목적 기술: ____

평점

\+ = 자주

∨ = 때때로

) = 아직

학생 이름						의견
1						
2						
3						
4						
5						
6						
7						
8						
9						
10						
11						
12						
13						
14						
15						
16						
17						
18						
19						
20						

조사 보고서 체크리스트 학생 양식

조사 보고서 체크리스트

방법: 여러분이 관찰하길 원하는 것의 기준을 세우고 그러한 기준을 묘사하는 분명한 방향을 목록으로 만들어라.

학생: ____________ 학급: ____________ 날짜: ____________

평가 유형:

_____ 교사 날짜: ____________ 기록: ____________

_____ 동료 날짜: ____________ 기록: ____________

_____ 자신 날짜: ____________ 기록: ____________

	아직 아님 0	가끔 1	자주 2
____________			
• ____________	_____	_____	_____
• ____________	_____	_____	_____
• ____________	_____	_____	_____
____________			
• ____________	_____	_____	_____
• ____________	_____	_____	_____
• ____________	_____	_____	_____
____________			
• ____________	_____	_____	_____
• ____________	_____	_____	_____
• ____________	_____	_____	_____
____________			
• ____________	_____	_____	_____
• ____________	_____	_____	_____
• ____________	_____	_____	_____

관찰 체크리스트 교사 양식

방법: 여러분이 관찰하기를 원하는 기술을 선택하고 5개의 칸에 그 기술들을 적어 넣어라.

관찰 체크리스트

교사: ____________________ 학급: ____________________ 날짜: ____________________

목적 기술: ____

평점
+ = 자주
∨ = 때때로
) = 아직

학생 이름						의견
1						
2						
3						
4						
5						
6						
7						
8						
9						
10						
11						
12						
13						
14						
15						
16						
17						
18						
19						
20						

체크리스트 반성 양식

관찰 체크리스트 반성지

1. 왜 여러분은 체크리스트가 형성평가에서 매우 자주 사용된다고 생각하는가?

____

____

____

____

____

____

2. 여기서 보여 준 포트폴리오 체크리스트와 같은 체크리스트 총괄 평가에는 충분하지 않은지에 대해 의견을 제시하라.

포트폴리오 체크리스트

_______ 창의적인 덮개 ______________________

_______ 생각(개념)의 장 ______________________

_______ 반성 ______________________

_______ 이해의 흔적 ______________________

_______ 목표 세우기 ______________________

개별 체크리스트 양식

평가 — '인내심'	관찰 안됨	가끔 관찰됨	자주 관찰됨
방향: 1. 정보를 어떻게 평가하는지를 알고 있다 2. 여러 가지 접근방법으로 시도한다. 3. 빨리 포기하지 않는다. 4. 참을성을 가진다. 5. 기존의 방법과는 다른 해결 방법을 브레인스토밍한다. 6. 자신의 작업을 점검한다.			

유치원 기술 체크리스트 양식

유치원 기술 체크리스트	아니다 0	그렇다 1
방향: 1. 이름을 쓸 수 있다. 2. 전화번호를 안다. 3. 주소를 쓸 수 있다. 4. 다른 색을 인지한다. 5. 25까지 셀 수 있다. 6. 알파벳을 안다. 7. 완전한 문장으로 말한다. 8. 학교 가는 길을 안다.		

3. 그래픽 조직자의 개념과 의미

두 번째 방법으로 그래픽 조직자에 대하여 알아보자. 우선 그래픽 조직자는 교사와 학생 모두의 사고 과정을 도표나 그림으로 생생하게 표현하도록 도와주는 효과적인 도구로서, 순열, 비교와 대조, 분류와 같은 기술을 활용하여 복잡한 관계를 묘사하고 수업 내용의 이해를 더욱더 증진시킨다. 따라서 학생들이 가능한 막대한 정보의 양 사이에서 패턴을 발견하고 조직하도록 도와준다. 그래픽 조직자를 활용한 예시는 다음과 같다.

① 구체적인 형식의 추상적인 표현이나 함축적인 정보 알아보기
② 사실과 개념 사이의 관계를 묘사하기
③ 쓰기를 위한 생각을 일반화하고 조직하기
④ 정보를 저장하고 인출하기
⑤ 학생들이 사고하고 배우는 것을 평가하기

예를 들면, 벤 다이어그램을 이용하여 학생들은 야구와 축구를 비교하고 대조할 수 있다. 그리고 마인드 맵을 사용하여 학생들은 스포츠의 모든 타입을 브레인스토밍할 수 있고 집단으로 그것을 분류할 수 있다. 각각의 그래픽 조직자는 학생

들을 북돋우거나 사고 기술을 더 분명하게 해 준다. 그렇다면, 왜 우리는 그래픽 조직자를 사용해야 하는가? 많은 학생들은 지식을 배우기에 앞서 새로운 정보를 연결하고 관계 짓지 못한다. 왜냐하면, 학생들이 기억하는 데 어려움을 겪기 때문이다. 이때 추상적인 아이디어를 보다 가시적이고 구체적으로 만들어 주는 그래픽 조직자가 필요한 것이다. 이러한 선행 학습이나 경험과 관련하여 보다 쉽게 이해를 도와주기 위하여 관계를 짓도록 도울 수 있고 그것들을 더 견고하게 만들어 줄 수 있는 것이다.

Hyerle(1996)는 그래픽 조직자와 같은 시각적인 도구는 교수, 학습과 평가의 도구에 대한 열쇠가 될 것이라고 한다. 왜냐하면 학생들은 질적인 표현으로 종합화하기 위한 시도를 하게 될 자료의 막대하고 변화하는 양에 직면하기 때문이다. 또한 학생들은 스스로부터 얻은 지식을 세우고 시뮬레이션과 상호작용 학습 경험을 하려고 시도할 것이다.

그렇다면 우리가 그래픽 조직자를 통하여 어떻게 평가를 해야 할 것인가? 아래의 예시를 살펴보자. 학생들에게 Hemingway와 Faulkner의 작품을 비교한 벤 다이어그램을 채우도록 요구하였다면, 학생들은 작가가 공통으로 가졌다고 느낀 많은 틀림없는 특징을 찾아내고(벤 다이어그램의 가운데 영역) 그들이 다르다고 느낀 각각의 특징을 찾아내게(벤 다이어그램의 바깥 영역) 될 수 있다.

[예시] 벤 다이어그램을 활용한 그래픽 조직자

평가: Hemingway와 Faulkner의 비교

방향: 1) 각각의 정확한 비교 혹은 차이점은 1점의 가치가 있다.
2) 두 작가를 비교하고 대조하는 짧은 글을 써라. (10점)

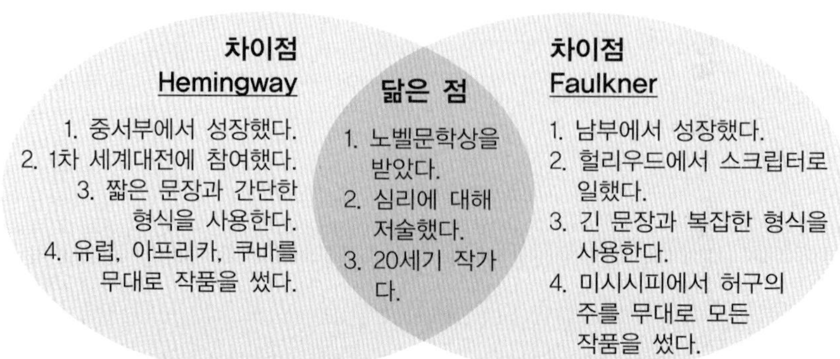

시험에서 그래픽 조직자를 포함하는 것은 전통적인 객관적 유형의 아이템보다 더 창의적이고, 개혁적이고 재미있을 것이다. 또한 교사들은 시험의 영역으로써 그래픽 조직자의 다른 요소를 논의하도록 짧은 글이나 구두의 설명을 요구할 수 있다.

다음은 그래픽 조직자를 사용한 대안적 평가를 예시로 제시하여 보았다.

[예시] 그래픽 조직자를 활용한 대안적 평가

차례	예시	비고
1	퀴즈와 시험을 그래픽 조직자로 해결하기	
2	그래픽 조직자와 신문의 머리말을 완성하기	
3	문학, 비디오, 책, 허구, 실제, 연설, 뉴스 기사, 교과서 읽기 등을 분석하고 그래픽 조직자 사용하기	
4	포트폴리오에 한두 개의 그래픽 조직자 활용하기	
5	협력을 통하여 그래픽 조직자로 개인의 쓰기나 말하기 연구 과제 완성하기	
6	독창적으로, 창의적으로, 사용 가능하고, 논리적인 연구 과제 작성하기	
7	그래픽 조직자나 구두 발표를 이용하여 발표하기	
8	원이나 선을 제외한 사물의 선을 포함하는 사진 그래픽 조직자 만들기	

이러한 그래픽 조직자를 활용한 수업의 과정은 다음과 같이 구성할 수 있다.

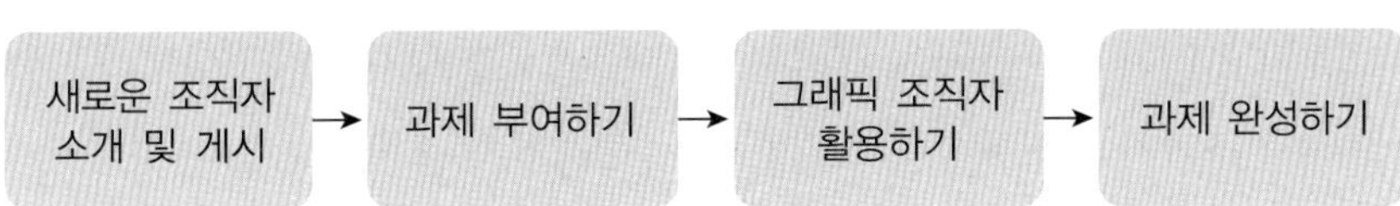

[그림 14-1] 그래픽 조직자를 활용한 수업의 과정

① 교사는 새로운 조직자를 소개하고 누구나 공감할 수 있는 쉬운 주제를 선정함으로써, 학급 전체와 함께 어떻게 사용하는지에 대해 시범을 보인다.

② 학생이나 집단이 주제 및 내용을 공유하기 위하여 그래픽 조직자를 창의적

으로 구성하도록, 집단에게 새로운 과제를 부여한다. 이는 주의력이 부족하거나, 흥미를 잃어버린 학생들에게 매우 유용하다.

③ 학생들이 그룹에서 그래픽 조직자를 활용하도록 논의의 과정을 거친다. 학생들이 주제를 선택하게 함으로써 자기 주도적이 되고, 반성의 과정을 직접 해 봄으로써 보다 효율적인 수업을 이끌어 나가기 위함이다.

④ 학생들이 교실에서 그래픽 조직자를 활용하여 완성되지 않은 과제를 협동하여 완성한다.

이러한 과정을 통하여 만약에 읽기나 언어 장애를 가진 학생들이 단지 언어상의/말의 그리고 논리적인/수학적인 기술을 요구하는 시험에 어려움을 겪고 있다고 가정한다면, 이러한 도구는 학생들이 고쳐 배우고 다시 배우도록 도울 것이다. 그래픽 조직자를 활용하여 학생들이 새로운 이론적 지식을 정립하고 스스로의 세계를 만들기 위한 노력을 통하여 그들이 경험해 보지 못한 새로운 시도를 할 수 있다.

4. 그래픽 조직자의 유형

아래에 대안적인 평가 도구로 제공될 수 있는 그래픽 조직자의 대표적인 예시를 세 개 소개하였다. 첫째 예시는 어떤 특정한 대상에 대하여 일치와 불일치에 대한 개념을 그래픽 조직자를 활용하여 해결해 나가는 과정을 평가하는 양식이다. 둘째 예시는 그래픽 조직자를 활용하여 '직각'이라는 주제를 해결해 나가는 과정의 양식이다. 셋째 예시는 미흡한 부분이나 보완되어야 할 부분에 대하여 정보를 제공해 주는 반성 양식이다.

[예시] 일치/불일치 단계의 그래픽 조직자

ON YOUR OWN

일치/불일치 단계

방법: 여러분의 학생들이 학습하게 될 주제에 대한 단계를 적도록 하라. 학습 전후에 학생 집단에게 이 목록을 제시하고 '일치' 혹은 '불일치'란에 머리글자를 학생이 적도록 하라.

주제 ______________________________

단계	전		후	
	일치	불일치	일치	불일치
1.				
2.				
3.				
4.				
5.				
6.				
7.				
8.				
9.				
10.				

[예시] 직각에 대한 그래픽 조직자

ON YOUR OWN

직각에 대해 생각하기

방법: 주제를 정하고 학생들이 A란에는 사실을 목록으로 만들고 B란에는 감상이나 반성을 목록으로 만들도록 하라.

주제 ______________________________

사실

감상이나 반성

A ______________________________

____

____

____

____

____

____

B ______________________________

____

____

____

____

____

____

____

[예시] 반성 그래픽 조직자

그래픽 조직자 반성지

1. 이 조사표를 가지고 당신이 이 책을 읽기 전 그리고 읽고 난 후에 자신의 답을 쓴 내용을 비교하라. 아래의 항목을 완성한 후에, 이 책을 읽고 난 후 당신의 답을 대조하라.

믿을 만한 평가에 대한 일치/불일치 차트

	전		후	
	일치	불일치	일치	불일치
1. 형성평가는 진행 중에 있다.				
2. 포트폴리오는 항상 최종 산물을 포함한다.				
3. 인식력은 23단계에서 비합법적이다.				
4. 편지 쓰기는 문법 연습보다 더 믿을 만하다.				
5. 제목은 퍼즐 주사위다.				

2. 여러분의 의견이 변화된 어떤 단계에 대해 설명하고 여러분의 의견이 변화하게 된 이유를 말하라.

5. T-차트의 개념과 예

마지막으로 제시하고자 하는 방법은 T-차트이다. 이는 교사가 관찰 가능한 기술, 태도, 방향, 행동 혹은 과정에 대한 특징이나 방향을 확인하는 것을 T-차트라 불리는 그래픽 조직자를 개발하는 것으로, 학생들과 공동 작업할 수 있다. T-차트는 '보이는 것', '생각하는 것'에서 어떤 행동을 이해하도록 학생들을 도와준다. 아래의 예에서 설명하는 대로 만약 교사가 사회적 기술인 '용기'를 관찰하고 있다면, 전체 학급은 관찰에 앞서 T-차트를 완성할 수 있다. 먼저 T-차트를 완성하고, 그 다음 T-차트에 열쇠가 되는 기준으로부터 관찰 목록을 개발하고, 질적인 방향을 포함한 부분을 개발한다면 학생들이 성공하는 것을 많은 교사들은 볼 수 있다. 일반적으로 관찰 체크리스트는 학생과 교사들에게 추상적인 행동이 더 구체적이 되도록 도와주고 좀 더 교육적인 평가를 만들도록 도와준다. 아래에 이러한 T-차트를 활용한 예시들을 제시하여 보았다.

첫째 예시는 '격려'에 관하여 T-차트를 활용한 예시이다. 이는 개개인에게 '격려'라는 단어가 주는 의미에 대한 비교, 분석이 가능하다. 그 다음 예시는 '철자'에 관하여 T-차트를 활용하여 생각해 봄으로써 보다 자세하고 구체적으로 알 수 있다.

[예시] 격려에 관한 T-차트

격려	
어떻게 생긴 것인가?	어떻게 생각하는가?
1. 말하는 사람 바라보기 2. 머리 끄덕이기 3. 사람의 등 토닥이기 4. '엄지 손가락 펴기'나 '하이-파이브' 5. 적당히 성원 보내기	1. "나는 그 생각이 좋아요." 2. "좀 더 말해 주세요." 3. "당신은 어떻게 생각하나요?" 4. "잘하였어요." 5. "우리는 정말로 당신의 의견에 동의해요."

[예시] 철자에 관한 T-차트

<table>
<tr><th colspan="2">T-차트 그래픽 조직자</th></tr>
<tr><td colspan="2">T-차트는 교사와 학생이 관찰될 수 있는 분명한 행동에 초점을 맞춘 그래픽 조직자이다. 예를 들어,
기술: 지적 행동 — 정확성을 위한 점검</td></tr>
<tr><th>어떻게 생긴 것인가?</th><th>어떤 생각인가?</th></tr>
<tr><td>철자 점검 사용하기
사전 사용하기
자원 점검하기
구체적으로 읽는 동료 가지기
주의깊은 교정
소리 내어 읽기
계산기 사용하기</td><td>"여러분은 어떻게 철자를 확인하나요?"<br>"우리의 문법 관련 책은 어디에 있습니까?"<br>"백과 사전을 주세요."
"나를 위해 이것을 편집해 주세요."
"내 숫자를 점검하도록 해 주세요."
"이것은 내 세 번째 설계도이다."</td></tr>
<tr><td colspan="2">한 가지 기준이나 체크리스트 기준에서의 기술을 선택하고 학급과 함께 T-차트를 완성하라.
기준/기술</td></tr>
<tr><th>어떻게 생긴 것인가?</th><th>어떤 생각인가?</th></tr>
<tr><td></td><td></td></tr>
</table>

1) 러닝 레코드의 개념

러닝 레코드(running record)는 수업 중에 일어난 학생의 활동을 주의깊게 관찰한 후, 이에 대한 평가나 분석을 기술하는 일종의 기록 양식이다. 이러한 러닝 레코드는 일화의 기록보다는 복잡하지만 학생들의 발달을 기록하는 전통적인 방법으로 평가 영역에서 많이 사용되어 왔다. 러닝 레코드는 학생들이 학습 활동을 하고 있는 상황 속에서 이루어지는 것으로, 교사가 학생에 대한 사전 지식이 있다면 더욱더 유용한 관찰이 될 수 있다. 물론 여기서의 '유용한 관찰'은 기록에 교사의 주관적인 견해가 들어갈 수 있다는 것을 의미하는 것이 아니라 학습 도달 정도를 평가할 때, 기록의 내용을 분석할 때, 학생을 더욱더 정확하게 파악할 수 있음을 의미하는 것이다.

러닝 레코드를 할 때 한 가지 유의점은 교사가 학생의 활동에 참가하지 않아야 한다는 것이다. 학생과의 상호작용 속에서의 관찰이 아니라 학생이 문제를 해결하는 과정 속에서 교사는 학생의 문제 해결 과정을 관찰하는 것이다. 이것은 일화 기록과 같이, 교사의 직접 관찰의 결과이다. 그러나 일화 기록과 달리 교사는 방관자이며 기록하는 동안에는 학급에 참여하지 않는다. 대신에, 교사는 활동 상황의 밖에서 관찰하여 러닝 레코드를 하고, 관찰하되, 교사가 관찰하는 아이들과 상호작용을 하지 않는다. 교사는 가능한 한 학생의 활동에 방해가 되지 않는 장소에서 학생의 활동을 관찰해야 한다. 만약 오랜 시간에 걸쳐 학생의 행동을 관찰하고 싶다면 쉬는 시간 학급의 조용한 구석 또는 운동장 등에서 학생의 행동을 관찰할 수 있다. 러닝 레코드를 이용한 관찰은 오랜 시간이 걸린다는 점에서 학교의 업무로 바쁜 교사들에게 문제점이 제기된다. 그러나 전통적 러닝 레코드를 개선하여 사용한다면 학생들의 실제 수행의 과정을 기록하고 평가하는 데 유용한 평가 방법이 된다.

2) 러닝 레코드의 장점

러닝 레코드의 방법은 여러 가지 점에서 장점을 가지고 있다(Bergen, 1997). 첫째, 러닝 레코드는 교사가 중요한 자료를 기록할 충분한 시간을 준다. 교사는 '작은 러닝 레코드'를 위해서는 최소 15분의 시간이 필요하나 대부분 30분 정도에서 1시간 또는 1시간 반 정도의 시간이 소요된다. 이 정도의 시간이면 사건의 세세한 부분까지 기록하기에 충분하다. 둘째, 러닝 레코드의 방법을 사용하는 학생이나 교사는 연구 대상인 학생 또는 교과과정이나 특별한 시간 동안의 활동에 관심을 기울이게 된다. 긴 관찰 시간(20분부터 한 시간 이상)은 교사로 하여금 한 학생의 활동의 다양성을 볼 수 있는 기회를 준다.

결론적으로 러닝 레코드가 잘 수행되었을 때 학생들에 관한 적절하고 풍부한 정보를 이끌어 낸다. 주의깊고 면밀한 교사는 보통 러닝 레코드 동안에 학생들의 행동에 관해서 많은 부분들을 기록한다. 많은 경우, 만일 조심스럽게 해석되었다면 학생들에 관해 그 전까지 가지지 못하였던 통찰력을 제공해 준다.

3) 러닝 레코드의 형식

러닝 레코드의 형식은 간단하게 다음과 같다.

러닝 레코드의 형식

배경/상황 설명	집중적인 관찰	연구/비평

러닝 레코드의 첫 번째 단계는 배경과 상황 설명, 전후 상황을 기술하는 것이다. 일화적인 기술과 함께 기록하는데 이것은 어떤 관찰 상황을 이해하는 데 필수적이다. 상황과 사람들, 학생 무리의 분위기, 그리고 학생들의 활동에 대한 교사의 인상 정도를 기록하고, 그런 다음 관찰자는 이러한 상황을 본문과 관찰의 연구부분의 배경으로서 지니고 있어야 한다. 배경/상황 설명의 기록은 아래와 같다.

배경/상황 설명의 기록 양식

내용	비고
1. 활동과 상황의 이름을 적는다.	예) 간식, 과학, 실외활동, 답사
2. 상황과 시간을 기술하고 기록한다. 이때 간단하고 분명하게 해야 하며 무엇이 일어났든지 교사가 나중에 그 상황을 기억하는 것을 돕도록 충분히 자세하게 기록한다.	
3. 활동에 관련되는 학생들의 이름을 적는다.	
4. 필요하다면 무리의 '분위기'에 대한 의견을 쓰는 것도 좋다.	
5. 도움이 될 것 같다면 스케치하는 것도 좋다.	

러닝 레코드의 두 번째 단계는 집중적인 관찰이다. 교사는 이 부분에서 사건에 대한 학생들의 행동과 말, 그들이 어떻게 느끼는 것 같은지 정확하고 자세하게 진술해야 한다.

① 정확하게 기록해야 한다. 학생, 활동, 교사 또는 사건에 대한 관찰자의 기록은 정확해야 하는데, 관찰자 또는 다른 누가 읽더라도 그들이 겪은 것처럼 그림을 그릴 수 있을 정도로 충분히 상세해야 한다.

② 충분한 정보가 되는 좋은 세부사항들을 기록해야 한다. 교사가 이 사건의 관

찰을 읽을 때마다 좋은 해설을 얻을 것이다.

③ 객관적으로 기록해야 한다. 이 부분에서 관찰자의 의견은 배제해야 한다. 이곳에는 자료만 적는 것이 좋다.

그 예로는 아이들이 무엇을 하는가, 그가 뭐라고 말하였는가, 그의 말에 대한 응답으로 다른 이가 뭐라고 하였는가, 얼굴 표정을 묘사하고 중요해 보이는 행동들을 묘사하는 것이 좋다.

④ 적절한 묘사 단어들을 사용해야 한다. 객관적인 단어들로 아이들과 사건의 요점을 기술하는 것이 필요하다. 적절한 기술 단어는 행동이나 아이들의 정확한 장면을 보여 준다. 상호작용 어조의 특성을 나타내는 적절한 기술 단어를 사용하라.

⑤ 행동의 기술적인 구나 단어를 묶는 것이 좋다. 강력하면서 기술적인 단어와 구를 사용하되, 효율을 극대화하기 위해 이러한 단어나 어구들을 함께 묶는 것이 효율적이다.

러닝 레코드의 세 번째 단계는 연구 또는 비평이다. 자료를 해석하면서 그 기술을 익히는 것은 노력과 시간이 든다. 따라서 이를 위하여 상당히 조심할 필요가 있다. 연구 비평 칸은 사건에 대해 조심스럽게 생각하면서 사건에 대해 연구하는 부분이다. 이것은 왜 학생들이 그러한 방식으로 행동하였는지 막연히 추리하는 곳이 아니다. 예를 들어, 철사 담장을 두 손으로 꽉 잡은 채, 담장 너머의 나무를 응시하며 철사 담장 옆에 서 있는 아이들을 보았다면 어느 누구도 이 아이가 왜 담장 너머를 바라보는지 정확한 이유를 말할 수 없다. 모든 가능한 이유들을 생각해야 하는 것이다.

연구 또는 비평을 할 때는 기술적인 표현을 사용하는 것이 좋다. 해석적인 어구를 사용하는 것은 피해야 한다. 교사가 쉽게 입증할 수 있는, 주목할 만한 행동을 묘사해야 한다.

비평을 하기로 결정하였다면 시험적인 비평을 진술해야 한다. 비평을 할 때는 주의깊고 조심스러워야 한다. 자료를 충분히 연구한 교사는 자료에 대한 비평을 하고자 결심할지도 모른다. 그러나 이 시점에서도, 교사는 사건에 대한 자신의 해석이 옳은지 확신할 수 없다. 그 해석이 교사의 견해에 근거한 최상의 추측이기 때문에 옳은 것이라 절대 확신할 수 없다.

참고문헌

강순희(2001). **중학교 1학년 과학과 수행평가 문항**. 서울: 자유아카데미.

곽재용 외(2001). **초등학교 수행평가**. 서울: 박이정.

구광조 · 오병승 · 류희찬(공역).(1998). **수학교육과정과 평가의 새로운 방향**. 서울: 경문사.

국립교육평가원(1996). **수행평가의 이론과 실제**. 대한교과서주식회사.

권오남 · 김경자(역).(1997). **초등수학 수행평가 과제 제작 및 분석**. 서울: 양서원.

김경자(1999). 초등학교 수행평가의 의미와 그 개혁 전략: 미국 사례를 중심으로. **교육과정연구,** 13(1). pp.157-184.

김경자(역).(2000). **수행평가 과제 제작의 원리와 실제**. 서울: 이화여자대학교 출판부.

김명희(2001). 이해를 위한 교수모형(Teaching for Understanding)의 적용에 관한 연구, **교육과정연구**, 19(1). pp.283-318.

김명희 · 김영천(1998). 다중지능이론: 그 기본 전제와 시사점. **교육과정연구,** 16(1). pp.299-330.

김영천(1999). **대안적 평가(alternative assessment)에 기초한 모델 초등학교 개발에 관한 기초연구**. 진주교육대학교 정책연구 보고서.

김영천(2000a). 새로운 수행평가 모델의 탐색: 방법, 디자인, 그리고 딜레마. 수업과 수행평가의 개선을 위한 질적 연구방법의 활용. 한국교육평가학회 · 한국교육과정학회 · 한국교육인류학회 · 한국초등교육학회 학술세미나. 한국교육과정평가원 2월.

김영천(2000b). 초등학교 6학년 졸업연구 수행평가 모델. **초등교육연구,** 10. 진주교육대학교 초등교육연구소.

김영천(2001). 테크놀러지, 예술 그리고 세계어: 초등학교 수행평가 도구개발 그 3년차 실험. 제3회 초등학교 수행평가 도구개발 학술대회. 진주교육대학교 11월.

김영천(2002). 초등학교에서의 자기평가 도구의 개발과 적용. **초등교육연구,** 12. 진주교육대학교 초등교육연구소.

김영천 · 박경묵 · 고재천 외(2001). **초등학교 수행평가에 필요한 Rubric(서술식 점수채점표)의 개발과 적용**. 연구보고 RR 2000-VI-4. 한국교원대학교 부설 교과교육공동 연구소.

김종한 외(1999). **고등학교 윤리과 수행평가의 실제**. 서울: 원미사.

남궁달화(2000). **도덕 교육과 수행평가**. 서울: 교육과학사.

남명호 · 김성숙 · 지은림(2000). **수행평가: 이해와 적용**. 서울: 문음사.

대구열린교육연구회(1999). 열린 교육과 수행평가. 대구 열린교육연구회 춘계 학술대회. 대구교육대학교: 대구 열린교육연구회.

배호순(2000). **수행평가의 이론적 기초**. 서울: 학지사.

백순근(2000). **수행평가의 원리**. 서울: 교육과학사.

서혜애 · 오필석 · 홍재식(공역). (2000). **국가 과학 교육기준**. 서울: 교육과학사.

이용숙(1994). 외국 국민학교의 학생평가. 교육월보 6월, 7월, 8월. 교육부.

조덕주(1991). **생활기록부 서식 및 기입요령**. 교육과학사.

조한무(1999). **수행평가를 위한 포트폴리오 평가**. 서울: 교육과학사.

조희형 · 최경희(2000). **과학 교수-학습과 수행평가**. 서울: 교육과학사.

천경록(2001). **국어과 수행평가와 포트폴리오**. 서울: 교육과학사.

한국교육평가학회(2000). 수업과 수행평가의 개선을 위한 질적 연구방법의 활용. 2000년 학술대회. 한국교육과정평가원.

한국교원대학교 초등교육연구소(2002). **수행평가와 교과교육**. 한국교원대학교 출판부.

한국열린교육학회(1995). **열린교육연구,** 제7집 1호. 열린교육학회.

한국열린교육학회(2002). ICT활용과 수행평가. 한국열린교육학회 2002 춘계 학술대회 자료집. 수원대학교.

Allen, D., (ed.)(1998). *Assessing student learning: From grading to understanding*. New York: Teacher College Press.

Ann, F. (1998). Rubrics, Checklists & Other Assessments for the Science You Teach. New York: Scholastic Professional Books.

Anne, D. & Caren, C. & Collen, P. & Kathleen, G. (1992). Together is Better. MB Canada: Peguis

Association of Supervision and Curriculum Development(2000). *Using standards to improve teaching and learning*. Virginia: ASCD.

Azwell, T., & Schmar, E.(eds.)(1995). *Report card on report card: Alternatives to consider*. NH: Heineman.

Burke, K. (2014). *Balanced asssment: from formative to summative.* SolutionTree Press.

Bil, J. (1996). Performance Assessment Handbook: Performances and Exhibition. NY: Eye on Education. pp.1-26.

Blum, R., & Arter, J. (eds.)(1996). *A handbook for student performance assessment in an era of restructuring*. Virginia: ASCD.

Bond, L. A., Braskamp, D., & Roeber, E. (1996). *The status report of the assessment programs in the United States*. Oakbrook: Illinois: North Central Regional Educational Laboratory and Council of Chief State School Officers.

Borkowski, J. G., & Muthukrishna, N. (1992). Moving metacognition into the classroom: Working models and effective teaching strategies. In M. Pressley, K. R. Harris, and J. T. Guthrie(Eds.), *Promoting academic competence and literacy in school*(pp.477-501). San Diego: Academic Press.

Burke, K. (1999). *The mindful school: How to assess authentic learning*. Illinois: Skylight.

Costa, A., & Kallick, B. (2000). *Discovering and exploring habits and mind*. Virginia: ASCD.

Darling-Hammond, L. & Wise, A. E. (1985). Beyond standardization: State standards and school improvement. *The Elementary School Journal*, 85, pp.315-336.

Eva, L. & Pamela, R. & David, N. & Edynn, S. (1992) Cresst Performance Assessment Models: Assessing Content Area Explanations.

Flag, A. (1998). *Rubrics, checklists and other assessments for the science you teach*. New York: Scholastic Professional Books.

Freedman, R. L. H. (1994). *Open-ended questioning: A handbook for educators*. California: Addison-Wesley.

Glatthorn, A. (1998). *Performance assessment and standards-based curricula: The achievement cycle*. New York: Eye on Education, Inc.

Grant, W. (1996). Educational Leadership Magazine: Vol. 54, No.4. pp.18-25.

Guskey, T. (eds.)(1996). *Communicating student learning*. Virginia: ASCD.

Herman, J. L., & Golan, S. (1991). Effects of standardized testing on teachers and learning: Another look(CSE Tech. Rep. No.334). Los Angeles: University of California, Center for the Study of Evaluation.

Jay, M. (1996). Educational Leadership Magazine: vol.54, No.4 pp.6-12.

Jay, M. & Heidi, G. & Grant, W. (1997). Educational Leadership: Volume 54. Virginia: ASCD pp.6-13, 14-17, 18-25.

Jean, M. (1993). Student Self Evaluation: Fostering Reflective Learning. San Francisco: Jossey-Bass.

Joan, L. & Pamela, R. & Lynn, W. (1992). A Practical Guide to Alternative Assessment. Virginia: ASCD.

Joseph P., M. (1993). Graduation by Exhibition: Assessing Genuine Achievement. Virginia: ASCD.

Kate, J. (1994). Educational Leadership Magazine. Vol. 51, No.6. pp.55-57.

Kay, B. (1996). Professional Portfolios: A Collection of Articles. Illinois: IRI / SkyLight.

Kay, B. (1999). The Mindful School: How to Assess Authentic Learning, Third Edition. Illinois: Skylight.

Kay, B. & Robin, F. & Susan, B. (1994). The Mindful School: The Portfolio Connection. Illinois, IRI Skylight.

Kellaghan, T., & Madaus, G. (1991). National testing: Lessons for America from Europe.

Educational Leadership, 49(3), pp.87-93.

Kentucky Writing Portfolio Assessment Contents of the Grade 4 Portfolio. 미간행 자료.

Khattri, N., Reeve, A., & Kane, M. (1998). *Principles and practices of performance assessment*. New Jersey: Lawrence Erlbaum Associates.

Kohn, A. (1994). Reporting what student are learning. *Educational Leadership*.

Lazear, D. (1998). *The rubrics way: Using MI to assess understanding*. Arizona: Zephyr Press.

Lynn, M. & Edward, A. & William E. & J. Veronica. (1991). What Work Requires of Schools: A Scans Report for America 2000. Wasington: U.S. Department of Labor.

Mary Kay, D. & Christine, M. (2000). Open-Ended Questions in Elenmentary Mathematics. NY: Eye on Education.

Marzano, R., Pickering, D., & McTighe, J. (1993). *Assessing student outcomes*. Virginia: ASCD.

Marzano, R. (2000). *Transforming classroom grading*. Virginia: ASCD.

McDonald, J. (1993). *Graduation by exhibition: Assessing genuine achievement*. Virginia: ASCD.

Michael Hibbard, K. (2000). Performance-Based Learning and Assessment in Middle School Science. Ph.D.: Eye on Education.

Mitchell, R. (1992). *Testing for learning: How new approaches to evaluation can improve American schools*. New York: The Free Press.

Nancy, O. (1999). Rubrics for Elementary Assessment. Michigan: Osborne.

National Center for Research on Evaluation, Standards, and Student Testing(2002). 중학교 과학과 수행 과제 자료집. 미간행 자료, University of California at Los Angeles.

Newmann and Associates(1996). *Authentic achievement: Resturcturing schools for intellectual quality*. San Francisco: Jossey-Bass Publishers.

Nindi, K. & Michael, B., & Alison, L. (1995). Educational Leadership Magazine: Vol.53, No.3. pp.80-83.

Oceana High School Program. California. 미간행 자료.

Oceana High School Senior Graduation Portfolio Writing Samples. 미간행 자료.

Osborne, N. (1999). *Rubrics for elementary assessment*. Michigan: Osborne Press.

Osher, C., Summer, J., & Andren, P. (1998). *Senior project in focus: An album of close-ups*. Oregon: Far West Edge.

Pacific Education Group(2001). 미국 캘리포니아 고등학교를 위한 새로운 성적표 양식 개발 작업 보고서. 미간행 자료.

Parker, H. (2002). Chapter Essential School. MA: Regional Teachers Center. 미간행 자료.

Paul, E. (1993). Performance Assessment Sampler: A Workbook. Philadelpia: Policy Information Center.

Pollock, J. (1995). *Designing authentic tasks and scoring rubrics*. Virginia: ASCD.

Robert, J. & Debra, P., & Jay, M. (1993). Assessing Student Outcomes: Performance Assessment Using the Dimensions of Learning Model. Aurora: ASCD.

Robert, G. (1997). Writing Math Research Papers: Enrichment for Math Enthusiasts. Ph. D: Key Curriculum Press.

Robinson, G., & Craver, J. (1988). *Assessing and grading student achievement.* Virginia: Educational Research Service.

Santa, R. (2001). Looking at Work Collaborativel. 미간행 자료.

Shepard, L. (1991). Will national tests improve student learning?(CSE Tech. Rep. NO.342). Los Angeles: University of California, National Center for Research on Evaluation, Standards, and Student Testing.

Steinberg, A., Cushman, K., & Riordan, R. (1999). *Schooling for the real world: The essential guide to rigorous and relevant learning.* San Francisco: Jossey-Bass.

Tschudi, S. (ed.)(1997). *Alternatives to grading student writing.* Illinois: National Council of Teachers of English.

US Department of Labor(1991). *What work requires of schools: A scans report for America 2000. The Secretary's commission on achieving necessary skills.* June. US Department of Labor.

Uchida, D. (1998). *Preparing students for the 21st century.* American Association of School Administrators.

Weinstein, C., & Meyer, D. (1991). Implications of cognitive psychology for testing: Contributions from work in learning strategies. In M. C. Wittrock and E. L. Baker(Eds.), *Testing and Cognition*(pp.40-61). Englewood Cliffs, NJ: Prentice Hall.

Wiggins, G. (1998). *Educative Assessment.* San Francisco: Jossey-Bass.

찾아보기

ㄱ

ㄴ

ㅇ

김영천 교수의 수행평가의 현장 기록들

1998 Dr. Philip Jackson. University of Chicago Laboratory School founded by John Dewey. Thompson Middle School in Illinois. Park School in Maryland.

1999 Dr. Grant Wiggins. Center on Learning, Assessment, and School Structure(CLASS), New Jersey. Constable School, Monmouth Junction School, Marshall School, South Brunswick High School. Coalition of Essential Schools Headquarter Office, Oakland. California.
Oceana High School, Oakland Arts Academy, Melrose Elementary School.
Coalition of Essential Schools. Boston,
Dr. Theodore Sizer, Parker School, Fenway High School, New Mission High School,
Dr. Debora Meire. Mission Hill School, San Francisco Department of Education,

2001 Colorado Department of Education,
Denver Public Schools, Department of Assessment & Testing,
Dr. Robert Marzano, Dr. Tim Waters. Mid-continent Regional Educational Laboratory(MCREL),
Ms. Agnes Durbin. Kentucky Department of Education, Division of Curriculum Development,
KIRIS inkley High School, Clyde Miller Elementary School. Second Street Elementary School.
Model Elementary School, Model Middle School, Model high School, Western Kentucky University 부설 실험학교, Liberty Elementary School, North Oldham Middle School.

2002 Dr. Joan Herman, UCLA National Center for Research on Evaluation Standards, and Student Testing (CRESST), Louisiana Department of Education, Pacific Education Group, San Francisco.

1999~2002 진주교육대학교 초등교육연구원, "초등학교 수행평가 도구 개발" 연구 전체 자문교수

2001 초등학교 수행평가에 필요한 루브릭의 개발과 적용(한국교원대학교 교과교육연구소)

2003 미국의 수행평가(문음사)

1998~2005 진주교육대학교 학부 〈교육평가〉 강의

2005~2006 서울시 교육청 지정 수행평가 연구학교 자문교수

김영천

한양대학교 교육학과와 대학원 교육학과를 졸업하였다. 1990년 미국 The Ohio State University의 사범대학에서 박사과정을 시작하여 1995년에 교육과정 이론과 질적연구방법론 전공으로 철학박사학위를 수여받았다.

1998년 이래로 진주교육대학교 교육학과 교수로 재직하고 있으며 교육과정과 수업, 교육평가, 질적연구를 가르치고 있다. 약 30권의 저서와 많은 논문을 저술하였고 그 중 5권의 책이 대한민국 학술원과 문화관광부로부터 우수학술도서로 선정되었다. 또한 그의 글은 *Curriculum Inquiry, Journal of Curriculum Theorizing, International Journal of Qualitative Studies in Education, Educational Studies, 그리고 Second International Handbook of Curriculum Research*에 게재되었다.

세계교육과정학회 한국 대표 이사를 역임하였고 한국교육인류학회와 한국다문화교육학회 부회장을 역임하였다. 질적연구로 유명한 국제 학술지, QSE(International Journal of Qualitative Studies in Education) 아시아 지역 편집장을 맡고 있으며 SAGE OPEN 국제 학술지 편집위원으로 활동하고 있다.

수행평가: 이론과 설계

발행일 2016년 10월 20일 초판 발행
저자 김영천
발행인 홍진기 | **발행처** 아카데미프레스 | **주소** 413-756 경기도 파주시 문발동 출판정보산업단지 507-9
전화 031-947-7389 | **팩스** 031-947-7698 | **이메일** info@academypress.co.kr
웹사이트 www.academypress.co.kr | **출판등록** 2003. 6. 18. 제406-2011-000131호
ISBN 978-89-97544-94-3 93370

값 25,000원